高等学校规划教材

现代设备工程学

周　敏　魏厚培　张　华　编著

北　京
冶　金　工　业　出　版　社
2011

内 容 提 要

本书立足于当前国际制造业“生产与设备全面管理”新理念，重点阐述了我国设备工程与管理新体制，突出了我国设备工程与管理工作现代化、科学化特色。本书分为 13 章，系统介绍了国内外设备工程与管理概况、设备工程项目管理、设备工程基础工作、设备的运行与维护、设备检修、备件管理、设备工程的监测与诊断技术、设备工程的经济分析、设备工程管理信息化、设备辅助决策管理、设备知识管理与工程、绿色设备工程等。在内容编排上，本书既注重系统性和新颖性，又强调技术性、实践性和实用性。

本书可以作为高等院校设备工程与管理的专业教材，也可作为现代企业设备工程与管理人员的参考书，或作为企业高层管理干部的培训教材。

图书在版编目（CIP）数据

现代设备工程学/周敏，魏厚培，张华编著．—北京：冶金工业出版社，2011．1

高等学校规划教材

ISBN 978-7-5024-5424-1

Ⅰ．①现…　Ⅱ．①周…　②魏…　③张…　Ⅲ．①设备管理—高等学校—教材　Ⅳ．①F273．4

中国版本图书馆 CIP 数据核字（2010）第 218799 号

出 版 人　曹胜利

地　　址　北京北河沿大街嵩祝院北巷 39 号，邮编 100009

电　　话　（010）64027926　电子信箱　yjcbs@cnmip.com.cn

责任编辑　刘小峰　常国平　美术编辑　李　新　版式设计　葛新霞

责任校对　石　静　责任印制　牛晓波

ISBN 978-7-5024-5424-1

北京兴华印刷厂印刷；冶金工业出版社发行；各地新华书店经销

2011 年 1 月第 1 版，2011 年 1 月第 1 次印刷

787mm×1092mm　1/16；16．5 印张；437 千字；250 页

45．00 元

冶金工业出版社发行部　电话：（010）64044283　传真：（010）64027893

冶金书店　地址：北京东四西大街 46 号（100010）　电话：（010）65289081（兼传真）

前　言

我国加入WTO以来，制造业的发展突飞猛进，现已形成了以珠江三角洲、长江三角洲和环渤海湾地区为核心的世界级制造中心。制造业的飞速发展，使得设备在企业的地位越来越重要。不少企业逐渐从“生产为主，设备为辅”的观念，向“生产与设备全面管理”的思想转变。做好设备工程与管理工作已成为企业管理者的共识。

近30年来，前苏联、美国、英国、日本的设备工程与管理都各具特色，基本形成了各自的设备工程与管理体系。其他国家如瑞典、意大利、德国、法国和新加坡的设备工程与管理体系也都具有自己的特点。除此之外，国内外设备工程与管理的新趋势、新思想、新技术不断涌现，给这一学科注入了活力。因此，总结国内外先进的设备工程与管理的新成就、新技术及有益经验，逐步形成和完善我国设备工程与管理新体制，以推动我国设备工程与管理工作朝现代化、科学化的方向发展，已成为工业企业界极为关注的重大课题。

本书共分为13章，主要介绍了国内外设备工程与管理的历史与现状、设备工程项目管理、设备工程基础工作、设备的运行与维护、设备检修、备件管理、设备工程的监测与诊断技术、设备工程的经济分析、设备工程管理信息化、设备辅助决策管理、设备知识管理与工程、绿色设备工程等。在内容编排上，既注重系统性和新颖性，又强调技术性、实践性和实用性。本书可以作为高等院校设备工程与管理的专业教材，满足大专院校相关专业教学的需要，同时可以作为现代企业设备工程与管理人员的参考书，也适合作为企业高层管理干部的培训教材。

本书由武汉科技大学周敏、张华，武汉钢铁公司魏厚培编著，刘军伟、容芷君、王蕾、陈龙、王琼、彭涛、付宗旺、郭媛、占铭、师源、徐祯炜、江志刚、赵强、熊颖清、高挺、陈艳霞等参与了编写、整理或校对等工作，给予了大力支持。本书还借鉴了许多文献，对原作者表示谢忱。

由于编著者水平及时间所限，书中可能还存在一些不足之处，希望读者朋友不吝指正，以便及时修订。

编著者

2010年11月

目　　录

1 设备工程与管理的历史沿革

设备工程是研究设备全寿命周期的学科，它是由设备的规划工程、维修工程、动力工程和安全环保工程等四个部分内容组成的综合性工程。这样，设备工程按照设备寿命周期中的运动过程可分为规划工程和维修工程两个主要阶级；另外，还有两条支链：一条是动能供应过程，另一条是安全环境保护过程，前者是设备输入的必要部分，使设备得以正常运行，后者是设备运行输出中的社会效益，即保护人身安全和周围环境。设备工程是研究设备寿命周期中存在的物质运动和价值运动两种运动形态。物质运动方面研究设备的可靠性、工艺性以及使用中发生的磨损、性能劣化、检查、修复等技术业务；价值运动方面是研究设备价值的转换和补偿、维修的经济性、新设备的投资、更新改造的经济分析等经济业务。

1.1 国外设备工程与管理简况

1.1.1 前苏联计划预防修理制度的主要内容及发展

1923 年前苏联就提出了设备定期维修的方法，直至 1967 年才形成了前苏联统一的计划预防修理制度。计划预防修理制度的理论依据是设备组成单元的磨损规律。其主要内容包括：

（1）确定修理工作的类别。设备的计划修理类别有：大修、中修、小修、预防性检查。

（2）编制设备修理计划，进行有计划的修理，并监督其实现。

（3）确定各类设备的修理周期结构。修理周期结构是指在一个大修周期内，把设备的维修类别按照规定的时间间隔，依据一定顺序进行的排列。它是根据机器零件的磨损规律和修理工作量确定的，不同类型的设备其修理周期结构不同。例如，在计划预防修理制度中规定金切设备中普通机床的修理周期为 26000 小时，相当于两班制运行车间，约 6 年左右大修一次。修理周期结构是：K—O—M—O—M—O—C—O—M—O—M—O—C—O—M—O—M—O—K，即两次大修（K）之间应安排两次中修（C），六次小修（M），九次检查调整（O）。在一个修理周期内共有 18 次各种定期的计划修理，约四个月就需进行一次检查或修理。

（4）确定各类设备的修理复杂系数。修理复杂系数是设备修理难易程度的一个假定单位，计划预修制度中的计算、测定和考核都是以设备修理系数为基础的。该系数主要用于制定各种修理定额，如修理工作的劳动量定额、停歇时间定额、材料消耗定额和修理费用定额等。

（5）组织修理业务。包括组织机修车间、各车间机修站、修理组，准备必要的设备及配备管理人员和劳动力。

20 世纪 80 年代以来，计划预防修理制度正在逐步发生改变，但其基本理论基础相同：

（1）改进维修方式和维修制度。在设备维修活动中肯定了操作工人参加的重要性；使修理周期结构更加符合设备的实际运动规律；根据设备的实际使用情况，延长了修理间隔期；提高修理工作的机械化水平，采用现代化管理方法；取消中修。

（2）重视设备的更新改造。逐步改变以扩大设备拥有量为主的做法，合理调整加工设备的结构，增加特种加工设备及热加工和毛坯加工设备比重；大幅度增加高效和自动化设备的数量和比重；结合大修进行旧设备的改造。

（3）加强设备的技术维护，推行技术维护及修理规程化。前苏联国标 ГОСТ 18322—78 规定：

技术维护是当设备按规定用途使用、待用、存放和运输时，为保持设备的工作能力或良好状态而进行的一套作业或某项作业。所谓规程化技术维护与维修是指按技术文件中所规定的时间间隔和工作量进行技术维护与计划修理，图 1-1 是技术维护和修理制度的结构示意图。许多企业推行规程化维修后，大大提高了维修作业效率和质量，减少了设备因突发故障造成停机损失。

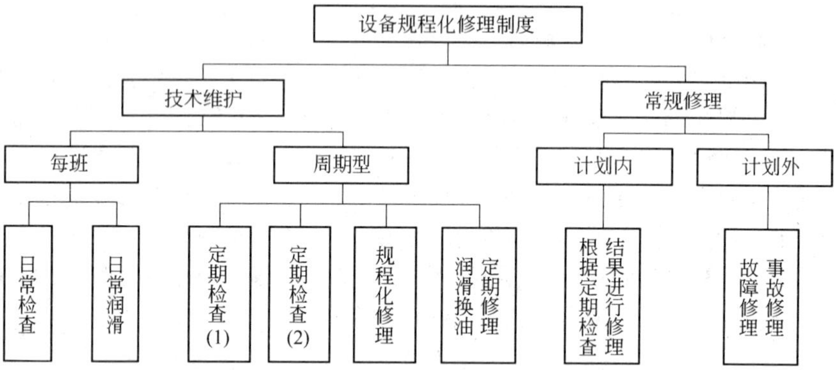

图 1-1　技术维护与修理制度结构示意图

（4）设备修理工作集中化与专业化。设备修理由跨部门的专业化修理企业、行业（或地区）专业化企业、大型企业修理厂共同进行。此外，前苏联还注意采用状态检查、监测技术、故障理论、计算机等新技术。值得注意的是，计划预防修理制度的实施支柱——修理周期结构和修理复杂系数仍未改变。

1.1.2　英国设备综合工程学

20 世纪 70 年代初，英国的丹尼斯·巴库斯（Dennis Parkes）提出了设备综合工程学。此后，经欧美、日本等国家不断的研究、实践和普及，成为一门新兴学科。

1974 年，英国工商部给设备工程下的定义是：为了追求经济的周期费用，而对有形资产的有关工程技术、管理、财务以及其他实际业务进行综合研究的学科。它是一门以设备一生为研究对象，以提高设备效率、使其寿命周期费用最经济为目的的综合学科。其主要特点：(1) 以寿命周期费用作为评价设备管理的重要经济指标，并追求寿命周期费用最经济；(2) 强调对设备从工程技术、工程经济和工程管理三方面进行综合管理和研究；(3) 进行可靠性和维修性设计，综合考虑设置费与维修费，使综合费用不断下降，最大限度提高设备效率；(4) 强调发挥有形资产（设备、机械、装置、建筑物、构筑物）即设备一生各阶段机能的作用；(5) 重视设计、使用和维修的信息反馈，实现设备一生系统的管理。

设备综合工程学的创立，开创了设备管理学科的新领域，从理论方法上突破了设备管理的狭义概念，把传统的设备管理由后半生扩展到设备一生的系统管理，并协调设备一生的各个环节，有目的地系统分析、统筹安排、综合平衡，充分发挥各环节的机能，实现设备寿命周期最经济。

为了推进设备综合工程学的应用和发展，英国成立了国家设备综合中心及国家规模的可靠性服务系统；开展以可靠性为中心的维修，更加注重可靠性和维修性设计；把节能、环保和安全作为设备综合工程学的新课题。经过多年的实践和完善，已取得了明显效果，带来了较好的经济效益。

同时，在巴库斯先生的倡议下，成立了“欧洲维修团体联盟”，该团体每两年召开一次欧洲设备管理维修会议，近年来，中国每次均派代表团参加。会议宗旨是开展各国设备管理实践、维修技术的交流，促进设备综合工程学的推广和发展，帮助发展中国家培养设备工程人才。

1.1.3　日本全员生产维修管理制度

日本全员生产维修（Total Productive Maintenance，TPM）是从20世纪50年代起，在引进美国预防维修和生产维修体制的基础上，吸取了英国设备综合工程学的理论，并结合本国国情而逐步发展起来的。

日本设备工程协会对全员生产维修下的定义：以提高设备综合效率为目标；建立以设备一生为对象的生产维修系统，确保寿命周期内无公害、无污染、安全生产；涉及设备的规划、使用和维修等所有部门；从企业领导到生产一线工人全体参加；开展以小组为单位的自主活动，推进生产维修。

全员生产维修追求的目标是"三全"，即全效率——把设备综合效率提高到最高；全系统——建立起从规划、设计、制造、安装、使用、维修、更新直至报废的设备一生为对象的预防维修（PM）系统，并建立有效的反馈系统；全员——凡涉及设备一生全过程所有部门以及这些部门的有关人员，包括企业最高领导和第一线生产工人都要参加到TPM体系中来。全员生产维修是日本式的设备综合工程学，有自身的特点：

(1) 重视人的作用，重视设备维修人员的培训教育以及多能工的培养；

(2) 强调操作者自主维修，主要是由设备使用者自主维护设备，广泛开展"5S"活动，通过小组自主管理，完成预定目标；

(3) 侧重生产现场的设备维修管理；

(4) 坚持预防为主，重视润滑工作，突出重点设备的维护和保养；

(5) 重视并广泛开展设备点检工作，从实际出发，开展计划修理工作；

(6) 开展设备的故障修理、计划修理工作；

(7) 讲究维修效果，重视老旧设备的改造；

(8) 确定全员生产维修的推进程序。

自全员生产维修推广以来，发展迅速，效果显著。在日本，全员生产维修的普及率已到65%左右，使很多企业的设备维修费用降低50%，设备开动率提高50%左右，在国际上的影响也逐渐扩大，已有十多个国家引进、研究TPM的管理制度。

近年来，全员生产维修又有了新发展，主要有以下几个方面：

(1) 更加重视操作者自主维修。全员生产维修的目标是"通过改善人和设备的素质改善企业素质"来实现的。机器人化、自动化、柔性化等所谓工厂自动化（Factory Automation，FA）的发展，必须培训适应FA时代要求的关键人员，即为自动化设备配备能手，应做到：操作人员要学会自主维修的本领；维修人员应提高维修机械电子设备的本领；设计制造人员使自动化设备不断接近"无维修设计"。为了在改善人的素质的同时改善设备的素质，要做到：靠改善现有设备的素质提高设备效率；把通过改善现有设备素质所取得的经验和信息收集起来，向设备的规划阶段反馈，以期实现设备寿命周期费用设计与配置的改善。

(2) 提高设备效率。日本就设备现场管理提出提高设备效率，是指如何从时间和质量两方面掌握设备的开动动态，增加能够创造价值的时间和提高设备的产量。其手段有：从时间上增加设备的开动时间；从质量上增加单位时间内的产量，即通过减少废次品来增加合格品的数量。

提高设备效率的最终目标是如何充分发挥和保持设备的固有能力，即维持人-机的最佳状态——极限状态，也就是“使故障为零，使废次品为零”的人-机极限状态。影响设备效率的提高有六大因素，表1-1汇总了六大损失的改进目标。

表1-1　六大损失的改进目标

序　号	损失类型	目　标	说　明
1	故障损失	0	所有设备的故障损失都必须为零
2	工装模具调整的损失	时间极少	尽量用较短的时间完成
3	速度损失	0	要使加工速度与设计速度之差变为零，而且通过改进，实现超过设计速度的目标
4	小故障停机的损失	0	有程度的差别，但要控制在百万分之几（如 $10^{-6} \sim 3 \times 10^{-6}$）的范围内
5	废次品及返修的损失	0	
6	调试生产的损失	时间极少	

在全员生产维护中，不是仅仅以故障为对象，其最终目的是通过提高与设备效率有关的时间开动率、性能开动率、合格品率等所有因素，来提高设备效率，一般可用下式表示：

$$设备效率 = 时间开动率 \times 性能开动率 \times 合格品率 \tag{1-1}$$

其中：

$$时间开动率 = (负荷时间 - 停机时间)/负荷时间 \tag{1-2}$$

$$性能开动率 = 净开动率 \times 速度开动率 \tag{1-3}$$

$$净开动率 = 加工数量 \times 实际加工周期/(负荷时间 - 停机时间) \tag{1-4}$$

$$速度开动率 = 理论加工周期/实际加工周期 \tag{1-5}$$

$$合格品率 = 合格品数/加工数量 \tag{1-6}$$

（3）推行质量维修。质量维修就是为了确保设备和加工件的完全合格，必须树立保持设备完好这一基本观念。规定不产生质量不良的设备条件，对这些条件进行点检和测定，通过确认这些确定值在标准值之内以预防质量不良，通过观察测定值的变化预知发生质量不良的可能性并采取对策。图1-2表示质量维修的基本概念，规定不生产不良品的设备条件，培养具有管理能力的操作者，同时通过管理防止产生不良品的条件，达到消灭不良品的目的。

（4）开发自制专用设备，推行设备一生管理。从设备综合工程学的观点出发，为了使设计、制造和使用相结合，真正推行对设备一生的管理，其途径之一是自制设备。

（5）进一步发展维修业。随着企业经营环境的变化，设备维修部门所处地位日益提高，随着设备自身素质和量的变化，设备维修技术也需有质的变革，要求设备维修能尽快有质的转变。设备维修主要发展方向为：1）向预防维修过渡的设备诊断技术将日益扩展，努力开发成本低、性能好的设备仪器，开发设备诊断技术的适用范围，准确预测部件寿命，提高设备可靠性，向预防维修过渡；2）研究确定维修效果的定量评价方法；3）推进计算机维修计划管理，提高维修管理水平；4）开发设备维修的新技术；5）以预防维修体制为基础，建立综合设备维修管理体系；6）进一步普及和推进TPM的思想和观点。

1.1.4　美国后勤工程学

20世纪40年代起，美国就开始实施设备预防维修，为提高维修经济效益，50年代开始对维修方式的研究，形成了生产维修体制，并提出了设备可靠性、维修性设计及寿命周期费用等基本思想。

后勤工程学是美国20世纪60年代在经典军事后勤学的基础上，汲取寿命周期费用、可靠

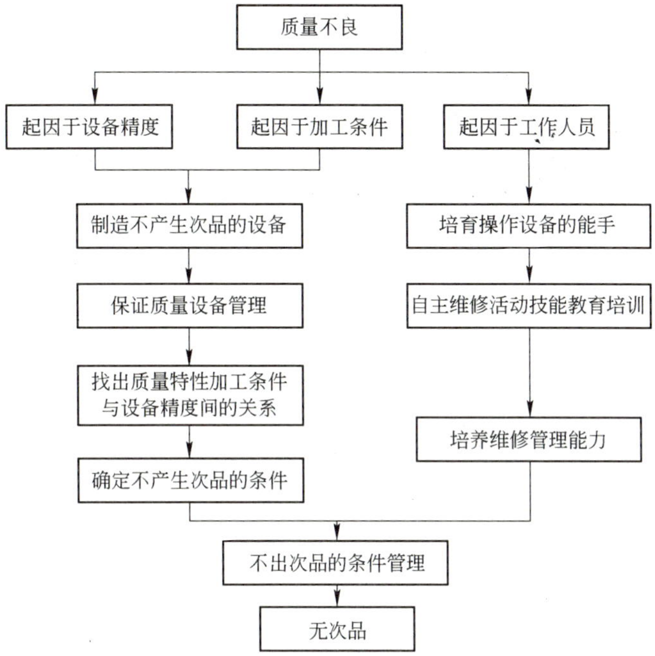

图 1-2 质量维修的基本概念

性及维修性等现代理论而发展形成的。后勤工程学是为满足某种特定的需要而设计、开发、供应和维修各种装备、设施或系统的全部管理过程，并研究系统或装备的功能需要与有效度、可靠性、寿命周期费用之间最佳平衡的学科。

按照后勤工程学的基本思想，在设计制造设备（或系统）之时，应同时考虑向设备的用户提供以下支持的问题：（1）提供操作、使用、管理方面的指导性文件；（2）提供设备维修保养措施；（3）提供适时、方便的备品备件；（4）为用户培训操作、维修、管理方面的人员；（5）提供设备可靠性、维修性和服务年限的科学实验数据。

后勤工程学研究的任务领域比英国设备综合工程学、日本的全员生产维修更广。后勤工程学主要是从系统（或设备）的设计制造出发，考虑到设计制造及其后的运行使用等各方面（即所谓的后勤支援）；设备综合工程学虽然仅针对设备本身，但其管理涉及从设计制造到设备使用维修的全过程；全员生产维修则主动积极地进行设备的维修，从而提高生产效率。

后勤工程学与设备综合工程学侧重管理理论的研究，注重整体的设备管理效益，全员生产维修主要是一种管理制度与方法，侧重企业生产维修为主体的微观管理，但是，这三者的目标是一致的，都是追求系统（或设备）的寿命周期费用最经济。三者的关系如图 1-3 所示。

1.1.5 瑞典预防性维修体系

瑞典的设备预防性维修是从预防医疗的观点出发，对设备的异状进行早期诊断、早期治疗，以状态为基准安排各种方式的计划维修，以达到最高的设备可利用率和最低的维修费用。其维修体系的发展大约经历了事后维修、预防性维修和以状态为基准的预防性维修三个阶段。而预防性维修的组织体系主要是由社会化的维修中心和企业的维修体系两部分组成。如瑞典的依德哈马维修咨询公司（ Idhammar Konsult）就是有影响的专业化维修企业，对瑞典的维修社会化和现代化企业发展起了很大的作用。瑞典预防性维修理论的主要特点为：

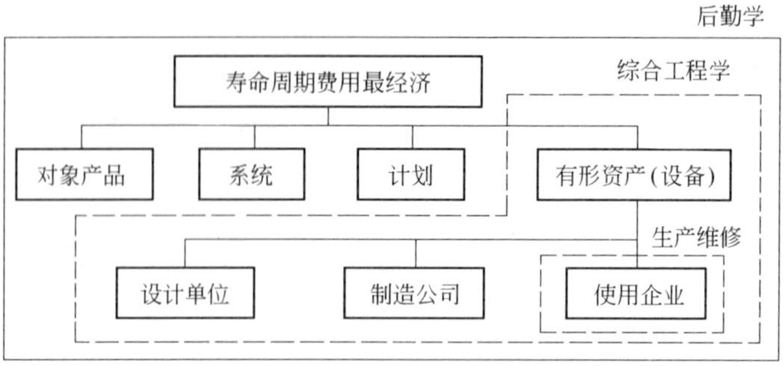

图 1-3　后勤学、设备综合工程学、生产维修三者关系

(1) 重视设备可靠性的研究。设备的可靠性由功能可靠性、供应保证和设备维修性三方面因素组成，并用设备可利用率 A 衡量设备可靠性：

$$\text{设备可利用率}(A)=\frac{MTBF}{MTBF+MDT}=\frac{MTBF}{MTBF+MWT+MTTR} \tag{1-7}$$

式中　$MTBF$——平均间隔故障时间；

MDT——平均停机时间；

MWT——平均等待时间；

$MTTR$——平均修理时间。

(2) 重视寿命周期费用的研究。瑞典设备维修保养协会伍尔曼教授对设备寿命周期费用中的各阶段费用做了分析研究，其分布规律如图 1-4 所示。图中曲线所包围的总面积即为寿命周期费用。瑞典维修专家克德斯特·依德哈马（Christer Idhammar）进一步论述了设备设置和使用两阶段对设备寿命周期费用影响的规律（图 1-5）。如在设计阶段就考虑提高设备的可靠性和维修性，设备的寿命周期费用即按曲线 A 形式发展，反之，则按曲线 B 发展。如要延长设备的技术寿命，就需各种维修保养、改装等，寿命周期费用就按曲线 C 发展。所以设备在规划设计时就必须考虑维修因素，以求得经济的寿命周期费用。

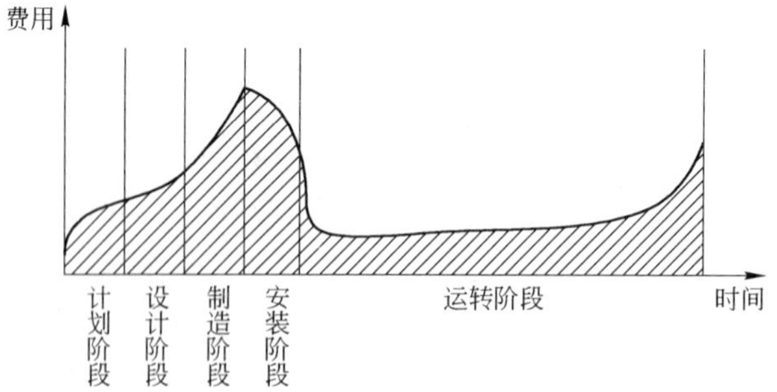

图 1-4　设备寿命周期费用

(3) 开展维修人机工程学的研究。从人机工程学的角度出发，瑞典开展了对维修业的工作环境、工作条件、劳动强度、设备安装位置等的研究，为设备管理和维修开创了新路。目前，瑞典预防维修体系已进一步取得了发展和完善，并在几十个国家传播，产生了深远的影响并取得成效。

目前，发达国家设备管理的发展中有代表性的是日本全员生产维修（TPM）的发展和欧洲维修团体联盟对设备综合工程学的深化拓展。TPM 已在全世界范围内产生了较大的影响，TPM

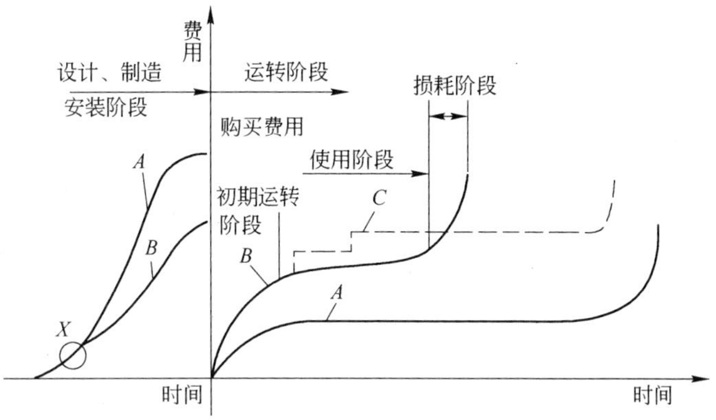

图1-5 设备购置和使用阶段对寿命周期费用的影响

已不仅仅是某种做法，而且逐渐变成了一种企业文化。目前，日本在原有TPM的基础上，又提出了更高的目标：

（1）建立赢利的企业文化。推行TPM的企业应通过减少各种损失，优化质量、成本和交货期来最大限度地满足客户要求。

（2）推进预防哲学。从预防维修到改进维修，进一步到维修预防。按照“现场—实物”原则防止损失，达到损失为零。

（3）全体员工参与。各级员工组成小组，制定如零故障、零废品率的更高目标，参与解决问题，实现目标。人人参与管理，注重人的价值，满足个人成长需要。

（4）现场与实物。推动TPM的企业实行“现场—实物”落实到个人的检查方式，实行视野控制，创造良好的工作环境。

（5）实现“4S”（GS，CS，ES，SS）。GS——原来的“5S”（整理、整顿、清扫、清洁和素养），即内部、现场的满意状态。CS——客户满意，即满足客户的不同要求，取得客户的信任，体现在：强化设备开发能力，减少开发时间；使小批量的设备生产具有较高的生产率；以高质量、低成本、短交货期满足顾客要求。ES——雇员满意，即人道、舒适、富裕、工作场所和生产线的改进，其体现在：工作环境的改善；工作内容和方法的改进；效率提高和激励，如培训教育、小组活动和采用合理化建议；劳动条件的改进；成就感和以人为中心的意识。SS——社会满意，即对地方社区的贡献，与地方社区的和谐相处和对环境的保护。

显然，这些内容与设备有关，但又超出设备的局限，具有更高的层次、更深刻的意义。任何管理都是以一定的文化内涵为背景。TPM的文化内涵就是由不断地调动人的资源和潜力开始，提高团队的合作精神，以达到企业追求的最高目标。

1.2 国内设备工程与管理简况

新中国建立以来，我国工业交通各部门的固定资产已达1万多亿元，建成了一批技术装备先进的现代化大型工业企业。随着工业生产的发展，设备现代化水平的提高，设备在现代大生产中的作用与影响日益扩大，加上管理科学技术的进步，设备管理也得到了相应的重视和发展，逐步形成一门独立的学科。现观其发展过程，大致可以分为四个阶段。

1.2.1 事后维修阶段

资本主义工业生产刚开始时，由于设备简单，修理方便，耗时少，一般都是在设备使用到出现故障时才进行修理，这就是事后维修制度，此时设备修理由设备操作人员承担。

后来随着工业生产的发展，结构复杂的设备大量投入使用，设备修理难度不断增大，技术要求也越来越高，专业性越来越强，于是，企业主、资本家便从操作人员中分离一部分人员专门从事设备修理工作。为了便于管理和提高工效，他们把这部分人员统一组织起来，建立相应的设备维修机构，并制定适应当时生产需要的最基本管理制度。在工业发达国家，这种制度一直持续到20世纪30年代，而在我国，则延续到20世纪40年代末期。

1.2.2　设备预防维修管理阶段

由于像飞机那样高度复杂机器的出现，以及社会化大生产的诞生，机器设备的完好程度对生产的影响越来越大。任何一台主要设备或一个主要生产环节出了问题，就会影响生产的全局，造成重大的经济损失。

20世纪50年代初期我国引进计划预防修理制度，对于建立我国自己的设备管理体制、促进生产发展起到了积极的作用。经过多年实践，在“以我为主，博采众长”精神的指导下，对引进的计划预防修理制度进行了研究和改进，创造出具有中国特色的计划预修制度。其主要特点是：

（1）计划预修与事后修理相结合。对生产中所处地位比较重要的设备实行计划预修，而对一般设备实行事后修理或按设备使用状况进行修理。

（2）合理确定修理周期。设备的检修周期不是根据理想磨损情况，而是根据各主要设备的具体情况来定。如按设备的设计水平、制造和安装质量、役龄和使用条件、使用强度等情况确定其修理周期，使修理周期和结构更符合实际情况，更加合理。

（3）正确采用项目修理。通常，设备有保养、小修、中修和大修几个环节，但我国不少企业采用项目修理代替设备中修，或者采用几次项目修理代替设备大修，使修理作业量更均衡，节省了修理工时。

（4）修理与改造相结合。我国多数企业往往结合设备修理对原设备进行局部改进或改装，使大修与设备改造结合起来，延长了设备的使用寿命。

（5）强调设备保养维护与检修结合。这是我国设备预防维修制的最大特色之一。设备保养与设备检修一样重要，若能及时发现和处理设备在运行中出现的异常，就能保证设备正常运行，减轻和延缓设备的磨损，可延长设备的物质寿命。

20世纪60年代，我国许多先进企业在总结实行多年计划预修制的基础上，吸取三级保养的优点，创立了一种新的设备维修管理制度——计划保修制。其主要特点是：根据设备的结构特点和使用情况的不同，定时或定运行里程对设备施行规格不同的保养，并以此为基础制定设备的维修周期。这种制度突出了维护保养在设备管理与维修工作中的地位，打破了操作人员和维护人员之间分工的绝对化界限，有利于充分调动操作人员管好设备的积极性，使设备管理工作建立在广泛的群众基础之上。

1.2.3　设备系统管理阶段

随着科学技术的发展，尤其是宇宙开发技术的兴起，以及系统理论的普遍应用，强调要系统地管理设备，对关键设备采取重点维护政策，以提高企业的综合经济效益。主要内容有：(1) 对维修费用低的寿命型故障，且零部件易于更换的，采用定期更换策略。(2) 对维修费用高的偶发性故障，且零部件更换困难的，运用状态监测方法，根据实际需要，随时维修。(3) 对维修费用十分昂贵的零部件，应考虑无维修设计，消除故障根源，避免发生故障。至此，设备管理已从传统的维修管理转为重视先天设计和制造的系统管理，设备管理进入了一个新的阶段。

1.2.4　设备综合管理阶段

体现设备综合管理思想的两个典型代表是“设备综合工程学”和“全员生产维修制”。“设备综合工程学”是以设备寿命周期费用最经济为设备管理目标。对设备进行综合管理，应紧紧围绕四方面内容展开工作：（1）以工业管理工程、运筹学、质量管理、价值工程等一系列工程技术方法，管好、用好、修好、经营好机器设备。对同等技术的设备，认真进行价格、运转、维修费用、折旧、经济寿命等方面的计算和比较，把好经济效益关。建立和健全合理的管理体制，充分发挥人员、机器和备件的效益。（2）研究设备的可靠性与维修性。无论是新设备设计，还是老设备改造，都必须重视设备的可靠性和维修性问题，因为提高可靠性和维修性可减少故障和维修作业时间，达到提高设备有效利用率的目的。（3）以设备的一生为研究和管理对象，即运用系统工程的观点，把设备规划、设计、制造、安装、调试、使用、维修、改造、折旧和报废一生的全过程作为研究和管理对象。（4）促进设备工作循环过程的信息反馈。设备使用部门要把有关设备的运行记录和长期经验积累所发现的缺陷，提供给维修部门和设备制造厂家，以便他们综合掌握设备的技术状况，进行必要的改造或在新设备设计时进行改进。

“全员生产维修制”，是一种全效率、全系统和全员参加的设备管理和维修制度。它以设备的综合效率最高为目标，要求在生产维修过程中，自始至终做到优质、高产、低成本，按时交货，安全生产无公害，操作人员精神饱满。“全系统”，是对设备寿命周期实行全过程管理，从设计阶段起就要对设备的维修方法和手段予以认真考虑，既抓设备前期阶段的先天不足，又抓使用维修和改造阶段的故障分析，达到排除故障的目的。“全员参加”，是指上至企业最高领导，下到每位操作人员都参加生产维修活动。

在设备综合管理阶段，设备维修的方针是：建立以操作工点检为基础的设备维修制；实行重点设备专门管理，避免过剩维修；定期检测设备的精度指标；注意维修记录和资料的统计及分析。综合管理是设备管理现代化的重要标志。其主要表现有：

（1）设备管理由低水平向制度化、标准化、系列化和程序化发展。1987 年国务院正式颁布了《全民所有制工业交通企业设备管理条例》，使设备管理达到“四化”有了方向和依据。

（2）由设备定期大、中、小修，按期按时检修，向预知检修、按需检修发展。状态监测技术、网络技术、计算机辅助管理在许多企业得到了应用。

（3）由不讲究经济效益的纯维修型管理，向修、管、用并重，追求设备一生最佳效益的综合型管理发展。实行设备目标管理，重视设备可靠性、维修性研究，加强设备投产前的前期管理和使用中的信息反馈，努力提高设备折旧、改造和更新的决策水平以及设备的综合经济效益。

（4）由单一固定型维修方式，向多种维修方式、集中检修和联合检修发展。设备维修从企业内部走向了社会，从封闭式走向开放式、联合式，这是设备管理现代化的一个必然趋势。

（5）由单纯行政管理向运用经济手段管理发展。随着经济承包责任制的推广，运用经济杠杆代替单靠行政命令，按章办事的设备管理方法正在大多数企业推行。

（6）维修技术向新工艺、新材料、新工具和新技术发展。如热喷涂、喷焊、堆焊、电刷镀、化学堵漏技术，废渣、废水利用新工艺，以及防腐蚀、耐磨蚀新材料，得到了广泛应用。

2 设备工程项目管理

2.1 设备规划管理

设备规划又称设备投资规划，因其属设备前期规划建设阶段，又称设备规划工程，是企业中长期生产经营发展规划的重要组成部分。

制定和执行设备规划对企业新技术、新工艺应用，设备质量提高，扩大再生产，设备更新计划以及其他技术措施的实施，起着促进和保证作用。

2.1.1 事前调研和准备阶段

根据所提出的规划项目，在事前调研和准备阶段进行以下调查研究：

（1）规划项目的必要性程度和可行性研究。

（2）了解规划工程和发电能力、输电能力的关系。

（3）场地和平面布置，能源和公司设施条件，包括运输和辅助设施等。

（4）成套设备和设备的基本规格。

（5）规划费用和施工费用的估算，投资效果的预测。

2.1.2 设备的计划阶段

如果已决定了成套设备的投资计划，则从综合计划进入个别设备计划阶段时，首先要做的工作是制订基本计划。此时，有关的设备制造工艺工程师应辅助规划工程师共同来做。基本计划的主要内容有：

（1）规划的必要性和可行性的复审。

（2）进一步明确规划与设备的关系，如设备的种类、质量、产量和工程能力平衡等。

（3）设备的主要规格、性能和平面布置。

（4）环境保护的要求。

（5）施工预算和人员计划。

（6）根据上述事项和预测，进行投资效率的审定。

2.1.3 设备规划方案的确定

经过投资方案的评比，审查，最后判断，作出规划的技术经济综合性确定。在作出综合判断时，应考虑设备和时间的评价指标。表 2-1 所示为美国切斯纳特定出评价设备的五项标准，其中前三项标准，即性能、费用和时间是主要的。

表 2-1 设备评价指标和基标

指 标	内 容 举 例
性 能	速度、精度、使用范围、容量等质量指标
费 用	购置价格、寿命周期中的使用费用、研制费用、停工损失
时 间	设备交货日期、方案提出时间
可靠性	完成预定功能的概率、安全性、耐故障性
适应性	对寿命周期中所发生的环境变化适应性

综合评价时，可根据使用的要求，把评价标准中某一项作为重点，并综合考虑其他标准间相互关系。例如，提高性能，费用就会增加；强调交货期，可靠性就可能下降等。因此，设计设备时必须作折中考虑，使设备的各种要求取得平衡。

2.1.4 设备的设计阶段

设备的设计任务就是全面努力实现设备预期的性能目标。为确保设备性能，必须注意以下主要项目：

（1）生产方面，指设备质量、产量、成本、能耗、资源消耗等。

（2）操作方面，指操作性、安全性、劳动强度等。

（3）环境方面，指保护生活环境的对策。

（4）维修方面，指维修性、可靠性的保证。

（5）施工方面，指施工成本、施工工艺性、施工安全性等。

（6）经济方面，指设备本身的经济效果最佳，也就是价格合理、使用能耗低、维护费用少、投资回收期短。

2.1.5 设备的施工阶段

这一阶段是进行设备的制造，或者是进行选型、订货和购置等工作，并对这些工作加以管理。最后是设备正式交付使用，并进行使用前的检查，包括检查验收和试运行在内的施工管理。

这一阶段工程管理的主要项目如下：

（1）施工前的生产技术准备、设备购置计划、器材采购和筹集、人员培训以及工艺设计的制订。

（2）综合施工管理，包括工艺管理、大日程管理、采购计划管理、物资管理和费用管理等。

（3）现场施工管理、施工质量管理、日程管理、现场调度、劳动力管理和调配。现场管理包括加工、装配、安装等阶段的管理。

（4）检查验收和试运行的工程管理，即竣工前的检查验收和试运行。试运行包括运行前的准备，按规定条件进行各项试验，试运行和验收。

（5）对外委施工的设备，也需要以订货者的立场进行施工管理，以确保其交货期、工程质量和设备性能等完全符合要求。

2.1.6 编制设备规划的依据

编制企业设备规划的主要依据有：

（1）生产经营发展，提高企业竞争能力的要求。根据企业经营策略，围绕提高质量、降低成本等要求提出设备更新的建议。

（2）设备的技术状况。原生产设备技术状况劣化，无修复价值；或者可利用，但设备无形磨损严重，造成产品生产成本高，失去市场竞争力，应加以更新。

（3）国家政策的要求。

（4）国家劳动安全和环境保护法规的要求。

（5）国内外新型设备的发展，大型设备改造或设备引进后的配套设施需求。在新增设备或生产线的重大改造后，从场地、平面布置改变到配套设备设施的增加等方面应作为参考依据。

（6）可用于设备投资的资金以及还贷能力的综合考察。对于投资资金的筹集，国务院在《转换经营机制条例》中规定："企业可以将生产发展基金用于购置固定资产，进行技术改造，开发新设备或补充流动资金，也可以将折旧费、大修费和其他生产性资金合并用于技术改造或者生产性投资。"

2.1.7　设备规划的编制程序

从技术角度，设备规划的工作程序大致分三个时期：投资前时期、投资时期和生产时期。设备规划的技术过程见图2-1。在投资前时期，要进行项目的规划设想、初步选择、编制规划评价和决策。工作的重点就是可行性研究。在投资时期要进行谈判和签订合同、设备工程设计、施工建设、培训人员、试运转和投产。这一时期关键问题是建设周期，周期越短，越能早发挥投资效益。设备工程的经济效益主要是通过生产时期的活动来反映。在生产时期的初期，主要是生产技术的应用和管理，以求尽早达到设计的生产能力和各项技术经济指标。从设备工程整个寿命周期来看，关键问题是经济效益的好坏。而投资前期可行性研究的质量和投资时期的建设速度及其质量，对生产时期的经济效益是至关重要的。三个时期的各项工作不是截然分开的，而是交错进行的。如设备工程设计、评价和决策，不是一次完成，而是由浅入深地多次反复而定的。

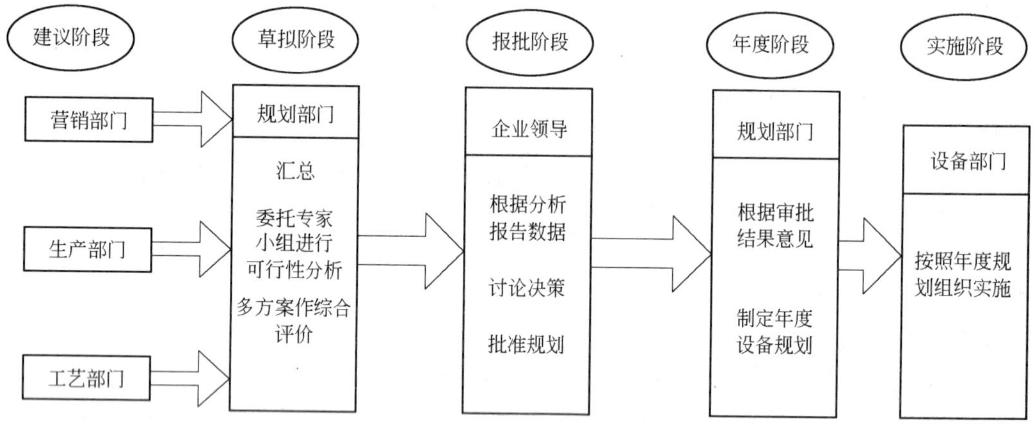

图2-1　设备规划的技术过程

设备规划就是按设备规划依据，通过初步的技术经济分析来确定设备改造，更新和新增规划的项目进度计划。

设备规划的编制，应在分管设备副厂长或总工程师领导下，由总师办或设备规划部门负责，自上而下地进行编制。编制程序如图2-2所示。首先，由设备使用部门、工艺部门和设备管理部门根据企业经营发展规划的要求，提出设备规划的项目申请表。对设备规划项目必须进行初步的技术经济分析，从几个可行方案中选择最佳方案。其次，由总师办或规划部门汇总各部门项目申请表，进行综合平衡，提出企业经济效益和社会经济效益最佳的设备规划草案，送交计划、设计、工艺、质量、设备、技安环保、财务、劳动教育及生产等部门会审。最后，由总师办或设备规划部门根据会审意见修改规划草案，编制设备规划，经主管副总经理或总工程师审查后报总经理批准，再下达实施。

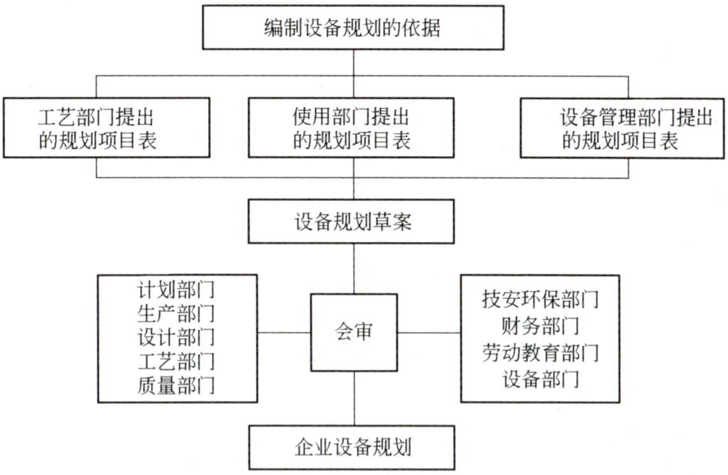

图 2-2 设备规划编制程序示意图

2.1.8 设备规划的可行性分析

对于一般设备，不一定非进行可行性分析。但对于重大设备引进和生产线的改造，这一环节就十分重要。可行性分析是企业重大投资项目规划的核心部分。

所谓的可行性分析是对拟建项目的重大问题事先进行的详细调查研究和系统分析比较，从技术上、经济上全面论证各种方案的可行性，从中选出最优方案，减少企业投资的盲目性，避免由于事先考虑不周而出现重大的方案变动或返工所造成的损失，加强投资的可靠性。投资较大的项目必须在可行性报告经过权威部门审查批准后才能正式签约。

可行性分析报告一般应对设备方案、建设规模、工艺流程、重要设备选型及总体布置等进行比较、论证，并推荐出可供领导决策的建议方案。

可行性分析报告还是各种评估的依据，如向银行申请贷款时，银行对企业的评估依据；环保部门审查项目对环境影响的依据；企业未来组织管理、机构设置、职工培训等安排的依据。

可行性分析报告虽然是为了阐述项目可行性的理由，但也应注意避免避实就虚、掩盖弊端的现象。应客观、实事求是地陈述项目是否实际可行，分析引进的利弊，要有比较、寻优的过程。

通常情况下设备规划可行性论证包括以下主要内容：

（1）规划制定的目的、背景、前提和任务，并明确指出研究范围。除提出由于企业生产发展经营总体规划中考虑设备规格、型号及数量等主要技术性内容外，还要提出因此导致的设备管理体制、人员结构、辅助设施建设方案实施意见，必要时还应编制工艺平面布置图或表格加以说明。

（2）环保与能源的治理和评价。在论述设备购置规划与实施意见中，要同时对因此带来的环境治理和能源消耗方面问题的影响因素进行分析与对策的论述。

（3）实施条件的评述。设备规划的实施方案意见，应对设备市场调查分析、价格类比、设备运输与安装场所等方面的条件进行综合性论述。

（4）对所制定的设备规划的结论性整体经济评价。

（5）由于在设备规划实施周期内可能会有企业经济效益，国家经济政策调整，金融或商品市场情况变化，以及规划分析论证时未估计的诸多影响因素，都要进行恰当分析。

（6）对规划中设备资金使用、实施进度控制、各主管部门间的协调配合等重要问题提出明确意见。

2.1.9　设备投资决策

在市场经济体制系中，投资是为了获取利润而进行的投入。按取得回报及收回投入时间的长短，可以分为短期投资和中长期投资，对设备的投资一般属中长期投资。设备是企业的有形固定资产，设备投资具有下列特点：

（1）设备投资是企业固定资产投资主要部分。项目投资中，形成固定资产的投资额约占全投资的80%以上，其中设备资产平均占固定资产投资额的70%左右。

（2）投资回收期长，变现能力差。流动资产投资在一年内或一个经营周期中变现；固定资产投资短则要几年，长则要十几年，甚至几十年才能收回投资。想把设备资产迅速变成现金，一般都是相当困难的，要付出很大代价。

（3）影响企业长期的经营活动。设备投资完成，构成企业基本生产能力。并要配套投入相应的流动资金和招聘具有相应技能的员工。企业一旦要改变经营范围和能力，必须重新投资，并拆除原有设备，调整原有人员和流动资产配置，支出巨额转产或退出费用。

（4）设备投资收益要经历很长时期才能完全实现。首先，在项目建设期，不仅得不到投资收益，还要支付利息。项目建成投入运行后，先要还本付息，然后才有收益。

（5）投资风险大。投资风险大的原因，除了上面所说的投资额大，投资回收期长，变现能力差等因素外，还有涉及面大，涉及因素多，受汇率、利率、经济周期、政策变化等很多不可控因素的影响。短期营业决策中也有改变原有决策的成本费用，也有各种风险，但由于其影响时间短，容易迅速取得投资补偿，比较容易获得信息，进行风险预测和控制，发生风险的概率和幅度较小。因此，设备投资，尤其是中长期、大规模的设备投资，必须十分慎重。

2.1.10　设备投资的分析

设备投资涉及企业远景规划、经营目标和发展等大事项，因此投资规划的制定，必须建立在充分的调查、论证的基础上，具有较强的说服力和可操作性。在实际工作中，企业的设备投资分析主要有以下内容：

（1）投资原因分析：1）企业现在设备能力在实现生产经营目标、生产发展规划、满足市场需求等情况进行分析。2）依靠技术进步，提高设备质量，增强市场竞争力，对企业设备技术状况陈旧而需要更新的原因分析。3）为节约能源和原材料，满足环保与安全生产方面的新需要等原因分析。

（2）技术选择分析，主要是指对装备技术规格与型号的选择。在设备购置的分析中，由设备技术主管部门和相关部门，对新提出的设备主要技术参数进行分析论证，并经过讨论通过，正式向有关方面报送。

（3）财务选择。在立项报告中，必须对选购设备的经济性进行全面论述。并提出投资的具体分项内容，在综合分析计算后，本着使用成本低、投资效益好的要求进行论断。

（4）资金来源分析。经营性企业设备投资的资金来源，在我国现行经济体制下主要有以下方式：1）政府财政贷款。在市场经济条件下，凡对社会发展有特别意义的项目，可申请政府贷款。2）银行贷款。凡属独立核算的企业投资项目，只要符合一定审批程序和要求，银行将按规定准予办理贷款事项。3）自筹资金。企业的经营利润留成、发行债券和股票、自收自支的业务收入和资产处理收入等项资金均可以用于设备投资。4）利用外资。利用外资进行固定资产投资，是中国固定资产投资的一个重要资金来源。

企业为了开发新设备和改革设备、扩大生产规模、对生产薄弱环节的技术改造，都需要增添和更新设备，以扩大和加强生产的物质技术基础。

增添和更新设备的途径一般有两条：一是外购；二是自行设计和制造。一般来说，高精度的设备、结构复杂的设备、大型稀有的设备、通用万能的设备以外购为宜；对于某些关键设备，必要时还需要有重点地从国外引进。这是因为这类设备对设备的质量和产量起决定作用。

对于一些单工序或多工位专用工艺设备，尤其是用于大批量生产的设备，如生产标准件、工具、汽车、拖拉机、轴承、家用电器的设备，以及流水生产线上的设备和流程设备等，以本企业自行设计制造为宜。自行设计制造专用高效率或工艺先进的设备，是国内外不少企业提高生产水平的重要途径。

2.2　设备的选型与购买

购置设备的选型，是指通过技术上与经济上的分析、评价和比较，从可以满足相同需要的多种型号、规格的设备中选购最佳者的决策。设备无论是从外厂购进的，还是企业自行制造的，设备选型都是十分关键的。企业中有些设备本身并无问题，但长期不能发挥作用往往是设备选型不当造成的。因此，合理地选择设备，可使有限的投资发挥最大的技术经济效益。

2.2.1　设备选型的原则

设备选型应遵循的原则是：

（1）生产上适用——指选择的设备适合企业现有设备和待开发设备生产工艺的实际需要。只有生产上适用的设备才能发挥其投资效果，创造出高效益。

（2）技术上先进——以生产适用为前提，以获得最大经济效益为目的。因此，不可脱离我国的国情和企业的实际需要而一味求技术上先进，也要防止选择技术上落后的设备投入生产而低效率地运转。

（3）经济上合理——指选择的设备应是经济效果最佳的设备。

通常将生产上适用、技术上先进和经济上合理三者统一权衡。

2.2.2　设备选型的步骤

设备的选型要注意调查研究，采取三次“选择”的方法。如图 2-3 所示，设备选型步骤是：

第一次预选——它是在广泛收集设备市场货源情报的基础上进行的。货源情报的来源包括设备样本、设备目录、电视广告、报刊广告、制造厂家销售人员上门推销提供的情报、从展销会上收集的情报、代理商或有关专业人员提供的情报等。将这些情报分类汇集，编辑索引，从中选一些可供选择的机型和厂家。这就是为设备选型提供信息的预选过程。

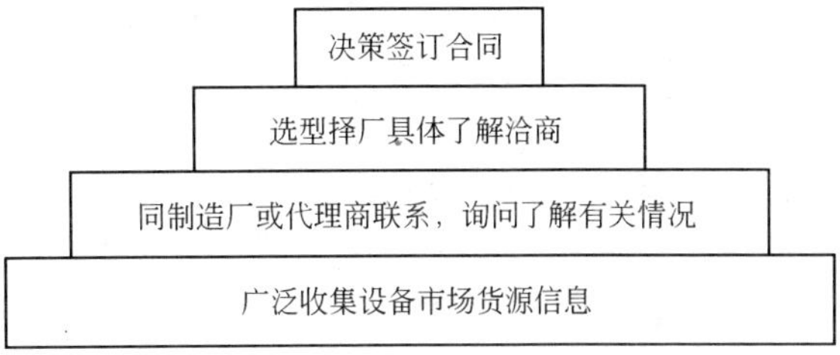

图 2-3　设备选型步骤图

第二次细选——它是在第一次预选的基础上进行的，首先要对预选的机型和厂家进行调查，联系和询问，详细了解设备的各种技术参数、效率、精度、性能；制造厂的服务质量和信誉，使用单位对其设备的反映和评价；货源及供货时间；订货方式、价格及随机附件等情况，做好调查记录，填写“设备货源调查表”。然后，进行分析比较，从中再选出几个备选的机型和厂家。

第三次选择——首先，要在第二次细选的基础上与选出的机型和厂家进一步联系洽谈，必要时作专题调查和了解。对需要进一步落实的关键设备，要到制造厂或这种设备的使用厂实地进行深入细致的观察和了解，并进行必要的试验，针对有关问题同生产厂家进行交谈，并作详细记录；也可与制造厂或代理商签会谈备忘录或协议等。然后，由设备、工艺技术、计划和使用部门共同评价，选出最理想的机型和厂家作为第一方案。最后，由主管领导决策批准，正式签订合同。这样，便完成了设备选型。

在设备选型过程中，对一些关键设备、价格昂贵、数量多或大型设备，除采用上述多次筛选法外，还应通过必要的技术经济分析和评价来进行优选。

2.2.3　设备选型的参数与性能分析

上述选型工作内容与程序中所指的对收集到的设备技术与经济信息进行多次的筛选工作，即是设备购买者对所需设备的参数性能进行深入细致的选择分析过程。

设备的参数性能包括：

(1) 设备的主要参数。设备的主要参数是决定其生产效率和影响企业经济效益的重要因素。其内容较多，主要包括：1）设备的工作范围；2）设备的工作效能；3）设备的精度；4）设备的性能；5）设备外形尺寸。

(2) 设备的可靠性和安全性。设备的可靠性，指设备处于使用状态下，在规定的时间和条件下完成规定功能的能力。在实际中常用可靠度来表示设备的可靠性。而可靠度则是指设备、零部件在规定的条件下，完成预期功能的概率，它是时间的函数。可见我们选择设备必须考虑使其主要零部件平均故障间隔期越长越好。

安全性是设备对生产安全的保障性能，即设备应具有必要的安全防护设计与装置，以避免带来人、机事故和经济损失。在设备选型中，若有投入使用的新设备无安全防护性部件，必须要求其提供实验和使用情况报告等资料。

(3) 设备的维修性和操作性。设备的维修性，指当设备发生故障时，通过维修手段使其恢复功能的难易程度。一般指以下三个方面：1）设备的技术图纸、资料齐全。便于维修人员了解设备结构，易于拆装、检查。2）设备设计合理。在符合使用要求的前提下，设备的结构应力求简单，零部件组合标准化，考虑在线检测设计周到，检查拆卸较容易。3）提供适量的备件或有方便的供应方式。

此外，维修技术要求尽量符合设备所在地域情况。设备的操作性属于人机工程学范畴内容，总的要求是方便、可靠、安全、符合人机工程学原理。

(4) 设备的环保与节能。工业、交通运输业和建筑业等行业企业设备的环保性，通常是指其噪声振动和有害物质排放等对周围环境影响程度。在设备选型时必须要求其噪声、振动频率和有害物质排放等控制在国家和地区标准的规定范围内。设备的能源消耗是指其一次能源或二次能源消耗。在选型时，所选购的设备必须要符合国家《节约能源法》规定的各项标准要求。

(5) 设备的经济性。企业可视自身的特点和需要而从中选择影响设备经济性的主要因素进行分析论证。大体而言，设备选型时要考虑的经济性影响因素主要有：1）初期投资；2）生产效率；3）耐久性；4）能源与原材料消耗；5）维护修理费用。在选购设备时不能简单寻求价格便宜而降低其他影响因素的评价标准，还要充分考虑停机损失、维修、备件和能源消耗等费用以及各项管理费，要使设备寿命周期费用最低。

2.2.4　设备订货与购置

2.2.4.1　设备订货程序

设备采购部门按企业投资规划中所列设备明细，根据设备选型阶段确定的方案，向制造厂家询问价格及供货情况，收集各种报价和供货可能，并与制造厂磋商一些细节，最后签订订货合同或订货协议。对国内市场采购和国外订货的设备，其订货程序如图 2-4 所示。

图 2-4　设备订货程序

凡被列入国家计划的设备投资项目，若系国内生产的设备，一律由需用单位向主管部门提出设备申请计划。批准后由上级下达分配指标，直接与指定制造厂家联系，签约订货；或由上级或物资主管部门调拨。其订货程序如图 2-5 所示。

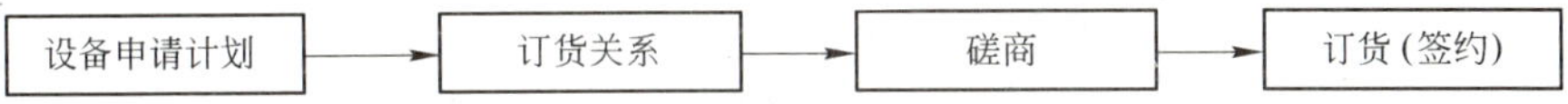

图 2-5　国家计划设备投资项目订货程序

订货签约前谈判协商的具体内容包括：（1）设备具体规格、技术性能及专门要求；（2）设备附件的要求；（3）设备用途和使用范围的要求；（4）操作性能、结构合理性要求；（5）安全防护装置的要求；（6）设备可靠性和维修性的要求；（7）设计的特殊要求和特殊附件、附具；（8）交货期的协商；（9）付款方式、开户银行及账号、到站、联系人、收货单位；（10）协议书及合同附加条款说明和期限等。

2.2.4.2　设备订货合同管理

所谓合同，是供需双方达成的一致性协议，经双方签章后便具有法律效力。设备订货合同应注意以下特点：（1）合同的签订以往来函电的洽商结果为依据。（2）合同必须明确表达供需双方的意见，方案准确，无漏洞。（3）合同必须符合国家的经济法令政策和规定。（4）合同必须考虑可能发生的各种变动因素，并列入防止和解决的方法。（5）签订合同必须手续完备，填写清楚。

设备的主合同，主要是对于成套设备、流程设备、大型设备，一般应包括以下内容：（1）主机、辅机设备名称、型号、规格详细说明。（2）各项目订货数量。（3）交货日期、地点、运输方式。（4）分项目价格，总价格。（5）付款方式和付款条件等。各个项目的合同文本，随项目的不同，也可以有所不同。

订货合同及协议书、订货过程中的往返电函和订货凭证，都应妥善管理，以便订货过程中查询和执行合同时备查，并作为解决供需双方可能发生的矛盾的依据。合同应进行登记并记录执行中发生的事项，设立专门的登记台账和档案。国外设备订货的往返电报和函件、附加协议、双方商谈纪要、预付款单据等，都应视为合同的附件登记和归类管理。

2.2.5　设备到货验收

设备到货验收是订购合同中主要条款内容之一，它包括设备到货期验收和设备完整性验收两部分内容。

2.2.5.1　设备到货期验收

订货设备应按期到达指定地点，不允许任意变更。特别是从国外订购的设备，影响设备到货期的因素较多，双方必须按合同要求履行验收事项。其具体规定有以下两方面：

（1）不允许提前太多的时间到货。否则设备购买者将增加占地费和保管费以及可能造成设备损坏。

（2）不准延期到货。否则将会影响整个工程的建设、投产、运行计划，若是用外汇订购的进口设备，则业主还是要担负货币汇率变化的风险等。造成设备到货期拖延通常是制造商占主要原因。

但在大型成套设备，特别是从国外引进设备的拖延交货期，往往与政治、自然条件、国际关系等因素相联系，必须按“FIDIC”合同条款内容作出裁决。其具体内容有以下几方面：

（1）人力不可抗拒的原因。包括：战争行为；提供设备的国家发生政变、内乱、罢工、流行病疫等；地震、火灾、飓风等自然灾害。按 FIDIC 合同规定，发生上述不可抗拒情况一方，需在事件发生后 14 日内通知合同另一方。

（2）工程内容变更。按照 FIDIC 合同规定：在合同履行期间对工程进行变更、修正、增减内容。但 FIDIC 合同同时规定，在合同履行期制造商也可向业主建议变更、改进工程质量及安全性改进意见，业主也可向制造商建议变更、改进工程质量及安全性改进意见，业主可赞成也可拒绝，但事关工程安全性方面的修改意见应给予接受。一般情况下，当上述情况发生时，其合同总价一律不能调整，但对合同执行期限可作适当修正。因此，倘若是由于上述变更因素所导致的设备到货期的拖延，应该是允许的。

业主主持到货期验收，如与制造商发生争端，或在解决实际问题中有分歧或异议时，应遵循以下步骤给以妥善处理：（1）双方应通过友好协商给以解决；（2）可邀请双方认可的有关专家协商解决；（3）申请仲裁解决。而在实际操作中，如果制造商要拖延合同交货期，则应提前书面向业主提出申请。而业主一旦收到拖期通知，则双方应在合同可行的最短时间就延长期限达成新的协定。其中，制造商应尽力缩短合同所规定的设备到货拖延期。

2.2.5.2　设备完整性验收

设备完整性验收内容包括：

（1）订购设备到达口岸后，业主派人员介入所在口岸的到货管理工作，核对货物数量、名称等是否与合同相符，有无因装运和装卸等原因导致的不好情况的现场记录，办理装卸运输部门签证等业务事项。另外，在接到收货通知单证后，应立刻准备办理报关手续。报关人除要按规定填写报关单据外，还要准备好以下证单：1）提货单据；2）发票及其副本；3）包装清单；4）订货合同；5）设备地购运证明；6）其他海关认为有必要的文件。

（2）做好到货现场交换与设备接卸后的保管工作。无论是国内还是国外 FIDIC 订购设备合同都明确规定：设备运到使用单位或业主所在国家口岸后的保管工作一般均由业主负责。对国外大型、成套设备，业主单位应组织专门力量做好这一工作，确保设备到达口岸后的完整性。

（3）组织开箱检验。除国内订货外，凡属引进设备或从国外引进的部分配套件，在开箱前必须向商检部门递交检验申请并征得同意后方可进行，确保设备到达口岸后的开箱检查。检查的内容有：

1）到货时的外包装有无损伤，若属裸露设备，则要检查其刮碰等伤痕及油迹、海水浸蚀等损伤情况。

2）开箱前检查货运到港件数、名称，是否与合同相符，并做好清点记录。

3）设备技术资料、随机配件、专用工具、通讯器材等，是否与合同内容相符。

4）开箱检查，核对实物与订货清单是否相符，有无因装卸或运输保管等方面的原因而导致设备损坏。若发现有损坏现象则应保持原状，进行拍照或录像，请在检验现场的海关等有关人员共同查看，并办理索赔现场签证事项。

（4）办理索赔。索赔是业主按照合同条款中有关索赔、仲裁条件，向制造商和参与该合同执行的保险、运输单位索取所购设备受损后赔偿的过程。不论国内订购还是国外订购，其索赔工作均要通过商检部门受理经办方有效，同时索赔也要分清下述情况：1）设备自身损失，由制造商或经营商负责赔偿；2）属运输过程造成的损失，由承运者负责赔偿；3）属保险部门负责范畴，由保险公司负责赔偿；4）因交货期拖延而造成的直接与间接损失，由导致拖延交货期的主要责任方负责赔偿。

按照我国现行的检验条例规定，进口设备的损失好坏，应在我国对外运输单据指明的到货港、站进行检验，但对设备、仪器、成套设备以及在到货口岸开箱后因无法恢复其包装而会影响国内安全转运的，方可在设备使用地点结合安装同时开箱检验；凡集装箱运输的货物，则应在拆箱地点进行检验。不过，凡合同中规定需要由国外售方共同检验或到货后发生问题需经外方派员会同检验的，一定要在合同规定的地点检验。所以，报检地必须是验收所在地。另外，一般合同的商务条款中所指“索赔有效期”指买卖双方共同认定的商品验收期，它的具体时间视设备规模、类别的不同而异，由买卖双方商定，一般为6~12个月，报检人若超过上述期限进行报检，则检验部门可不受理，则丧失索赔权。

2.3 设备安装调试与初期管理

2.3.1 设备的安装

2.3.1.1 设备安装的工作流程

按照生产工艺所确定的设备平面布置图及安装技术规范的要求，将已到厂并经过开箱检查的外购或自制新设备安装在规定的基础上进行找平、稳固、达到要求的水平精度，并经调试验收合格后移交生产，这些工作统称为设备安装。安装工作一般由购置单位或受委托单位负责，安装后由购置单位组织安装单位、设备动力部门及使用部门进行安装质量检查、试车验收并办理移交手续。

设备安装的具体工作包括基础准备、出库、运输、开箱检查、安装上位、安装检查、灌浆、清洗加油、检查试验、竣工验收等。

主管部门提出安装工程计划、安装作业进度及工作令号，经企业主管领导批准后由生产部门作为正式计划下达各部门执行，其工作流程见图2-6。

2.3.1.2 设备安装的准备工作

设备安装的准备工作包括以下具体内容：

（1）落实安装调试人员。如技术人员、机修工、操作者、起重工等。精、大、稀设备的安装应设一名主管领导进行组织协调和负责现场的安装指挥。

（2）准备安装技术资料。外文资料应提前翻译成中文，对结构性能不了解的设备，应向

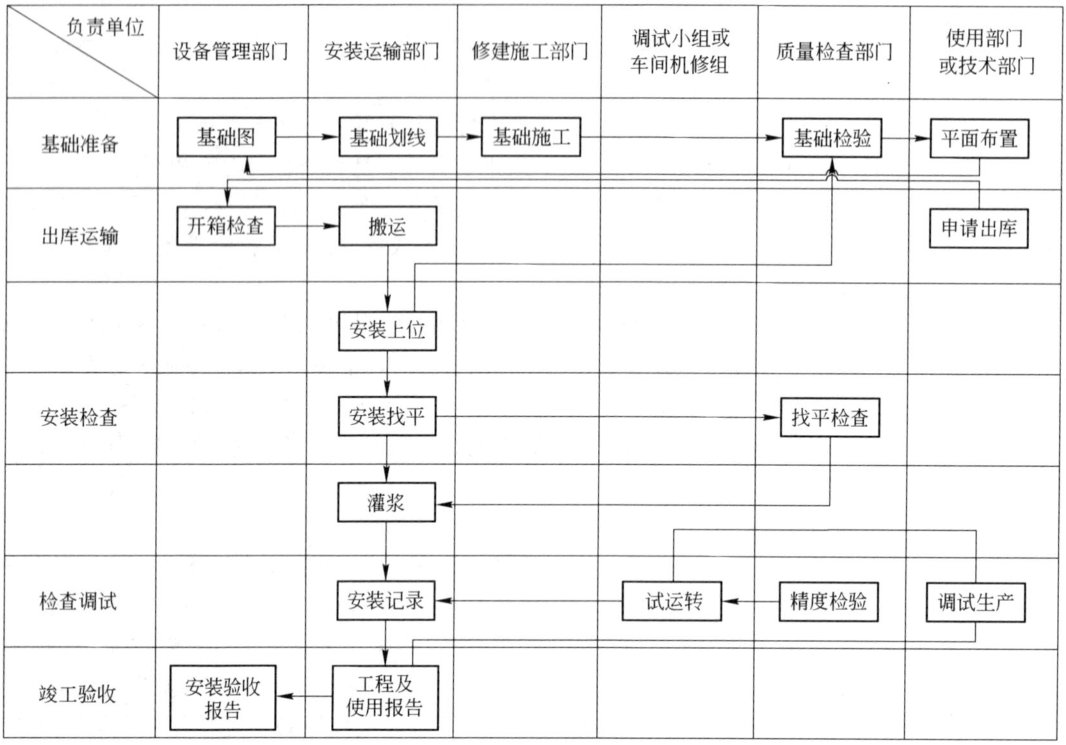

图 2-6　设备安装程序

制造厂索取资料。

（3）组织安装调试人员学习研究有关技术资料，了解设备有关情况。

（4）安排设备运输。按照设备资料所提供的设备重量、体积、结构，研究运输途径的通过可能、吊车就位的条件和运送方式等。

（5）完善设备环境条件。设备运转及操作维修所必需的环境、动力源的供应条件、采暖、防尘及隔音的特殊要求等。

2.3.1.3　设备出库与开箱检查

按库存房管理规定办理设备出库手续。设备开箱检查由设备采购、设备主管部门组织，安装部门、工具工装及使用部门参加。如系进口设备，应有商检部门人员参加。开箱检查主要内容如下：

（1）检查箱号、箱数及外包装情况。发现问题，做好记录，及时处理。

（2）按照装箱单清点核对设备型号、规格、零件、部件、工具、附件、备件以及说明书等技术文件。

（3）检查设备在运输保管过程中有无锈蚀，如有锈蚀及时处理。

（4）凡属未清洗过的滑动面严禁移动，以防研损。

（5）不需要安装的附件、工具、备件等应妥善包装保管，待设备安装完工后一并移交使用单位。

（6）核对设备基础图和电气线路图与设备实际情况是否相符；检查地脚螺钉孔等有关尺寸及地脚螺钉、垫铁是否符合要求；电源接线口的位置及有关参数是否与说明书相符。

（7）检查后做出详细检查记录，填写设备开箱检查验收单（见表 2-2）。

表 2-2 设备开箱检查验收单

设备名称		型 号		制造厂	
制造编号		出厂年月		主要规格	
外形尺寸		设备重量		设备净值	
进厂日期		开箱日期		出库日期	
检查情况					
受检部分		检查结果		备 注	
箱号和箱数以及包装情况、设备名称、型号和规格					
按装箱单清点附机、附件、备件、工具齐全情况					
检查主机、附机、附件、备件、工具有无损坏和锈蚀					
技术资料名称					
结 论					
设备使用部门	设备管理部门	安装队	运输队	检查验收日期	

注：本单填写一式三份，设备使用部门、设备管理部门、设备档案室各一份。

2.3.1.4 设备安装与调整

按照设备安装要求安装、调整并就位。设备安装完成后，按有关技术文件所规定的检验项目进行检查并做记录。电气部分按《电气装置安装工程及验收规范》的有关规定进行检查。如发现问题，应向制造厂家反馈要求解决。

2.3.2 设备调试和验收

2.3.2.1 设备的调试和试运转

一般通用设备的调试工作包括清洗、检查、调整、试车，由使用单位组织进行。精、大、稀、关键设备以及特别情况下的调试，由设备动力部门会同工艺技术部门组织。自制设备由制造单位调试，工艺、设备、使用部门参加。

设备的试运转一般可分为空转试验、负荷试验、精度试验等三种。(1) 空转试验其目的是为了检验设备安装精度的保持性、设备的稳固可靠性，传动、操作、控制等系统在运转中状态是否正常。(2) 负荷试验主要检验设备在一定负荷下的工作能力，以及各组成系统的工作是否正常、安全、稳定、可靠。(3) 精度试验一般应在正常负荷试验后按说明书的规定进行。

设备试运转后应做好各项检验工作的记录，根据试验情况填写“设备试运转记录单”（见表 2-3）、“设备精度检验记录”（见表 2-4）。

表 2-3 设备试运转记录单

设备名称		型 号			主要规格	
使用车间		安装日期			制造厂名	
出厂编号		出厂日期			资产编号	
运转速度						
试运转						
运转时间						
	机 身					
	电 机					

续表 2-3

	主轴轴承					
	离合器					
	油　温					
进给机构						
转动机构						
操作机构						
液压、冷却、润滑系统						
气动及管道部分						
电气部分						
安装装置						
其　他						
移交部门	使用部门	检查科	设备管理部门	检查日期		

注：本单填写一式四份，移交部门、使用部门、检查科、设备档案室各一份。

表 2-4　设备安装质量及精度检验记录单

设备名称		型　号		规　格	
使用车间		安装日期		制造厂名	
出厂编号		出厂日期		资产编号	
安装质量记录					
安装精度		安装垫铁		外观质量	
精度检验记录					
序　号	检验项目	允　差	实　测		备　注
			试运转前	试运转后	
结　论					
移交部门	使用部门	检查科	设备管理部门	检查日期	

注：本单填写一式四份，移交部门、使用部门、检查科、设备档案室各一份。

2.3.2.2　设备的验收和移交

设备安装验收工作一般由购置设备部门或主管领导负责组织，设备、基础施工安装、检查、使用、财务部门等有关人员参加，根据所安装设备的类别按照《机械设备安装工程施工及验收通用规范》和《设备安装施工及验收规范》的有关规定进行验收。

设备基础的施工验收由土建部门质量检查委员会同土建施工员进行验收，并填写“设备基础施工验收单”。

设备安装工程的验收在设备调试合格后进行，由设备管理部门，工艺技术部门协调组织安装检查，使用部门有关人员参加，共同鉴定。设备管理部门和使用部门双方签字确认后方为竣工。

设备安装验收工作一般由购置设备的部门或主管领导负责组织，设备、基础施工安装工程验收时，应具备下列资料：（1）竣工图或按实际完成情况注明修改部分的施工图；（2）设计修改的有关文件和签证；（3）主要材料和用于重要部位材料的出厂合格证和检验记录或试验资料；（4）隐蔽工程和管线施工记录；（5）重要浇灌所用混凝土的配比和强度试验记录；（6）重要焊接工作的焊接试验和检验记录；（7）设备开箱检查及交接记录；（8）安装水平、预调精度和几何精度检验记录；（9）试运转记录。

验收人员要对整个设备安装工程作出鉴定，合格后在各记录单上进行会签，并填写设备安装验收移交单，办理移交生产手续及设备入固定资产手续。

2.3.3　设备使用初期的管理

2.3.3.1　设备使用初期管理的含义

设备使用初期管理，是指设备安装投产运转后初期使用阶段的管理，包括从安装试运转到稳定生产这一观察时期内的设备调整试车、使用、维护、状态检测、故障诊断、操作人员的培训、维修技术信息的收集与处理等全部管理工作。

加强设备使用初期的管理是为了使投产的设备尽可能达到稳定的良好状态，满足生产效率和质量要求，同时可发现设备前半生管理中存在的问题，对发现的设备设计与制造中的问题进行信息反馈，提出新设备的设计质量问题和进行设备改造选型工作，并为今后的规划、决策提供可靠的依据。

2.3.3.2　使用初期管理的主要内容

设备使用初期管理的主要内容：（1）做好初期使用中的设备调试，以达到原设计的功能；（2）对操作、维修工人进行维修技术培训；（3）观察设备使用初期运行状态的变化，做好记录与分析；（4）查看设备结构、传动装置、操纵控制系统的稳定性和可靠性；（5）设备加工质量，性能是否能达到设计规范和工艺要求；（6）设备生产的适用性和生产效率情况；（7）设备的安全防护装置及能耗情况；（8）对初期发生故障部位、次数、原因及故障间隔期进行记录分析；（9）要求使用部门做好实际开动台时、使用条件、零部件损伤和失效记录，对典型故障和零部件的失效进行分析，提出对策；（10）对发现设备原设计或制造不足，采取改善维修措施。

设备使用部门及其维修单位对新投产的设备做好使用初期运行情况记录，填写使用初期信息反馈记录表（见表2-5），送交设备部门，并由设备管理部门根据信息反馈和现场核查出设备使用初期技术状态使用表（见表2-6），按照设计、制造、选型、购置、安装调试等方面分别向有关的部门反馈，以改进今后的工作。

表2-5　设备使用初期信息反馈记录

设备名称		型　号		规　格	
设备编号		制造厂		制造号	
安装日期		投产日期		出厂号	
记录人		记录时间			
设备投产后故障情况及存在问题与解决方法					
使用部门意见及建议					
设备管理部门意见					
车间主任	机械员（师）			年　　月　　日	

表 2-6　设备使用初期技术状态鉴定表

设备名称				型　号		规　格	
设备编号				制造厂		制造号	
使用单位				投产日期		出厂年月	
	加工设备名称及规格			鉴定情况		建议意见	
设备技术状态	产品工艺要求	精　度					
		粗糙度					
		生产率					
	传动系统变速及运转情况						
	操纵、控制系统运行情况						
	润滑、液压系统运行情况						
	电气装置运行情况						
	设备故障率及平均故障间隔期						
	安全防护装置情况						
对今后同类型设备的建议							
对设备初期使用鉴定意见							
设备主管部门			制表			年　　月　　日	

2.4　自制设备管理

自制设备是指企业为适应生产需要自行设计制造的专用设备和非标设备，其规划、设计、制造、安装、调试、验收应由设备动力部门参与或负责，充分体现设备的设计、制造、使用、维修相互结合的原则。自制设备具有针对性强、周期短、收效快等特点。它是企业为解决生产关键，按时保质完成任务，获得经济效益的有力措施，也是企业实现技术改造的重要途径。

2.4.1　自制设备设计制造的原则

《设备管理条例》规定："企业自制设备，应当组织设备管理、维修、使用方面的人员参加设计方案的研究和审查工作，并严格按照设计方案做好设备的制造工作。设备制成后，应当有完整的技术资料。"满足"生产上适用、技术上先进、经济上合理"三项基本原则。

另需指出，企业自制设备必须从生产实际需要出发，立足于企业的具体条件，因地制宜，讲究适用。注意经济分析，设备全寿命周期中的设计制造费与使用维修费两者结构合理。

2.4.2　自制设备管理的内容和程度

自制设备的前期管理工作比外购设备更复杂，因为它增加了设计、加工、制造的部分，其主要内容如下：

（1）项目早申请。由设备使用部门或工艺部门根据生产发展需要，提出自制设备申请书。主要内容包括：当前设备及工艺的不足、推荐的新工艺、自制或设备改造后的预期的技术经济效果，新设备或改造部分的主要结构设想。申请书经工艺部门负责人、总工程师批准后由设备规划部门列入设备规划。重要设备的自制或关键设备的技术改造应经过主管厂长批准方可进行。

（2）编制任务书。由设备使用部门或工艺部门编制自制专用设备设计任务书。主要内容包括：可生产的设备品种、工艺环节；对设备质量、产量要求；采用的新结构特点、新工艺特点；推荐的自制专用设备基本设计结构及各项技术参数、自动化程度、维修性和可靠性特征、验收标准、费用计算及要求的完成日期。设备设计任务书在制定之前应进行一定的市场、技术发展趋向调划，如果市场有此专用设备销售，价格低于自制或技术改造费用计算，应取消自制或改造计划，建议直接购入；如果市场上的一类设备具有先进的结构可供参考，也可糅入新设备的结构中去。设备设计任务书定出后应广泛征求设备管理、设计部门、工艺部门、使用部门专家的意见，经工艺部门负责人审查同意，总工程师批准。

(3) 委托设计。自制专用设备设计可以委托本企业工艺装备或设备设计部门负责，也可委托生产类设备的企业设计部门签订委托设计合同书和技术协议。主要内容包括：1) 设备技术要求细目；2) 用户提供的资料和设计条件；3) 关于工艺实验和是否试制样机的规定；4) 设计单位应交付的技术文件细目；5) 完成日期；6) 设计费用；7) 设计后的服务，包括制造加工时的技术、信息服务，设备技术的参与、设计修改完善工作；8) 设计审查的规定；9) 设计可否转让的有关规定；10) 合同签订方违约经济责任和争议仲裁。委托外厂设计并制造的设备，协议形式与外购设备相同，按照外购设备合同管理方式进行。

(4) 设计审查。初步设计方案应由用户委托专门机构审查。用户技术力量雄厚，可委托自己的工艺、设备管理及使用部门审查。审查内容为：设计方案能否达到设计任务书规定的各项技术要求。完成技术设计后，再进行审查，审查设备的操作性、维修性、可靠性、安全性等等。审查部门提出审查意见，双方对修改设计达成一致意见，做好记录，由设计人员和审查人员在设计总图、相应技术文件和审查意见书上签字。作为以后执行的依据。

(5) 委托制造。委托企业内生产部门加工、制造、改造设备可采用生产任务书或内部协议方式进行；委托外单位加工制造的设备或部件，应签订加工合同书。内容包括：零件、部件原材料标准、加工方式及质量标准要求，装配工艺及质量标准的规定、试车、确定验收，费用计算及结算方式。其他内容可参考前期管理中合同管理的内容。

(6) 安装调试。安装调试可由用户自行解决，也可委托专门的安装公司执行，具体管理可由设备管理部门派代表参加，以便分析调试中发现的问题，找出是设计方面的原因，还是制造、装配中的原因，属于哪方面的原因，哪方面负责。

(7) 鉴定验收。技术鉴定和验收是自制设备的重要环节。因为自制多数带有试制性质，不如购置的设备工艺、性能成熟、稳定。技术鉴定的根据是设计任务书和设计图纸规定的验收标准。一般由设计、制造、用户的工艺、设备管理、使用部门组成鉴定小组鉴定和验收。鉴定和验收参照外购设备的程序进行，如无负荷试车、负荷试车、精度测试等。

(8) 初期管理。自制设备的初期管理基本与外购设备初期管理相同。设备设计和制造部门应对设备有更多的跟踪和调查，以便及时修改和调整，使之尽快达到任务书规定的功能。

2.4.3 自制设备的验收

自制设备管理中最重要的环节是质量鉴定和验收工作。应依据设计任务书和图样要求所规定的验收条件，召开由主管领导主持、有关部门参加的自制设备鉴定验收会议，对自制设备进行全面的技术、经济评价和鉴定，合格后由质量检查部门发给合格证。安装调试合格后，由设计、制造部门向设备动力部门办理移交手续，设计单位应将全部质量检验合格证书、制造过程中的技术文件、图样等修改文件的凭证、工艺试验资料，以及制造费用结算成本等，移交设备动力部门签收。

自制设备在规定的保用期内，应由设计、制造单位提供技术服务工作。在使用初期要加强信息管理，有关部门要及时将使用效果的信息反馈给设计、制造部门，以达到提高自制设备质量的目的。

2.5　进口设备管理

2.5.1　进口设备管理的重要意义

进口设备一般价格昂贵、技术难度大、备件供应困难、涉外手续繁杂，并且多为企业重点关键设备。为了充分发挥进口设备效能，提高经济效益，加强进口设备管理，特别是加强进口设备的前期管理有着十分重要的意义。

按照统一领导、分级管理的原则，企业主管部门应负责对企业进口设备全过程管理的业务指导和督促检查工作，并组织协调地方、企业进口设备国产化工作。企业的经理、专业管理人员、技术人员和操作工人，应根据职责分工，对保持设备完好状态负直接责任，并作为考核及奖励的重要依据。企业应明确设备管理部门必须参与进口设备的前期管理、参加出国考察和培训等技术工作，并负责安装、调试、验收、使用、维护、检修、改造直至报废的全过程综合管理，以达到寿命周期费用最经济。

2.5.2　加强进口设备管理的措施

加强进口设备管理的措施包括：

（1）认真加强进口设备的前期管理。

1）完善进口设备工作管理办法。企业设备管理部门必须参与进口设备的前期管理，各级设备主管部门要确定专职人员分管。要从论证、选型、考察、订货、验收、安装调试、使用、维修、改造直至报废的全过程进行综合管理。做到选型有论证、购置有计划、安装有标准、使用有规程、维修有记录、改造有方案、报废有鉴定。

2）制定进口设备总体规划。企业要在认真调查研究的基础上，结合生产发展规模、技术发展水平和国外设备信息，制定包括引进设备发展规划和引进设备总体规划。编制规划既要有科学依据，又要瞄准世界先进技术水平。要按照技术上先进、生产上适用、经济上合理的原则选择国外优质名牌设备。

编制进口设备规划应处理好以下关系：①引进与自制的关系。国内能制造的优先在国内采购。②引进与消化吸收的关系。引进设备后要消化吸收，并立足于开发创新，以取得更好的经济效益。③引进技术与购买设备的关系。在引进设备的同时，重视引进技术。凡能引进制造技术的，就不引进设备。④引进关键设备与引进成套设备的关系。为节约外汇，凡国内能为关键设备配套的，就不搞成套引进。⑤设备系列和型号统筹规划与多样化的关系。引进设备的系列和型号选择要统筹规划，避免一个企业同时从几个国家引进同类设备，造成型号复杂、备件供应和维修都发生困难。

（2）加强进口设备的使用管理。

1）建立健全规章制度，加强进口设备档案和技术资料管理。

2）严格实行定人定机、定维修人员、定期进行精度检查，定期维护保养。

3）认真组织进口设备备件储备、建立轴承卡、备件卡等基础资料。

4）制定工艺操作规程和安全操作规程。做好使用、维修人员的培训，提高操作人员和维修人员的素质。

5）认真消化吸收，必要时对进口设备进行局部改造，改善技术性能和操作条件，降低动能消耗。

6）积极开展备件国产化工作。要做好国产代用、改用、测绘研制，组织科研攻关，纳入中长期规划。

3 设备工程基础工作

3.1 设备凭证管理

在设备的技术管理和经济管理中，用于记录设备管理和技术活动，以及经济核算，并明确管理各方责任的书面证明，就是设备管理凭证。

设备管理凭证是企业进行设备管理活动的依据。因此，搞好设备凭证管理是企业进行正常生产经营和维修的重要前提和保证。

凭证的主要内容：

（1）实质内容。用系统规范的形式反映设备管理活动的情况及其相关的内容，它是由设备名称、型号、规格、数量及与其相关的使用单位等构成；或由设备管理活动项目，如精度检测及其相关的精度值等构成。

（2）格式内容。由标题、表头、单位负责人、填表人、填表日期、凭证号码及文字注释等构成。

凭证的设定原则：

（1）满足需要的原则。在凭证的格式、内容、联次等设计方面，既要符合使用凭证人的业务特点，便于填写和管理，又要满足取得凭证的单位进行审查、核算的需要。如设备更新申请单要有购置单位、设备型号与名称、更新原因等栏目，还要有单位主管科室、设备管理部门和厂领导审核意见栏目。

（2）简明适用的原则。在凭证的设计上既要便于填写、计算，又要便于有关部门的审核、检查和督查。因此，在凭证的设计上，必须简单、实用，反映设备管理活动的主要内容。表格各栏目的名称要通俗易懂。

（3）科学规范的原则。凭证的设计要科学、规范地反映设备管理活动的主要内容。体现管理活动的内在联系与相互约束行为，以及凭证的合理流程。如由供应部门订购的设备，其出库凭证上要有设备管理部门审核签字的位置。

凭证设置要求：

（1）凭证一般设置成表格形式，一张表格有固定栏目和每次要填写的栏目，固定栏目要求数据来源可靠，易于收集，并要考虑最大的可能值，使它有足够的空格余地。

（2）凭证是随着设备物流和价值流的流向而传递的。传递的过程中，有的环节需要保留作为依据，所以凭证的联次要合理，并在每一联上注明应缴存的部门。

（3）凭证格式一旦确定下来，就要保持相对的稳定性。

凭证的管理：

（1）明确管理部门。由于凭证具有记录原始数据、明确责任的作用，因此要求凭证的真实和准确，每种凭证有明确的主管部门，负责凭证的设置、修改、审核及使用督促。

（2）凭证设置程序。各种凭证的设置，由主管部门专业管理人员写出方案，经部门负责人审批后，由相关处室会签，并经企业领导批准，定稿实行。

（3）凭证的启用。经批准的凭证，视使用范围，由主管部门通过厂部文件或会议纪要等形式下达到有关部门落实实施，并纳入有关制度中，制订相关检查督查办法。

（4）凭证的填写。设备管理凭证的相关人员负责填写，凭证的填写应书写认真、书面整洁、数据准确，并须有单位负责人签字方才有效。

（5）凭证的审核。取得凭证的主管人员，要有审核凭证的内容，发现问题要及时查清，涉及实物管理的要经常和实物核对；设备维修等费用凭证，按规定期限和财务部门对账，以免发生差错和漏洞。

（6）凭证的传递和保存。各种凭证的传递要有固定的传递路线，由有关的制度保证；凭证由联次注明的相关部门主管人员保存，如购置合同应由设备采购员保管，设备入库单由仓库保管员保存，根据重要程度确定其保存年限。

3.2　设备档案与资料管理

3.2.1　档案与资料管理的内容与要求

设备技术档案是指在设备管理的全过程中形成，并经整理应归档保存的图纸、图表、文字说明、计算资料、照片、录像、录音带等科技文件与资料，通过不断整理、鉴定等工作归档建立的设备档案。

设备资料是指设备选型安装、调试、使用、维护、修理和改造所需要设备样本、图纸、规程、技术标准、技术手册，以及设备管理的法规、办法和工作制度等。

设备的档案和资料都是设备制造、使用、修理等项工作的一种信息存储及表示方式，是管理和修理工作过程中不可少的基本资料。设备档案与资料的区别是：（1）档案具有专用特征，资料具有通用特征；（2）档案是从实际工作中积累形成的原始材料，具有失去不可得的特征，资料是经过加工、提炼形成的，往往经过正式颁布和出版发行。设备档案也是一种资料，是特殊的资料。

设备档案与资料的管理是指设备档案与资料的收集整理、存放保管、供阅传递、修改更新等环节的管理。

档案与资料管理内容：

（1）确定本企业应建立档案与资料明细，分类编码。

（2）按设备类别和使用要求，确定主要机型生产设备的档案与资料明细，建立目录。

（3）明确各项资料的来源、收集途径和责任人员，以及供阅办法、修改补充与获取权限。

（4）明确每台设备档案与资料的存放地点和保管人员。

（5）根据企业生产的发展和现代化管理水平的提高，对档案资料的内容和表格形式应不断改进，对资料明细应进行科学分类、编码，实现计算机管理档案资料内容的网上查询。

档案管理要求：

（1）企业设备部门应有设备档案和设备资料室以及相应的管理人员，负责设备档案、资料的收集、保管和供阅工作。企业维修部门和生产车间应设立资料员保存常用资料。

（2）档案资料人员按目录要求定期收集、整理有关资料，完善档案资料条目，丰富档案资料内容。

（3）设备档案实行单台保管办法。设备档案应随设备转让而转出，随设备报废而注销。

（4）进口设备的图纸、资料应及时组织翻译考查。

（5）设备档案仅供查询，不得借出，防止失去。设备资料供阅要有相应手续。

3.2.2　设备档案内容

设备档案一般包括设备前期与后期两部分。前期档案包括设备订购、随机供给和安装验收的材料；后期档案包括使用后各种管理和修理的材料。

设备前期档案包括：（1）订货合同；（2）装箱单和说明书及资料、附件、工具明细表；（3）出厂合格书、出厂精度检验记录；（4）开箱验收单；（5）自制设备的有关说明及图纸、资料；（6）设备基础及隐蔽工程图纸；（7）动力管线图纸；（8）安装、调试验收单；（9）购入二手设备的有关原始材料。

设备后期档案包括：（1）设备使用初期状况记录；（2）定期维护记录；（3）定期检查和测量记录；（4）设备故障分析报告；（5）设备检修记录；（6）设备封存单；（7）设备润滑卡片；（8）大修任务书与竣工验收分析报告；（9）技术改造申请书及项目技术经济论证报告；（10）技术改造说明书与图纸及试用效果确定；（11）设备事故报告单；（12）设备报废单。

3.2.3 设备资料内容

设备管理资料包括为加强设备管理，各级设备管理部门及企业所制订或编写的法规、制度、规程、标准等资料。

设备综合管理资料包括：（1）国家、行业、地方有关设备管理文件；（2）企业设备管理方针目标；（3）年度工作计划与工作总结；（4）企业设备资产管理规章制度；（5）设备资产管理状况年报；（6）专项请示、报告及批文。

设备资产管理与技术管理资料包括：（1）设备分类及编号目录；（2）大型、重型、稀有、高精度设备标准；（3）设备完好标准；（4）设备操作、维护、检修规程；（5）设备润滑手册；（6）设备修理技术标准；（7）设备修理难度系数；（8）特别设备试验规程；（9）机修手册；（10）电修手册；（11）设备备品手册；（12）通用设备易损件目录；（13）电气元件手册；（14）机械设计手册；（15）设备样本；（16）专业期刊；（17）翻译用工具书。

3.3 设备规章制度管理

3.3.1 设备规章制度管理的内容

设备管理规章制度是指导、检查有关设备管理工作的各种规定，是设备管理、使用、修理各项工作实施的依据与检查的标准。设备管理规章制度可以分为管理和技术两大类。管理类包括管理制度和办法；技术类包括技术标准、工作规程和工作定额。规章制度的管理，是指规章制度的制订、修改与实行。

3.3.1.1 规章制度的制订

制订规章制度的原则：

（1）具备政策性。规章制度的制订要执行国家有关设备管理的方针、政策，要符合《全民所有制工业交通企业设备管理条例》等法规的精神，并不得与国家、行业、地方的规章、制度相抵触。

（2）要有继承性。由于规章制度是经验管理的产物，是在反复实践中验证的。因此，企业制订规章制度要充分考虑企业过去的管理基础、成功的经验，运用先进的手段进行整合。

（3）具有先进性。设备技术不断发展，现代化管理方法和手段的应用日益广泛。因此，制订规章制度时要充分吸收国内外及行业内外的先进经验，提高经营效益，并使制订的规章制度在未来时间具有先进性。

（4）要有可行性。制订规章制度要符合本企业实际情况，把经实践证明有效的管理方法和经验纳入规章制度。规章制度要有可操作性，并便于检查。

（5）具有协调性。制订的规章制度之间应协调一致，对一项工作的规定，在不同的制度中要一致，不要产生分歧。

（6）具有规范性。规章制度中的词、术语、符号、代码应符合国家或行业标准的规定，无标准的应参照《设备工程名词术语》的表述。编写文字应简洁、准确。

规章制度的内容构成：

（1）适用范围。按照各部门的业务范围，将设备一生进行科学分类处理。

（2）管理职能。确定有关部门，如设备、供应、财务等部门管理中的责任和权限。

（3）管理业务内容。一般按照设备物流、价值流的流动方向或管理工作程序，规定各职能部门的管理工作内容、方法、相应的凭证及凭证的传递路线，应具备相应的资料等，同时要制订相关部门之间业务上的衔接、协调和制约方式。

（4）检查考核。规定管理业务所应达到的标准、要求、对相关管理人员的考核内容、考核时间、考核方法及奖惩办法等。

制订规章制度的程序：

（1）确定任务。根据管理工作需要，由设备管理部门提出制订制度的意见，经主管负责人同意确定起草部门。

（2）编写议稿。由起草人进行调查研究，收集资料、写出草稿，送交有关部门征求意见，然后进行修改形成送审稿。

（3）会签审批。送审稿经有关部门会签，重要制度经会议审议，然后送设备主管负责人审批，由厂部以文件形式发布实施。

3.3.1.2　规章制度的贯彻执行

规章制度只有在企业实践中认真贯彻执行才能发挥其应有的效能，同时，通过贯彻执行也是对规章制度的全面验证，其中不够科学或脱离实际的部分被发现，经组织修订后，使规章制度更加完美。

贯彻规章制度的程序：

（1）制订贯彻规章制度的措施：1）制订贯彻落实计划；2）制订检查考核办法。

（2）组织宣讲和培训。要把设备管理制度贯彻到涉及设备资产管理的各部门的领导、业务成员和一线工人，组织好学习和讨论。

贯彻规章制度的要求：

（1）做好协调工作。各项规章制度在贯彻执行中，会出现在制订时估计不到的一些问题，如得不到妥善解决，将影响规章制度的贯彻。因此，对出现的问题要采取措施，组织协调解决。解决办法是在试行期，对暴露出的问题要认真记录，主管部门要把问题产生的原因调查清楚，如确系规章制度本身的问题，可按规定进行修订。

（2）经费保证。贯彻规章制度的过程中要增加一些表格和文件等；贯彻规章制度的检查考核中要有奖励等，均需要一些费用。因此，在贯彻规章制度的计划中要考虑这方面的费用，并列入企业的财务预算。

3.3.1.3　规章制度的修改

（1）各项规章制度，应根据具体情况，事先规定一个试行的期限。试用期满后，根据试行中暴露出的问题，集中研究，综合处理，统一修订。

（2）规章制度正式颁布执行后，要在一个阶段保持相对稳定，一般当国家或行业的设备管理方针、政策有重大改变，或企业生产规模、管理组织机构重大变化，原有的规章制度已不适用时，进行修改；如有制度不相适应，也可进行单项修改。

（3）规章制度的修改要依据规章制度的执行情况，保留那些合用的部分，对新增部分充分调研和论证，并要征求有关人员的意见，其修改程序同规章制度的制订。

（4）规章制度的修改要经审批，审批级别及审批程序同规章制度的制订。

3.3.2 设备管理规章制度

企业因行业和规模的分别，应制定不同的管理规章制度。下面仅介绍主要制度的名称与简要的内涵。

3.3.2.1 设备前期管理办法

设备前期管理是指从规划到投产这一阶段的全部工作，包括设备规划方案的构思、调研、论证和决策；自制设备的设计和制造的选型和订货；设备安装、调试与验收、效果分析、评价和信息反馈等。对设备前期管理各环节有效的安排、协调和管理，为设备后期管理创造先决条件，使之充分发挥设备投资的效果。设备管理办法应包括以下内容：

（1）按照设备选购的基本原则，通过充分论证，编制企业设备规划。

（2）根据企业生产发展的需要和资金的可能，制订年度设备增购计划。

（3）通过调研或招标确定增购设备清单，并签订订货合同。

（4）对非标准设备、专用设备组织设计与制造，签订相应合同。

（5）实施到货验收，并及时组织设备的安装与调试。

（6）组织有关部门参加设备查验、验收、办理转入固定资产手续，投入生产运营。

（7）明确上述各项工作的分工与责任。

3.3.2.2 设备使用与维护管理办法

设备使用与维护管理办法是对设备的使用、保养等内容实行科学管理的规定。设备使用与维护管理办法应包括以下主要内容：

（1）关于设备使用的要求：1）对操作者实行持证上岗制；2）对多人操作的设备，实行机长制；3）定期进行精度、性能检查，确定设备的技术状况。

（2）关于设备维护的要求：1）按照规定进行设备的日常保养、一级保养和二级保养；2）开展点检和故障分析，并排除小故障。

（3）明确上述各项工作的分工与责任。

3.3.2.3 设备润滑管理办法

设备润滑管理是企业设备维护工作的重要组成部分。搞好设备润滑是保证设备的正常运转、减少机件磨损、防止事故发生、延长寿命、降低能源消耗的重要措施。设备润滑管理办法应包括以下主要内容：

（1）按照设备润滑工作的要求，落实相应的机构与人员。

（2）完善润滑管理的各项基础工作。

（3）根据设备润滑等要求，制定相应计划。

（4）实施润滑油品的质量检验和在用油化验工作，保证油品性能符合润滑要求。

（5）定期检查设备润滑状态，完善润滑装置，治理设备漏油，消除油品浪费。

（6）组织废油回收与再生利用工作。

3.3.2.4 设备检修管理办法

设备检修为补偿设备的物质磨损，恢复设备的精度与性能，保证生产活动正常进行。设备检修包括设备小修、中修和大修，以及为修理而进行的检查工作。设备检修管理办法应包括以下主要内容：

（1）依据设备技术状况和生产运营的需要，确定设备大修计划。

（2）进行设备技术状况检查，确定修理内容，并做好修前的各项准备工作。

（3）按照修理工艺和修理停歇时间、修理工时与材料消耗定额，应用网络技术，组织修理工作。

（4）依照质量标准进行检验与验收。

（5）设备检修要采用新技术、新工艺、新材料，要把修理与改造结合起来。

（6）设备检修要充分依靠社会化的维修市场，签订委托修理合同。

（7）要加强设备检修的经济核算。

3.3.2.5　设备备件管理办法

设备的备件管理包括备件配件的采购、保管及供应等项工作。备件管理不仅是一项技术工作，也是一项经济活动。加强设备备件管理对保证设备修理工作具有重要作用，设备备件管理办法应包括以下主要内容：

（1）根据企业设备类型与数量，合理确定备件的品种与数量，并适时组织采购或自制加工，保证修理需要。

（2）加强备件的验收与保管，保证备件的质量要求。

（3）做好进口设备备件和国产化代用工作。

（4）健全图纸与技术资料，完善备件管理基础工作。

（5）充分开发、依靠备件的社会化供应方法，减少企业备件储备。

（6）加强经济分析，降低备件资金占用，加速资金周转。

3.3.2.6　设备技术改造管理办法

采用新技术对现有设备进行技术改造，补偿设备的有形磨损和无形磨损，以改善设备的性能、精度、减少能耗及污染，加速企业生产手段的现代化。设备技术改造办法包括以下主要内容：

（1）依据企业设备特征和设备构成与现状，编制设备技术改造的规划。

（2）进行设备修理、改造或更新的技术、经济分析与论证，确定年度设备技术改造及费用估算。

（3）开展调研，选择适用的改造技术和技术装置，并落实改造方案。

（4）充分利用社会力量进行改造工作，并须签订技术改造合同。

（5）对改造项目进行鉴定与验收，并办理资产增值手续。

（6）做出设备技术改造效益评价。

（7）明确上述各项工作的分工与责任。

3.3.2.7　设备事故管理办法

设备事故管理的主要目的是通过采取有效措施，减少和杜绝设备事故的发生，以保证生产运营的正常进行和人身的安全，减少企业经济损失。设备事故管理办法包括以下主要内容：

（1）要根据行业主管部门的规定，明确设备事故的含义与分类。

（2）采取一些措施，防止事故发生。

（3）依照设备事故发生的情况，组织原因分析，确定事故性质，采取防范措施，并对事故责任者进行教育和处分。

（4）组织设备修复，并进行事故经济损失计算。

（5）做好事故总结，必要时报告上级有关部门。

3.3.2.8 设备资产处置管理办法

企业因生产经营情况的变化和设备的磨损与老化，要对部分设备资产进行处置，其内容包括：闲置设备转让、设备抵押、设备租赁和设备报废。为了使资产不受损失，应加强相应管理工作。设备资产处置管理办法包括以下主要内容：

（1）关于设备转让：1）定期核定闲置设备清单，凡有使用价值的应积极转让。转让前做好保管工作，使其完好、安全。2）设备转让应进行资产价值评估，原则上应积极转让。3）设备转让应办理相应手续，并进行财务处理。

（2）设备抵押应经过评估，合理确定其价值，并办理相应手续。

（3）设备租赁前后对设备技术状况进行检查等。

（4）关于设备报废：1）根据国家有关规定，并按照资产保值和技术进步的原则，制订设备报废标准。2）按照规定程度，实行相应手续，必要时应做技术鉴定。3）报废设备不得使用和转让，原则上应作废料处理。4）做好报废设备的财务核算工作。

3.3.2.9 设备档案管理办法

设备档案管理办法包括以下主要内容：

（1）要高度重视设备档案的管理，必须有专人负责档案的收集、整理、汇编及存档工作。

（2）设备档案可分为文书档案和电子档案两种形式建立，文书档案以保存文件、资料的实物形式为基础，电子档案以保存文件、资料的电子形式为基础，生产部门可根据实际工作需要及上级主管部门对设备档案工作的要求，同时保存档案的两种形式或只保存其中某一种形式。

（3）文书、电子档案收录的内容及范围包括：1）设备的申报、论证资料，批文及各种规章制度、办法、岗位职责等文件资料；2）生产车间发展建设规划、改革方案、实施计划、有重要价值的文件及资料；3）车间承担任务资料（如车间生产、技改、节能与革新等项目的有关资料）；4）设备管理工作人员情况；5）报送上级主管部门的各种统计报表；6）生产部门年度工作计划及总结报告；7）设备经费及使用情况资料；8）生产部门工作量统计报表及各种考核、评估、奖罚、晋升等统计资料；9）设备管理卡、台账、低值易耗品账目和设备资料等；10）车间改建情况、设备工器具修旧利废、自制改进等情况资料。

3.3.2.10 设备统计管理办法

设备统计工作的基本任务是准确、及时、全面、系统地收集各种设备管理凭证和信息。对有关数据进行总结、整理，完成年度和月度统计报表，为编制设备规划和工作计划提供依据。设备统计管理办法包括以下主要内容：

（1）根据国家有关统计的规定和企业工作的需要，建立企业设备管理统计系统，确定负责部门与人员，并明确其职能与责任。

（2）确定设备统计工作的分类、内容与要求。

（3）建立设备信息传递通道，确定统计工作的程度与周期。

（4）规定统计结果的确定，划分不同内容的统计结果的发布形式与范围。

（5）建立设备统计与信息工作的反馈制度。

3.4 设备管理的指标体系

3.4.1 设备管理指标及其作用

设备管理系统是一个多层次的复杂系统。它是对设备的全过程进行的综合管理。就其范围来看，纵向上涉及从设备形成、使用乃至到报废过程的所有环节；横向则涉及设备的技术、经济和组织管理等诸方面。因此，要考核和评价设备管理工作，就必须从技术、经济和管理等方面出发，建立和健全能全面地、综合地反映设备运行全过程各个方面的技术经济指标体系。

建立和健全设备管理指标体系，目的是对设备管理和维修工作进行控制、督促、考核和评价。实现这一目的和作用的关键在于指标计算的科学性和资料统计的准确性。

3.4.2　指标设置的原则

设备管理的考核指标，究竟设置多少个合适，一直是国内外学者致力探讨的重要课题之一。由于指标与企业的生产规模、生产性质、设备构成和管理以及维修水平等都有直接关系，因此不能简单划分。在指标设置上应考虑的几项原则：

（1）在内容上，既要有综合性指标，又要有单项指标；既要有重点指标，又要有一般性指标。

（2）在形态上，既要有价值指标，又要有实物指标；既要有相对数指标，又要有绝对数指标。

（3）在层次上，既要有一级控制的指标，又要有下一级掌握的指标。就是说，从主管部门到企业、工段、班组乃至个人，都应有必要的、可行的指标。

（4）在用途上，既要有同级横向可比指标，又要有各自的不同时期的纵向可比指标。为此，应将指标标准化，也就是说，应力求在设备管理与维修的考核指标方面，统一名称，统一术语，统一计算方法、公式，统一符号含义等。

3.4.3　设备管理指标体系

3.4.3.1　反映技术素质的指标

（1）设备完好率：

$$设备完好率=\frac{完好设备台数}{设备总台数}\times 100\% \tag{3-1}$$

式中，设备总台数应包括企业有用、停用的以及正在检修的全部生产设备，不包括尚未安装、使用以及由基建部门或物资部门代管的设备。

考核设备时必须按完好标准台数衡量，以确定完好设备台数。完好设备的标准有三条：1）设备性能良好，达到原设计标准；2）设备运转正常，符合运行、操作技术标准；3）原料、材料、燃料、动力等消耗正常。

（2）新度系数：

$$设备役龄新度系数=1-\frac{设备役龄}{规定的寿命年限}\times 100\% \tag{3-2}$$

$$设备价值新度系数=\frac{设备净值}{设备原值}\times 100\% \tag{3-3}$$

式中，设备役龄是指设备已投入使用的时间（年）；规定的寿命年限是指正常情况下，根据设备的材质质量和属性、工艺过程和使用条件等因素所确定的寿命年限；设备新度系数表示设备的新旧程度，新度系数高，说明设备的技术素质水平高，反之则说明设备役龄过长，技术老化，装备素质差。

（3）设备构成比：

$$设备数量构成比=\frac{某类设备台数}{全部设备台数}\times 100\% \tag{3-4}$$

$$设备价值构成比=\frac{某类设备的总原值}{全部设备的总原值}\times 100\% \tag{3-5}$$

3.4.3.2 反映设备利用程度的指标

（1）设备数量利用指标：

$$实有设备安装率=\frac{已安装设备台数}{实有设备台数}\times 100\% \tag{3-6}$$

式中，实有设备指企业实际拥有的可供调配、使用的全部生产设备，包括企业自有的、租用的、借用的、已安装和尚未安装的一切设备，但不包括已批准报废的、已订购尚未运抵本企业的以及出租或借出的设备；已安装设备指已安装在生产现场上、经验收合格的设备，包括正常开动的、备用的、因故障或其他原因而停开的设备，以及计划检修或正在修理改装中的设备。对于不需要安装在一定基础上，可移动使用的设备，在组装完成验收合格后，可视为已安装设备。

$$已安装设备利用率=\frac{实际使用设备台数}{已安装设备台数}\times 100\% \tag{3-7}$$

式中，实际使用设备台数指报告期内曾经开动过的设备台数，不论时间长短均包括在内。

$$实有设备利用率=\frac{实际使用设备台数}{实有设备台数}\times 100\% \tag{3-8}$$

以上三个式中表示的三个指标具有以下关系：

$$实有设备利用率=实有设备安装率\times 已安装设备利用率$$

（2）设备时间利用指标：

$$设备制度台时利用率=\frac{实际开动台时}{按制度班次可开动台时}\times 100\% \tag{3-9}$$

式中，实际开动台时指设备实际工作时间；按制度班次可开动台时＝已安装设备台数×报告期制度工作日数×每日按制度规定班次工作小时数－计划检修项目中的大、中修实际检修台时。

（3）设备能力利用指标：

$$设备负荷率=\frac{设备实际生产能力}{设备标准生产能力}\times 100\% \tag{3-10}$$

式中，设备标准生产能力是指设备在规定生产条件下和一定时间内，可能生产某种产品的最大能力。

（4）设备综合利用指标：

$$设备综合利用率=设备计划台时利用率\times 设备负荷率 \tag{3-11}$$

$$设备利用率\ A=\frac{MTBT}{MTBT+MTTR+MWT} \tag{3-12}$$

式中，$MTBT$ 为平均故障间隔期，它标志设备的可靠性；$MTTR$ 为平均修理时间，它标志设备的维修性；MWT 为平均等待时间，它标志维修组织的效率。

3.4.3.3 反映设备维修情况的指标

（1）维修质量指标：

$$大修设备返修率=\frac{报告期实际发生的返修工时}{报告期实际发生的全部大修工时}\times 100\% \tag{3-13}$$

大修设备返修率是反映设备修理质量好坏的指标。

（2）维修计划完成指标：

$$设备大修计划完成率=\frac{实际完成大修的设备台数}{计划大修的设备台数}\times 100\% \tag{3-14}$$

3.4.3.4　反映设备故障事故的指标

（1）设备故障率：

设备工作到某一时刻尚未失效，在该时刻之后单位时间内发生故障的概率，称为设备的故障率。

（2）故障频率：

$$\text{故障频率} = \frac{\text{故障次数}}{\text{设备实际开动台时}} \tag{3-15}$$

故障频率反映设备单位时间发生故障的频繁程度，是考核设备技术状态的一个主要指标。

（3）故障停机率：

$$\text{故障停机率} = \frac{\text{故障停机台时}}{\text{设备实际开动台时} + \text{故障停机台时}} \times 100\% \tag{3-16}$$

故障停机率是考核设备技术状态、故障强度、维修质量和维修效率的一个指标。

（4）平均故障间隔期：

$$\text{平均故障间隔期} = \frac{\text{无故障工作总时间}}{\text{故障次数}} \tag{3-17}$$

平均故障间隔期反映设备出现一次故障所造成的停机时间。

（5）平均故障强度：

$$\text{平均故障强度} = \frac{\text{故障停机台时}}{\text{故障次数}} \tag{3-18}$$

（6）事故频率：

$$\text{事故频率} = \frac{\text{设备事故发生次数}}{\text{实际开动的设备台时}} \tag{3-19}$$

3.4.3.5　反映设备更新改造方面的指标

（1）设备更新率：

$$\text{设备数量更新率} = \frac{\text{年内更新的设备台数}}{\text{年初实有设备台数}} \times 100\% \tag{3-20}$$

$$\text{设备价值与更新率} = \frac{\text{年内更新的旧设备原值}}{\text{年初实有设备总原值}} \times 100\% \tag{3-21}$$

（2）拆除系数：

$$\text{拆除系数} = \frac{\text{年内拆除的设备台数}}{\text{年初实有设备台数}} \times 100\% \tag{3-22}$$

或

$$\text{拆除系数} = \frac{\text{年内拆除的设备原值}}{\text{年初实有设备原值}} \times 100\% \tag{3-23}$$

3.4.3.6　设备管理经济指标

（1）设备折旧基金指标：

$$\text{年基本折旧率} = \frac{\text{年折旧额}}{\text{设备原值}} \times 100\% \tag{3-24}$$

$$\text{年大修基金提取率} = \frac{\text{年大修基金提取额}}{\text{设备原值}} \times 100\% \tag{3-25}$$

（2）维修费用指标：

$$\text{单位产品维修费} = \frac{\text{维修费用}}{\text{产品产量}} \times 100\% \tag{3-26}$$

$$\text{净产值设备维修费用率} = \frac{\text{全年维修费用}}{\text{全年净产值}} \times 100\% \tag{3-27}$$

（3）备件资金指标：

$$备件资金占用率=\frac{备件平均储备资金}{设备平均原值}\times 100\% \tag{3-28}$$

$$设备平均原值=（年初设备原值+年末设备原值）/2 \tag{3-29}$$

$$备件资金周转率=\frac{全年耗用备件资金}{备件平均储备资金}\times 100\% \tag{3-30}$$

（4）设备效益指标：

$$设备创净产值率=\frac{全年净产值}{全年设备平均原值}\times 100\% \tag{3-31}$$

（5）设备投资评价指标：

$$投资回收期=\frac{设备投资原值}{年均净收益}\times 100\% \tag{3-32}$$

净收益包括利润、税金、基本折旧资金等。

设备投资评价的其他有关指标，如寿命周期费用、费用效率等，详见有关资料。作为国家考核企业设备技术状况、使用状况和经济效益的指标主要有：设备创净产值率、设备利用率、主要生产设备完好率、设备大修计划完成率和设备维修费用率。

3.5　设备管理的考核和统计

按照考核指标评价设备管理的效果，必须做好原始记录和设备统计等基础工作。

3.5.1　原始记录

对原始记录的要求是全面、准确、及时，否则就失去了作用。设备管理的原始记录主要有运转记录和维修作业记录。

（1）设备运转记录由设备操作人员负责填写，定期上报设备管理部门。设备运转原始记录的内容包括施工作业内容、运转小时、台班产量、动力燃料消耗、设备故障、维护保养、交班情况等。由于设备种类、机型繁多，工作内容各异，因此原始记录不可能统一成单一的格式，可以按照具体的情况和原始记录内容的一般要求，自行设计表格形式。

（2）设备检修保养作业记录由保养、检修人员填写，定期上报设备管理部门。由于各类设备保养、检修内容和要求不同，因此表格形式也必须根据实际情况设计。做一些内容的真实记录，就为设备的维修计划、作业质量、经济核算，提供了可靠的依据。

3.5.2　设备统计

统计比原始记录更进一步，它不是简单记录各项活动，而是要对根据原始记录编制的统计资料进行分类总结，对各项活动中人力、物力的消耗和取得的成果进行及时的计算和分析。设备统计，就是指按一定要求、原则和方法，对设备进行数量上整理、计算、分析、研究和总结。

做好设备管理的统计工作，是《设备管理条例》所要求的一项基础工作。要做好设备的技术管理和经济管理，就必须有各种数据资料，而这些资料就是设备管理和维修统计。

3.5.2.1　设备统计的目的

设备统计的目的是：（1）为设备管理工作提供数据信息，为领导决策提供可靠依据。（2）通过对设备的统计，可以研究设备的数量、构成、使用情况及利用程度，以便挖掘潜力。（3）可以研究设备的技术素质，研究设备事故和维修情况，以合理编制设备维修计划。（4）研究固定资产效益情况，以实现对设备的经济管理，为减少设备寿命周期费用提供资料。

3.5.2.2 设备统计的主要内容

设备统计工作主要内容分为设备物质形态统计和价值形态统计两个方面。(1) 设备物质形态统计包括：设备数量统计、设备技术素质统计、设备利用程度统计、设备故障情况统计等。(2) 设备价值形态统计包括：固定资产投资占用情况统计、固定资产增减变动情况统计、万元固定资产创利税率情况统计、设备折旧提用情况统计、备件资金占用及周转情况统计等。

设备统计的具体任务如下：

(1) 数量统计。数量统计指对设备拥有数量、在册数量、已安装数量、实际使用数量、封存闲置数量以及各类设备拥有数量、各机型设备数量、设备增减变化数量、施工生产技术装备程度等情况的统计。通过对设备数量的统计、分析和研究，可以了解设备的分类构成及其变动情况，了解各种设备在数量上对生产的保证程度，为设备管理提供基础资料，为计算生产能力及制定施工生产计划提供依据。

(2) 技术素质统计。技术素质统计指对主要施工设备完好率、设备新度、各类设备的构成比例等情况的统计。通过设备技术素质的统计分析，可以为设备的更新、改造提供依据。

(3) 利用程度统计。利用程度统计指以实有设备安装系数、已安装设备的使用系数、已使用设备的台时利用率、设备能力及企业生产能力的利用情况的统计。通过对设备利用程度的统计分析，可以研究设备的利用情况，发挥设备投资应有的经济效益。

(4) 维修情况统计。维修情况统计指对设备维护、保养、检修计划及各项修理指标完成情况的统计。它包括设备日常维护、定期保养、大中修、项修、周期换油等各项计划的完成率，以及大修的平均成本、平均停修天数、平均工时消耗、每个大修工人年平均大修系数等情况的统计。

(5) 故障情况统计。故障情况统计指对设备故障、事故发生的次数、频率、重复发生率、停机率及造成损失情况的统计。通过对设备故障情况的统计分析，可以了解设备事故和故障发生的原因，从而采取相应的措施防止同类事故和故障的发生；还可以得到计算设备可靠性所需的数据。

(6) 价值运动形态统计。价值运动形态统计指对固定资产投资占用情况、增减变化情况、装备程度、投资回收期、备件资金占用及周转率等情况的统计。通过对设备价值运动形态的统计分析，可以评价设备投资效果和经营效益。国家制定有“统计法”，各部门都规定有统计制度。设备统计人员必须遵照统计法和统计制度，如实提供统计资料，准确及时完成统计任务，并要深入到实际中去，发挥统计的服务和督促作用。企业的有关领导要定期组织统计分析，掌握设备运动过程的基本动态和变化规律，运用统计信息来加强设备的管理。

3.5.2.3 统计报表台账

统计报表台账是把原始记录资料，按照统计报表的要求，汇总在一起而设计的一种记录表。积累资料，常年不懈，使台账能够做到系统化、规格化和档案化，所以台账又可以称为记事本。统计报表台账是做好统计报表工作的重要手段，各级设备管理部门都应建立健全统计报表台账。

设备管理中的统计报表台账，一般可设立设备完好率、利用率、机械效率、装备生产率和有关消耗定额等台账。台账记录时间，可根据建立台账的目的和资料的性质而定，台账的数据来源是根据原始资料按时间顺序进行核算记录。

3.5.2.4 统计报表

统计报表可分为国家规定的和地方补充规定的两种。统计报表由企业设备管理部门按时填写，如期上报。国家规定的报表主要有“二十种主要设备的完好率、利用率及效率报表”，“装备生产率及技术、动力装备率统计报表”，“五种工种的机械化程度报表”，“设备实有情况报表”，“设备事故报表”等。地方或部门规定的报表主要有“设备使用情况月报表”等。

企业实际所用统计报表种类很多，其中主要的有：（1）设备台账。它是记录设备资产的总表，是企业或车间的设备原始情况总表。（2）企业设备分类台账。它是按设备类别统一记录设备资产的台账。（3）设备情况年报。它是企业设备统计工作的基本报表之一，是反映企业设备拥有量、构成比、利用程度和设备精度变化情况的综合资料，由专职设备统计员按期填报。（4）新购、新制设备资产交接验收单。（5）设备安装质量和精度检验记录单。（6）设备初期管理记录表。（7）重点设备管理卡。（8）设备试运转记录卡。（9）设备故障处理单。（10）设备重大事故处理单。（11）设备维修工作月报、季报、年报。它主要反映设备计划修理和定期保养完成情况、设备完好状态、经济指标完成水平和事故情况。

3.6 设备管理的检查与评比案例

以某企业星级设备管理检查评比为例，某企业星级设备管理单位评定标准如图 3-1 所示。评比方法采用堆积、累计、由低端向高端发展、要求面逐级扩大的方法，其具体内容见表 3-1。

表 3-1 某企业星级设备管理单位评定标准（AS-2007 版）

编号	星级等级	标准条款	标准控制值	评定标准细则
01	★	生产经营目标技术指标	产量≥目标值 质量优良率≥目标值	（1）未完成公司下达的年度产量目标，降至下一星级。（2）未完成公司下达的设备质量优良率目标，降至下一星级。
02	★	生产设备技术经济指标	重、特大事故 =0 次 事故、故障时间 < 计划值 时间开动率≥计划值 修理费用≤计划值	（1）发生重大、特大设备事故（事故停机时间≥24 小时，或直接经济损失≥100 万元），取消星级资格。（2）主要生产设备事故、故障时间 > 公司下达指标，不得升至上一星级。（3）主要生产设备可开动率 < 计划值，不得升至上一星级。（4）根据国家《锅炉压力容器压力管道特种设备事故处理规定》定义，年度内承压设备发生 1 起“严重事故”及以上事故，降至下一星级。（5）建立修理费用指标和油脂消耗指标管理制度，实行逐级分解、控制与考核。修理费用实际完成值 > 计划值，不得升至上一星级。
03	★	安全环保涉密状态指标	重大伤亡事故 =0 次 重大环境污染事故 = 0 项 重大泄密事件 =0 项	（1）发生 1 起设备人员重大人身伤亡事故，取消星级资格；发生 1 起设备人员一般人身伤亡事故，降至下一星级。（2）发生 1 起因设备原因造成的重大环境污染和排放事故，取消星级资格。（3）发生 1 项重大设备技术泄密事件，取消星级资格。（以上事件均以武钢集团公司的考核结果为依据）。
04	★	设备系统组织体系管理	组织结构明晰 定员、职数清楚	（1）应有明确的设备组织机构、层级管理体系图。（2）设备系统岗位职数、技术职数、工种职数明确、清晰。（3）岗位配备、技术等级清楚、明确。
05	★	生产设备状态辨识管理	设备建账率 =100% ABC 设备分类率 = 100% 质量设备辨识率 = 100% 安全危险源及环境污染源设备辨识率 = 100% 关键备件辨识率 = 100%	（1）建立设备实物明细管理台账（名称、规格型号、设计能力和实际能力、数量、投运时间等）。（2）建立 ABC 分类、质量设备、安全危险源和环境污染源设备辨识标准。（3）根据公司 ABC 重要度分类管理办法，建立设备分类管理台账，实施分类管理。（4）根据质量体系要求，对与设备质量产生直接影响的生产设备、测量设备进行辨识，建立质量设备管理台账（名称、规格型号、设计能力和实际能力、数量、质量控制特性、主要控制指标等）。（5）对安全危险源设备、环境污染源设备进行辨识，并建立管理台账。（6）挂牌标识明确，实施挂牌责任管理。（7）建立关键备件管理台账（包括名称、料号规格型号、使用部位、库存数量、占用数量、价值、制造单位、制造与供应周期、质量跟踪等重要信息内容）。

续表 3-1

编号	星级等级	标准条款	标准控制值	评定标准细则
06	★	设备方针目标控制管理	目标计划实现率 = 100%	（1）根据公司设备管理工作目标，制订本单位设备管理工作方针目标。（2）方针目标措施明确、责任到人，有严格的跟踪、纠正管理措施。（3）各项目标措施得到有效控制，各项目标全面实现和完成。（4）建立适应目标控制与管理的考核机制。（5）应定期对方针目标实施情况进行诊断与评价（季度/半年/年度）。
07	★	设备日常工作效率管理	工作执行率 = 100% 纠正措施完成率 = 100% 公司考核不良记录 = 0 项	（1）认真执行公司设备管理制度和落实日常重点管理工作推进要求（包括公司设备工作落实情况、重点工作落实情况、特殊时期的设备的管理要求等）。（2）认真落实日常管理和专项管理所下达的纠正措施和整改要求。（3）在集团公司经济责任考核中无不良案宗记录，根据其严重程度确定是否升、降级。
08	★	设备台账档案资料管理	记录、台账卷宗率 = 100% 电子资料记录完整率 = 100% 通过公司档案检查合格认可	（1）纸质记录、报表、资料和台账等规格统一、规范，形成卷宗化管理。（2）各项记录（含电子记录）、台账有统一编号，质量记录应有统一规定的质量记录编号，记录内容完整，编制、审查和批准签字手续齐全。（3）保持整洁，无乱涂、乱画和乱撕现象，涂改内容应符合规范。（4）在规定期限内，记录、报表、资料和台账保管妥善，回收和销毁应符合制度规定，并做好记录。（5）生产设备档案和图纸等技术资料管理与公司档案管理规定相符。（6）生产设备实施大修和技术改造后应及时进行技术资料和图纸资料归档。（7）关键特殊测量控制点测量设备说明书、校准合格证书、图纸、软件等齐全。（8）通过公司年度档案管理检查合格认可（见证书）。（9）建立图纸资料归档管理制度，并有效执行。
09	★	生产设备运行档案管理	建档率 = 100% 填写缺陷项数≤5 项/份	（1）建立主要生产设备管理台账（名称、规格、能力、原值、生产日期）。（2）建立设备运行档案（设备基本资料、主要技术特性、辅机技术特性、传动系统简图、设备结构简图、设备运行缺陷记录、事故记录、检修记录、主要备件更换记录、技术改造记录等）。（3）按要求填写设备档案信息内容。
10	★	设备资讯基础数据管理	制度执行率 = 100% 授权管理率 = 100% 设备资料编制率 = 100% 已建档资料更新率 = 100%	（1）建立设备资讯资料基础工作修编组织体系，确定设备编码、备件料号、基本资料、点检基准、维修基准、安全工作标准程序（SJP）、维修基准定额、备件定额等责任人员。（2）制定年度修编工作计划，确保各项计划落实。（3）制定年度点检、维修基准及 SJP 修编计划，确保逐项落实。（4）建立设备资产信息化系统授权管制机制，明确设备编码、物料编码、基础资料、点检维护、检修控制、备件供给等子系统管理的授权范围和责任。（5）严格履行权限审批管理制度。（6）建立岗位替代审批制度，确保工作顺行。（7）在公司 EAM 平台上完成 B 类生产设备基本资料数据库资料的建档工作。（8）确保基础资料数据内容建档的准确和完整。（9）建立信息内容及时刷新与更新机制，确保基础数据资料库的时效性。
11	★	万点受控点检预防管理	主要设备点检执行率 = 100% 点检输机率 = 100% 安全措施到位率 = 100% 点检记录缺陷率 = 0 项 缺陷信息闭环率 = 100%	（1）建立以专检为核心、维护点检和生产操作点检为基础的点检组织管理模式，分工明确，责任清楚。（2）专检人员能有效发挥关键设备点检和点检系统管理双重职能。（3）点检标准完善，严格按照“定部位、定项目、定标准、定时间、定周期、定记录、定分析、定措施”等“八定”要求实施点检，及时输机。（4）建立点检实施过程人身安全保障措施，并确保各项措施落实。（5）点检信息输机率点检缺陷信息形成闭环。（6）按照规定周期对点检仪器实施检验和校准，并保留完整记录。（7）实施趋势分析，取得了良好效果。

续表 3-1

编号	星级等级	标准条款	标准控制值	评定标准细则
12	★	生产设备液压润滑管理	润滑五定执行率 = 100% 油液定期化验率 = 100% 油脂消耗≤上年平均水平	（1）应建立液压、润滑系统油、脂牌号分类统计台账及实际消耗统计台账。（2）严格执行定点、定质、定量、定期、定人“五定”设备润滑规定。（3）定期进行油、脂化验工作，保留完整的化验记录。（4）对油、脂出现的技术问题，应制定纠正和改进措施，并确保落实。（5）建立控制有效的油脂牌号更换审批制度。（6）单位设备油脂消耗实际值 > 上年平均水平，不得升至上一星级。
13	★	生产设备事故故障管理	故障统计准确率 = 100% 四不放过执行率 = 100%	（1）根据公司下达的事故、故障指标，进行分解和管理。（2）及时、准确对生产设备事故、故障进行统计（包括停机时间、直接经济损失和间接经济损失等基本信息），建立定期（周/月/季/年）分析制度。（3）发生事故和故障，应及时提交事故报告分析（含技术分析和经济分析），认真落实事故管理“四不放过”（事故原因没有查清不放过、责任者没有得到严肃处理不放过、相关人员没有受到教育不放过、防范措施没有得到落实不放过）。（4）建立严格的重复事故、故障分析、控制制度，提出有效的防范改进措施，并认真落实。（5）建立典型事故案例分析制度，制定有效的预防措施，并确保各项措施得到落实
14	★	设备规程标准制度管理	有效版本运行率 = 100% 编审批手续履行率 = 100%	（1）建立设备使用、维护和检修三大规程、技术标准、管理制度和相关法律法规管理台账。（2）定期对三大规程、技术标准、管理制度和相关法律法规进行评价，确保运行版本的有效性。（3）对新增、删除、修订、增补的内容，应严格履行编制、审查和批准手续。（4）建立设备三大规程（使用、维护、检修）、技术标准、管理制度和相关法律法规的配置清单，建立发放、回收和销毁记录。
15	★	设备岗位培训持证管理	计划执行率≥90% 持证上岗率 = 100%	（1）建立设备人员培训制度，根据实际需要开展不同层次的业务和技能培训工作，确保培训计划的实施和取得预期效果。（2）对公司主要生产设备岗位、国家规定的特殊工种（起重设备、压力容器、工业锅炉、测量设备等），应严格执行上岗培训、取证制度，实行持证上岗作业，确保上岗人员具有合法的资格许可。（3）严格执行公司主要设备岗位和特殊工种资格证的年检制度，禁止持失效证件上岗作业。
16	★	生产设备固定资产管理	账物卡一致率 = 100% 异动手续缺项 = 0 项	（1）生产（测量）设备固定资产账、物、卡应保持一致。（2）严格履行新增、调拨、闲置、封存、报废处置设备手续。（3）有效实施拆旧利用工作。（4）严格执行公司资产处理过程管理审批程序。
17	★	设备状态应急预案管理	预案制度执行率 = 100% 应急预案项数≥3 项	（1）建立关键设备紧急状态应急预案制度。（2）严格履行关键设备紧急状态应急预案编审批手续。（3）按年度实施关键设备紧急状态应急预案的评价、修订和完善工作。（4）组织开展关键设备紧急状态应急预案演练。
18	★	特种设备专业技术管理	台账建档率 = 100% 技术资料完整率 = 100% 检查计划编制及执行率 = 100% 记录完整率 = 100% 安全挂牌率 = 100% 隐患整改、监控率 = 100% 使用证办证率 = 100% 安全附件完好率 = 100% 资质准入执行率 = 100%	（1）根据法规规定要求，建立特种设备（起重机械、电梯、锅炉、压力容器、气瓶）定期检验计划实施管理台账（设备名称、建设投运时间、本次检验时间，规定检验周期、下次检验时间、检验实施状态、检验结果等）。（2）建立特种设备安全技术档案（主要内容：1）设计文件、制造单位、设备质量合格证明、使用维修说明书、安装技术文件和资料。2）定期检验和定期自行检查记录。3）日常使用状态记录。4）特种设备及其安全附件、安全保护装置、测量调控装置及有关附属仪器仪表的日常维修保养记录和定期试验记录。5）运行故障和事故记录、受压部件重大修理或改造记录）。（3）建立设备周期维护检查计划表，严格按照时间要求组织实施，并做好记录和分析。（4）每台在用设备必须持有效使用证运行。（5）在用承压设备上的安全附件必须在有效使用期内，且齐全、灵敏、符合设计要求。（6）禁止无“资质许可”的单位进行特种设备设计、制造、安装、修理（维修）、检验（检测）等。（7）对检查发现的设备缺陷和隐患，应积极组织整改。对确因条件限制一时不能整改的，要建立严密的监护措施。（8）凡运行设备应在规定部位配挂“安全检验合格”标志。（9）建立桥式起重机和电动葫芦操作岗位操作牌管理制度，并持证上岗。

续表 3-1

编号	星级等级	标准条款	标准控制值	评定标准细则
19	★	防雷减灾设备基础管理	自检执行率 = 100% 检测执行率 = 100% 缺陷整改率 = 100% 制度执行率 = 100%	（1）应建立防雷装置明细台账（设备设施名称、装置地点、防雷装置类别、接地类别、数量、年度检测情况、备注）。（2）严格执行防雷装置自检。（3）对防雷装置无属自身责任未按期进行防雷安全性能检测的事故，且检测报告资料完整。（4）认真落实设备缺陷隐患整改计划和措施。（5）应认真贯彻落实公司专业主管部门的通知、文件要求，并及时反馈相关信息。
20	★	工业建筑炉窑基础管理	台账建档率 = 100% 制度执行率 = 100% 技术资料完整率 = 100% 记录填写规范率 = 100% 违反“五不准” = 0 项 三级工业建筑 <2% 四级建筑 = 0 项	（1）建立工业建筑设备管理台账（包括：名称、资产代码、年代、面积、结构形式、等级、维修状况等信息内容），如实记录相关内容。（2）认真落实公司专业主管部门的通知、文件要求，并按时反馈相关信息。（3）工业建筑、工业炉窑专业技术资料齐全。（4）《工业建筑、工业炉窑技术资料卡》严重缺项记载应符合规范，工业建筑技术资料存档应齐全。（5）无严重违反工业建（构）筑物使用“五不准”规定的事件发生（不准改变完好工业建筑原设计所确定的或与危险工业建筑技术状况适应的作用效应和使用条件；不准随意加层、乱开门窗、乱开孔洞；不准拆除、损坏工业建（构）筑物各种结构构件、构造措施以及各类防护设施及测量标志；不准以结构或构件做吊锚点，吊、挂、拉、扯重物；不准在楼面、作业平台超载堆放物料，屋面超载积灰堆放物料，通廊楼面及运转平台不准积料；不准随意在工业建（构）筑物基础周围挖坑积水或堆放重物）。（6）每月对重要工业建筑的主要结构部位进行定期检查、观测，做好记录，归入档案。（7）凡三级工业建筑，应制订保证其安全正常运行的措施，并逐项加以落实。
21	★	设备检修项目计划管理	计划编制率 = 100% 临时检修计划 ≤2 项/月	（1）建立严格执行“以年度检修计划为指导，月度（大修、年修等）检修和定修计划为重点，临时计划纳入考核”的管理模式。（2）发生临时检修计划（有分厂的单位将分别计算），应有分析说明。
22	★	备件计划账物仓库管理	备件计划编制率 = 95% 账物卡一致率 = 100% 定位摆放缺陷 ≤2 项 仓库安全、消防达标率 = 100% 温度、湿度达标率 = 100%	（1）严格按公司《备品备件计划管理办法》规定执行备件计划申报制度，申报年度计划（每年 7 月 15 日前报出）。（2）建立严格执行以年度计划为重点，月计划作调整，临时计划纳入考核的管理模式。（3）生产厂应按照监督管理的原则，督促关联单位做好以下控制工作：1）备件账、物、卡应保持一致。2）按“四码定位”或四码以上定位摆放（库架层位或库区排位），或备件存放条理、整洁、标记鲜明、存取方便。3）制订库存备件定期维护保养计划（如防积尘、防潮湿、防锈蚀、防破损、防老化等），并保证落实。4）仓库内严格的安全、消防制度规定和完善的安全、消防设施。5）建立符合备件保管的仓库温度、湿度控制设施，确保达到所规定的控制标准。
23	★	测量设备基础工作管理	台账合格率 = 100% 彩标粘贴合格率 = 100% 强检测量设备强检率 = 100% A、B 类测量设备计划检定/校准率 = 100%	（1）ABC 分类合理，基层与总厂管理台账账、物相符。测量设备备品备件验收、发放受控，报废手续齐全。备件储存环境符合要求。关键、特殊测量点的测量设备说明书、图纸、软件等齐全。建立测量系统软件台账。按测量管理体系程序文件要求进行验证测试，并保存测试记录。备份软件应异地存放，有专人保管。台账内容更新及时，按公司规定上报年度 A、B、C 分类汇总报表。（2）现场彩色标识与台账分类相符。现场彩色标识与设备状况相符。标识清晰、清洁、信息完整。（3）强检类测量设备的检定机构必须是政府授权的机构。检定证书保存完好。（4）非强检 A、B 类测量设备制定分解到车间、站所的年计划。周检计划变更必须保证设备在周期内使用，变更手续齐全。自校准应有有效版本的《校准规范》。自校准人员须持有效的资格证书操作。校准记录格式及信息内容符合校准规范要求，校准记录与校准证书内容相符。校准记录和校准证书信息完整、书写工整、更改规范。检定/校准证书和自校准记录保存完好。按月对目标完成情况进行诊断。按时上报月检定/校准工作完成情况报表。按要求绘制量值溯源图。

续表 3-1

编号	星级等级	标准条款	标准控制值	评定标准细则
24	★	测量设备运行维护管理	维保测量设备故障时间 < 目标值 自维护测量设备故障时间 < 目标值 点巡检执行率 = 100% 应急预案措施落实率 = 100%	（1）租赁与委托维护的测量设备应签订委托维保合同或协议，制订监督管理制度（主要包括：责任人、职责、具体要求）。监督检查记录与监督制度相符，记录完整。（2）提供维保设备和维保单位使用的水、电、风、气的接点及其他辅助设施完好，故障信息、处理及监督整改形成闭环。（3）点巡检记录与交班记录清晰完整，记录工整，更改规范。点巡检及时，无漏检。设备特性指标达标。故障处理及措施整改形成闭环。（4）制定紧急事故处理预案，并确保各项措施落实到位。
25	★	分供协力资质能力管理	资质合格率 = 100% 定期评价率 = 100% 过程受控率 = 100%	（1）建立协议保产单位资质准入评价制度。未按月对保产项目进行评价并提出考核意见，不得升至上一星级。出现“先干后报”或协议保产单位随意更换保产人员未到主管部门履行备案手续，或对协议保产单位挂靠或转包出现失控，降至下一星级。（2）建立检修施工单位资质准入评价制度，出现“先干后报”或对检修单位挂靠或转包出现失控，降至下一星级。（3）建立备件合格分供方资质准入、设备质量评价制度，对于不具备资质条件的分供方企业进入公司备件市场和设备出现质量问题应及时提交反馈意见。（4）建立优胜劣汰的竞争管理机制。
26	★	资讯信息系统基础管理	账物一致率 = 100% 资产数据库登账率 = 100% 防病毒软件安装率 = 100% 重要补丁安装率 = 100% 违反机房“六防” = 0 项 违反“四不准” = 0 项 设备完好、畅通率 ≥ 90% 违反计算机管理规定 = 0 项	（1）建立信息系统组织机构和管理考核制度，并确保制度落实。（2）资讯资产账、物应保持一致，无账外设备。（3）应建立资讯设备系统数据库动态更新制度。（4）按照规定在联网计算机设备上安装防病毒软件。（5）应安装 MSSQL 数据库补丁、防震荡波、冲击波等危重病毒补丁。应安装操作账外设备系统基本补丁。（6）严格执行计算机房“六防”管理规定（“六防”是指：在满足室内温度、湿度、含尘量和防震条件的同时，计算机房必须做到：防静电、防干扰、防雷击、防鼠害、防火、防水）。（7）严格执行计算机软件使用“四不准”规定（“四不准”是指：不准使用来源不明的软件；不准随意拷贝他人的软件；不准未经杀毒处理直接使用他机使用过的软件；不准使用各类游戏软件）。（8）保持整体产销资讯系统设备（含打印机、终端）完好和运行通畅。（9）认真执行《武汉钢铁（集团）公司信息化系统建设及运行管理规定（试行）》，无严重违反制度事件发生。
27	★★	特种设备专业技术管理	自查执行率 = 100% 督促执行率 = 100% 制定预案率 = 100% 安全措施执行率 = 100% 五级容器使用项数 = 0 项	（1）使用单位对在用特种设备（含安全附件和安全保护装置）应当至少每月进行一次自行检查（电梯每 15 日一次），并如实记录，发现异常情况应当及时处理。（2）安装、修理特种设备应事先督促施工单位办理特种设备安装、修理“告知”手续。对实施安装、修理的设备应制定有效的安全保护措施，并逐项落实。确保人身、设备的安全。（3）应制定特种设备事故应急救援预案。（4）经检验被判为“安全等级为五级”的压力容器不得继续使用。
28	★★	安全环保设备控制管理	运行完好率 = 100%	（1）建立安全、环保设备管理台账，落实管理责任。（2）确立安全、环保设备的技术指标管理。（3）实施安全、环保设备的日常管理与控制，确保各项指标与状态受控。（4）安全、环保设备运行指标达到规定标准，对安全运行和排放形成了有效控制。
29	★★	现场设备定置保洁管理	现场设备定置化率 = 100% A 类设备责任挂牌率 = 100% 设备及环境达标率 = 100%	（1）按照定区域、定地点、定维护、定责任、定标识的要求，实施现场设备及物件摆放的定置化管理。（2）按照整顿、整理、清扫、清洁、素养和安全（6S）要求，推进现场设备及环境的文明化管理。（3）实施生产设备“定管理、定维护、定责任”三定挂牌，并按月进行检查和评价。

续表 3-1

编号	星级等级	标准条款	标准控制值	评定标准细则
30	★★	设备隐患整改过程管理	隐患整改率 = 100% 过程受控率 = 100%	（1）建立设备隐患整改管理制度。（2）制定年度设备隐患整改措施计划，确定隐患状态、整改目标、措施、费用、时间进度、责任和验收标准，确保各项措施落实。（3）建立重大隐患跟踪、监督制度，对暂时不能实施整改的隐患项目，实施措施有效、责任到人的监护，确保安全运行。
31	★★	工业建筑炉窑技术管理	制度执行率 = 100% 一、二级率≥95% 资料反馈、符合率 = 100%	（1）应严格执行公司工业建筑、工业炉窑管理办法各项规定，无严重违反规定的事件发生。（2）经主管部门确认的三、四级工业建（构）筑物面积与总面积之比应 <5%，制定对应的整改措施计划，并确保各项计划和措施落实。（3）应按规定定期向公司专业主管部门反馈评级资料、检查资料，按管理规定向主管部门作"工业建（构）筑物技术状况等级评级"申报，保证报表与实际状况相符。
32	★★	设备动力管网泄漏管理	严重泄漏项数 = 0 项 静密封漏点泄漏≤2% 动密封漏点泄漏≤5%	（1）应建立主要生产设备、动力管网重点部位动、静泄漏点管理台账。（2）及时处理和解决静、动密封点出现的问题。（3）无严重影响现场环境和设备运行状况的跑、冒、滴、漏事件发生。（4）应用和推广密封新技术、新材料和新方法。
33	★★	资讯信息系统日常管理	设备完好、畅通率 = 100% 上网专用区整改项 < 2 项	（1）保持整体产销设备资讯系统设备（含打印机、终端）完好和运行通畅。（2）禁止内网计算机上外网和上外网的计算机接入内网的事件发生。
34	★★	资讯信息系统安全管理	完全共享设置 = 0 次 病毒特征库更新率≥96% 病毒感染率≤5%	（1）无联网计算机设置无权限的完全共享严重事件发生（具体规定是事件台数≤2 台）。（2）应及时更新联网计算机病毒特征，确保联网计算机病毒感染受控。
35	★★	生产设备三率状态管理	作业率≥生产需求值 功能完好率≥计划值 精度精确率≥计划值	（1）建立设备作业率、功能完好率和精度精确率（3P）管理识别制度，每年对设备功能和精度进行识别并建立管理台账。（2）按月做好主要生产设备 3P 指标统计、分析和评价工作，确保统计数据的及时和准确。（3）针对影响作业率、功能和精度的不良因素，制定切实可行的纠正和改进措施，确保各项措施落实。
36	★★	关键质量设备控制模式	质量设备建档率 = 100% FMEA 分析率 = 100%	（1）建立质量设备管理台账。（2）按单项设备建立质量设备潜在失效模式（FMEA）体系。（3）准确统计、记录设备状态，按计划开展统计、分析和评价工作。（4）确定与控制目标发生偏移的改进和纠正措施，确保各项措施落实。
37	★★	设备专有技术控制管理	专有技术建档率 = 100% 专有技术成果项数≥2 项	（1）建立设备技术诀窍（如先进设备点检法、维修法和改进法）等企业内部所有的专有技术（know-how）推进机制和评价体系。（2）建立完备的专有技术管理档案，在企业内部注册。（3）获得公司管理创新成果、技术成果、自主管理成果奖项。（4）专有技术和公司管理创新成果、自主管理成果项数保持累计增长。
38	★★	先进节能技术推广应用	措施计划实现率 = 100%	（1）建立持续推进的设备节能先进技术的应用机制。（2）制定年度设备节能措施计划，落实目标、费用、时间进度和责任要求。（3）按项目开展设备节能技术应用的效果评价。
39	★★	设备检修工程定额管理	A 类设备定额编制率 = 100% 检修定额执行率 = 100%	（1）建立设备检修工程定额管理机制，确定年度 A 类设备检修定额编制计划，确保计划实施。（2）建立工程定额修编的授权管理机制，严格执行修编程序，落实修编责任。

续表 3-1

编号	星级等级	标准条款	标准控制值	评定标准细则
40	★★	设备检修工程发包管理	严重违规次数=0次	(1) 严格执行公司设备检修工程费用支出、审核、批准程序，无违规支出设备修理现象。(2) 严格执行设备检修工程招标、议标发包程序，无违规发包现象。(3) 严重违反公司《生产设备检修工程委托发包管理》规定，或未按期报送年、月度和日常外委检修计划及缺陷项目，视为不合格。
41	★★	备件计划库存资金管理	急件计划≤5项/月 库存资金占用≤计划值	(1) 加强备件急件管理与控制，每月备件急件项数≤5项（工矿每人每月5项次，通用、液压、仪表、电气、三车每专业每人每月5项次）。(2) 严格备件库存量的控制与跟踪管理，确保库存资金占用处于受控状态，库存资金占资产的比例呈逐年递减趋势。
42	★★	备件修复计划实施管理	实施计划≥年度计划值	(1) 制订单位年度备件修复计划实施措施，确保各项措施得到落实，无自身责任的工作失误、疏漏事件。(2) 严格执行年度备件修复计划，制订有效措施，并确保各项措施的落实。
43	★★	测量设备配备技术管理	符合预期的计量要求=100%	(1) 测量设备配备（测量过程的测量特性不变或与已有的相同）和更换，应有详细配备计划包括：配备理由、所需设备、材料和概算。(2) 经厂计量管理人员审核，计量主管部门领导批准。(3) 有项目施工方案和验收准则。(4) 经厂计量管理人员审核，计量主管部门领导批准。(5) 按照验收准则验收并保存资料。
44	★★	OEE 设备综合效率管理	设备综合效率 OEE≥90% 运行综合效率 ORE≥90% 检修综合效率 OOE≥90% 备件综合效率 OBE≥74%	(1) 建立 OEE 设备综合效率评价体系。(2) 确立综合 OEE、运行 ORE、检修 OOE 和备件 OBE 评价的管理责任。(3) 及时开展 OEE 评价体系指标的统计，确保准确无误。(4) 按月开展 OEE 指标的评价分析工作，找出影响 OEE 绩效的因素。(5) 确立影响 OEE 评价指标的因素的改进和完善措施，确保各项措施的落实。（注：1) OEE=时间开动率×性能开动率×设备合格品率。2) ORE=时间开动率×点检计划兑现率×功能完好率×精度精确率。3) OOE=工期兑现倍率×工程项目兑现率×安全达标率×质量优良率。4) OBE=计划准确率×备件合格品率（适用于月度评价）=计划命中率×备件合格品率（适用于年度评价）。5) ①备件计划命中率=（年备件出库资金/年备件入库资金）×100%。②备件合格品率=［（到货备件总件数－影响生产的备件件数－备件质量缺陷件数）/到货备件总件数］×100%。（影响生产的备件件数：因关键备件未按期组织到位，对生产或检修造成直接影响的。备件质量缺陷件数：以公司调度信息和各单位反馈的备件缺陷项数为计算依据））。
45	★★★	工业建筑炉窑技术管理	一、二级率≥98% 检查、检测计划执行率=100% 记录完整，资料归档率=100%	(1) 制订工业建筑定期评级和安全状况年度滚动检测计划，确保各项计划落实，及时整改工业建筑隐患。(2) 对使用三十年以上、存在较大隐患的工业建筑实施检查、可靠性检测鉴定。
46	★★★	防雷减灾专业技术管理	资质准入执行率=100% 防雷设备合格率=100% 隐患措施落实率=100%	(1) 凡防雷减灾设备、设施的设计、施工应取得资质认可。(2) 禁止非武钢准入避雷器生产厂家生产的防雷设备进入现场。(3) 建立防雷减灾设备、设施的定期检查制度，出现隐患应采取措施予以纠正和处理。
47	★★★	备件计划命中定额管理	备件总量计划命中率≥75% 关键备件定额编制率=100% 定额执行率=100%	(1) 备件总量计划命中率=［年备件出库件数（或资金）/年备件入库件数（或资金）］×100%≥75%。开展备件命中率检查、分析和评价工作。针对所出现异常，制定整改措施，并确保实施。(2) 制定 A 备件储备定额编制计划，确保计划实施。建立备件定额执行情况的检查、分析和评价制度，定期开展分析。出现异常消耗时应组织专项分析，制定整改措施，并确保实施。

续表 3-1

编号	星级等级	标准条款	标准控制值	评定标准细则
48	★★★	设备图纸档案电子管理	A 类档案图纸电子化率 = 100% 图纸资料及时更新率 = 100%	（1）A 类设备、备件图纸应全部纳入电子化系统管理。（2）生产设备档案应全部纳入公司 EAM 信息化管理系统，且历史记录在 5 年以上。（3）在图纸资料发生更改时，应进行及时更新，并妥善保存历史数据资料。
49	★★★	万点受控智能诊断管理	重点设备点检数据采集上传率 = 100% 在线诊断设备台数 ≥ 2 台 在线诊断成效率 = 100%	（1）建立重点设备点检数据采集系统，实现与 EAM 点检子系统的上传与对接，做好日常分析与管理工作。（2）建立设备状态监测管理台账，设备状态监测记录准确、完整。（3）做到即时分析和处理存在的隐患和缺陷问题。（4）根据分析结果，制订可行的技术改善和改进措施，确保措施得到落实。（5）对指导科学维修和经济维修产生积极影响。（6）对设备诊断仪器进行定期校验和标定，并保留校验记录和证书。
50	★★★	设备指标对标体系管理	单位设备修理费用支出达到冶金行业前三名	（1）建立反映修理费用支出全貌的管理台账。（2）修理费用单耗指标在国内保持先进水平。（3）修理费用的各项支出符合制度规定。（4）按月做好分析工作。发生异常波动，应及时进行分析，采取适当措施予以纠正。
51	★★★	主要生产设备装备水平	国内先进设备 ≥ 60%	（1）建立主要生产设备技术装备等级评价、识别管理机制。（2）按年度对技术装备等级进行评价。
52	★★★	设备检修工程定额管理	B 类设备定额编制率 = 100% 检修定额执行率 = 100%	（1）建立设备检修工程定额管理机制，确定年度 B 类设备检修定额编制计划，确保计划实施。（2）建立工程定额修编的授权管理机制，严格执行修编程序，落实修编责任。
53	★★★	设备检修施工现场管理	“三全三个一律”执行率 = 100% 安全达标率 = 100% 环境达标率 = 100%	（1）建立设备检修施工组织管理体系（包括人员、质量、安全、环保、费用、工期等责任落实）。（2）严格执行现场施工“三全三个一律”（三全：全员参与、全程配合、全面控制。三个一律：安全防护设施不符合国家规定一律停止施工；铺垫面积小于使用面积一律停止施工；电焊机地线和火线不同长度一律停止施工）。（3）制订严密的安全措施，确保人身、设备安全。
54	★★★	关键测点计量确认管理	测量设备特性满足预期计量要求	（1）建立关键、特殊测量点（生产控制计划规定的点）实施计量确认制度。（2）建立计量确认点清单。（3）确定计量要求。（4）实施计量确认。（5）经确认不符合计量要求进行的整改，包括（必要的调整或维修及随后的再校准、与设备预期使用的计量要求相比较）。（6）整改记录。（7）形成计量确认文件。（8）粘贴计量确认彩色标识。
55	★★★	测量设备测量过程管理	对不合格测量设备进行必要的处理 不合格测量过程控制率 = 100%	（1）对已确认的测量设备怀疑或已知不合格应：1）撤离（隔离）或标识；验证其不合格，并准备不合格报告。2）对于列入公司测量过程控制管理点的测量设备，验证结果表明危及测量结果的正确性的，应报告相关部门，并提供进行追溯必要性的相关资料。3）调整或修理，重新校准。4）根据校准的计量特性用于预期用途并验证。5）针对不合格原因采取相应的纠正措施（如：缩短确认周期、增加保护装置等）并保存实施记录。6）判定报废的测量设备，报废手续齐全，统一销毁。（2）及时处理和消除不合格原因。对顾客反馈的计量异议提供测量过程有效性的报告。1）发现不合格测量过程立即停止使用；2）分析不合格原因，形成分析报告；3）对于列入公司测量过程控制管理点的测量设备过程，验证结果表明危及测量结果的正确性的，应报告相关部门，并提供进行追溯必要性的相关资料；4）制订和实施纠正措施（如：人员培训、消除或减小影响量等）；5）对顾客反馈的计量异议，对测量过程的所有要素进行分析，分析结果按要求报告相关单位。
56	★★★	能源计量设备器具管理	二级能源计量器具配备率、准确度等级 100% 符合《通则》 二级能源计量按表结算率 = 100%	（1）二级能源计量器具配备率、准确度等级 100% 符合《用能单位能源计量器具配备和管理通则》。（2）建立一、二级能源计量器具台账，并实施有效管理。（3）绘制一、二级能源计量器具配置管网图。（4）二级能源计量按表结算率应达到 100%。

续表 3-1

编号	星级等级	标准条款	标准控制值	评定标准细则
57	★★★	设备管理技术创新成果	公司级成果项数≥2项	（1）建立实施设备管理创新与技术成果创新的推进机制，制订年度创新推进计划，确保计划实施。（2）获得武钢级别设备管理创新、技术创新等现代化管理成果奖项，取得荣誉证书。
58	★★★	整体产销与局域网管理	功能开通率＝100%	（1）保持投入运行的整体产销各子系统和各单位局域网应用功能的正确管理和使用。（2）确保各项功能按设计和规定要求运行。
59	★★★	系统软件载体资料管理	软件资料拷贝、建档率＝100%	（1）建立主要计算机软件载体及资料拷贝、建立档案制度，并确保制度落实。（2）软件载体保管存放应实行专人管理，并按照规定异地存放、定期检查和强化处理。（3）建立主要计算机软件及程序资料变更记录台账，如实记录实际状况。
60	★★★★	OEE 设备综合效率管理	终极设备 OEE 评价≥2 项 措施计划执行率＝100%	（1）根据具体高端设备生产的控制与管理要求，建立以终级设备质量控制为目标，以各工序环节为过程支持的微观 OEE 设备综合效率管理评价体系。（2）定期开展数据统计、分析与评价工作。（3）对影响 OEE 效率提高的因素，采取适时、适度的纠正和改进措施，并确保各项措施的落实。
61	★★★★	万点受控智能维修管理	预知维修达国内先进水平	（1）建立预知维修和可靠性维修设备管理制度，在预知维修和可靠性维修管理上取得成效。（2）对主要设备应实施可靠度分析。（3）实施的预知维修、可靠性维修应取得实际效果（用以指导预知维修、经济维修的效果评价）。（4）对预知维修的诊断仪器进行定期校验和标定，并保留校验记录和证书。
62	★★★★	设备自主创新专利技术	专利技术≥2 项	（1）建立实用新型专利技术的发掘推进机制。（2）确立年度实用新型专利技术推进计划。（3）组织实施专利技术计划，取得专利技术。（4）专利技术数量逐年累计增加。
63	★★★★	设备寿命周期费用管理	单台设备费用分类率＝100% 寿命周期分析台数≥3 台	（1）建立主要生产设备寿命周期费用统计、分析和决策管理制度。（2）在EAM 信息化管理平台上按照系统规定费用科目，实施设备修理费用的定期输入，并确保费用科目分类、统计的准确。（3）按照单台设备实施定期费用分析和评价。（4）为实施科学投入维修决策提供有效指导。
64	★★★★	备件计划命中定额管理	备件总量计划命中率≥80%	（1）备件总量计划命中率＝［年备件出库件数（或资金）/年备件入库件数（或资金）］×100%≥80%。（2）开展备件命中率检查、分析和评价工作。针对所出现异常，制订整改措施，并确保实施。
65	★★★★	备件资金费用技术管理	达国内同行业先进水平	（1）建立指标备件指标对标体系（含库存备件资金周转天数、万元机电设备固定资产备件储备、吨设备（或千元产值）备件消耗）等内容。（2）对指标出现的异常，应及时组织分析，提出解决处理措施并确保落实。
66	★★★★	设备图纸档案电子管理	B 类档案图纸电子化率＝100% 图纸资料及时更新率＝100%	（1）B 类设备、备件图纸应全部纳入电子化系统管理。（2）生产设备档案应全部纳入公司 EAM 信息化管理系统，且历史记录在5 年以上。（3）在图纸资料发生更改时，应进行及时更新，并妥善保存历史数据资料。
67	★★★★	测量设备策划实施管理	策划过程符合 ISO10012 标准要求	（1）建立涉及计量要求和测量过程要素改变的检修项目、技术改造项目进行控制管理制度。（2）项目立项须经公司计量主管部门审批。（3）检修项目应有详细的立项理由、缺陷内容、所需设备、材料和概算。（4）技术改造项目应有项目设计方案、技术协议或设计说明书，内容包括：测量参数及允许的测量不确定度；测量的频次；测量设备及标识；测量程序；测量软件；环境条件；操作者能力；其他影响测量结果可靠性的因素等和验收准则。（5）技术改造项目应进行测量不确定度评定，有不确定度评定报告。（6）技术改造项目须经计量主管部门对测量过程的有效性进行确认，形成测量过程有效性确认报告，报公司计量主管部门审批。（7）项目按公司工程管理规定实施。（8）按照验收准则验收的资料齐全。

续表 3-1

编号	星级等级	标准条款	标准控制值	评定标准细则
68	★★ ★★	测量过程实现控制管理	对高级别测量点进行测量不确定度分析 对高级别控制的测量系统的重要特性进行全面的分析 根据分析结果实施控制	（1）对规定的测量点实施测量不确定度分析并形成分析报告。依据分析报告的结论对不能满足预期计量要求的测量过程进行改进。（2）建立测量过程控制管理点清单。（3）对列入高级别控制的测量系统进行识别，确定分析特性和分析方法，并形成测量系统分析、控制计划。（4）制订分析、控制程序和记录图表。（5）按照分析和控制程序进行分析，形成分析报告，给出分析结论。（6）绘制控制图，对控制图的监视结果进行评价。（7）对失控（超出控制限）的原因进行分析。（8）制订改进措施，实施并保存改进记录。
69	★★ ★★	能源计量测点配备管理	三级能源计量器具配备率、准确度等级100%符合国家《通则》要求	（1）建立三级能源计量器具台账。（2）绘制主要机组、炉窑能源计量点配备管网图。（3）三级能源计量器具运转率100%。（4）主要机组实现单机工序能耗成本核算大于95%。
70	★★ ★★	设备修理费用控制管理	设备维修费用达国内冶金行业前三名	（1）建立生产设备修理费用对标管理体系，定期开展对标分析工作。（2）建立月、季、年综合统计、分析报告制度，各项数据准确无误。
71	★★ ★★	信息系统标识技术管理	信息系统标识率＝100%	应按规定做好信息系统和线路的标识工作。
72	★★ ★★	信息系统数据技术管理	数据备份率＝100% 系统灾备系统建立率＝100%	（1）应建立产销系统及重要产线过程控制机、管理机重要数据备份机制。（2）凡产销系统及重要生产线过程控制机、管理机，均应在重要系统建立灾备系统，并确保系统正常运行。
73	★★ ★★★	主要生产设备装备水平	国内先进设备＝100% 国际一流设备技术装备台套数≥60	（1）建立设备技术装备等级评级制度。（2）按年度开展设备技术装备水平评级工作。（3）不断对设备装备中的缺陷和薄弱环节进行改进，并评价其效果。
74	★★ ★★★	设备指标对标体系管理	国际国内一流	（1）建立纵向和横向设备技术经济指标对标体系。（2）及时、准确、全面开展技术经济指标统计、分析工作。（3）发现指标异常，应采取措施进行纠正和处理。
75	★★ ★★★	设备检修工程定额管理	C类设备定额编制率＝100% 检修定额执行率＝100%	（1）建立设备检修工程定额管理机制，确定年度C类设备检修定额编制计划，确保计划实施。（2）建立工程定额修编的授权管理机制，严格执行修编程序，落实修编责任。
76	★★ ★★★	备件计划命中控制管理	单一品种计划命中率≥90%	（1）对单一品种备件计划命中率＝［对单一品种备件年度出库件数（或资金）/对单一品种备件年度入库件数（或资金）］×100%≥90%。（2）开展备件命中率检查、分析和评价工作。（3）针对所出现异常，制订整改措施，并确保实施。
77	★★ ★★★	计量计算机网络化管理	建立计量确认计算机管理平台 建立测量系统分析和过程控制计算机管理平台 建立能源计量数据管理网络	（1）建立计量确认计算机管理平台：1）建立测量设备分类电子台账。2）自动生成周检/校准计划、计划通知、计算完成率，形成报表。3）实现校准记录、检定/校准合格证书网上查阅。4）实现检定机构、量值溯源网上查阅。5）记录并保存设备维护单位相关资质、人员等信息。6）记录并保存设备维护检修历史记录。7）根据授权，网上完成验证记录。（2）建立测量系统分析和过程控制计算机管理平台：1）建立测量系统分析、控制计划。2）建立测量过程分析、控制模型。3）完成所需特性的统计分析和计算。4）形成特性分析记录和控制图。5）完成分析评价结论，输出分析报告传输至设计、生产等相关部门。（3）建立能源计量数据中心和传输网络：1）实现能源计量数据实时监控，可提供生产经营活动中物资能源投入消耗的实时数据信息和历史趋势。2）可按生产周期（班、日、周等）统计计算单位设备的主要能源消耗量统计报表。3）可提供有关能源介质、大宗原燃料物资运输、储存、消耗信息和报表，同时提供报警模式。4）可根据原料采购、生产调度、经营销售部门的要求传递相关数据。5）所有数据由原始计量数据中整理和提炼得来，应能追溯至计量检测记录，由经计量确认合格的检测设备出具。

续表 3-1

编号	星级等级	标准条款	标准控制值	评定标准细则
78	★★ ★★★	设备图纸档案电子管理	C 类档案图纸电子化率 = 100% 图纸资料及时更新率 = 100%	(1) C 类设备、备件图纸应全部纳入电子化系统管理。(2) 生产设备档案应全部纳入公司 EAM 信息化管理系统，且历史记录在五年以上。(3) 在图纸资料发生更改时，应进行及时更新，并妥善保存历史数据资料。
79	★★ ★★★	设备位置电子地图管理	电子化率 = 100%	建立反映设备地理位置状况的“电子地图”管理系统。
80	★★ ★★★	设备管理技术创新成果	行业成果项数≥1 项	(1) 获国家行业及以上设备技术成果和管理创新成果奖项，并取得荣誉证书。(2) 获得国家发明专利，并取得专利证书。(3) 上述成果三年内（含三年）有效。

★ 26(01～26)	★★ 18(27～44)	★★★ 15(45～59)	★★★★ 13(60～72)	★★★★★ 8(73～80)
01 生产经营目标技术指标	27 特种设备专业技术管理	45 工业建筑炉窑技术管理	60 OEE 设备综合效率管理	73 主要生产设备装备水平
02 生产设备技术经济指标	28 安全环保设备控制管理	46 防雷减灾专业技术管理	61 万点受控智能维修管理	74 设备指标对标体系管理
03 安全环保涉密状态指标	29 现场设备定置保洁管理	47 备件计划命中定额管理	62 设备自主创新专利技术	75 设备检修工程定额管理
04 设备系统组织体系管理	30 设备隐患整改过程管理	48 设备图纸档案电子管理	63 设备寿命周期费用管理	76 备件计划命中控制管理
05 生产设备状态辨识管理	31 工业建筑炉窑技术管理	49 万点受控智能诊断管理	64 备件计划命中控制管理	77 计量计算机网络化管理
06 设备方针目标控制管理	32 设备动力管网泄漏管理	50 设备指标对标体系管理	65 备件资金费用技术管理	78 设备图纸档案电子管理
07 设备日常工作效率管理	33 资讯信息系统日常管理	51 主要生产设备装备水平	66 设备图纸档案电子管理	79 设备位置电子地图管理
08 设备台账档案资料管理	34 资讯信息系统安全管理	52 设备检修工程定额管理	67 测量设备策划实施管理	80 设备管理技术创新成果
09 生产设备运行档案管理	35 生产设备三率状态管理	53 设备检修施工现场管理	68 能源计量测点配备管理	
10 设备资讯基础数据管理	36 关键质量设备控制模式	54 关键测点计量确认管理	69 测量过程实现技术管理	
11 万点受控点检预防管理	37 设备专有技术控制管理	55 能源计量设备器具管理	70 设备综合成本控制管理	
12 生产设备液压润滑管理	38 先进节能技术推广应用	56 测量设备测量过程管理	71 信息系统标识技术管理	
13 生产设备事故故障管理	39 设备检修工程定额管理	57 设备管理技术创新成果	72 信息系统数据技术管理	
14 设备规程标准制度管理	40 设备检修工程发包管理	58 整体产销与局域网管理		
15 设备岗位培训持证管理	41 设备备件计划资金管理	59 系统软件载体资料管理		
16 生产设备固定资产管理	42 备件修复计划实施管理			
17 设备状态应急预案管理	43 测量设备配备技术管理			
18 特种设备专业技术管理	44 OEE 设备综合效率管理			
19 防雷减灾设备基础管理				
20 工业建筑炉窑基础管理				
21 设备检修项目计划管理				
22 备件计划账物仓库管理				
23 测量设备基础工作管理				
24 测量设备运行维护管理				
25 分供协力资质能力管理				
26 资讯信息系统基础管理				

图 3-1　某企业星级设备管理单位评定标准(AS-2007 版)布局

4 设备运行与维护

设备运行管理，是指从设备使用、维修、改造、更新、直至报废的全过程管理，是一项兼有技术、经济、业务三方面的技术管理工作。设备运行管理的主要目的是——采取有效措施，科学地管理好企业的设备，使设备的维护管理工作有组织、有计划、有原则、有标准、有规程地进行，从而保证设备高效率、长周期、安全、经济地运行，以达到设备的使用寿命长、综合效能高和适应生产发展的需要，保证企业获得最好的经济效益。设备运行管理是企业管理的一个重要部分，在企业中，设备运行管理搞好了，才能使企业的生产秩序正常，做到优质、高产、低消耗、低成本，预防各类事故、提高劳动生产率、保证安全生产。加强设备运行管理，有利于企业取得良好的经济效益，还可对老、旧设备不断进行技术革新和技术改造，合理地做好设备更新工作，加速实现工业现代化。

4.1 设备运行管理

4.1.1 设备运行管理的主要内容

设备运行管理的实质是对设备运行过程及其设备健康状态进行监控和优化处理，它包括设备的技术特性和设备的经济运行，它要求设备可靠、安全、经济运行。设备运行管理以技术为基础，安全做保证，效益最大为目的。

4.1.1.1 设备的技术管理

设备的技术管理是设备运行管理的基础，设备的技术管理是指对设备一生的技术的管理，其中包括：设备规划研究、设计、制造、选型、安装、调试、使用、维修、改造、报废。设备运行的技术特性的好坏，直接影响设备的使用、运转、寿命。设备的基本技术特性包括：

(1) 生产性。生产性指设备的效益，它取决于设备本身的技术参数，如功率、行程、速度、容量、生产能力等，是评定生产效率的要素。

(2) 可靠性。可靠性指设备精度、性能的保持性和零部件的耐用性等，这是决定设备寿命周期及准确、安全、可靠运行的要素。同时，也是成套设备总的可靠性参数，指能适用不同工作条件、环境的能力。

(3) 维修性。维修性指可修性或易修性，它是影响设备维修工作量和费用高低的要素。一台设备有高度的可靠性，但设备损坏后不易于修复是不可取的。

(4) 节能性。节能性指设备热效率、能源利用率和耗用能源高低的性能，如耗电、耗煤和蒸汽耗量等。

(5) 环保性。环保性指设备的噪声、振动和排放的有害物质对环境污染范围大小标准的要素。它涉及保护环境、保持操作者健康和安全的问题。

(6) 操作性。操作性指操作者使用方便、可靠，要求符合人体生理、身体条件的要素，要能减轻操作者负担，避免误操作的可能性。

(7) 安全性。安全性指人身安全、设备安全。

(8) 经济性。经济性指设备购置费和维持费。

搞好技术管理，一方面要抓技术特性静态管理，设备零部件的技术系数，项目技术审查和质量验收，设备安全操作规程，设备检修安装规程，设备交接班制度，点检制度等；另一方面要抓设备技术特性的动态管理，要求设备管理人员在掌握一定技术理论的基础上，学习掌握现代化管理方法和手段，推行设备点检定修制，采用系统工程的方法、网络技术方法、价值工程、可靠性工程、投资分析方法，运用设备故障诊断技术，运用新工艺、新装备、新技术、新材料等“四新”技术，实现设备预知维修。

4.1.1.2　设备的经济管理

设备的经济管理是对设备全生命周期费用的管理，是设备运行管理的最终目的，要求在设备可靠安全运行情况下，以最小的投入取得最大的效能。设备经济管理的内容主要有：

（1）设备投资的决策管理。设备投资的决策管理主要包括设备大修、设备更新和设备技术改造，要对项目评估，对经济效果进行计算和评价。设备使用过程中有磨损，设备精度和技术性能下降，应该对设备进行修理，但修理次数增加，修理费用增加，有的修理成本高于重置价格，这些对提高设备经济运行是不利的。设备的技术改造更新也应进行经济分析，必须作出技术经济论证和投资效益分析。

（2）设备维修费。设备维修费主要包括大修费用和日常维修费用（即设备在日常维修保养、检查、修理等作业时的费用支出），要收集、整理并检查各种原始记录，完整、准确地进行费用核算和分析。费用主要包括：操作人员费、材料费、电、气、燃料、润滑油、蒸汽、水等消耗费、维修费、备件费、维修人员费、维修机械费，以及库管费和其他有关费用等。

（3）设备寿命周期费用。设备寿命周期费用是指设备从规划设计、制造、安装、调试、使用、维修、报废一生的费用。总体分设备购置费和维持费两大部分。其中包括：自制设备研究费、设计和制造费、外购设备费、运输费、安装调试费、维持费、运行费、维修费、固定资产税、保险费及工人的工资等。所以，要搞清设备购置费和维持费之间的关系，合理分配投资金额，收集整理原始资料，以便对设备投资效益进行实际分析，同时找出设备一生的薄弱环节，采取有效措施减少寿命周期费用，实现较多综合效能。

设备经济性评价的方法有：投资回收期法、费用比较法、维修费用效率法等，通过分析评价，追求维修费用效率最高。

4.1.1.3　设备的安全管理

设备的安全运行是设备运行管理的保证，设备的安全工作始终贯穿于设备运行管理中，设备的前期管理中要考虑设备的可靠性和安全性，设备的后期管理中尤其要注意各种安全操作规程的制定，加强操作人员岗位技术培训，对设备进行一年两次安全大检查，加强设备的监测、维修和及时更新，减少或消除安全隐患。安全管理的主要内容有：

（1）对新设备、改造设备进行安全保护设施审查，新设备必须有设备合格证，并符合质量标准；

（2）定期对设备进行检查；

（3）建立设备安全档案；

（4）设备必须制定安全操作规程、检修、维护保养规程；

（5）对已发生的设备事故要认真分析，必须做到事故原因没查清不放过，防止再次发生的对策措施没有实施不放过，事故的责任人或者相关群众没有受到教育不放过；

（6）操作者严格执行操作规程，采取操作牌制度避免误操作。

4.1.2　设备运行管理的作用

设备运行管理的作用如图 4-1 所示。图中列出设备维护的直接效能就是要使设备经常处于良好的技术状态。

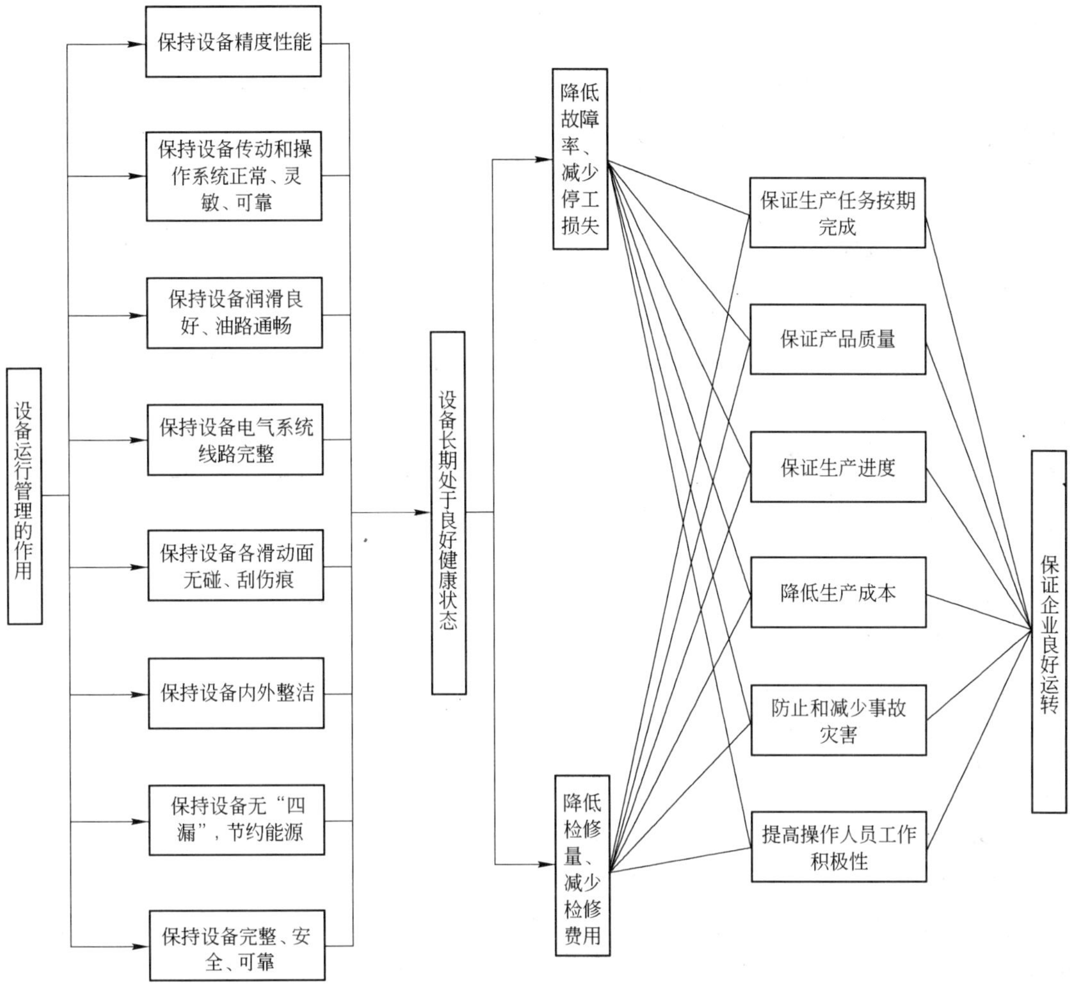

图 4-1 设备运行管理的作用

4.2 设备健康状态

现代设备的维修费用在全寿命周期费用中所占的比重越来越大，“经济可承受性”成为各国企业十分关注的问题。设备的定期维修策略不考虑当前设备的状态，采用基于日历的方式对设备进行维修保养，容易造成“维修过剩”和“维修不足”，引起资源的浪费，经济可承受性差。传统的基于状态的维修（Condition-Based Maintenance，CBM）虽然考虑了当前设备所处的状态，但是对设备状态的划分采用简单的“阈值”法，即在“阈值”以内不作处理或加强监控，超过“阈值”就进行维修。这种维修策略在一定程度上减少了维修保障的费用，提高了设备的可用性，但仍没有效解决经济可承受性这个问题。随着 CBM 理论的发展以及设备健康管理（Health Management，HM）及故障预测与健康管理（Prognostics and Health Management，PHM）理论的出现，为实现经济可承受性的目标提供了解决的方法。可见，设备运行健康状态监控、管理不仅是设备维护、故障诊断、设备检修等工作开展的基础和依据，更是确保设备运行管理顺利进行，提高设备管理工作技术和经济效益的重要保障。

4.2.1　设备健康状态管理的基本内容

企业设备是为满足某种生产对象的工艺要求或为完成工程项目的预计功能而配备的。所谓设备的状态是指在用设备所具有的性能、精度、生产效率、安全、环境保护和能源消耗等的健康状态。设备的技术性能及其状态如何，体现着它在生产经营活动中存在的价值和对生产的保证程度。

设备在使用过程中，由于生产性质、加工对象、工作条件及环境条件等因素对设备的作用，致使设备在设计制造时所确定的工作性能或健康状态将不断降低或劣化。一般地说，设备在实际使用中经常处于三种健康状态：一是完好的健康状态，即设备性能处于正常可用的状态；二是故障状态，即设备的主要性能已丧失的状态；第三种状态是处于上述两者之间，即设备已出现异常、缺陷，但尚未发生故障，这种状态有时称为故障前状态。为了延缓设备劣化过程的发展，预防和减少故障的发生，使设备处于良好的健康状态，除需具有熟练技术的工人正确操作、合理使用设备外，还要对设备进行清扫、维护、润滑、检查、调整、更换零部件、状态检测和诊断等基础工作，同时还应制订操作规程与管理制度并贯彻执行，做好检查、维修记录，积累各项原始数据，进行统计分析，探索故障的发生规律，以采取有效措施控制故障的发生，保持设备的状态良好。

设备健康状态管理就是指通过对在用设备（包括封存设备）的日常检查、定期检查（包括性能和精度检查）、润滑、维护、调整、日常维修、状态监测和诊断等活动所取得的健康状态信息进行统计、整理和分析，及时判断设备的精度、性能、效率等的变化，尽早发现或预测设备的功能失效和故障，适时采取维修或更换对策，以保证设备处于良好、健康状态所进行的监督、控制等工作。

设备健康状态管理是设备管理工作的重要组成部分。设备健康状态的好坏将决定企业生产经营活动能否正常进行。因此，设备健康状态管理的意义和目的在于控制设备健康状态，根据对其检测、诊断的结果，采取预防措施，尽早排除设备存在的隐患和故障征兆，控制和降低设备故障率，使设备经常保持在良好状态，从而降低维修费用，减少停机时间，提高设备有效利用率，保证设备生产的高质量和高效率，保证安全生产，提高企业的经济效益。

由于设备使用期在设备一生中是一个较长的过程，因工作对象、工作环境、工作负荷的不同使设备的磨损程度产生很大的差异。因此设备健康状态管理具有明显的动态特性。这种动态特性决定了它的复杂性、技术性和系统性。

设备健康状态管理不仅为保持正常的生产秩序提供基本保证，并且通过大量生产实际所取得的各种技术、经济信息，为设备全系统管理提供分析、决策的依据。所以，设备管理始终是以健康状态管理为主要内容展开的。设备管理水平的高低，也总是以设备健康状态管理为主要内容来体现的。

设备健康状态管理的主要内容包括：制定科学的管理制度和相应的规程标准，正确合理地使用设备，加强设备的维护、检查工作，了解和掌握设备故障征兆与劣化情况，并采取消除和控制措施，积累设备检查修理过程中的各种信息，为制订合理的修理方案或更新策略提供依据。其具体内容如下：

（1）建立设备健康状态管理的原始依据。包括设备的能力指标、精度指标和运行特征等原始性能指标，有关技术特性指标，设备健康状态信息特征参数指标等。

（2）制订设备健康状态管理的工作标准。包括设备操作规程、维护保养规程、检修规程及状态检查与监测规程等。

(3) 建立设备管理规章制度和工作流程。包括设备维护保养、检查、计划维修、故障管理、重点设备管理等规章制度及考核考查办法，有关基础工作的内容、形式与流程等。

(4) 贯彻设备操作规程与维护制度。遵守设备操作规程与维护制度，合理使用设备、正确合理润滑设备、精心维护设备。

(5) 实行设备检查制度。包括全部生产设备及起重设备、动力设备的日常检查、生产重点设备的定期性能检查和精密设备的定期精度检查，掌握设备的健康状态信息。

(6) 定期进行设备完好状态检查，精度检测及特种容器检测等。

(7) 采用诊断技术进行状态检测，及时掌握设备的实际健康状态，为设备的状态维修提供准确信息依据。

(8) 按照设备的检查点和检查路线进行巡回检查，对检查中发现的异常征兆和隐患，要及时排除或进行有计划地维修，以控制和减少故障发生。

(9) 对突发故障（包括事故）按照规定进行分析处理和抢修，并做好记录。

(10) 严格贯彻动力设备的安全运行规程、环境保护法则以及定期预防试验规定。

(11) 搜集各种检查记录资料，日常维修、故障修理及其他修理记录资料，进行统计、整理和分析，探索故障原因与规律，拟定维修对策。

(12) 采取相应的对策和措施，改进设备的健康状态。对标准与制度进行完善，不断提高设备健康状态管理的水平。

4.2.2 设备健康状态监测、检查、评价

4.2.2.1 设备健康状态监测与检查

A 设备健康状态监测

对运行中的设备整体或其零部件的技术状态进行检查鉴定，以判断其运行是否正常，有无异常与劣化征兆，或对异常情况进行追踪，预测其劣化趋势，确定其劣化及磨损程度等，这种活动就称为状态监测（Condition Monitoring）。状态监测的目的在于掌握设备发生故障之前的异常征兆与劣化信息，以便事前采取针对性措施控制和防止故障的发生，从而减少故障停机时间与停机损失，降低维修费用和提高设备有效利用率。对于在使用状态下的设备进行不停机或在线监测，能够确切掌握设备的实际特性，有助于判定需要修复或更换的零部件和元器件，充分利用设备和零件的潜力，避免过剩维修，节约维修费用，减少停机损失。特别是对自动线、流程式、流水式生产线或复杂的关键设备来说，意义更为突出。

B 设备状态检查

设备状态检查就是对其运行情况、工作性能、磨损程度进行检查和校验，通过检查可以全面掌握设备健康状况的变化，劣化程度和磨损情况。针对检查发现的问题，制定设备维护（检修）工作计划，以提高维护（检修）质量，缩短维护（检修）时间。设备状态检查，按检查时间的间隔可分为：(1) 日常检查，即操作工人每天对设备进行的检查；(2) 定期检查，即在操作工人参加下，由专职维修工人按计划定期对设备进行的检查。设备健康状态监测，按技术功能可分为：(1) 机能检查，即对设备的各项机能的检查和测定，如检查是否漏油，防尘密封性以及零件耐高温、高压、高速的性能等；(2) 精度检查，即对设备的实际工作精度进行检查和测定，以便确定设备精度的劣化程度。

C 设备健康状态监测与定期检查的区别

设备的定期检查是针对实施预防维修的生产设备在一定时期内所进行的较为全面的一般性检查，间隔时间较长（多在半年以上），检查方法多靠主观感觉与经验，目的在于保持设备的

规定性能和正常运转。而状态监测是以关键的重要的设备（如生产联动线、精密、大型、稀有设备、动力设备等）为主要对象，监测范围较定期检查小，要使用专门的监测仪器针对事先确定的监测点进行间断或连续的监测检查，目的在于定量地掌握设备的异常征兆和劣化的动态参数，判断设备的技术状态及损伤部位和原因，以决定相应的维修措施。

设备健康状态监测是设备诊断技术的具体实施，是一种掌握设备动态特性的检查技术。它包括了各种主要的非破坏性检查技术，如振动理论、噪声控制、振动监测、应力监测、腐蚀监测、泄漏监测、温度监测、磨粒测试（铁谱技术）、光谱分析及其他各种物理监测技术等。

设备健康状态监测是实施设备状态维护和检修（Condition Based Maintenance and Repair）的基础，设备状态维护和检修根据设备检查与状态监测结果，确定设备的维护和检修方式。所以，实行设备状态监测与状态维修的优点有：（1）减少因机械故障引起的灾害；（2）增加设备运转时间；（3）减少维修时间；（4）提高生产效率；（5）提高设备和服务质量。

设备技术状态是否正常，有无异常征兆或故障出现，可根据监测所取得的设备动态参数（温度、振动、应力等）与缺陷状况，与标准状态进行对照加以鉴别。判断设备健康状态的一般标准如表 4-1 所示。

表 4-1　判断设备健康状态的一般标准

设备健康状态	部件			设备性能
	应　力	性　能	缺陷状态	
正　常	在允许值内	满足规定	微小缺陷	满足规定
异　常	超过允许值	部分降低	缺陷扩大（如噪声、振动增大）	接近规定，一部分降低
故　障	达到破坏值	达不到规定	破损	达不到规定

4.2.2.2　设备健康状态监测的分类与工作程序

设备状态监测按其监测的对象和状态量划分，可分为两方面的监测：（1）机器设备的状态监测。指监测设备的运行状态，如监测设备的振动、温度、油压、油质劣化、泄漏等情况；（2）生产过程的状态监测。指监测由几个因素构成的生产过程的状态，如监测产品质量、流量、成分、温度或工艺参数量等。这两方面的状态监测是相互关联的。例如生产过程发生异常，将会发现设备的异常或导致设备的故障；反之，往往由于设备运行状态发生异常，出现生产过程的异常。

设备状态监测按监测手段划分，可分为两类型的监测：（1）主观型状态监测。即由设备维修或检测人员凭感官感觉和技术经验对设备的技术状态进行检查和判断。这是目前在设备状态监测中使用较为普及的一种监测方法。由于这种方法依靠的是人的主观感觉和经验、技能，要准确地做出判断难度较大，因此必须重视对检测维修人员进行技术培训，编制各种检查指导书，绘制不同状态比较图，以提高主观监测的可靠程度。（2）客观型状态监测。即由设备维修或检测人员利用各种监测仪器和仪表，直接对设备的关键部位进行定期、间断或连续监测，以获得设备技术状态（如磨损、温度、振动、噪声、压力等）变化的图像、参数等确切信息。这是一种能精确测定劣化数据和故障信息的方法。

当系统地实施状态监测时，应尽可能采用客观监测法。在一般情况下，使用一些简易方法是可以达到客观监测的效果的。但是，为能在不停机和不拆卸设备的情况下取得精确的监测参数和信息，就需要购买一些专门的监测仪器和装置，其中有些仪器装置的价值比较昂贵。因此，在选择监测方法时，必须从技术与经济两个方面进行综合考虑，既要能不停机地迅速取得正确可靠的信息，又必须经济合理。这就要将购买仪器装置所需费用同故障停机造成的总损失加以比较，来确定应当选择何种监测方法。一般地说，对以下四种设备应考虑采用客观监测方法：（1）发生故障时对整个系统影响大的设备，特别是自动化流水生产线和联动设备；（2）必须确保安全性能的设备，如动能设备；（3）价格昂贵的精密、大型、重型、稀有设备；（4）故障停机修理费用及停机损失大的设备。

4.2.2.3 设备健康状态监测与检查的典型方式——设备点检

设备点检，是指按照一定标准、一定周期、对设备规定的部位进行检查，以便早期发现设备故障隐患，及时加以修理调整，使设备保持其规定功能的设备管理方法。值得指出的是，设备点检制不仅仅是一种检查方式，而且是一种制度和管理方法。

A 设备点检制的特点

（1）定人，设立设备操作者作为兼职的和专职的点检员；

（2）定点，明确设备故障点，明确点检部位、项目和内容；

（3）定量，对劣化倾向的定量化测定；

（4）定周期，不同设备、不同设备故障点，给出不同点检周期；

（5）定标准，给出每个点检部位是否正常的依据，即判断标准；

（6）定点检计划表，点检计划表又称作业卡，指导点检员沿着规定的路线作业；

（7）定记录，包括作业记录、异常记录、故障记录及倾向记录，都有固定的格式；

（8）定点检业务流程，明确点检作业和点检结果的处理程序。如急需处理的问题，要通知维修人员，不急处理的问题则记录在案，留待计划检查处理。

B 设备点检制的分类

设备点检根据点检性质的区别可以分为4类：

（1）日常点检，点检员所进行的常规点巡检；

（2）重点点检，重要设备每周进行的重点项目的检查和调整，或发现异常时进行的重点检查；

（3）简易诊断，点检员用简易仪器进行设备运行状态量的测量，以及时对重要设备进行定期检测和趋势分析；

（4）精密点检，由专业人员进行的设备检测和故障诊断。

C 设备点检的主要工作

设备点检的主要工作内容因设备种类和工作条件不同而差别较大，但各类设备的任何点检，都必须做好以下几个环节的工作：

（1）确定检查点，一般应将设备的关键部位和薄弱环节列为检查点。但关键部位和薄弱环节的确定与设备的结构、工作条件、生产工艺及设备在生产中所处的地位有很大关系。检查点选择不当或数量过少，难以达到预定的目的；检查点过多，势必造成经济上不合理。因此，必须全面考虑以上因素，合理确定检查点的部位和数量。检查点一经确定，不应随意变更。

（2）确定点检项目。确定点检项目就是确定各检查点的作业内容，如温度、振动、噪声、泄漏、压力、磨损情况等。确定检查项目时，除依据必要性外，还要考虑点检人员的技术水平、检测工具的配套情况。点检项目确定后，应将其规范化并登记在点检卡中。

（3）制订点检判定标准，根据设备制造厂家提供的技术要求和实践经验，制定出各检查项目的技术状态是否正常的判定标准。判定标准要尽可能定量化，如磨损量、偏角、压力、油量等均应有确切的数量界限，以便于检测和判定。判定标准要附在检查项目表内。

（4）确定点检周期。点检周期应根据检查点在保证生产的前提下，依照生产工艺特点和设备说明书的要求，并结合故障与磨损倾向、维修经验等来确定，切不可过长或过短。点检周期过长，设备异常和劣化情况不能及时发现，失去了点检的意义；点检周期过短，会加大检查工作量，增加费用支出。点检周期的最后确定，需要·个摸索试行的过程，一般可先拟定一个点检周期试行一段时间（如一年），再通过对试行期间的维修记录、故障和生产情况等进行全面的分析研究，确定一个切合实际的点检周期。

（5）确定点检方法和条件，根据点检的目的和要求，各检查项目所采用的检查都应具体规定。检查方法和作业条件确定后，就成为规范化的作业程序。例如：是凭感官检查还是用检测仪器检查；是需要解体检查还是不解体检查；是停机检查还是不停机检查，点检人员不得随意改动。

（6）确定点检人员，所有检查任务必须落实到人，也就是明确各类点检的执行人员。日常点检工作一般应由设备操作人员负责，因为他们天天与设备接触，对其性能和技术状况十分熟悉，易于及时发现问题，设备在运行中一旦出现故障征兆，能够尽快处理。同时，也有利于推行设备全员管理。定期点检由于工作内容复杂、作业量大、技术要求高，应由设备维修人员和专职点检人员负责，以保证检查的质量和效率。确定点检人员时，要与一定形式的责任制度相结合，力求做到责任明确、要求具体、任务落实。

（7）编制设备点检卡。为了指导设备点检工作，需要将各检查点、检查项目、检查周期、检查方法、判定标准以及规定的记录符号等内容编制成规范的表格，作为点检人员进行检查作业的依据，这种表格称为设备点检卡。点检卡既是考查点检工作执行情况、统计设备维修资料、进行设备健康状态分析的原始记录，又是维修控制和管理中的重要技术文件。编制点检卡时，文字和符号要力求准确具体、简明规范、以便于掌握和使用。

（8）做好点检管理工作。企业要建立健全各级点检管理组织机构，形成设备点检管理网络；制定有关人员的岗位责任制，做到职责落实，奖罚分明；加强信息反馈和管理，定期汇总、整理各种点检记录，并按要求分类归档。生产部门要做好日常巡检和点检的检查、考核和奖评工作，同时，还要着重解决和防止四个问题：防止不到现场的谎检；防止判断不准确的误检；防止已列入检查点的重要部位的漏检；防止查出的问题总得不到解决的虚检。维修部门负责做好定期点检的检查、考核和奖评工作。

（9）大型企业采取设备“万点受控”的系列技术与方法，效果很好。

4.2.3　设备健康状态评估

设备健康状态评估是 HM 和 PHM 的重要内容之一。目前，各国在健康状态评估方法和应用方面开展了大量的研究。

4.2.3.1　设备健康状态评估的地位和作用

2001 年，一个由美国海军提供部分资助，由 Boeing、Caterpillar、Rockwell Automation、Rockwell Scientific Company 等联合组建的工业小组，制定了一个 CBM 开放系统体系结构（Open System Architecture for CBM，OSA-CBM），在这个体系结构中健康状态评估是其中 7 个模块之一。OSA-CBM 体系结构如图 4-2 所示。

设备健康状态评估模块接受来自不同状态监测模块以及其他健康评估模块的数据，主要评估被监测系统（也可以是分系统、部件等）的健康状态（如是否有参数退化现象等），可以产生故障诊断记录并确定故障发生的可能性。通过准确评估当前设备的健康状态，为设备的维修决策提供依据，为精确化维修提供技术支持，促使维修方式由事后维修和定期维修向基于状态的维修方式转变。从设备健康管理的角度来讲，健康状态评估是实施健康管理的重要依据。

4.2.3.2　设备健康状态评估技术的应用现状

设备健康状态评估技术作为健康管理的核心内容之一，越来越受到广泛的关注。健康状态

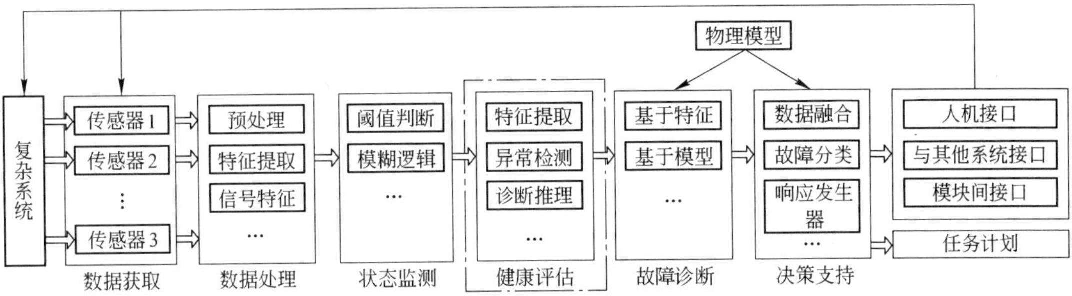

图 4-2 OSA-CBM 体系结构

评估已成为有效降低寿命周期费用的一项非常有前途的军民两用技术。

目前，欧美等国非常重视该技术的开发和在军、民系统（主要为桥梁、电力、核工业等）中的推广应用，并已取得了显著成效。美国的 Philip L. Dussault 等利用信号处理和数据挖掘技术对机载的传感器数据和维修测试数据进行降维处理，通过智能推理模型，对关键的机载设备进行健康状态评估，并通过软件实现了实时快速的健康评估，在实际应用中取得了很好的效果。J. P. M. Smeulers 等选择液压泵需要测量的部件的状态参数 CPs（Condition Parameters），将传感器测得的状态参数的值输入到建立的状态参数与部件健康状态的函数关系中，得到部件的健康状态，再利用推理模型得到液压泵的健康状态，通过实验证明该方法是可行的。Donald I. Simon 建立了飞机发动机的三层健康状态评估模型：发动机层-飞机层-基地层，通过发动机的振动数据对发动机的健康状况进行了评估，机载的评估结果显示在飞行员的座舱显示器上，为飞行员执行任务提供参考，地面的评估结果为维修部门提供决策支持。美军在其先进的联合攻击机上应用了 PHM 技术，其中很重要的一项功能就是对飞机进行近乎实时的健康状态评估，在飞机处于飞行时将状态、故障数据下传，后勤部门在分析数据后对飞机的健康状态做出评估，根据飞机当前的状态来调整任务，并对维修做出规划；美军还在重型高机动性战术卡车 HEMTT M1320A2 + 上运用了健康状态评估技术，通过车载的内置式健康管理系统向操作和维修人员提供健康状态信息，能够持续监控和评估关键部件的状态，提高车辆的可靠性和可用性。

设备健康状态评估技术在国内工程应用方面，比较典型的有浙江大学交通工程研究所开发的健康监测与评估管理系统，在文晖大桥上进行了成功应用，对大型桥梁和隧道工程健康监测和状态评估管理具有重要的理论意义和工程实用价值。

4.2.3.3 设备健康状态评估指标

设备健康状态是指设备所具有的工作能力，包括性能、精度、效率、运动参数、安全、环境保护、能源消耗等所处的状态及其变化情况。企业的设备是为满足某种生产对象的工艺要求或为完成工程项目的预定功能而配备的，其健康状态如何，直接影响到企业生产产品的质量、数量、成本和交货期等经济指标能否顺利完成。设备在使用过程中，受到生产性质、加工对象、工作条件及环境等因素的影响，使设备原设计制造时所确定的功能和健康状态将不断发生变化而有所降低或劣化。为延缓劣化过程，预防和减少故障发生，除操作工人严格执行操作规程、正确合理使用设备外，必须定期进行设备状态检查，加强对设备使用维护的管理。

设备健康状态评估指标主要有：

（1）设备基本健康指标：

1）设备理化性能良好。机械设备精度、性能能满足相应水平设备的生产工艺要求；动力设备功能达到原设计或法定运行标准；运转无超温、超压和其他超额定负荷现象。

2）设备运转参数正常。零部件齐全，磨损、蚀耗程度不超过规定技术标准；操纵和控制系统，计量仪器、仪表、液压、气压、润滑和冷却系统，工作正常可靠。

3）设备消耗指标正常。原材料、燃料、油料、动力等正常，基本无漏油、漏水、漏气（汽）、漏电现象，外表清洁整齐。

4）设备的安全防护、调速、制动、连锁装置齐全，性能可靠。

对完好设备做出定量分析和评价的具体标准，由行业主管协会根据上述要求结合设备特点制订，作为各行业检查设备是否完好的统一尺度。

（2）设备主要健康指标：

1）设备日历作业率，指设备作业时间占日历工作时间的百分比。其计算公式为：

$$T_R = \frac{S}{R} \times 100\% \tag{4-1}$$

式中　T_R——设备日历作业率，%；

S——设备实际工作台时，h；

R——设备日历工作台时，h。

2）设备有效作业率，指设备实际工作时间与规定工作时间的比值。设备制度工作台时为设备日历工作时间与年修计划时间的差值。其计算公式为：

$$T_Y = \frac{S}{P} \times 100\% \tag{4-2}$$

式中　T_Y——设备有效作业率，%；

S——设备实际工作台时，h；

P——设备制度工作台时，h。

（3）设备生产率，指设备在单位时间内生产的产品产量。该指标与设备生产能力和生产可靠性直接相关。其计算公式为：

$$T_S = \frac{G}{R} \tag{4-3}$$

式中　T_S——设备生产率，t/h；

G——年合格产品产量，t；

R——设备日历工作台时，h。

（4）设备故障率，指设备故障停机时间（连续4小时因故停机）与设备日历工作台时的比值。其计算公式为：

$$P_G = \frac{Z}{R} \times 1000‰ \tag{4-4}$$

式中　P_G——主要生产设备故障率，‰；

Z——主要生产设备故障停机台时合计，h；

R——生产设备日历工作台时合计，h。

（5）设备精度准确率，是衡量设备质量情况和设备加工精度的重要指标。其计算公式为：

$$P_J = \frac{\sum J_D}{\sum J_S} \times 100\% \tag{4-5}$$

式中　P_J——精度准确率，%；

J_D——实际设备精度指标（以工厂设计书为准）达标台时合计，h；

J_S——精度指标计划台时合计，h。

(6) 设备功能完好率，是设备某种功能（以工厂设计书为准）在统计日历时间中完好的时间与总的统计日历时间之比，是企业设备管理、使用、维修、保养工作及设备健康状态的综合反映。设备功能完好状态的具体考核指标是企业拥有主要生产设备的功能完好率。其计算公式为：

$$P_F = \frac{\sum T}{\sum W} \times 100\% \tag{4-6}$$

式中 P_F——设备功能完好率,%；

T——实际设备功能完好台时合计，h；

W——计划设备功能完好台时合计，h。

设备健康状态评估指标是对设备运行状态的一系列主要评价和考核指标。从设备工程的角度看，设备健康状态的变化过程是随时间而变化的随机过程。就一个企业来说，设备的健康状态也是不断变化的，目前，在具体操作中，还需不断对设备健康状态评估指标的条款加以优化，减少主观因素的影响，或对指标的计算公式加以改进，确保指标的准确。

4.3　设备维护

设备维护是设备维修与护养的结合，为防止设备性能劣化或降低设备失效的概率，按事先规定的计划或相应技术条件的规定进行的技术管理措施。当前对于设备维护理论及其研究范围的定义较多，根据多年的企业生产实践经验及相关理论研究结果，本书中的“设备维护”是指伴随设备连续运作过程中的一系列在线保养与小修（在线更换备件）的总称。

设备维护工作是设备管理中的重要一环，是一种连续不断的工作，旨在维持设备在其原设计的能量、效率与效果状态。一台精心维护的设备往往可以长期保持良好的性能而不进行大修。如忽视维护，就可能在短期内夭折，甚至发生事故。因此，要使设备长期保持良好的性能和精度，确保正常运行，延长使用寿命，减少修理次数和费用，提高设备质量，保证生产的顺利进行，就必须经常注意维护工作。设备维护的主要内容即设备日常保养和设备定期维护。

4.3.1　设备护养

为保证机械设备经常处于良好的健康状态，随时可以投入运行，减少故障停机日，提高设备完好率、利用率，减少机械设备磨损，延长机械设备使用寿命，降低机械设备运行和维修成本，确保安全生产，必须强化对机械设备的维护保养工作。

4.3.1.1　*设备保养的原则和要求*

设备保养的原则和要求为：

(1) 机械保养必须贯彻“护修并举，以护优先”的原则，做到定期保养、强制进行，正确处理使用、保养和修理的关系，不允许只用不养，只修不养。

(2) 各班组必须按机械保养规程、保养类别做好各类机械的保养工作，不得无故拖延，特殊情况需经分管专工批准后方可延期保养，但一般不得超过规定保养间隔期的一半。

(3) 保养机械要保证质量，按规定项目和要求逐项进行，不得漏保或不保。保养项目、保养质量和保养中发现的问题应做好记录，报本部门专工。

(4) 保养人员和保养部门应做到“三检一交”（自检、互检、专职检查和一次交接合格），不断总结保养经验，提高保养质量。

4.3.1.2　设备日常保养的主要工作

设备日常保养的主要工作如下。

A　清扫

设备清扫是指干净地擦去设备上的灰尘与活物。机械的滑动部位与油压系统、电气控制系统，常常由于灰尘和污物而引起设备磨损、阻塞、泄漏、动作失灵、通电不良和精度下降等，并进而发展成为设备的突发故障，导致设备质量下降，通常将这种现象称为设备的强制劣化。为防止这种强制劣化，首先必须经常注意对设备进行定期的彻底清扫。设备清扫不能仅局限于表面的部位，还要擦净设备的每个角落，使设备的磨损、松动、伤痕、变形、裂纹、温升、振动和异音等潜在的缺陷表面化，以便及时对所发现的这些问题进行妥善处理。对长期不清扫的设备进行彻底清扫，一台设备有时能发现近百个潜在缺陷，还能发现螺栓折损和台架、箱体龟裂等设备内在隐患。

所以说，清扫并不单纯是为了干净，更重要的是通过对设备各个部位、角落的清扫、抚摸、观察，使设备的潜在缺陷或损坏、温度、声音等异常情况易于发现。清扫是设备日常保养活动的最基本的工作。设备清扫的方法主要有：

（1）第一阶段——初期清扫。初期清扫的目的主要是提高生产操作人员对设备的关心程度和爱护设备的热情。通过清扫、检查，使操作人员逐渐熟悉设备，建立起爱护环境的习惯，产生不愿再把好不容易打扫干净的设备弄脏的心情，同时也会逐渐发现并提出如下问题：

1）这里有垃圾和灰尘，会有什么坏作用？

2）这个脏污的发生源在何处，如何预防？

3）有无轻松的清扫办法？

4）有无螺栓松动、部件磨损等不良之处？

5）这个部件是起什么作用的？

6）这里发生故障，修理时费力不费力？

这些问题的发现及提出，循环往复地进行，通过大家讨论，就会萌发自主管理的意识。同时，通过清扫的实践，思考实际行动中产生的问题，并将结果同下次行动联系起来，这是一项很重要的教育培训。这样，一方面，操作人员进行清扫；另一方面，又使他们明白保持设备整洁的重要性和维护整洁的方法，逐渐培养起自觉的管理意识。

（2）第二阶段——研究发生源、困难点的对策。初期清扫越辛苦，就越能珍惜自己的劳动成果，防止设备再脏污，从这种心情出发，就会对如何改进产生兴趣。例如，尽管多次清扫，但很快又脏污了，就会感到在清扫上花太多的时间实在划不来，于是促使自己想办法彻底解决。又如，好不容易发现和处理好的设备缺陷，很快又发生了，这就促使点检方面下决心，采取彻底的对策。由此就会产生改进设备的想法或建议，并进一步产生实质性的改进对策及改进效果。而真正实现了改进效果，就会给自己带来欣慰和喜悦，进而对更大的改进充满勇气和信心。

垃圾、脏污、异物的危害和发生源的对策：经过第一阶段的清扫，熟悉了垃圾、脏污及异物产生的起源，明白了它们对设备和设备质量的影响。为了提高效率，缩短清扫时间和减少工作量，隔绝其发生源是一个基本对策，如用盖子、防护罩、密封箱（柜）等来防止污物的散发和飞扬。

困难场所的对策：在不能完全隔离发生源的地方，有必要改善作业环境和作业方法，从而缩短清扫时间和减轻其难度。个别场所的规定基准可能与现场条件不相符合，这就要靠自己去解决。在实施中点检管理者要给予帮助，为困难场所制订特定措施，建立协作体制。

(3) 第三阶段——制订基准。从第一、二阶段活动中取得的经验，生产工人应明确自己所分管设备必须具备的基本状态和允许清扫时间，并按“5WIH”的方法，自行制订管理标准。应注意以下几点：

1) 必须遵守的事项和方法要明确；

2) 要让大家明白为什么必须遵守，不遵守会造成什么后果；

3) 使每个人掌握力所能及的技能；

4) 创造能遵守的环境。

B 润滑

加油是指应及时加满设备的充油部件和使相对运动机件间始终保持良好的润滑状态。设备不加油则不能维持正常工作，然而，往往由于工作上的疏忽，生产现场出现中继罐、加油喷嘴和加油器具缺油，并在其周围积聚灰尘和污物，导致设备缺乏必要的润滑与冷却，致使温升激增，造成设备发热胶合等突发故障。另外，也会加速设备有相对运动的部件磨损，温度上升所引起的设备某部位劣化，其影响可能逐步扩展到整台设备，成为诱发设备产生各种故障的原因。相反，不注意管理，就会出现下列问题：

(1) 没有向责任者说清楚润滑的原理和加油的重要性，以及不加油会造成什么后果；

(2) 加油基准（加油点、油种、油量、周期和机具）规定得不完全、不具体或条件不具备；

(3) 油种和加油点过多，工作量太大，忙不过来；

(4) 没有给加油规定必要的时间；

(5) 不易加油的点较多，环境太差，工具不适用。

C 紧固

紧固是指防止设备连接件松动与脱落。设备中用以防止连接部位相互松动与脱落的紧固体，常用螺栓与螺母。在设备使用过程中应经常检查，一旦发现松动应及时加以紧固，否则机械连接部位松动就会引起振动，严重时会降低设备原设计的装配精度。一组螺栓、螺母松动所引起的振动，往往会波及其他连接件，即使小振动如不及时加以紧固，也会产生设备更大的振动，最后很可能发展成为设备的一种故障，如连接件的折损、脱落，往往就是受这种振动影响的结果。实际生产中也确有这种情况，某公司经彻底检查设备，分析产生故障的原因，发现有60%是由不同形式的螺栓、螺母缺陷引起的。由此可见，螺栓与螺母的松动在设备的潜在缺陷中占有相当大的比例，对此不容忽视。为了减少松动造成的故障，防止振动，在安装时可把主要的螺栓打上对照标记，以便在清扫时及时检查其松动情况。

D 调整

简易的调整作业是岗位操作人员必须具有的技能和具体实施的内容。及时对机件运行动作及其工作条件进行适当调整是必要的，也是操作人员合理使用设备、正确操作设备不可缺少的一环。调整不但能使设备运行处于最佳状态，而且能避免设备隐患的扩大和劣化的延伸。例如：传动皮带的打滑调整；运输皮带的跑偏调整；限位开关的距离调整；制动器的制动力大小调整（即弹簧的松紧和制动间隙的调整）以及设备工作环境的温、湿度控制调整等等。

E 整理和整顿

整理和整顿是现场管理的基础。所谓整理，就是明确管理对象，确保堆放场所有效利用。对物品的堆放、管理方法等，应制订管理标准。这主要是管理者的责任。为此，一定要做到简化、改善管理对象。所谓整顿就是遵守、执行制订出的标准。这主要是操作工的责任。为此，一定要通过小组活动明确标准，并认真执行标准。加强整理整顿，就是简化、改善管理对象，遵守管理标准，将现场的所有物件加以标准化，以便用肉眼进行管理。

F　简单小修和更换

简单的小修由岗位操作人员来完成。对于设备的正常运转来说，操作人员熟悉设备、掌握设备是一个有效的措施。这样做可以使生产人员站在管理好设备的立场上来完成生产任务。如挡板、挡块、撞针、软管、油嘴、皮带运输托辊等的维修和更换，都可以由操作人员来做。

4.3.1.3　设备保养作业的实施和监督

设备保养作业的实施和监督措施有：

（1）机械保养坚持推广以“清洁、润滑、调整、紧固、防腐”为主要内容的“十字”作业法，实行例行保养和定期保养制，严格按使用说明书规定的周期及检查保养项目进行。

（2）例行保养是在机械运行的前后及过程中进行的清洁和检查，主要检查要害、易损零部件（如机械安全装置）的情况，冷却液、润滑剂、燃油量、仪表指示等。例行保养由操作人员自行完成，并认真填写“机械例行保养记录”。

（3）一级保养：普遍进行清洁、紧固和润滑作业，并部分地进行调整作业，维护机械完好技术状况。使用单位资产管理人员根据保养计划开具“机械设备保养、润滑通知单”下达到操作班组，由操作者本人完成，操作班班长检查监督。

（4）二级保养：包括一级保养的所有内容，以检查、调整为中心，保持机械各总成、机构、零件具有良好的工作性能。由使用单位资产管理人员开具“机械设备保养、润滑通知单”下达到操作班组，主要由操作者本人完成，操作者本人完成有困难时，可委托修理部门进行，使用单位资产管理员、操作班班长检查监督。

（5）其他保养如：

1）换季保养。主要内容是更换适用季节的润滑油、燃油，采取防冻措施，增加防冻设施等。由使用部门组织安排，操作班长检查、监督。

2）走合期保养。新机及大修竣工机械走合期结束后必须进行走合期保养，主要内容是清洗、紧固、调整及更换润滑油，由使用部门完成，资产管理员检查，资产管理部监督。

3）转移保养。机械转移工地前，应进行转移保养，作业内容可根据机械的技术状况进行保养，必要时可进行防腐。转移保养由机械移出单位组织安排实施，项目部、资产管理员检查，资产管理部监督。

4）停放保养。停用及封存机械应进行保养，主要是清洁、防腐、防潮等。库存机械由资产管理部委托保养，其余机械由使用部门保养。

4.3.2　设备润滑

用润滑剂来减少两物体摩擦表面间的摩擦与磨损或其他形式的表面破坏的方法称为润滑。

4.3.2.1　润滑的分类

根据润滑剂的不同，润滑可分为：（1）流体润滑，指使用的润滑剂为流体，又包括气体润滑（采用气体润滑剂，如空气、氢气、氦气、氮气、一氧化碳和水蒸气等）和液体润滑（采用液体润滑剂，如矿物润滑油、合成润滑油、水基液体等）两种。（2）固体润滑，指使用的润滑剂为固体，如石墨、二硫化钼、氮化硼、尼龙、聚四氟乙烯、氟化石墨等。（3）半固体润滑，指使用的润滑剂为半固体，是由基础油和稠化剂组成的塑性润滑脂，有时根据需要还加入各种添加剂。

根据摩擦副之间摩擦状态的不同，润滑分为：（1）流体摩擦润滑。用流体（厚度在1.5～

2μm 以上）将摩擦表面隔开的润滑方式。根据润滑膜压力的产生方式不同又可分为流体动压润滑（靠摩擦表面的几何形状和相对运动由黏性流体的动力作用产生压力平衡外载荷）和流体静压润滑（由外部将一定压力的流体送入摩擦表面间，靠流体的静压平衡外载荷）两种。（2）边界摩擦润滑。摩擦表面间存在一层薄膜（边界膜）时的润滑状态。它可分为吸附膜（润滑剂中的极性分子吸附在摩擦表面所形成的膜，包括物理吸附膜和化学吸附膜）和化学反应膜（润滑油中的添加剂与金属表面起化学作用生成能承受较大载荷的表面膜）两类。润滑可以延长机器设备的寿命，提高精度、节约能源。

4.3.2.2 润滑剂的作用

使用润滑剂的目的，是为了润滑机械的摩擦部分，减少摩擦抵抗，阻止烧结和磨损、减少动力的消耗，以提高机械效率。除此之外，还有一些其他方面的作用，归纳如下：

（1）减少摩擦。在摩擦面之间加入润滑剂，能使摩擦系数降低，从而减少了摩擦阻力，节约能源的消耗。在流体润滑条件下，润滑油的黏度和油膜厚度对减少摩擦起到十分重要的作用。随着摩擦副接触面间金属-金属接触点的增多，出现了边界润滑条件，此时润滑剂的化学性质（添加剂的化学活性）就显得极为重要了。

（2）降低磨损。机械零件的黏着磨损、表面疲劳磨损和腐蚀磨损与润滑条件很有关系。在润滑剂中加入抗氧、抗腐剂有利于抑制腐蚀磨损，而加入油性剂、极压抗磨剂可以有效地降低黏着磨损和表面疲劳磨损。

（3）冷却作用。润滑剂可以减轻摩擦，并可以吸热、传热和散热，因而能降低机械运转摩擦所造成的温度上升。

（4）防腐作用。摩擦面上有润滑剂覆盖时，就可以防止或避免因空气、水滴、水蒸气、腐蚀性气体及液体、尘土、氧化物等所引起的腐蚀、锈蚀。

（5）绝缘性。精制矿物油的电阻大，如作为电绝缘材料的电绝缘油的电阻率是 2×10^{16} $\Omega \cdot mm^2/m$（水是 $0.5 \times 10^{16} \Omega \cdot mm^2/m$）

（6）力的传递。油可以作为静力的传递介质。例如汽车、起重机的液压油。也可以作为动力的传递介质，例如自动变速机油。

（7）减振作用。润滑剂吸附在金属表面上，本身应力小，所以，在摩擦副受到冲击载荷时具有吸收冲击能的本领。如汽车的减振器就是利用油液减振的（将机械能转变为流体能）。

（8）清洗作用。通过润滑油的循环可以带走油路系统中的杂质，再经过滤器滤掉。内燃机油还可以分散尘土和各种沉淀物，起着保持发动机清净的作用。

（9）密封作用。润滑剂对某些外露部件形成密封，防止水分或杂质的侵入，在汽缸和活塞间起密封作用。

4.3.2.3 润滑管理的内容与任务

润滑管理工作的基本内容包括：确定润滑管理组织、拟定润滑管理的规章制度、岗位职责条例和工作细则；编制设备润滑技术档案（包括润滑图表、卡片、润滑工艺规程等），指导设备操作工、维修工正确开展设备的润滑；组织好各种润滑材料的供、储、用；抓好油料计划、质量检验、油品代用、节约用油和油品回收等几个环节，实行定额用油；编制设备年、季、月份的清洗换油计划和适合于本厂的设备清洗换油周期结构；检查设备的润滑状况，及时解决设备润滑系统存在的问题，如补充、更换缺损润滑元件、装置、加油工具、用具等，改进加油方法；采取措施，防止设备泄漏；总结、积累治理漏油经验；组织润滑工作的技术培训，开展设备润滑的宣传工作；组织设备润滑有关新油脂、新添加剂、新密封材料、润滑新技术的试验、应用及学习，推广国内外先进的润滑管理经验。

4.3.2.4　THRH-Ⅲ系列智能干油润滑系统应用技术

A　传统干油集中润滑存在的不足

传统干油集中润滑包括双线集中润滑和单线集中润滑两种方式，这两种集中润滑方式，都存在以下不足：

（1）系统中所有的润滑点，都是一个固定的润滑周期。每周期的补油量固定，无法灵活调整。

（2）双线集中润滑方式怕漏，系统中各润滑点是一种并联关系，可能因为某一个润滑点的泄漏，造成两条主油管路的差压达不到设定值，整个系统因主油路无法换向而瘫痪。

（3）单线集中润滑方式怕堵，系统中各润滑点是一种串联关系，可能因为某一个润滑点的堵塞，造成整个润滑系统的堵塞、瘫痪。

（4）两种集中润滑方式都没有对润滑点的工作状况进行检测，不能指明出现故障的润滑点的位置，查找检修的工作量大。

B　THRH-Ⅲ型全自动干油集中润滑系统的优点

HRH-Ⅲ型全自动干油集中润滑装置具有以下优点：

（1）集中润滑方式，对每个润滑点都进行单独的控制、单独的检测。其作用是：即使系统中出现了有故障的润滑点，也不影响到系统中其他润滑点的正常工作；每个润滑点运行状况（正常、堵、漏等信息），都显示在控制箱的文本显示器上和上位计算机上，维护检修方便。

（2）每个润滑点的控制都是单独进行的，每个润滑点的润滑周期和每周期的补油量可以方便单独设定调整，适应不同点对润滑的不同要求。

（3）润滑系统是通过两根串行通讯线实现单点检测、单点控制功能的，线路简单且扩展能力强（一套控制系统，可以同时完成对2000个点的润滑检测、控制）。

（4）润滑系统对每次补油量的控制，是通过容积式流量传感器的检测计量实现的，精确可靠。

（5）由于控制柜PLC和系统上位计算机实现了信息通讯，因此，利用计算机的强大存储能力，可以长时间保存每个润滑点长期以来的补油状况信息，并按客户要求进行各种数据的统计汇总。

C　THRH-Ⅲ系列智能干油润滑系统工作原理

THRH-Ⅲ系列智能干油集中润滑系统的基本润滑原理是：系统对所有润滑点统一编号，并按照控制器内部的控制程序运行，通过主控柜选择工作模式，设定各润滑点的润滑周期与给油量。当润滑周期到时，由PLC自动启停润滑泵站，按照润滑点编号逐点控制各路电磁阀的通断，通过比较每一润滑点的给油设定值和流量传感器的反馈值来分别控制其给油量。润滑过程中，PLC还综合判断执行机构和传感器反馈信号，发现故障，及时处理并报警。具体润滑过程如下：

（1）当润滑周期到时，PLC启动润滑泵，将贮脂桶内润滑脂加压后输出，润滑脂先经过滤器和溢流阀，再由容积式流量传感器计量，然后沿给油总管输送到各分油箱进油口。

（2）同时，PLC检测给油总管内润滑脂压力，当压力异常时报警，并自动切换到备用润滑泵（如果有）。仅当压力正常时，PLC依次向本润滑周期的各润滑点发给油命令。每条给油命令包含一个润滑点编号和命令代码。

（3）现场各分油箱的分油控制器同时接收并解码给油命令，该命令中的润滑点编号仅能被一个分油控制器识别，因此，该分油控制器一次也只对一个润滑点给油，即控制一路电磁给油器工作。当某路电磁给油器的电磁阀被接通时，润滑脂经分油箱内过滤器、流量检测器和电磁阀开关流出，再沿给油支管从润滑点注油孔注入润滑部位。

(4) 给油时，PLC 比较该润滑点给油设定值和流量检测器的反馈值，当注满设定量润滑脂后，该点润滑结束，电磁阀被关断。

(5) PLC 结束一个润滑点给油后再转向下一润滑点，直至所有润滑点均给油完毕后停止润滑泵运转，等待下一润滑周期开始，依此循环润滑。

(6) PLC 存储各润滑点累计给油量和故障记录，可供生产维护管理用。

D THRH-Ⅲ系列智能干油润滑系统技术特点

THRH-Ⅲ系列智能干油集中润滑系统的主要技术特点为：

(1) 智能润滑。智能润滑采用 PLC 和单片机协调完成复杂的润滑控制策略，可无人值守运行。它取代了传统采用液压原理实现的机械式给油控制方式，自动化程度高、功能更强。

(2) 精确润滑。精确润滑采用容积式流量传感器反馈实际给油量，实现闭环控制，从而达到精确润滑。它克服了因油路长短不同、环境温度变化、油压波动等干扰因素造成的供油不稳问题。

(3) 可靠润滑。可靠润滑在各润滑点均安装油流开关，逐点检测堵漏油故障，发现故障立即报警并指出故障位置，以延长设备无故障时间，缩短故障恢复时间。堵塞时自动提升油压，消除软性堵塞，以此保证可靠润滑。

(4) 结构简单。油路采用“润滑泵—给油总管—分油箱—给油支管”，控制采用“PLC—控制通讯总线—分油器”，一根给油总管将所有分油箱连接到润滑泵站，一条控制电缆将所有分油箱连接到控制柜。接管连线少，施工简单、维护方便，润滑点数可灵活扩展。

(5) 参数可调。各润滑点润滑周期和给油量可按工艺要求分别调整，避免过润滑或欠润滑现象，确保设备处于最佳润滑状态，降低润滑成本，延长设备寿命。

(6) 润滑点过热补偿。重要润滑点安装温度传感器，润滑过热时自动增补油量并报警。

(7) 环境自适应。自动跟踪环境温度和油品变化，并修正报警阀值，避免误报和漏报警。

(8) 多操作方式。该方式有“自动、手动、就地、远程”等操作方式。既可独立运行，也可与上位机集成，远程监控管理。

(9) 操作方便。采用中文操作屏，菜单式操作。

E THRH-Ⅲ系列智能干油润滑系统构成

THRH-Ⅲ系列智能干油集中润滑系统主要由控制柜、润滑泵站、分油箱、油路和电气线路等部分组成，如图 4-3 所示。采用西门子 PLC 组成监控中心（控制柜），润滑脂用一根主油管输送，润滑点给油切换采用电磁阀控制，采用容积式流量传感器实现定量给油，依靠对压力和流量的同时检测判断各润滑点是否堵漏，采用串行通讯方式实现对润滑点监控信息的传递。它可广泛应用于润滑要求高、润滑点集中、环境恶劣的大型设备。

控制柜是本系统的核心装置，它实现复杂的润滑控制功能和负载配电功能。柜内安装有断路器、接触器和热继电器等配电装置，可编程控制器（PLC）、通讯控制器和直流电源等控制装置，柜面板上安装有中文操作屏、选择开关、按钮、指示灯和数显表等操作、显示、报警装置。PLC 中预置有润滑控制程序及各润滑点的编号、润滑周期和给油量等工作参数，它根据预置工作参数和自动化仪表的反馈信息自动控制润滑泵站启停，并通过通讯控制器向分油箱内分油控制器传输给油电磁阀通断命令，同时还输出指示与报警信号，从而实现智能润滑。PLC、电磁阀和流量计组成给油量闭环控制系统，实现精确润滑；PLC、压力变送器和油流开关组成油路报警系统，实现可靠润滑。控制柜上提供自动、手动和远程等工作模式选择，各润滑点的给油量和润滑周期可随时在中文操作屏上设置修改。自动模式下可实现远程控制和无人值守运

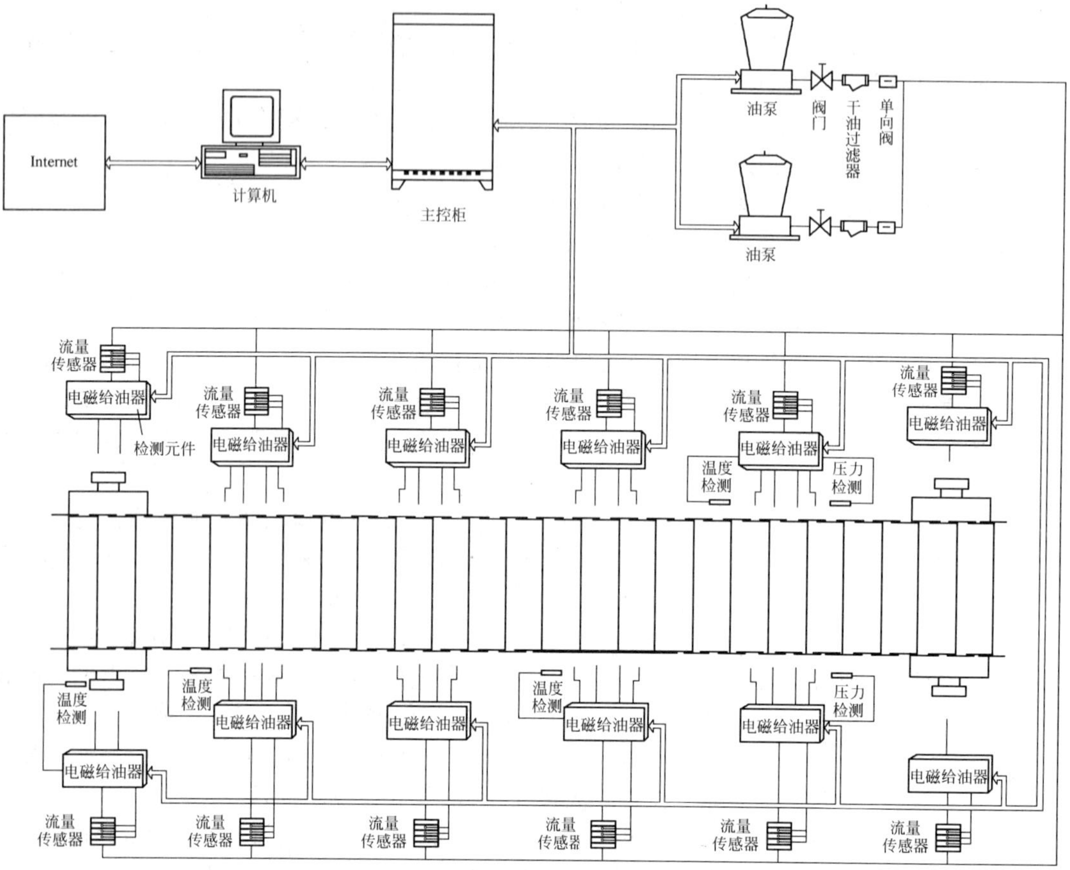

图 4-3　智能干油集中润滑系统结构示意图

行。预留远程连锁和报警信号接口，可选计算机通讯装置。

润滑泵站通过油管向各润滑点提供高压润滑脂。它包括储脂桶、润滑泵、油路附件及自动化仪表等装置。其中，自动化仪表包括压力变送器、电接点压力表、容积式流量传感器、油位传感器等部件。润滑泵站受控制柜控制，只在给油或补油时启动。所有自动化仪表的检测信号均反馈到控制柜。可选两套润滑泵站互为备用，可另选储脂罐及其补油泵等辅助设施。

分油箱实现润滑脂的分配切换和定量给油。它有一个进油口与给油管相接，箱内安装有分油控制器、过滤器、2～5 路电磁给油器，并分别连接到各给油支管。

分油控制器预置所连接润滑点的编号，它解译控制柜下达的给油命令，每次打开一个电磁阀，向一个润滑点给油。流量检测器计量并检测每个润滑点的堵塞和泄漏状态，并将信号反馈到控制柜。分油箱还提供给油状态指示灯和现场就地给油操作按钮。

油路是润滑脂的输送通道，包括一条总管和若干给油支管。总管连接润滑泵站和所有分油箱，每条支管连接一个润滑点的注油孔到就近分油箱。

电气线路连接控制柜与润滑泵站、分油箱，提供工作电源，传输控制与检测信号。传输信号采用总线式通讯，一条控制电缆连接所有分油箱到控制柜。THRH-Ⅲ系列智能干油集中润滑系统的电气系统示意图如图 4-4 所示。

故障检测和报警处理是智能集中润滑系统最重要的功能之一。系统在运行过程中同步监测各种报警状态：

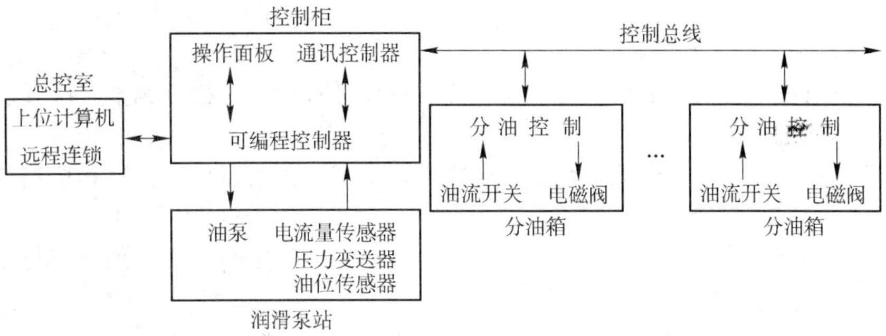

图 4-4 THRH-Ⅲ系列智能干油集中润滑系统的电气系统示意图

(1) 给油管上压力变送器检测给油管压力。当给油管压力高于设定上限或低于下限时发出油泵故障报警信号，若设计有备用油泵，则自动切换到备用油泵运行。

(2) 储脂桶油位传感器检测桶内润滑脂油位，当油位到达上限或下限时发出油位报警信号，若设计有自动补脂装置，则自动控制补脂泵向储脂桶停止补油或开始补油。

(3) 容积式流量计与分油箱内的流量检测器配合检测给油管堵漏状态。若未向任何润滑点发出给油命令，无任何流量检测器发出有油信号，但容积式流量计有给油反馈信号，则发出给油管泄漏故障信号。若检测到处于末端的一批润滑点都发出堵塞故障信号或所有润滑点都出现堵塞故障，则给油管出现堵塞故障。

(4) 安装在重要润滑点处的温度传感器检测摩擦处的温度，当摩擦温度高于设定上限值时发出摩擦过热故障信号，补充给油，以改善润滑状况。

(5) 安装的环境温度传感器，自适应运行环境温度变化。当环境温度增高或降低时，自动修正给油管压力上、下限报警值。如夏天高温时润滑油流动性好，较低的压力便能正常给油；冬天低温时润滑油流动性差，需要较高压力才能正常给油。若不修正报警判定值，则易出现误报警。

(6) 报警信号可在控制柜面板上进行声光指示，也可在中文操作屏上查询，还可进行远程连锁报警。当与上位计算机进行通讯连接时，还可通过上位计算机对报警进行处理。

目前，该润滑系统已经广泛地应用在冶金、矿山、电力等行业，上海宝钢的烧结系统、武钢的硅钢线和烧结系统、新余钢厂的连铸机、兴澄特钢的球团系统等均有应用，且效果良好。

4.3.3 设备使用维护

4.3.3.1 关键设备的使用维护

关键设备是企业进行生产的重要物质技术基础，因此，对这些设备的使用维护除保证达到一级设备的各项要求外，还应有以下的特殊要求：

(1) 实行“四定”：

1) 定使用人员。按定人定机制度，挑选本工种中责任心强、技术水平高且实践经验多的工人来担任操作，并尽可能保持相对稳定；

2) 定检修人员。有条件的企业，可组织专门负责维护、检查、调整、修理关键设备的专业维修组，否则，也应指定技术水平高的专人负责检修；

3) 定操作维护规程。逐台按机型编制操作维护规程，置于醒目位置，并严格执行；

4) 定维修方式和备品配件。选用最合适的维修方式，包括定期检查、状态监测、精度调整及修理等，并优先给予安排。在备品配件方面，要根据供应情况，确定储备定额，优先储备。

（2）使用维护上的特殊要求：

1）要严格按使用说明书上的规定安装设备，并且要求每半年检查调整一次安装水平和精度，做好详细记录，存档备查；

2）对环境有特殊要求（恒温、恒湿、防震、防尘等）的设备，应采取相应措施，确保设备的性能和精度不受影响；

3）严格按照设备说明书所规定的加工工艺规范操作，加工余量应合理，严禁作粗加工使用，严禁超负荷超性能使用；

4）关键设备在日常维护中一般不允许拆卸，尤其是光学部件，必要时应由专职修理工进行；

5）按规定的部位和规定的范围内容，认真做好日常维护工作，发现有异常，应立即停车，通知检修人员，绝不允许带病运转；

6）润滑油料、擦拭材料以及清洗剂必须严格按说明书的规定使用，不得随意代用，尤其是润滑油和液压油，必须经化验合格后才能使用，在加入油箱前必须进行过滤；

7）非工作时间应加防护罩，如长期停歇，应定期进行擦拭、润滑、空运转；

8）附件和专用工具应有专用柜架搁置，保持清洁，妥善保管，不得损坏、外借和丢失。

4.3.3.2　设备区域维护模式

设备区域维护模式是维修工人承担一定生产区域内的设备维修工作，与生产操作工人共同做好日常维护、巡回检查、定期维护、计划修理及故障排除等工作，并负责完成管区内的设备完好率、故障停机率等考核指标。设备区域维护的主要组织形式是区域维护组。区域维护组全面负责生产区域的设备维护保养和应急修理工作，它的工作任务是：

（1）负责本区域内设备的维护修理工作，确保完成设备完好率、故障停机率等指标；

（2）认真执行设备定期点检和区域巡回检查制，指导和督促操作工人做好日常维护和定期维护工作；

（3）在车间机械员指导下参加设备状况普查、精度检查、调整、治漏，开展故障分析和状态监测等工作。

区域维护组这种设备维护组织形式的优点是：在完成应急修理时有高度机动性，从而可使设备修理停歇时间最短，而且值班钳工在无人召请时，可以完成各项预防作业和参与计划修理。

设备维护区域划分应考虑生产设备分布、设备状况、技术复杂程度、生产需要和修理钳工的技术水平等因素。如果现有的设备维修维护能力较低，可以通过引进国际先进的高分子复合材料等相关技术，快速提高设备维修维护技能。可以根据上述因素将车间设备划分成若干区域，也可以按设备类型划分区域维护组。流水生产线的设备应按线划分维护区域。区域维护组要编制定期检查和精度检查计划，并规定出每班对设备进行常规检查时间。为了使这些工作不影响生产，设备的计划检查要安排在工厂的非工作日进行，而每班的常规检查要安排在生产工人的午休时间进行。

4.3.4　设备维护检查与评估

设备维护的检查与评估是在主管厂长的领导下由企业设备动力部门按照整齐、清洁、润滑、安全四项要求和管好、用好、维护好设备的要求，制订具体评分标准，定期组织检查与评估活动。检查结果在厂里公布、并与奖罚挂钩，以推动文明生产和群众性维护保养活动的开展，这是不断提高设备完好率的重要措施。

A 检查与评估的组织

检查与评估的组织为：

（1）车间内部的检查与评估。由分管设备主任、车间机械员、维修组长、生产组长组成车间检查组，每周对各生产小组、操作工人的设备维护保养工作进行检查与评估。

（2）全厂性的检查与评估。由企业设备负责人和设备动力科长组织有关职能人员和车间机械员对各车间设备管理与维修工作进行检查与评估，每月检查评分由设备动力科设备管理组负责，季度或半年的互检评比由各车间机械员等代表参加。

B 检查工作的主要内容

（1）车间内部的检查与评估主要内容是操作工人的日常维护保养；

（2）厂内检查与评估，其主要内容包括：

厂内各单位的检查与评估，以设备管理、计划检修、合理使用、正确润滑、认真维护等为主要内容。采取季评比、年总结。对成绩突出者，给予奖励。

1）检查车间有关设备管理各项工作，如设备台账、报表、各种维修记录、交接班记录和操作证。

2）三级保养工作开展情况，各级保养计划的完成情况及保养质量。按“四项要求”抽查部分设备。

3）设备完好率及完好设备抽查合格率。

4）设备事故。

C 检查与评估的奖励办法

检查与评估以鼓励先进为主，推动设备管理工作深入开展。对单台设备操作工人，主要按“四项要求”和“三好”、“四会”守则进行评比。对生产班组、机台、个人，可采取周检月评，每周检查一次，每月进行评比，由车间负责，对成绩优良的班组和个人给予适当奖励。开展“红旗设备竞赛”是搞好班组设备维护的一种形式。凡是执行设备管理制度好，按规定做好日常维护和定期维护，设备质量合格，各种原始记录齐全、可靠并按时填报，检查期内无任何事故，保持设备完好，符合竞赛条件者，可发给流动红旗。由车间采取月评比季总结，并把评红旗设备同奖励挂钩，以利于推动设备维护工作。对车间的检查与评估，由厂检查与评估组负责，采取季评比、年总结。对车间在设备管理、使用、维护、计划检修等方面成绩突出的，给予适当奖励，并授予“设备维护先进个人”、“设备维护先进机台（或小组）”、“设备管理和维修先进车间”等光荣称号。

4.3.5 提高设备维护水平的措施

为提高设备维护水平应使维护工作基本做到“三化”，即规范化、工艺化、制度化。

规范化就是使维护内容统一，哪些部位该清洗、哪些零件该调整、哪些装置该检查，要根据各企业情况按客观规律加以统一考虑和规定。

工艺化就是根据不同设备制订各项维护工艺规程，按规程进行维护。

制度化就是根据不同设备不同工作条件，规定不同维护周期和维护时间，并严格执行。对定期维护工作，要制订工时定额和物质消耗定额并要按定额进行考核。

设备维护工作应结合企业生产经济承包责任制进行考核。同时，企业还应发动群众开展专群结合的设备维护工作，进行自检、互检，开展设备大检查。

4.4　设备故障分析及处理策略

设备故障，一般是指设备或系统在使用中丧失或降低其规定功能的事件或现象。设备是企业为满足某种生产对象的工艺要求或为完成工程项目的预计功能而配备的。设备的功能体现着它在生产活动中存在的价值和对生产的保证程度。在现代化生产中，由于设备结构复杂，自动化程度很高，各部分、各系统的联系非常紧密，因而设备出现故障，哪怕是局部的失灵，都会造成整个设备的停顿，整个流水线、整个自动化车间的停产。设备故障直接影响企业设备的数量和质量。因此，世界各国，尤其是工业发达国家都十分重视设备故障及其管理的研究，我国一些大中型企业，也在20世纪80年代初开始探索故障发生的规律，对故障进行记录，对故障机理进行分析，以采取有效的措施来控制故障的发生，这就是我们所说的设备故障管理。

4.4.1　设备故障分析

设备故障管理的目的是在故障发生前通过设备状态的监测与诊断，掌握设备有无劣化情况，以期发现故障的征兆和隐患，及时进行预防维修，以控制故障的发生；在故障发生后，及时分析原因，研究对策，采取措施排除故障或改善设备，以防止故障的再发生。要做好设备故障管理，必须认真掌握发生故障的原因，积累常发故障和典型故障资料和数据，开展故障分析，重视故障规律和故障机理的研究，加强日常维护、检查和预修。这样就可避免突发性故障和控制渐发性故障。

在故障管理工作中，不但要对每一项具体的设备故障进行分析，查明发生的原因和机理，采取预防措施，防止故障重复出现。同时，还必须对本系统、企业全部设备的故障基本状况、主要问题、发展趋势等有全面的了解，找出管理中的薄弱环节，并从本企业设备着眼，采取针对性措施，预防或减少故障，改善健康状态。因此，对故障的统计分析是故障管理中必不可少的内容，是制订管理目标的主要依据。

4.4.1.1　故障信息数据收集与统计

故障信息的主要内容：故障对象的有关数据有系统、设备的种类、编号、生产厂家、使用经历等；故障识别数据有故障类型、故障现场的形态表述、故障时间等；故障鉴定数据有故障现象、故障原因、测试数据等；有关故障设备的历史资料。

故障信息的来源：故障现场调查资料；故障专题分析报告；故障修理单；设备使用情况报告（运行日志）；定期检查记录；状态监测和故障诊断记录；设备说明书，出厂检验、试验数据；设备安装、调试记录；修理检验记录。

4.4.1.2　故障诊断分析

故障分析的目的不仅在于判别故障的性质、查找故障原因，更重要的在于将故障机理识别清楚，提出有效的改进措施，以预防故障重复发生。通过故障分析，找到造成故障的真正原因，从设计、材料选择、加工制造、装配调整、使用与保养等方面采取措施，提高机械设备的可靠性。

开展故障原因分析时，对故障原因种类的划分应有统一的原则。因此，首先应将本企业的故障原因种类规范化，明确每种故障所包含的内容。划分故障原因种类时，要结合本企业拥有的设备种类和故障管理的实际需要。其准则应是根据划分的故障原因种类，容易看出每种故障的主要原因或存在的问题。当设备发生故障后进行鉴定时，要按同一规定确定故障的原因（种类）。当每种故障所包含的内容已有明确规定时，便不难根据故障原因的统计资料发现本企业产生设备故障的主要原因或问题。表4-2为某厂故障原因的分类。通过对企业实际故障的统计分析，可以了解企业发生故障的主要原因和内容，明确故障管理工作的重点。

表 4-2　故障原因分类

序号	原因类别	包含的主要内容
1	设计问题	原设计结构、尺寸、配合、材料选择不合理等
2	制造问题	原制造的机加工、铸锻、热处理、装配、标准元器件等存在问题
3	安装问题	基础、垫铁、地脚螺栓、水平度、防振等问题
4	操作保养不良	不清洁，调整不当，未及时清洗换油，操作不当等
5	超负荷，使用不合理	加工件超规格，加工件不符合要求，超切削规范，加工件超重，设备超负荷等
6	润滑不良	不及时润滑，油质不合格，油量不足或超量，油的牌号种类错误。加油点堵塞，自动润滑系统工作不正常等
7	修理质量问题	修理、调整、装配不合格，备件、配件不合格，局部改进不合理等
8	自然磨损劣化	正常磨损，老化等
9	自然灾害	由雷击、洪水、暴雨、塌方、地震等引起的故障
10	操作者马虎大意	由于操作者工作时精神不集中引起的故障
11	操作者技术不熟练	一般指刚开始操作一种新设备，或工人的技术等级偏低
12	违章操作	有意不按规章操作
13	原因不明	原制造的机加工、铸锻、热处理、装配、标准元器件等存在问题

在对故障原因有明确分类后，根据故障信息可对设备故障进行故障诊断分析。故障原因诊断分析是一门涉及众多技术领域的综合学科，例如：系统分析、结构分析、材料物理、测试分析，以及有关疲劳、断裂、磨损、腐蚀等各种学科的知识，常用的设备故障诊断分析的方法如图 4-5 所示。发生故障的部件、零件虽各不相同，其分析的方法与步骤也各有差异，但故障分析的基本程序却是共同的。

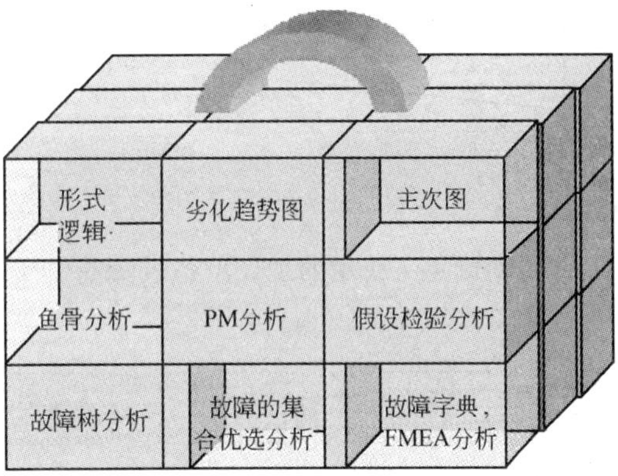

图 4-5　设备故障诊断分析方法

4.4.2　设备故障曲线与维护策略

4.4.2.1　经典设备故障曲线与维护策略

由前述已知，设备的维护与检修策略是以设备健康状态为基础的，典型的传统设备故障曲线如图 4-6 所示。

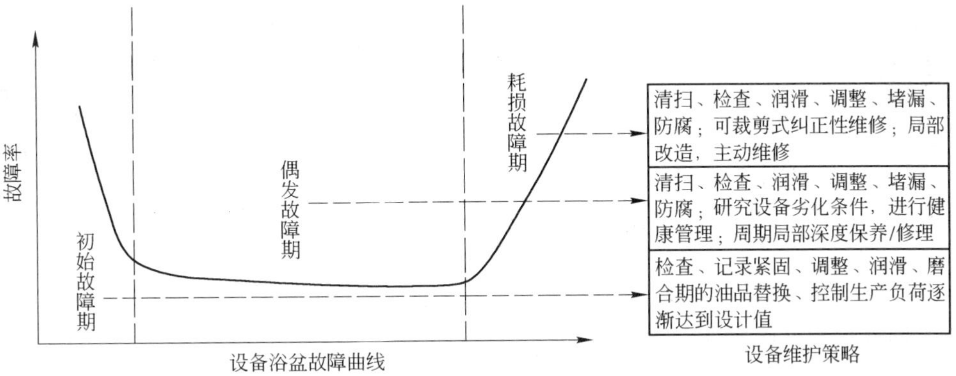

图 4-6　传统设备故障（浴盆曲线）维护策略

4.4.2.2　现代设备故障曲线与策略

浴盆曲线是设备全运行期故障的典型曲线，但是根据最新的设备故障统计调查（调查结果如图4-7所示）发现，对于现代设备而言，浴盆曲线已无法代表现代大多数设备故障发生趋势。研究统计表明，在冶金设备系统至少有六种失效模式，它们的分布规律如图4-7所示。

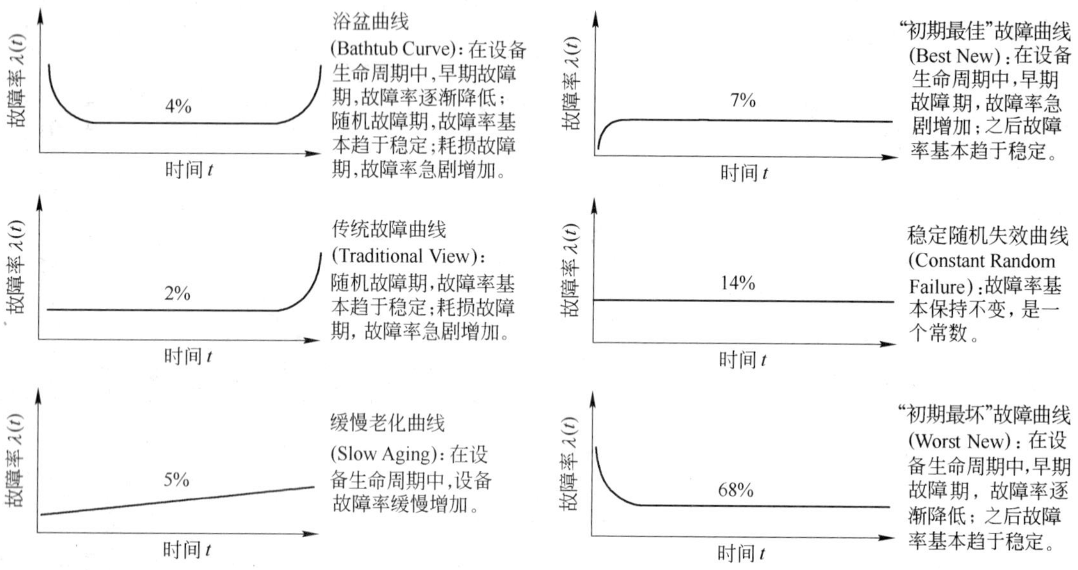

图4-7　现代设备故障曲线统计组图

针对图4-7所示的现代设备故障曲线反映的现代设备故障的特点，制订设备检维修一体化的故障处理策略如图4-8所示。

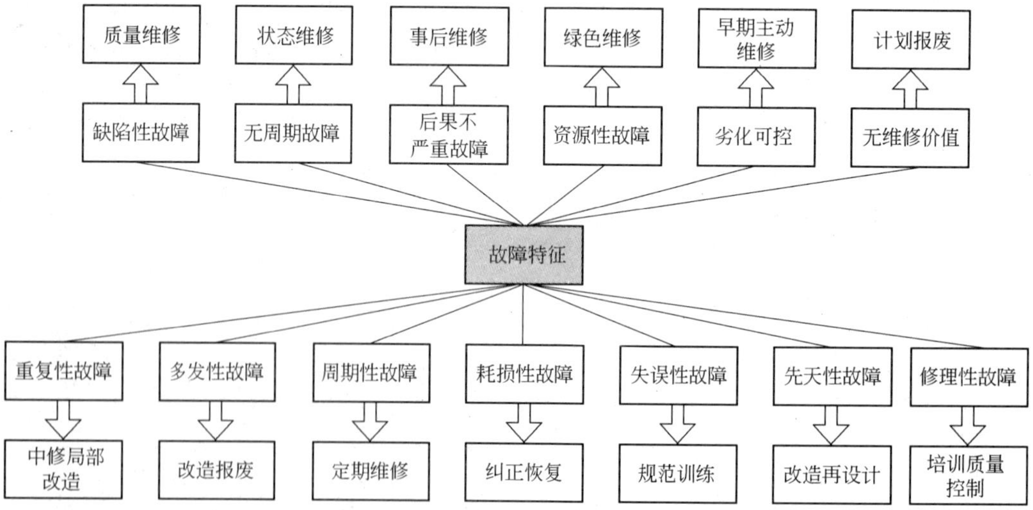

图4-8　设备检维修一体化的故障处理策略

4.4.3　典型设备故障漏油的治理

设备漏油的治理是设备管理及维修工作中的主要任务之一。设备漏油不仅浪费大量油料，而且污染环境、增加润滑保养工作量，严重时甚至造成设备事故而影响生产。因此，治理漏油是改善设备健康状态的重要措施之一。设备漏油的防治是一项涉及面广、技术性强的工作，尤其是近年来密封技术有了很大发展，许多密封新材料、新元件、新装置、新工艺的出现，既对漏油治理提供了条件，也对技术提出了更高的要求，所以要加强其研究和应用以及人员的配备。漏油的治理除少数可在维护保养中解决外，多数需要结合计划检修才能进行，严重泄漏设备必须预先制订好治理方案。

4.4.3.1 漏油及其分级

对单台设备而言，设备无漏油的标准应达到下列要求：（1）油不得滴落到地面上，机床外部密封处不得有渗油现象（外部活动连接处虽有轻微的渗油，但不流到地面上，当天清扫时可以擦掉者，可不算渗油）；（2）设备内部允许有些渗油，但不得渗入电气箱内和传动带上；（3）冷却液不得与润滑系统或工作液压系统的油液混合，也不得漏入滑动导轨面上；（4）漏油的处数，不得超过该设备可能造成漏油部位的5%。

设备漏油一般分为渗油、滴油、流油三种：（1）渗油。对于固定连接的部位，每半小时滴一滴油者为渗油。对活动连接的部位，每5min滴一滴油者为渗油。（2）滴油。每2~3min滴一滴油者为滴油。（3）流油。每1min滴五滴以上者为流油。设备漏油程度等级又分为严重漏油、漏油和轻微漏油三等。

4.4.3.2 漏油防治的途径

造成漏油的因素是多方面的，有先天性的，如设计不当、加工工艺、密封件和装配工艺中的质量问题；也有后天性的，如使用中的零件，尤其是密封件失效，维修中修复或装配不当等。由于零部件结构形式多种多样，密封的部位、密封结构、元件、材料的千差万别，因此治漏的方法也就各不相同，应针对设备泄漏的因素，从预防入手，防治结合，“对症下药”进行综合性治理。治理漏油的主要途径有以下几种：

（1）封堵——主要是应用密封技术来堵住界面泄漏的通道，这是最常见的泄漏防治方法。

（2）疏导——主要是使结合面处不积存油，设计时要设回油槽、回油孔、挡板等疏导方法防漏。

（3）均压——存在压力差是设备泄漏的重要原因之一。因此，可以采用均压措施来防治漏油。如机床的箱体因此原因漏油时，可在箱体上部开出气孔，造成均压以防止漏油。

（4）阻尼——流体在泄漏通道中流动时，会遇到各种阻力，因此可将通道做成犬牙交错的各式沟槽，人为地加大泄漏的路程，加大液流的阻力，如果阻力和压差平衡，则可达到不漏。

（5）抛甩——截流抛甩是许多设备上常用的方法，如减速器安装轴承处开有截油沟，使油不会沿轴向外流，有的设备上装有甩油环，利用离心力作用阻止介质沿轴向泄漏。

（6）接漏——有的部位漏油难以避免，除采用其他方法减少泄漏量外，可增设接油盘、接油杯，或流入油池，或定时清理。

4.4.3.3 设备治漏计划

设备管理人员和润滑管理技术人员对漏油设备要做到详细调查，对漏油部位和原因登记制表，并根据漏油的严重程度，安排治漏计划和实施方案。治理漏油、实施治漏方案不仅是设备维修管理工作的一项任务，也是节能、降低消耗的内容之一，治漏工作应抓好查、治、管三个环节：（1）查。查看现象、寻找漏点、分析原因、制定规划、提出措施。（2）治。采用堵、封、接、修、焊、改、换等方法，针对实际问题治理漏油。（3）管。加强管理，巩固查、治效果。在加强管理上，应结合做好有关工作。比如：建立健全润滑管理制度和责任制，严格油料供应和废油回收利用制度，建立、健全合理的原始记录并做好统计工作，建立润滑站，配备专职人员，加强巡检并制订耗油标准。

5 设备检修工程

5.1 检修科学理论体系

5.1.1 设备检修科学概述

检修作为设备工程的重要方面，已成为一门科学。它是专门研究检修的综合学科，又称检修理论。如果用枝丫交错的大树来形象地描绘这门检修科学理论体系的结构形态，其立体交叉化的特点如图 5-1 所示。

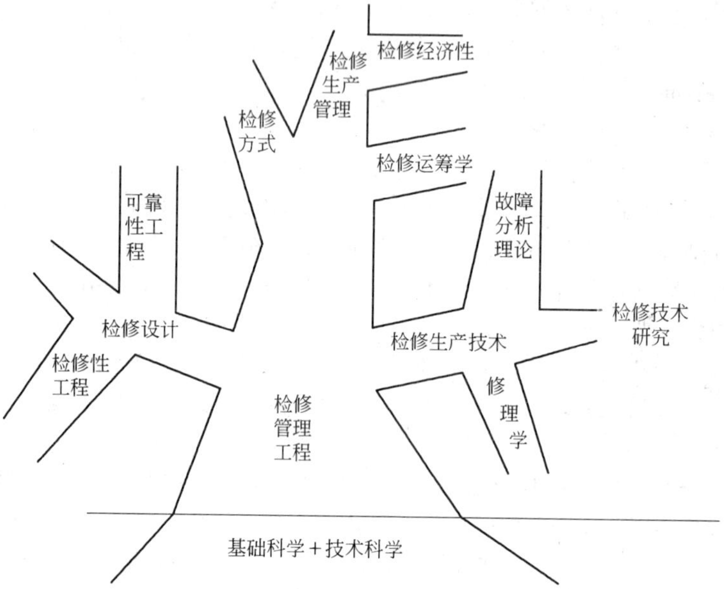

图 5-1 检修科学理论体系

检修工程是研究检修管理规律性的学科，又称检修工程学。它是从检修的整体出发，采用系统工程的方法，以设备的全寿命周期为管理范围，在设计制造阶段就着手规划和监督设备的检修性能设计和检修保障设计；在使用阶段，对检修活动加以组织、控制与改进。由于其涉及整个检修科学体系的各个组成部分，且起指导作用，因而成为检修科学的核心。

检修工程的内容主要包括检修理论、检修技术、检修管理和检修经济四个方面。检修理论包括故障理论、可靠性和检修性理论；检修技术包括基础理论、状态检测和故障诊断、检修工艺及装备、零件的腐蚀及防护、检修质量检验技术及自动化、设备改造、检修技术中微机的应用；检修管理包括检修系统、检修组织管理、检修信息。检修系统具体包括检修思想政策、检修体制、方针、检修技术管理、检修人才培养，检修决策分析；检修组织管理具体包括检修组织计划、检修质量管理、检修物料保障、检修设施；检修信息具体包括检修数据管理、检修信息反馈、检修情报资料；检修经济包括检修经济思想、检修技术经济政策、检修经济效果分析、检修经济核算、检修技术经济预测、检修经济信息。

5.1.2 设备检修的概念与检修管理的目标

5.1.2.1 设备检修的概念

设备在使用过程中，由于磨损，不可避免地会使一些零部件发生劣化，造成故障乃至损坏，从而直接影响到设备的性能、精度、效率乃至经济性，严重者甚至不能运行，因此，必须对设备进行适时的维护和修理，简称检修。所谓设备检修是指为保持与恢复设备完成规定功能的能力而采取的技术活动。其内容主要包括：维护保养、检查和修理三个方面。

设备工程学强调建立检修的新概念，即全寿命周期的检修。也就是说，从早期设计起就考虑检修，并在设备全寿命周期的各个阶段都研究与检修有关的问题，以实现检修的最佳化。

5.1.2.2 设备检修管理的目标

设备检修必然占用生产时间，造成生产损失，同时耗费检修费，因此设备检修管理的目标是使检修费用和生产损失（即劣化停机损失）降到最低限度。如图5-2所示，在 M_p 点前，检修活动进行得不够，虽然检修费减少了，但设备的劣化停机损失增多；相反，在 M_p 点后，检修活动较频繁，设备的劣化停机损失减少，但检修费又相应增加。由此可见，设备检修活动的频繁程度必须在设备劣化停机损失与检修费之间取得最佳平衡，即在 M_p 点处，检修才是最经济的。这正是检修管理追求的目标。

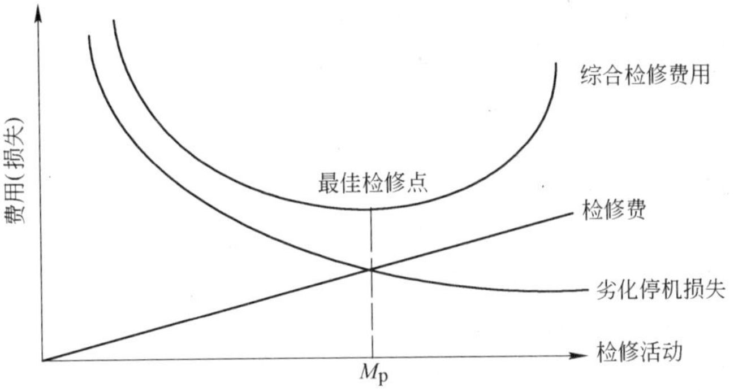

图5-2 检修管理

5.2 设备失效及老化理论

5.2.1 设备失效理论

机械零件在使用过程中，由于设计、材料、工艺及装配等各方面原因，使其丧失规定的功能，无法继续工作的现象称为失效。失效的主要表现有变形、断裂、损伤（磨损和腐蚀、气蚀）等形式，见表5-1。

表5-1 失效形式分类

失效类型	失效形式	失效原因	举 例
变 形	1. 扭曲	在一定载荷条件下发生过量变形，使零件失去应有的功能而不能正常工作	花键、机架
	2. 拉长		紧固件
	3. 胀大超限		箱体
	4. 高低温下的蠕变		动力机械
	5. 弹性元件产生永久变形		弹簧

续表 5-1

失效类型	失效形式	失效原因	举　例
断　裂	1. 一次加载断裂	载荷或应力强度超过材料的承载能力	拉伸、冲击
	2. 环境介质引起的断裂	环境介质、应力共同作用引起的低应力破裂	应力腐蚀、氢脆、腐蚀、疲劳
	3. 低周应变疲劳断裂	周期交变作用力引起的	压力容器
	4. 高周应力疲劳断裂	低应力破坏	轴、螺栓、齿轮
损　伤	1. 磨损	两物体互相接触，表面在接触应力作用下有相对运动，造成材料流失	齿轮、轴、轴承
	2. 腐蚀	有害环境气氛的化学及物理化学作用	与燃气、冷却水、润滑油、大气接触的零件
	3. 气蚀	气泡形成与破灭的反复作用，使表面材料脱落	汽缸套、水泵、液压泵、水轮机叶片

随着现代设备向高参数发展，零件失效的问题越来越突出，成为产生故障的主要原因。因此，研究零件的失效形式、机理及对策，是追寻零件故障的起因和机理的重要内容，也是制订科学的检修策略的基础。

5.2.1.1　失效形式分析

A　磨损失效

在固体摩擦表面上物质不断损耗的过程叫做磨损。其表现为物体尺寸或形状的改变、表面质量的变化。它是伴随摩擦而产生的必然结果，是诸多因素相互影响的复杂过程。它使机械零件丧失精度，影响使用寿命与可靠性。磨损的实质是物体在摩擦中相互作用，使摩擦表面发生变化的结果。典型的机械零件的磨损过程一般分为三个阶段，即：磨合阶段、稳定磨损阶段、急剧磨损阶段。磨损的基本类型、内容、特点和举例如表 5-2 所示。

表 5-2　磨损的基本类型

类　型	内　容	特　点	举　例
黏着磨损	摩擦副作用相对运动，由于互相粘贴，接触点表面的材料由一个表面转移到另一个表面的现象	接触点黏着剪切破坏	缸套—活塞环，轴瓦—轴、滑动导轨制
磨粒损失	在摩擦过程中，因硬的颗粒或凸出物刮擦切削摩擦表面而引起材料脱落的现象	磨粒作用于材料表面而破坏	球磨机衬板与钢球、农业和矿山机械零件
疲劳磨损	两接触表面作滚动或滚滑复合摩擦时，因周期性载荷作用，使表面产生变形和压力，导致材料裂纹和分裂出微片或颗粒的磨损	表层或次表层受接触应力反复作用而疲劳破坏	滚动轴承、齿轮副、凸轮副、钢轨与轮箍
腐蚀磨损	在摩擦过程中，金属同时与周围介质发生化学与电化学反应，产生材料损失的现象	有化学反应或电化学反应的表面腐蚀破坏	曲轴轴颈氧化磨损，化工设备中的零件表面

除表 5-2 所列之外，还有侵蚀磨损、微动磨损等磨损形式。影响磨损的因素众多、复杂，主要有：零件材料、运转条件、几何因素、环境因素等，详细内容如表 5-3 所示。

表 5-3　影响磨损的因素

材　料	运转条件	几何因素	环境因素
成　分	载荷/压力	面　积	总的润滑剂量
组织结构	速　度	形　状	污染情况
弹性模量	滑动距离	尺寸大小	外界温度
硬　度	滑动时间	表面粗糙度	外界压力
润滑剂类型	循环次数	间　隙	湿　度

续表 5-3

材 料	运转条件	几何因素	环境因素
润滑剂黏度	表面温升	对中性	空气成分
工作表面物理和化学性质	润滑膜厚度	刀 痕	

根据磨损的理论研究，结合生产实践，防止和减少磨损的方法与途径有润滑、正确选择材料、进行表面处理、合理设计结构、改善工作条件、提高修复质量、正确使用和维护。对于几种基本的磨损类型，防止或减少磨损的方法与途径如表 5-4 所示。

表 5-4 防止或减少磨损的方法与途径

<table>
<tr><th colspan="2">磨损类型</th><th>防止或减少磨损的方法与途径</th></tr>
<tr><td colspan="2">黏着磨损</td><td>1. 正确选择摩擦副材料，如适当选用脆性材料、互溶性小的材料、多相金属等；
2. 合理选用润滑剂，保证摩擦面间形成流体润滑状态；
3. 采用合理的表面处理工艺</td></tr>
<tr><td colspan="2">磨粒磨损</td><td>1. 选用硬度较高的材料；
2. 控制磨粒的尺寸和硬度；
3. 根据工作条件，采用相应的表面处理工艺；
4. 合理选用并供给洁净的润滑剂</td></tr>
<tr><td colspan="2">疲劳磨损</td><td>1. 合理选用摩擦副材料；
2. 减少表面粗糙度，消除残余内应力；
3. 合理选用润滑剂的黏度和添加剂</td></tr>
<tr><td rowspan="2">腐蚀磨损</td><td>氧化磨损</td><td>1. 当接触载荷一定时，应控制其滑动速度，反之则应控制接触载荷；
2. 合理匹配氧化膜硬度和基本金属硬度，保证氧化膜不受破坏；
3. 合理选用润滑油黏度，并适量加入中性极压添加剂</td></tr>
<tr><td>特殊介质腐蚀磨损</td><td>1. 利用某种特殊元素与特殊介质作用，形成化学结合力较高、结构致密的钝化膜；
2. 合理选用润滑剂；
3. 正确选择摩擦润滑材料</td></tr>
</table>

B 变形失效

多年的检修实践证实，虽然将磨损的零件进行修复，恢复了原来的尺寸、形状和配合性质，但是装配后仍达不到预期的效果。出现这种情况常常是由于零件变形，特别是基础零件变形使零部件之间的相互位置精度遭到破坏，影响了各组成零件之间的相互关系。设备在工作过程中，由于受力的作用而使零件的尺寸或形状发生改变的现象称变形。变形分弹性变形和塑性变形两种。

设备由于工况条件恶劣，经常满载或超载工作，一些零件产生变形是常见的，如起重运输机的机架、汽车和拖拉机的底盘等。有些零件因形状简单，变形产生的危害比较直观，变形的检查和校正也比较容易，曲轴和连杆是最简单的例子。但是像汽缸体、变速箱体、机架、底盘等形状复杂、相互位置精度高、测量检查及校正均比较困难的零件，它们的变形将使其他零件加速磨损，甚至断裂，还有可能导致整台设备被破坏，极大地降低使用寿命，所以变形的危害是十分严重的。

机械零件变形的原因虽然复杂，但主要是零件的应力超过材料的屈服强度所致，主要有：外载荷、温度、内应力、结晶缺陷。零件变形原因是多方面的，往往是几种原因共同作用的结果。较小的应力也能使零件产生变形，而这种变形并不一定是一次产生的，实际上是多次变形累积的结果。变形是不可避免的，但可以从设计、加工、检修、使用几个方面来减少变形的产生。

C 断裂失效

所谓断裂是物体在机械力、热、磁、声响、腐蚀等单独作用或联合作用下，使其本身连续遭到破坏，从而发生局部开裂或分成几部分的现象。它是一种复杂行为，在不同的力学、物理和化学环境下会有不同的断裂形式：疲劳断裂、蠕变断裂、腐蚀或腐蚀疲劳。

断裂是零件失效的重要原因之一。断裂按零件断裂后的自然表面即断口的宏观形态特征分韧性断裂、脆性断裂；按端口的微观形态特征分穿晶断裂、晶间断裂；按载荷性质分一次加载断裂、疲劳断裂。

几乎所有的零件由于各种原因均有宏观或微观裂纹，只是裂纹的大小、性质不同而已。有裂必断的概念是错误的。有裂纹的零件不一定立即就断，都有一段亚临界扩展时间，在一定条件下，裂纹还可不发展，有裂纹的零件也可不断。但是，断是由裂发展而来的。断裂事故后果严重，目前在检修中一经发现裂纹都要加以修复或更换，重要零件则予以报废。因裂纹而报废的零件数量是相当可观的。减轻断裂危害的措施有：减少局部应力集中、减少残余应力影响、控制载荷防止超载。此外，在使用时注意早期发现裂纹，定期进行无损探伤和检测；尽量减轻零件的腐蚀损伤；减少设备运行时各部分的温差；尽量避免热应力；在检修时注意操作对零件断裂的影响，避免因拆装、存放、加工而使零件表面损伤。

D　腐蚀失效

腐蚀是金属受周围介质的作用而引起损伤的现象。腐蚀损伤总是从金属表面开始，然后或快或慢地往里深入，并使表面的外形发生变化，出现不规则形状的凹洞、斑点、溃疡等破坏区域。破坏的金属变为氧化物或氢氧化物，形成腐蚀产物并部分地附着在表面上，铁生锈就是最明显的例子。腐蚀的机理是化学反应或电化学作用。金属腐蚀按其机理可分为化学腐蚀或电化学腐蚀两种。

影响腐蚀的因素有金属的特性、金属的成分、零件表面状况及环境情况。金属的腐蚀过程虽然是缓慢的，但是它所带来的危害却是相当大，如：破坏设备的正常工作，降低使用寿命甚至报废。它是一个具有普遍性的严重问题。据资料统计，全世界每年因腐蚀而损失的金属制品的重量约占年产量的1/5～1/3。因此，如何减轻腐蚀的危害又成为一个重要课题。主要措施有：正确选材、合理设计、覆盖保护层、采用电化学保护、添加缓蚀剂、改变环境条件等。

E　气蚀失效

当零件与液体接触并产生相对运动，接触处的局部压力低于液体蒸发压力时，形成气泡。

溶解的气体也会析出形成气泡。这些气泡运动到高压区，气泡在被迫溃灭的瞬间产生极大的冲击力和高温，称为水击现象。气泡形成与破灭的反复作用，使零件表面材料产生疲劳而逐渐脱落，呈麻点状，逐渐扩展成泡沫海绵状，这种现象称为气蚀。当气蚀严重时，可扩展成深度20mm的孔穴，直到穿透或开裂而破坏，因此又称为穴蚀。

气蚀是一种比较复杂的破坏现象，它不单是机械作用，还有化学、电化学作用。当液体中含有杂质或磨粒时会加剧这一破坏过程。气蚀常发生在柴油机缸套外壁、水泵零件、水轮机叶片、液压泵等。随着它们向高参数发展，气蚀破坏越来越突出。减轻气蚀的措施主要有：（1）减少与液体接触表面的振动，以减少水击现象的发生；（2）选用耐气蚀的材料；（3）零件表面涂塑料、陶瓷等防气蚀材料，也可在表面镀铬；（4）改进零件结构，减小表面粗糙度，减少液体流动时产生的涡流现象；（5）在水中添加乳化油，减少气泡爆破时的冲击力。

5.2.1.2　失效分析技术

研究设备、零部件产生失效的原因，提出防止失效事故重复发生，提高寿命措施的分析方法，称为失效分析。它包括失效分析思维方法的研究和实验技术。失效分析思维方法是从结果到原因的逆向分析方法。它把失效的可能因素以逻辑符号用树形特征排列起来，逐项进行分析，先排除不可能因素，再排除可能性小的因素，最后找出事故发生的原因、途径和发生的概率，并提出解决的办法。实验技术是研究如何把常规或现代仪器的检测技术用到失效分析中来，它包括取样、制样、样品保护的实验技术，对表面图像、变形层特征的识别，以及实验结果的分析等。通过对失效零件进行实验检测，为准确地判断失效发生的原因提供可靠依据。

A 失效分析的对象与作用

设备失效分析的对象是针对一个机械系统、一台设备或其中关键零部件的失效。分析工作的目的主要是为了提高经济效益和社会效益。失效分析的作用是：(1) 防止事故重复发生或控制事故不使它进一步扩展；(2) 找出产生事故的原因、条件；(3) 提供技术改造、制订技术文件的科学依据；(4) 提供科学决策的信息依据和相应的改进措施。

B 失效分析的基本内容

失效分析的基本过程和内容包括：调查检测、分析诊断、处置与预测等三个阶段：(1) 调查检测。调查检测利用各种检测手段调查分析对象的现场环境、工作参数和有关信息。针对不同复杂程度的具体情况，进行不同层次的检测工作。它是诊断分析的前提和基础。一般情况下经常是在现场宏观调查、检测的基础上做进一步检测和专题项目检测。(2) 分析诊断。分析诊断是在调查检测的基础上，结合具体情况，分析确定诊断对象的状态、失效的类型和模式、大体过程和基本原因、决定性因素及失效机理等。(3) 处置与预测。诊断对象经过分析诊断，判定其状态性能、失效类型模式、失效主要因素和机理等，就可提出相应的对策。对策的提出不仅要根据诊断分析的结论，还必须考虑到具体条件的可行性，考虑经济效益。某项对策是否真正可行，必须以实际效果为准。从现代科学技术的发展来看，失效分析已从通常的事后分析、事先预防发展到事中即运行中监控分析。

C 失效形式的特征及其判断

失效的形式有很多，可按失效机理模式划分失效形式，也可按质量控制状况和按因果关系划分失效形式。表5-5介绍了一些常见的失效形式、特征及其判断。

表5-5 常见到失效形式、特征及其判断

失效形式	特 征	判 断
力和温度引起的弹性变形失效	零件受力产生变形，应力和变形之间的关系遵守胡克定律。当零件配合公差要求特别严格，配合间隙为微米级时，弹性变形不容忽视，变形量超出公差以外，将引起工作不正常，以致失效	观察工作时不应相互接触的配合是否有划伤、擦痕或磨损等痕迹；也可通过计算验证进行判断
屈服失效	零件受力增大到一定程度，产生塑性变形而引起失效	测量零件是否有明显的塑性变形，是否产生扭曲、弯曲、凹陷等
疲劳断裂失效	零件在受交变载荷时引起的断裂失效，它无明显的塑性变形。疲劳断裂经历裂纹的萌生、扩展和最终瞬时断裂三个过程，当剩余截面不足以承受所施加的行动时，突然断裂	有交变载荷存在，其值低于材料的屈服强度，工作若干循环数后有裂纹萌生，并扩展，断口有光亮程度不同的疲劳扩展区和阻断区，用扫描电镜观察在扩展区有无疲劳条带
腐蚀失效	金属与周围介质之间发生化学或电化学作用而遭到破坏	常产生腐蚀产物，它的冲刷纹路比较圆滑，应力腐蚀裂纹有如落叶的树干或树枝
磨损失效	相接触的零件表面之间有相对运动时，表面材料粒子逐渐脱落，使零件尺寸和表面状态改变，导致丧失规定的功能	有划痕和深沟

续表 5-5

失效形式	特　征	判　断
蠕变失效	蠕变是金属零件在应力和温度的长期作用下产生永久变形的失效现象。晶粒沿晶界滑动产生形变是蠕变的主要机理	永久变形的速度缓慢，是否有适当的温度和足够的时间，断口的最终断裂区其撕裂较钝，扫描电镜可观察到晶粒形状未拉长，有时有蠕变空洞

D　失效分析的方法和步骤

失效分析的五种具体方法是：（1）相关性方法。就是把失效模式、断口形貌特征、服役条件、材质情况、制造工艺水平和制造过程、使用和维护情况等，都包括在一个分析系统中，从总体上加以考虑。（2）抓关键问题的方法。即找准引起失效的起始失效部件，在此基础上找出断裂源，从这里找出主要的失效原因。（3）对比的方法。即把失效的设备或零部件与经历相同工况、相同使用时间而未失效的进行对比，从中找出差异，分析失效原因。（4）历史的方法。就是通过过去积累的相同设备在同样的服役条件下表现出的失效情况和变化规律，来推断已发生失效的可能原因。（5）逻辑方法。根据失效分析过程获得的大量资料、数据进行分析比较、综合归纳和概括，最后做出判断和推论，得出失效的可能原因。

上述这些方法和原则应根据实际情况灵活、综合和交叉运用，失效分析的可靠性和迅速程度则取决于对它们的正确和熟练运用。

5.2.2　设备老化理论

设备制造后，在长期的使用或保管、闲置过程中出现精度下降、性能变坏、价值贬低的现象称老化。研究老化的规律，探讨适应该规律的相应对策乃是检修的重要内容和理论基础。

5.2.2.1　老化的分类

设备老化可分为有形老化和无形老化两大类：（1）有形老化。设备及零部件在使用或保管、闲置过程中，因摩擦磨损、变形、冲击、振动、疲劳、断裂、腐蚀等使其实物形态变化、精度降低、性能变坏，这种现象称为有形老化，其中，在运行中造成的实体损坏为第Ⅰ种有形老化；而在保管和闲置中由于残余应力引起的变形、金属锈蚀、木材与皮革腐朽、橡胶与塑料老化变质等自然力形成的实体损坏，称为第Ⅱ种有形老化。第Ⅰ种有形老化与使用时间和强度有关；第Ⅱ种有形老化与闲置时间和保管状态有关。改进设计、提高加工质量、正确使用、及时维护、合理保管都能推迟有形老化的进程，延长设备的使用寿命。（2）无形老化。设备在使用或闲置过程中，由于科学技术进步而发生使用价值或生产价格降低的现象叫无形老化，又称经济老化。其中，设备的技术结构和经济性能并未改变，但因技术进步、生产工艺改进、劳动生产率提高、增大生产规模，再生产该种设备的价格降低，使其贬值的现象为第Ⅰ种无形老化。它虽使设备贬值，但本身的技术性能和使用价值并未降低，因此不存在提前更换的问题；而第Ⅱ种无形老化是指因出现了结构更巧、技术性能更佳、生产效率更高、经济效益更好的新型设备，使原设备显得技术陈旧、功能落后、经济效益降低，造成贬值的现象。

值得指出的是，既然无形老化是社会生产力发展的结果，那么老化越快，说明科学技术进步越快。因此，不应防止设备的无形老化，而应认真研究它的规律，采取措施适应科学技术的发展。希望任何一台设备购入后应尽快投入使用，努力提高其利用率，在有限的全寿命周期内创造出更多的价值，得到更高的效益。

5.2.2.2 老化的规律

零件寿命的不平衡和分散性：零件寿命有两个特点，即异名零件寿命的不平衡性和同名零件寿命的分散性。

在设备中，每个零件的设计、结构和工作条件各不相同，老化的速率相差很大，形成了异名零件寿命的不平衡性。提高了一部分零件的寿命，而其他零件的寿命又相对缩短了，因此异名零件寿命的不平衡性是绝对的，平衡只是暂时和相对的。对于同名零件，由于材质差异、加工与装配的误差、使用与检修的差别，其寿命长短不同，分布呈正态曲线，形成同名零件寿命的分散性。这种分散性可设法减小，但不能消除，因此，它是绝对的。同名零件寿命的分散性又扩大了异名零件寿命的不平衡性。零件寿命的这两个特性完全适用于部件、总成和设备。

设备寿命的地区性和递减性：设备的寿命受自然条件的影响很大，如在恶劣工况条件下工作的工程机械、矿山机械等，其行走部分及减速箱的磨损会加剧；气候和地理条件的影响，如在寒冷或炎热以及沙漠地区工作的设备，其腐蚀和磨粒磨损剧增，进一步扩大了寿命的分散性。这种影响在相同地区具有相同的趋势，因此称设备寿命的地区性。由于材料的物理力学性能发生变化需要一定的时间，所以零件的许多缺陷只有经过相当时间的发展才逐渐显露出来。受各方面条件的限制和制约，设备经过检修，其技术状况通常达不到预定的要求，寿命将随检修次数的增加而呈递减的趋势，即所谓递减性。

设备性能和效率的递减性：在设备的有形老化中，有些是可以通过检修予以恢复；有些因技术或经济上的原因，在目前条件下还无法彻底恢复；因此，经过检修的设备其性能和效率呈递减的趋势，即所谓递减性。

5.2.2.3 老化后补偿

设备老化后，可以通过检修、更换、更新和改善型检修等方法进行补偿。老化后的补偿形式应根据设备有形老化和无形老化的程度进行选择。对能消除的有形老化可通过检修进行补偿，恢复其功能，特别是设备中的基础件，它们含有大部分的价值，不可轻易抛弃；对不可消除的有形老化，检修已无意义，必须予以更换才能进行补偿；若有形老化已达到相当程度，而它的无形老化期还没有到来，则通常需要大修；如果有形老化后其大修费用已超过原始价值，或因同时发生了第Ⅰ种无形老化，大修费超过再生产价格时，可予更换；当有形老化与无形老化同时存在，则应加以更新，用高效率的设备取代旧的设备；在发生完全有形老化的同时，也发生了部分第Ⅱ种无形老化，这时应采用改善性检修。总之，老化后的补偿形式是一种对策，归根到底决定于进行补偿时的经济评价。设备在确定其老化的补偿形式时可以有多种，不必拘泥于形式上的统一，从而出现了检修的多样性和复杂性。

5.3 设备的可靠性理论

检修贯穿于设备的整个寿命周期，即由规划、设计、试制、生产、销售、安装、使用、改造直至报废的全过程。做好检修需要三个条件，又称检修三要素，即：(1) 设备的检修性；(2) 检修人员的素质和技术；(3) 检修的保障系统，包括人力、技术、测试装置、工具、备件、材料供应等。

5.3.1 设备检修理论概述

设备在规定的条件下，在规定的时间内，按规定的程序和方法进行检修时，保持或恢复到规定状态的能力称检修性。所谓规定的条件，是指选定了合理的检修方式、准备了检修用的测试仪器及装备和相应的备件、标准、技术资料，由一定技术水平和良好劳动情绪的检修人员进行操作；规定的时间，是指设备从寻找、识别故障开始，直至检查、拆卸、清洗、检修或更换、安装、调试、验收，最后达到完全恢复正常功能为止的全部时间。

评定指标包括：

（1）检修度。它是定量地评定检修性的尺度。可检修的机械系统、设备和零部件等，在规定的条件下进行检修，在规定的时间内恢复到正常状态完成的修复概率，称检修度，用 $M(t)$ 表示。由于检修时间有很大的随机性，它是随故障发生的原因、部位和程度的不同而不同，因此检修的定量化只能用概率表示。

设 t 为规定的检修时间，r 为实际检修所用的时间，是随机变量，则检修度 $M(t)$ 就是在 $r \leqslant t$ 时间内完成检修的概率，即 $M(t)=P(r \leqslant t)$。检修度 $M(t)$ 对时间的导数称检修概率密度函数，记为 $m(t)$，即 $m(t)=\dfrac{\mathrm{d}M(t)}{\mathrm{d}t}$。它表示在某一时刻 t，可能修复的瞬间概率。当 $t=0$ 时，处于故障状态，尚未进行检修，$M(0)=0$；当 $t=r$ 时，表明已修好，$M(t)=1$。具体的检修时间是遵循一定的分布规律，它与 $m(t)$ 有关。在一定的时间内，$M(t)$ 大，说明检修的速度快；反之，检修速度慢。

应该指出，$M(t)$ 为 t 的单调递增函数，可按正态分布、指数分布等函数来表示。通常 $M(t)$ 服从指数分布，如图 5-3 所示。写成公式：

$$M(t)=1-\mathrm{e}^{-\mu t} \tag{5-1}$$

$$m(t)=\mu \mathrm{e}^{-\mu t} \tag{5-2}$$

式中　μ——单位时间内完成检修的瞬时概率，即修复率，其倒数 $1/\mu$ 为平均检修时间。

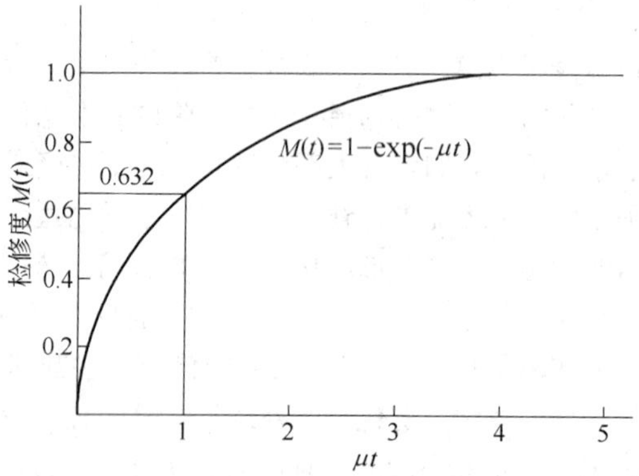

图 5-3　检修度函数呈指数分布

不难看出，可靠度是研究机械系统、设备零部件由正常状态向故障状态变化的可能性；而检修度则相反，它是由故障状态向正常状态变化的可能性。

（2）延续时间目标。主要包括：

1）平均事后检修时间。故障发生后，整个检修过程所需的时间即为事后检修时间。平均事后检修时间则是多次事后检修时间的平均值，即：

$$MTTR=\frac{1}{n}\sum_{i=0}^{n} t_i \tag{5-3}$$

式中　$MTTR$——平均事后检修时间；

t_i——第 i 次故障的修复时间；

n——发生故障的总次数。

2）平均预防检修时间。它是完成预防检修项目所用的平均延续时间，即预防检修总时间与预防检修次数的比值。

3）平均检修时间。它包括事后检修和预防检修所需要的平均延续时间，即检修总时间与检修次数的比值。

4）后勤保障延误时间。它是因等待备件、材料、运输等所延误的时间。

5）行政管理延误时间。它是由于行政管理性质的原因使检修工作不能按时进行而延误的时间。

6）检修停机时间。它是发生故障所需要的停机修复时间，包括平均检修时间、后勤保障延误时间和行政管理延误时间。

（3）工时指标。它包括设备或零部件每工作一小时、一个月、一个周期所用的检修工时，以及每项检修措施所用的检修工时。

（4）检修频率指标。它关系到能否使设备对检修的要求减少到最低限度。可靠性特征量中的故障率（t）和平均故障间隔时间（*MTBF*）是确定事后检修频率的依据：1）平均检修间隔时间。它是各类检修活动（事后、预防）之间的平均工作时间，是确定设备在某一特定的瞬间维持其正常功能的概率，即有效度的主要参数。2）平均更换间隔时间。它表示某零件部件或总成更换的间隔平均时间，是确定备件需要量的一个重要参数。

（5）检修费用指标。设备的寿命周期费用是一项综合性的货币形态价值预测指标，可分解为购置费（原值）、使用费、检修费和停机费用等四大项。检修费在寿命周期费用中所占的比例很大。检修性设计的最终目标是以最低的费用完成检修工作。它包括：

1）每项任务、每项检修措施的费用。

2）运行一小时、一个月、一年的检修费用。

3）综合效益 $=\dfrac{\text{机械设备寿命周期内的输出}}{\text{机械设备寿命周期费用}}$。

（6）有效度。由于设备检修需要占用一定时间，使它在保用期内不能得到充分利用，为衡量其充分利用的程度，引入有效度即可利用率的概念。有效度还可用 $A(t)=\dfrac{\mu}{\lambda+\mu}$ 表示，其中 μ 是修复率，λ 是故障率，它们同时影响利用率。若要提高有效度，必须降低 λ 或提高 μ。一台高度可靠的机械，故障十分稀少，而检修性不好，则其利用率降低。

5.3.2 影响设备检修性的主要因素

影响检修性的因素，主要有设计方面、检修保养方针和体制、检修保养人员的水平和劳动情绪等，见表5-6。

表5-6 影响检修性的主要因素

设计方面	检修保养方针及体制	对检修人员的要求
①总体布局和结构设计应使各部分易于检查，便于检修 ②良好的可达性，设置检修操作通道，有合适空间 ③部件与连接件易拆装 ④标准化、互换性和可更换性 ⑤安全性 ⑥材料易于购置，零件加工方便 ⑦技术资料齐全 ⑧专用工具和试验装置	①检修方式的确定：故障检修、定期更换、状态监测检修、无检修设计 ②检修资源的组织、检修组织机构、检修力量配备、检修计划和控制 ③材料和备件供应、储备方式、库存管理 ④费用因素	①考核和选择：教育、经验、素质 ②训练 ③熟练程度 ④能力分析 ⑤劳动情绪

5.3.3　提高设备检修性的主要途径

从上述影响设备检修性的主要因素中，不难找到提高检修性的主要途径。其中特别要注意以下几点：

（1）简化结构，便于拆装。结构简单的设备不仅故障少，一旦发生故障，检查、判断、修复也容易。大量采用标准件、各种类型的设备零部件之间能够通用，均可减少停机检修时间。

（2）提高可达性。故障发生后，检修人员在检查、拆卸和检修中，应能用眼睛直接看到、用手接触操作部位；应有足够的操作空间，并符合工程心理学和人机工程学规定的标准；取出零件时应有适当的通道。

（3）保证检修操作安全。检修人员在操作时，应没有被锐伤、突起划伤，被重物砸伤的可能，也没有被电的危险，以提高效率。

（4）按规定使用和检修。要按使用说明书的内容进行使用、润滑、调试、保养；按编制的检修技术指南和检修标准进行检修；按设备本身的特点采取最合理的检修工艺、材料和方法，取得最好的检修效果。

（5）部件和连接件易拆易装。采用整体式安装单元（模块化），设置定位装置和识别标志，配备适合的专用拆卸工具等，都有利于实现易拆易装。

（6）零部件的无检修设计。可靠性、检修性的理想极限是无检修设计，即不需要检修的零部件。如有不需润滑的固定关节、自润滑轴承、塑料轴承等；不需调整的，利用弹簧张力或液压等自调刹车闸等；将零部件设计为具有一定寿命，到时就予以报废处理。

5.3.4　设备检修方式及选择

5.3.4.1　检修方式

设备的检修方式（又称检修方针）是指对检修时机的控制。主要有以下几种：

（1）事后检修。又称故障检修、损坏检修。它不控制检修时期，而是当设备发生故障或损坏、造成停机之后才进行检修，以修复原来的功能为目的。它必须充分准备人力、工具、备件等检修资源，以便有效地对付故障。事后检修丧失了许多工作时间，生产计划也被打乱，检修内容、时间长短及安排等问题都带有很大的随机性。从各方面考虑，它是一种落后的检修方式、最低要求的对策。若不能采用其他对策时，可把它当作最后的手段来使用。事后检修的情况如图5-4所示。

事后检修适用于：1）机件发生故障，但不影响总成和系统的安全性；2）故障属于偶然性且规律不清楚，或虽属耗损型故障，但用事后检修方式更为经济。

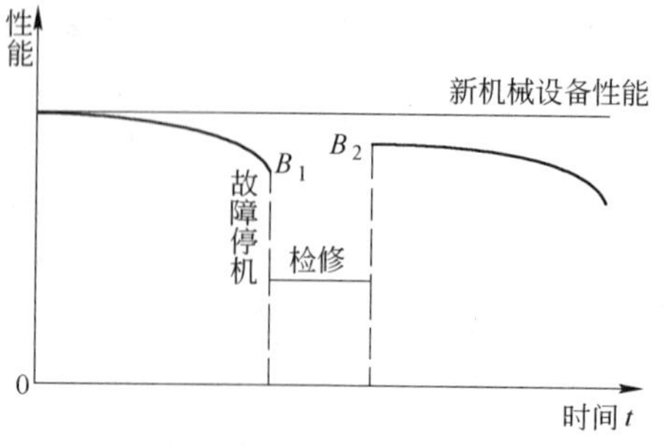

图5-4　事后检修

（2）定期检修，又称计划检修、时间预防检修。它以使用时间为检修期限，只要使用到预先规定的时间，不管其技术状态如何，都要进行规定的检修工作，防止引起突发性事故成了检修的目的。这是一种带有强制性的预防检修方式，检修活动一般是有计划地在生产空隙离线进行，对检修资源可提前充分准备。由图5-5可知，定期检修可减少检修工作量和停机时间。

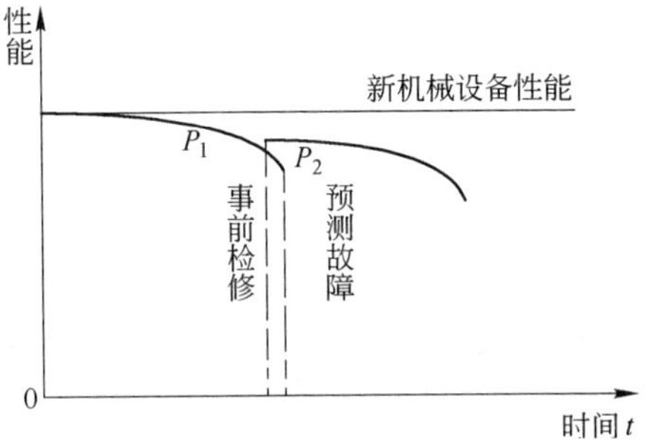

图5-5 定期检修

定期检修的依据是机件的磨损规律，关键是准确地掌握机件的检修时机。如果在偶然故障阶段结束时，即故障率随时间迅速上升到进入耗损故障期之前，进行更换或检修，这样既能保证机件正常工作，又不造成浪费。它适用于：1）故障机制带有明显的时间相关性，故障特征随时间变化，主要故障模式是磨损且有一定规律；2）在使用期限内，机件出现预期的耗损故障，根据磨损规律，测出即将发生故障的时间；3）对一些重要的机件很难检查和判断其技术状况时，定期检修则是有效的方式。定期检修的优点是容易掌握检修时间、计划、组织管理，有较好的预防故障作用。

（3）视情检修。又称按需预防检修或状态监测检修。它不是根据故障特征而是由设备在线监测和诊断装置预报的实际情况来确定检修时机和内容。在线监测包括状态检查、状态校核、趋向监测等项目。它们都是在线进行，并定期按计划实施，需要投资和经常性费用，是一种最有效的检修方式。视情检修适用于：1）属于耗损故障的机件，且有如磨损那样缓慢发展的特点，能估计出量变到质变的时间；2）难以依靠人的感官和经验去发现故障，又不允许对设备任意解体检查；3）对那些机件故障直接危及安全，且有极限参数可监测；4）除本身有测试装置外，必须有适当的监控或诊断手段，能评价机件的技术状态，指出是否正常，以便决定是否立刻检修。视情检修的优点是可以充分发挥机件的潜力，提高机件预防检修的有效性，减少检修工作量及人为差错。而缺点则是费用高，要求有一定的诊断条件，根据实际需要和可能来决定是否采用视情检修。

（4）机会检修。它是与视情检修或定期检修同时进行的一种有效的检修活动。它不会引起生产损失。机会是在其他必须进行定期检修或排除故障之时出现，实施这种检修可获得较好的有效度。

（5）改进设计。在故障发生过分频繁，即平均故障间隔期很短，以及检修或更换的费用又很大，即人力、备件费用或停工损失很大时，改进设计是对付这种情况的最好办法。如果实施得正确，这种方式一次就可以排除上述问题，而其他四种检修方式都会有反复进行检修活动的可能。

5.3.4.2 检修方式的选择

检修的目的在于保证设备运转的可靠性，既要保证使用价值的可靠性，又要使检修费用最省。因此检修决策的基本要求是：（1）可靠度不得低于允许的最小值 $[R]$，即 $R_{[t]} \geqslant [R]$；

(2) 检修费用 $K_r \leq K_{min}$。从系统工程的基本观点来看，检修阶段可视为寿命周期这个概念系统的子系统，上式则指出了这一子系统优化的目标函数和约束条件的基本形式。要优化检修决策，首先应选择合理的检修方式。检修方式的选择应从故障发生后的安全性、经济性考虑。由于设备一般都是断续运行，安全性不突出，所以选定检修方式一般侧重于经济性。

上述五种检修方式各有一定的适用范围。然而应用是否恰当，则有优劣之分。检修方式的发展趋势是事后检修逐步走向定期的预防检修；预防检修走向计划的定期检查，并按检查结果安排近期的计划检修。对一些精密、贵重、重要的设备，则随状态监测技术的发展，逐步走向视情检修。

5.3.5　设备检修制度

检修工作不仅是技术性工作，也是一项管理性工作。检修制度是在一定的检修理论和思想指导下，制定出来的一套规定，它包括检修计划、类别、方式、时机、范围、等级、组织和考核指标体系等。实施合理的检修制度有利于安排人力、物力和财力，及早做好修前准备，适当地进行检修工作，满足工艺需要，提高设备技术状态、可靠性和使用寿命，缩短检修停歇时间，减少检修费用和停机损失。

5.3.5.1　计划预防检修制

计划预防检修制是在掌握设备磨损和损坏规律的基础上，根据各种机件的磨损速度和使用期限，贯彻防重于治、防患于未然的原则，相应地组织保养和检修，以避免机件的过早磨损，对磨损给予补偿，防止或减少故障，延长使用寿命，节省检修时间，从而有利于提高有效度和经济效益。

计划预防检修制的具体实施可概括为："定期检查、按时保养、计划检修"，它适合于检修的宏观管理。计划预防检修制的实行需要具备以下条件：(1) 通过统计、测定、实验研究，确定总成、主要零部件的检修周期；(2) 制定一套相应的检修技术定额标准；(3) 具备按职能分工、合理布局的检修基地。

计划预防检修制的主要缺点是从技术角度出发，经济性较差，检修周期和范围固定会造成部分机件进行不必要的检修，即过剩检修或检修不足。在检修过程中，按检修内容及范围的深度和广度，检修区分为大修、中修、小修、项修、改造和计划外检修等几种不同层次或类别，由检修工作量大小和内容决定。

(1) 大修。它是全面或基本恢复设备的功能，一般由厂矿企业内的专业检修人员或在工业设施比较集中地区设置的检修中心进行。大修时，将对设备进行全部或大部解体，重点修复基础件，更换和检修丧失或即将丧失功能的零部件，调整后的精度基本上达到原出厂水平，并对外观重新整修。

(2) 小修。它以更换或修复在检修间隔期间内磨损严重或即将失效的零部件为目的，不涉及对基础件的检修，是排除故障的检修。

(3) 中修。它是一种介于大修和小修之间的层次，为平衡性检修。

大、中、小修这三种层次客观上反映了设备磨损的时间进程，因而最适合以时间为基础的计划预防检修制的实施，为大多数单位采用。但它还需要其他检修层次作补充，才能解决预测不到的检修需要。

(4) 项修。它是在设备运行，进行状态监测的基础上，专门针对即将发生故障的零部件或技术项目进行事前计划性的检修。项修是穿插在大、中、小修之间，没有周期性的一种计划检修层次。

（5）改造。它用新技术、新材料、新结构和新工艺，在原设备的基础上进行局部改造，以提高其功能、精度、生产率和可靠性为目的。这种检修属于改善性，其工作量的大小取决于原设备的结构对实行改造的适应程度，也决定于人们需要将原设备的功能提高到什么水平。

（6）计划外检修。它是因突发性故障和事故而必须对设备进行的一种检修层次。计划外检修的次数和工作量越少，表明管理水平越高。

5.3.5.2 以状态监测为基础的检修制

以状态监测为基础的检修制是以可靠性理论、状态监测、故障诊断为基础，根据设备的实际技术状态检测结果而确定检修时机和范围。鉴于一些复杂的设备一般只有早期和偶然故障，而无耗损期，因此定期检修对许多故障是无效的。现代设备只有少数项目的故障对安全有危害，因而应按各部分机件的功能、功能故障、故障原因和后果来确定需要做的检修工作。

这种检修制的特点是检修周期、程序和范围都不固定，要依照实际情况而灵活决定。它把检修工作的重心由检修和保养转到检查上来，它的基础是推行点检制。点检工作不仅为检修时机和范围提供信息依据，而且分散地完善了一部分检修工作内容，对设备进行日常点检、定期点检和精密点检，然后将状态检测和故障诊断提供的信息进行分析处理，判断劣化程度，并在故障发生前有针对性地进行检修，既保证了设备经常处于完好状态，也充分利用了机件的使用寿命，比计划预防检修制更为合理。

实行以状态监测为基础的检修应具备的条件有：（1）要有充分的可靠性试验数据、资料作为判别机件状态的依据；（2）要求设计制造和检修部门密切配合，制定设备的检修大纲；（3）具备必要的检测手段和标准。

5.3.5.3 针对性检修制

这种检修制是按综合管理原则和以可行性为中心的检修思想，从实际出发，根据设备的型式、性能和使用条件等特点，在推行点检制基础上，有针对性地采用不同检修方式，即视情检修、定期检修和事后检修等，并充分利用决策树技术、计算机技术和状态监测、故障诊断技术等，使检修工作科学化，实现设备寿命周期费用最经济、综合效益最高的目标。针对性检修制的特点是：

（1）它吸收并改进了分类管理办法，强化了重点设备、重点部位的检修管理，并按其特点和状态，有针对性地采取不同的检修方式，充分发挥其不同的适用性和有效性，以获得最佳的检修效果。

（2）在各种检修方式中，把状态监测、视情检修作为主要推广方式，实施点检制，体现以可靠性为中心的思想，把检修工作重点放在日常保养上，尽量做到有针对性。

（3）重视信息作用，应用计算机技术实行动态管理，并进行适时决策，保证检修工作真正做到有针对性。

针对性检修制的内容包括：（1）推行点检制，对设备进行分类，有针对性地采取多种检修方式；（2）改进计划预防检修，对实行状态监测、视情检修方式的设备采用检修类型决策，有针对性地进行项修或大修；（3）建立一套检修和检测标准，确定工时定额；（4）进行计算机辅助动态管理，包括各项决策的支持系统。

5.3.6 设备检修费用

5.3.6.1 总费用的最佳化

费用是设备设计中十分重要且比较复杂的因素。虽然可靠性、检修性与费用之间不存在总的函数关系，但是，为提高可靠性，应使用优质材料、故障率低的零部件，而这又需要更多的时间和资金。通常，应开发一种具有相当高的可靠性和检修性，且总费用最低的设备。

一方面由于研究和设计费用将随可靠性的提高而增加，制造时因需要较精密复杂的生产加工设施和较新的加工工艺，使生产费用也随之增加；另一方面因可靠性提高，使检修和备件费用却相应减少。因此，设备总费用曲线如图5-6所示。曲线上有一个最低点，该点所代表的就是寿命周期费用的最佳化。

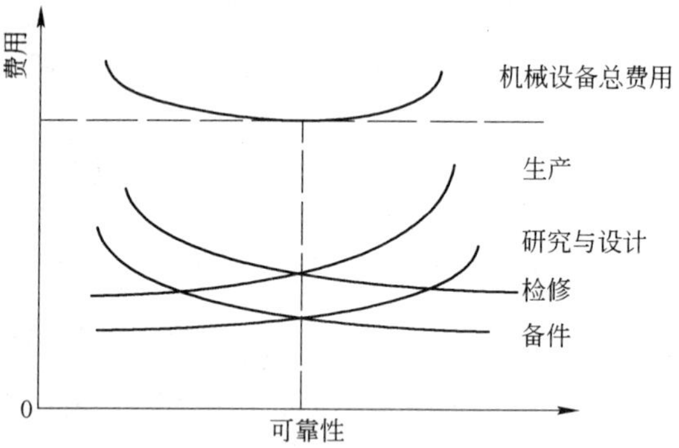

图5-6　可靠性、检修性与总费用

检修性在设备设计中很重要，如果把可靠性保持在一个适当的水准，提高检修性将会带来实质性的效果。可靠性和检修性均要立足于经济性才能得以存在，对这三项要素应进行综合平衡。

5.3.6.2　检修的直接费用和间接费用

检修的直接费用包括：日常检修、检查、检修（指修复突然故障和劣化）等费用。间接费用是指停产、准备等损失的费用。

设备发生故障和损坏，如果用较长时间去检修，则直接费用较低；若用短时间投入大量的检修手段进行检修，则花费多。至于间接费用，显然与检修时间成正比，停机时间愈长，损失愈大。检修费用与时间的关系如图5-7所示。

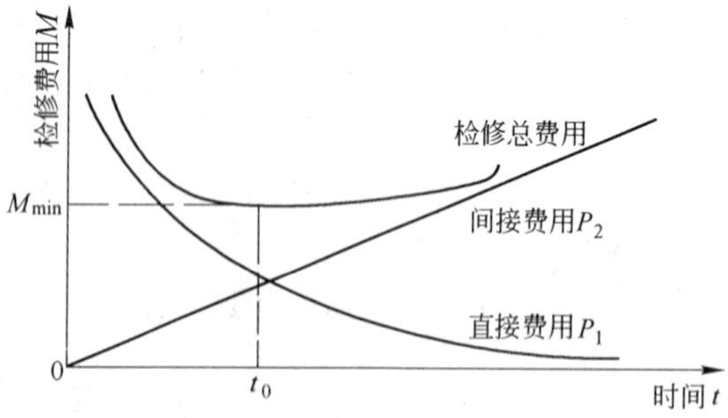

图5-7　检修总费用与时间

5.3.6.3　检修方式与费用

采用何种检修方式都要考虑到直接费用和间接费用，并使它们保持平衡。对于定期检修，不论有无故障，定期地将全部可换的零部件进行更换；未到更换期发生故障的零部件，则坏一个更换一个。这时的费用是定期检修费用加上检修周期内因发生故障而进行检修的费用。如果对于发生故障的零部件，损坏一个修复一个，即采用个别更换式的检修费用应包括零部件的费用、更换的人员工资、检修期间因停工而造成的损失等。可见，不同的检修方式，其检修费用的计算是不相同的。

5.4　设备检修计划的编制及实施

设备检修计划是建立在设备运行理论和工作实践的基础之上的，计划的编制要准确、真实地反映生产与设备相互关联的运动规律。因为它不仅是企业生产经营计划的重要组成部分，而且也是企业设备检修组织与管理的依据。计划项目编制得正确与否，主要取决于采用的依据是否较为确切，是否科学地掌握了设备真实的技术状态及变化规律。

设备检修计划必须同生产计划同时下达、同时考核。设备检修计划包括各类检修和技术改造，是企业维持简单再生产和扩大生产的基本手段之一。

5.4.1　设备检修计划的类别及内容

企业的设备检修计划，通常分为按时间进度安排的年、季、月计划及按检修类别编制的大检修计划两类。

5.4.1.1　按时间进度编制的计划

企业按时间进度安排的检修计划包括：

（1）年度检修计划。包括大修、项修、技术改造、实行定期检修的小修和定期维护，以及更新设备的安装等检修项目。

（2）季度检修计划。包括按年度计划分解的大修、项修、技术改造、小修、定期维护及安装和设备技术状态劣化程度，经使用单位或部门提出的必须小修的项目。

（3）月份检修计划。内容有：1）按年度分解的大修、项修、技术改造、小修、定期维护及安装；2）精度调整；3）根据上月设备故障检修遗留的问题及定期检查发现的问题，必须且有可能安排在本月的小修项目。

年度、季度、月份检修计划是考核企业及工程项目设备检修工作的依据。

5.4.1.2　按检修类别编制的计划

企业按检修类别编制的计划，通常为年度设备大检修计划和年度设备定期维护计划（包括预防性试验）。设备大修计划主要供企业财务管理部门准备大检修资金和控制大检修费用的使用，并上报管理部门备案。

（1）设备的技术状态。由企业设备工程师（或设备人员）根据日常点检、定期检查、状态监测和故障检修记录所累积的设备状态信息，结合年度设备普查鉴定结果，综合分析后向设备管理部门填报设备技术状态劣化须检修的设备，应列入年度检修计划的申请项目。

（2）生产工艺及设备质量对设备的要求。由企业工艺部门根据设备工艺要求提出。如设备的实际技术状态不能满足工艺要求，应安排计划检修。

（3）安全与环境保护的要求。根据国家和有关主管部门的规定，设备的安全防护装置不符合规定，排放的气体、液体、粉尘等污染环境时，应安排改善检修。

（4）设备的检修周期与检修间隔期。设备的检修周期和检修间隔期是根据设备磨损规律和零部件使用的寿命，在考虑到各种客观条件影响程度的基础上确定的。这也是编制检修计划的依据之一。

（5）本地区检修市场中承修单位的检修技术和能力的状况。

5.4.2　设备检修计划的编制

5.4.2.1　年度检修计划

年度检修计划编制的依据：年度检修计划是企业全年机械检修工作的指导性文件，目的是掌握全年机械大修数量，统筹安排全部检修力量和编制年度材料、配件供应储备计划，以及大（项）检修费用计划等。年度检修计划的编制依据主要是：（1）上年度机械检修计划及其执行情况；（2）机械上次检修类别和已运转台时；（3）通过年度计划编制前的机械普查，掌握机械实际技术状况；（4）年度施工生产计划和机械使用计划；（5）制度规定的机械检修间隔期、工时和停修天数定额；（6）配件、材料储备及供应情况，以及周转总成的数量。

编制年度检修计划的五个环节：（1）切实掌握需修设备的实际技术状态，分析其检修的难易程度；（2）与生产管理部门协商重点设备可能交付检修的时间和停歇天数；（3）预测修前技术、生产准备工作可能需要的时间；（4）平衡检修劳动力；（5）对以上四个环节出现的矛盾提出解决措施。

年度检修计划的编制程序：年度检修计划编制时，一般按收集资料、编制草案、平衡审定和下达执行等四个程序。

5.4.2.2　季度检修计划

季度设备检修计划是年度计划的实施，必须在落实停修日期、修前准备工作和劳动力的基础上进行编制。一般在每季第三个月初编制下季度检修计划，编制程序包括编制计划草案、讨论审定、下达执行。有的企业规定对每季度第一个月的设备检修计划按季度设备检修计划执行，不再另编月份设备检修计划，这样可以减少检修计划员的业务工作量，值得借鉴。

5.4.2.3　月份检修计划

月份设备检修计划主要是季度检修计划的分解，此外还包括使用单位临时申请的小修计划。一般，在每月中旬编制下月份设备检修计划。企业于每月20日前下达下月份设备检修计划，与月份生产计划一并考核。

5.4.2.4　滚动检修计划

滚动计划法就是用预测、计划、实际、差异值循环法的连续程序来编制中、长期计划，主要是年度检修计划。它是一种远近结合、粗细结合、逐年滚动的计划。由于长期计划的期限长、涉及面广，有些因素难以准确预测，为保证长期计划的科学性和正确性，在编制方法上可采用滚动计划法。

在编制滚动计划时，先确定一定的时间长度作为计划期；在计划期内，根据需要将计划期分为若干时间间隔，即滚动期，最近的时间间隔中的计划为实施计划，内容要求较详尽；以后各间隔期内的计划为展望计划，内容较粗糙；在实施过程中，在下一个滚动期到来之前，要根据条件的变化情况对原定计划进行修改，并加以延伸，拟定出新的即将执行的实施计划和新的展望计划。

5.4.2.5　年度大、项修计划的修订

年度设备大、项修计划是经过充分调查研究，从技术上和经济上综合分析了必要性、可能性和合理性后制定的，必须认真执行。但在执行过程中，由于某些难以克服的问题，必须对原定大、项修计划作修改的，应按规定程序进行修改。属于下列条件之一者，可申请增减大、项修计划：

（1）由于设备事故或严重故障，必须申请安排大修或项修，才能恢复其功能和精度。

（2）设备技术状况劣化速度加快，必须申请安排大修或项修，才能保证生产工艺要求。

（3）根据修前预检，设备的缺损状况经过小修即可解决，而原定计划为大、项修者应削减。

（4）通过采取措施，检修计划和备件材料准备仍不能满足检修需要，必须延期到下年度大、项修。

5.4.2.6　检修作业计划的编制

检修作业计划是主持检修施工作业的具体行动计划，其目标是以最经济的人力和时间，在保证质量的前提下力求缩短停歇天数，达到按期或提前完成检修任务的目的。

（1）检修作业计划编制的依据：1）企业下达季度计划的各项要求，上月检修作业计划执行情况，需要跨月的计划项目；2）送修单位提供的机械技术鉴定资料和检修项目要求，以及确定的送修日期；3）检修单位有关工种的能力和技术水平，以及可提供的作业工时；4）配件、材料、周转总成的准备情况；5）有关机械检修的定额、标准、规程、规范等技术文件。

（2）检修作业计划的内容：1）检修作业程序和进度要求；2）分阶段、分部作业所需的分工种人数、工时及作业天数；3）各分部作业先后程序及相互衔接要求；4）需要外协加工的项目及时间要求；5）对物资供应的要求；6）有关质量、安全的技术措施。

5.4.3　设备检修计划的实施

设备检修计划的实施过程包括：做好修前准备工作、组织检修施工和竣工验收。各企业的设备检修机制可能有所不同，对检修计划实施过程的工作内容和方法也因此有所不同。

5.4.3.1　修前准备工作

修前准备工作完善与否，将直接影响到设备的检修质量、停机时间和经济效益。设备管理部门应认真做好修前准备工作的计划、组织、指挥、协调和控制工作，定期检查有关人员所负责的准备工作完成情况，发现问题应及时研究并采取措施解决，保证满足检修计划的要求。图5-8表示修前准备工作程序。它包括修前技术准备和生产准备两方面的内容。

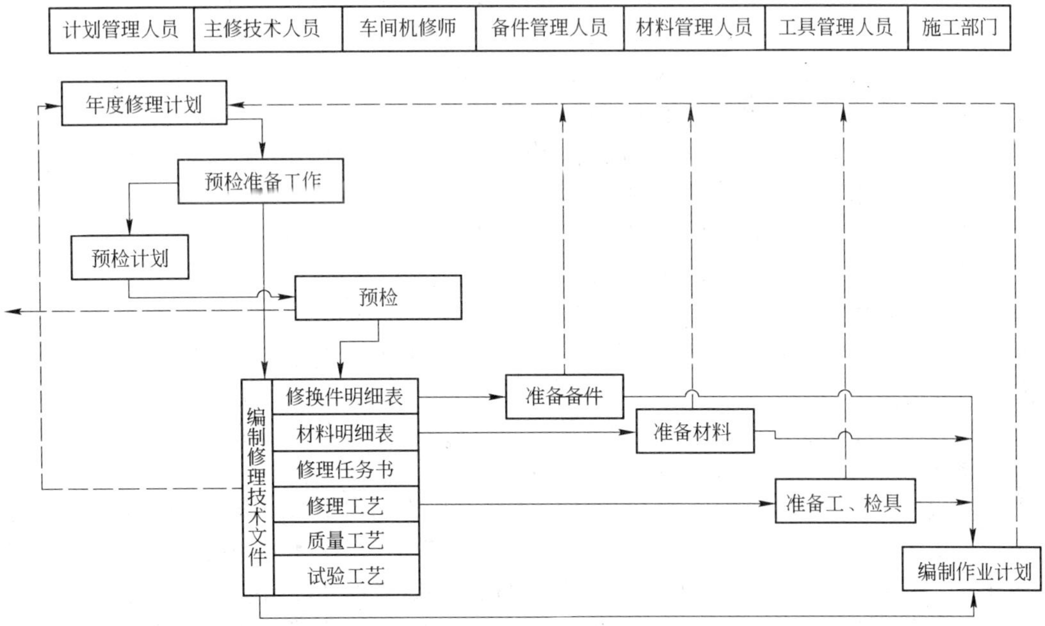

注：实线为程序传递路线，虚线为信息反馈路线

图5-8　修前准备工作程序

（1）修前技术准备。设备检修计划制定后，主修技术人员应抓紧做好修前技术准备工作。对实行状态监测检修的设备，可分析过去的故障检修记录、定期维护、定期检查和技术状态诊断记录，从而确定检修内容和编制检修技术文件。定期检修的设备，应先调查修前技术状态，然后分析确定检修内容和编制检修技术文件。对精、大、稀、有关设备的大检修方案，必要时应从技术和经济两方面做可行性分析。设备修前技术准备的及时性和正确性是保证检修质量、降低检修费用和缩短停机时间的重要因素。修前技术准备工作内容主要有：修前预检、修前资料准备和修前工艺准备。

1）修前预检。修前预检是对设备进行全面的检查，它是修前准备工作的关键。其目的是要掌握检修设备的技术状态（如精度、性能、缺损件等），查出有毛病的部位，以便制订经济合理的检修计划，并做好各项修前准备工作。

2）修前资料准备。预检结束后，主修技术员须准备更换零部件图样、结构装配图、传动系统图、液压、电器、润滑系统图，外购件和标准件明细表以及其他技术文件等。

3）修前工艺准备。资料准备工作完成后，就需着手编制零件制造和设备检修的工艺规程，并设计必要的工艺装备等。

（2）修前生产准备。修前生产准备包括：材料及备件准备；专用工、检具的准备以及检修作业计划的编制。充分而及时地做好修前生产准备工作，是保证设备检修工作顺利进行的物质基础。

5.4.3.2 设备检修计划的实施

设备检修计划实施的主要内容有：（1）为保证检修计划的实施，机械管理部门应经常检查检修计划的执行情况，并帮助机械送修单位和承修单位解决存在的问题。（2）每季一个月前，应对下季度计划送修的机械，包括未列入年、季度计划但实际情况需要检修的机械进行技术鉴定，确定其是否送修，并将鉴定结果报送计划编制单位，作为编制下季度计划的依据。（3）送修单位应按计划确定的时间准时送修，如因特殊情况不能按时送修时，应事先将不能送修的原因和要求改变的送修时间通知计划编制单位和承修单位，由计划编制单位进行处理。（4）检修单位应按季度计划编制月度作业计划，并于月末后十日内将计划完成情况列表上报主管部门。如未能完成计划应说明原因。（5）各级领导在安排和检查施工生产计划的同时，要安排和检查机械检修计划，及时处理计划执行中存在的问题。

对单台设备来说，实施检修计划时要求：（1）使用单位按规定日期将设备交付检修；设备使用单位按检修计划规定的日期，在修前认真做好生产任务的安排。对由企业机修车间和企业外修单位承修的设备，应按期移交给检修单位，移交时，应认真交接并填写设备交修单、清点设备及随机移交的附件、专用工具。如果设备在安装现场进行检修，使用单位应在移交设备前，彻底擦洗设备和把设备所在的场地扫干净，移走障碍物，并为检修作业提供必要的场地。（2）检修单位认真按作业计划组织施工。（3）设备管理、质量检验、使用以及检修单位相互密切的配合，做好修后的检查和验收工作，竣工验收。

在检修过程中，一般应抓好以下几个环节：

（1）解体检查。设备解体后，由主要技术人员与检修工人密切配合，及时检查零部件的磨损、失效情况，特别要注意有无在修前未发现或未预测的问题，并尽快发出有关的技术文件和图样。计划调度人员会同检修工（组）长，根据解体检查的实际结果及时修改补充的检修技术文件，及时修改和调整检修作业计划，并将作业计划张贴在作业施工的现场，以便于参加检修的人员随时了解施工进度要求。

（2）生产调度。检修工（组）长必须每日了解各部件检修作业的实际进度，并在作业计划上作出实际完成进度的标志（如在计划进度线下面标上红线）。对发现的问题，凡本工段能解决的应及时采取措施解决；对本工段不能解决的问题，应及时向计划调度人员汇报。

（3）工序质量检查。检修工人在每道工序完毕经自检合格后，须经质量检验员检验，确认合格后方可转入下道工序。对重要工序，质量检验员应在零部件上作出“检验合格”的标志，避免以后发现漏检的质量问题时引起更多的麻烦。

（4）临时配件制造进度。修复件和临时配件的修造进度，往往是影响检修工作能不能按计划进度完成的主要因素。应按检修装配先后顺序的要求，对关键件逐件安排加工工序作业计划，找出薄弱环节，采取措施，保证满足检修进度的要求。

（5）竣工验收程序。设备大检修完毕经检修单位试运转并自检合格后，按图5-9所示的程序办理竣工验收。

验收由企业设备管理部门的代表主持，要认真检查检修质量和查阅检修记录是否齐全、完整。经设备管理部门、质量检验部门和使用单位的代表一致确认，通过检修已完成检修任务书规定的检修内容并达到规定的质量标准及技术条件后，各方代表在“设备检修竣工报告单”上签字验收。如验收中交接双方意见不一，应报请企业总机械师（或设备管理部门负责人）裁决。

设备大修竣工验收后，检修单位将检修技术任务书、修换件明细表、材料明细表、试车及精度检查记录作为附件随同设备检修竣工报告单报送检修计划部门，作为考核计划完成的依据。

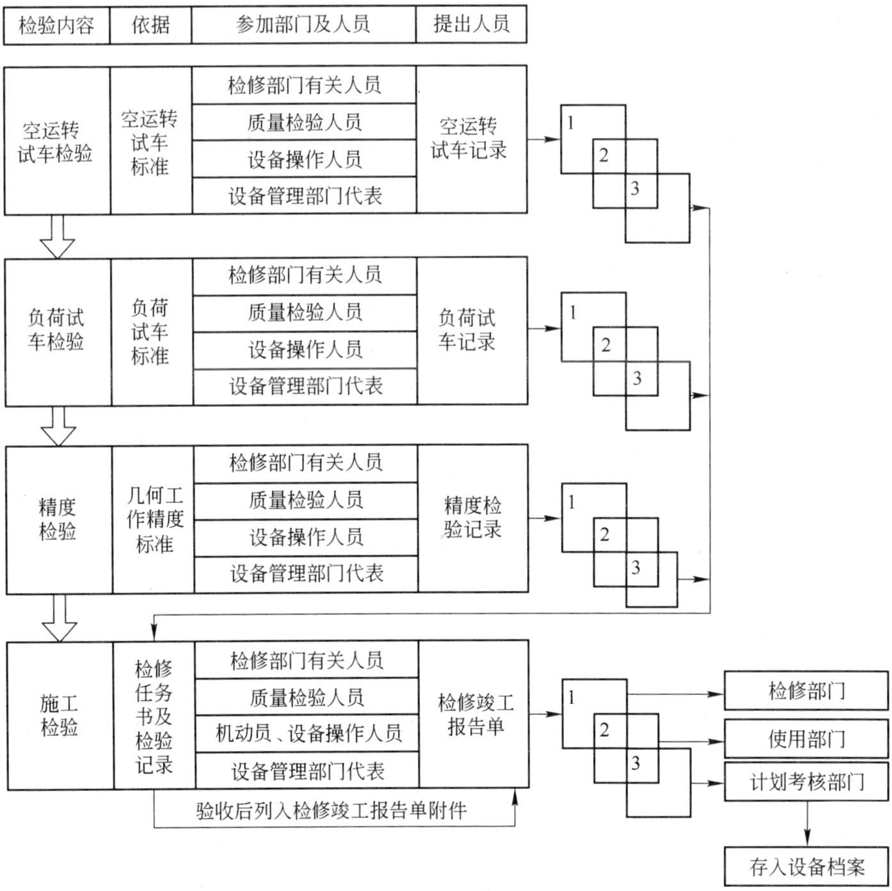

图5-9 设备大修竣工验收程序

（6）用户服务。设备检修竣工验收后，检修单位应定期访问用户，认真听取用户对检修质量的意见。对修后运作中发现的缺点，应及时利用“检修窗口”圆满地解决。

5.4.3.3　设备检修计划的考核

企业生产设备的预防检修，主要是通过完成各种检修计划来实现的。在某种意义上，检修计划完成率的高低反映了企业设备预防检修工作的优劣。因此，对企业及其各施工部门和机修部门车间，必须考核年度、季度、月份检修计划的完成率，并列为考核工程项目的主要技术经济指标之一。考核检修计划的依据是“设备竣工报告单”，由企业设备管理部门的计划科（组）负责考核。设备检修计划的考核指标参见表5-7，此外，还可按计划定额考核工时及检修费用完成率。

表 5-7　设备检修计划考核指标

序号	指标名称	计 算 式	考核期	按年初计划考核的参考值	备 注
①	小修计划完成率	$\frac{\text{实际完成台数}}{\text{计划台数}}\times100\%$	月、季、年		*F* 机为机械部分的检修复杂系数
②	项修计划完成率		月、季、年	±100%	
③	大修计划完成率	$\frac{\text{实际完成}F\text{机之和}}{\text{计划完成}F\text{机之和}}\times100\%$	月、季、年	±5%	
④	大修费用完成率	$\frac{\text{实际大修费用}}{\text{计划大修费用}}\times100\%$	季、年		<105%
⑤	大修平均停歇天数/*F* 机	$\frac{\text{完成大修项目实际停歇天数}}{\text{在修项目}F\text{机之和}}\times100\%$	季、年		与计划值比较
⑥	大修质量返修率	$\frac{\text{保修期内返修停歇台数}}{\text{返修设备实际大修停歇台时}}\times100\%$	季、年		<1%

5.5　设备检修技术

5.5.1　设备检修的基础技术工作

5.5.1.1　基础技术资料的累积和管理

检修的基础技术资料包括：设备说明书、备件图册、零件、组件、部件、总成和整机的图纸，形式可以是底图、蓝图、工作图和复印图，来源可以是原机所带的、自行测绘的或者是改装设计的；零件、组件、部件、总成和整机的制造、装配、修复和检验的工艺资料，检修和改造的历史记录，国内外检修技术资料等检修技术信息，形式可以是图纸、文字资料、照片、幻灯片、音像磁带和磁盘等。

检修技术资料的管理主要内容有：规格标准、图样资料、动力站房设备布置图及动力管线网图、工艺资料、检修质量标准和设备实验规程、一般技术资料、样本和图书等。

设备检修技术资料的管理程序，应从收集、整理 、评价、分类、编号、复制（描绘）、保管、检索和资料供应的全过程来考虑。由于文件资料种类繁多，管理工作量很大，为了编列和查询方便，需建立资料的编码检索系统，并进行计算机信息化管理。

5.5.1.2　检修应用资料汇编

随着检修技术资料的增多，应指定技术人员定期研究，去粗取精，汇编成便于应用的手册或图册。最常见的是检修图册，按设备型号分别编制。内容包括：设备主要特性图，传动零件明细表，电气和电子元、器件明细表和代用型号对照表，组件、部件、总成和整机的装配图和调整图，配件、易损件图纸和外购件明细表，有色金属、复合材料及其代用品明细表等。

检修图册用于订购和制造配件、编制配件制造工艺和设备检修工艺；用于确定材料代用品、研究配件标准化和通用化；用于编制设备的润滑计划；为设备检修和改造提供数据等。检修图册应该有计划地汇编，并要充分利用。把图样资料拍摄成缩微胶卷存档或数字化文档，这种方法既节省存放面积，又便于整理保管，还便于很多人同时阅读。

5.5.1.3 典型工艺的编制

典型工艺编制是提高检修效率、保证检修质量和减轻编制工艺文件的工作量所不可缺少的基础工作。典型工艺包括配件的制造、修复典型工艺规程和典型检修工艺规程。前者适用于较复杂的零件、成批制造的零件、检修中经常更换的消耗量大的零件的加工制造和修复；后者包括整机、总成、部件、组件的拆卸、装配工艺和修复工艺，内容有工艺顺序，所使用的设备、工具和工装的选择和设计以及检验方法、注意事项等。

5.5.2 设备检修技术文件管理

设备检修技术文件的作用是：修前材料、备件准备的依据，制定检修工时定额、检修停歇时间定额和费用预算的依据，编制检修作业计划的依据，指导检修作业的依据，检查和验收质量的标准。检修技术文件的正确性和先进性，是衡量企业设备检修技术水平的主要标志之一。其中，正确性是指全面、准确地反映设备修前的技术状态，针对存在的缺陷，制订切实有效的检修方案；先进性是指所采用的检修工艺不但先进、适用，而且经济效益良好（检修停歇时间短，检修费用低）。检修技术任务书主要内容有：（1）设备修前技术状态；（2）主要检修内容；（3）换修件明细表；（4）材料明细表；（5）检修质量要求。

设备解体检查后所确定的检修内容，一般不可能与检修任务书规定的内容完全相同。设备检修竣工后，应由主修人员将变更情况做好记录，附于检修技术任务书后，随同检修竣工验收单一起收档。

5.5.3 设备检修的技术检验

检修质量虽然也受到诸如外购配件质量的客观影响，但从管理的角度来看，主要是检修单位有没有严格的技术检验制度来保证检修规范和技术标准规定的执行。因此，检修单位要加强检修质量管理，必须在发动群众加强质量责任感的基础上，充分发挥技术检验应有的技术监督工作。要建立健全以专业检验为主与群众自检互检相结合的技术检验制度，设置相应的检验部门，充实有经验的人员，配备必要的检验仪器和量具，并要经常保持其准确性。要根据预防和把关相结合的方针，确定技术检验的范围与方法，建立起质量分析和返修制度。技术检验包括以下内容：

（1）一般预防性检验。凡购进的主要原材料、配件、成批原材料、油料、在用的仪器、量具及重要刃具，要由检验部门进行鉴定或校验，合格后方能使用，并及时制止违反工艺操作规程的行为。

（2）设备检修检验。包括进厂检验、零件分类检验、检修过程检验、竣工检验。

（3）零件制配检验。

5.5.4 设备检修常用量检具管理

为了监测诊断设备技术状态和检验检修质量，企业需配备必要的量具、仪器和检具（简称量检具），并做到科学合理，使其经常保持良好的性能及精度。

通常，企业设备检修用量检具由机修车间工具室负责管理。存放精密量检具的库房，应能适当控制温度和湿度。存放大型平板、平尺的地方，应有起重搬运的条件。量检具管理制度要点如下：

(1) 严格执行入库手续，凡新购置或制造的量检具入库时，必须随带合格证和必要的检定记录。入库后应规定存放点和方式，并涂除锈剂。

(2) 建立借用和租用办法。

(3) 高精度量检具应由经过培训的人员负责使用。

(4) 按有关技术规定，定期将量检具送计量检定部门检定。

(5) 建立检修保养制，经常保持量检具清洁，防锈和合理放置，以防锈蚀和变形。

5.6 设备检修定额

设备检修定额包括检修工时定额、停歇时间定额、材料消耗定额及检修费用定额等。检修定额是制定检修计划、考核检修中各项消耗及分析检修活动经济效益的依据。

在我国，通常以“设备检修复杂系数”作为计算考核设备检修定额的基本依据。应用设备检修复杂系数确定的各项定额，是同类设备相当多台次的平均数。实践证明，用它来测算一个企业或工程项目部年度全部检修设备的定额比较准确，而用它来考核单台（项）设备的检修往往出入较大，更不宜作为计件工资或计算奖金的依据。由于企业的设备构成、生产施工条件、检修技术水平和管理水平不同，各企业的设备检修定额可以有所不同。

5.6.1 设备检修复杂系数

设备检修复杂系数是表示设备检修复杂程度的一个假定单位。检修复杂系数的大小，主要取决于设备的检修性。设备易修，复杂系数小；设备难修，复杂系数则大。一般情况下，设备的结构越复杂、尺寸越大、加工精度越高、功能越多、效率越高、检修复杂系数也就越大。

5.6.1.1 设备检修复杂系数的定义

设备检修工作的劳动量是根据检修类别、设备的结构特性、工艺性能及设备的零部件的几何尺寸所决定的。用来衡量设备检修复杂程度和检修工作量大小的指标，叫做设备检修复杂系数，以 F 表示。设备检修复杂系数分为机械检修复杂系数（以 F_i 表示）、电气检修复杂系数（以 F_D 表示）、热工设备检修复杂系数（用 $F_{热}$表示）。

机械检修复杂系数：是以标准等级（五级检修工）的机修钳工，彻底检修（即大修）一台标准机床（中心距为1000mm 的 C620-1 卧式车床）所耗用劳动量的检修复杂程度，假定为13 个机械检修复杂系数，作为相对基数。

电器检修复杂系数：是以标准等级的电修钳工（即电工）彻底检修一台额定功率为0.6kW 的防护式异步鼠笼电动机所耗用劳动量的复杂程度，假定为是 1 个电器检修复杂系数，作为相对基数。

热工（又称热力）设备检修复杂系数：是以标准等级的热工工人彻底检修一台 IBA6（IK6）水泵所耗用劳动量的复杂程度，假定 1 个热工检修复杂系数，作为相对基数。

5.6.1.2 设备检修复杂系数的主要用途

设备检测复杂系数的主要用途为：

(1) 衡量企业或车间设备检修工作量的大小。

(2) 表示企业设备检修管理工作量的大小，可用于合理地配备设备维护和检修工人，配备检修用设备。在核实生产能力和定员工作中，可用来核算、平衡、协调设备检修能力。

(3) 制定设备检修的各种消耗定额（如设备检修工时、费用、材料、备件储备等定额）和停机时间定额的基本依据。

(4) 编制检修管理工作计划和统计分析各项经济技术指标的主要依据。

(5) 确定设备等级标准的主要依据（如重点设备、主要生产设备等）。

5.6.1.3　确定设备检修复杂系数的方法简介

设备检修复杂系数确定的方法包括：

(1) 分析比较法。用一标准参照机型（也称参照物）来衡量其他各类设备的检修复杂系数。为了将同类设备统一在一个标准上，在选择参照物时，必须选择具有代表性和适应性的参照物。分析比较法的具体方法有好几种：

1) 整台比较法：就是用需要确定检修复杂系数的设备，与统一标准的各种参照物进行比较，来确定该设备的检修复杂系数。

2) 部分分析比较法：是根据设备结构特点和部件复杂程度，与相似结构的已知设备检修复杂系数的设备，按其部件逐一比较，得出各部件的检修复杂系数，其总和则为该机的检修复杂系数。

3) 检修工时分析比较法：是根据设备检修实际耗用工时和规定每一检修复杂系数的工时定额相比较而得，即

F_i（或 F_D）=单台设备检修实际耗用工时/单位检修复杂系数工时定额

(2) 公式计算法。它是由部件分析比较法发展起来的。在长期的实践工作中，人们根据设备的结构特点、检修特性、设备尺寸大小、传动关系和精度高低等方面因素，总结出经验公式，以此来计算设备的检修复杂系数。详细内容可查阅《机械动力设备检修复杂系数》，该手册中既有各类机械、动力设备的检修复杂系数，又有计算公式。

在计算过程中，各企业应根据本系统、本行业的统一规定执行，因为用公式计算检修复杂系数时，由于计算人员所选择的系数与尾数不同，往往出入很大，互不一致。这只有在本行业中才有可比性。

5.6.2　设备检修定额

5.6.2.1　检修工作量定额

检修工作量定额又称为设备时间定额，是企业计算设备各种检修工作所需劳动时间的依据，通常以一个检修复杂系数所需的劳动时间来表示，即：

$$J = G/[F(1-X)] \tag{5-4}$$

式中　J——检修工作量定额，h；

G——设备检修标准实耗有效工时，h；

F——检修复杂系数；

X——先进性系数，取值为0.03～0.17。

设备检修工作量定额，一般以五级工的技术水平计算，非五级工要作适当折算。根据设备检修复杂系数和设备各种不同检修类别的检修工作量定额，可计算出计划期内为完成全部检修工作所需要的劳动量，并由此算出各个工种所需的人数。

5.6.2.2　检修停歇时间定额

设备停歇检修时间限额称为检修停歇时间定额，是指设备从停止工作交付检修开始，到检修完毕、验收合格为止所需的全部时间，但不包括革新、改造所增加的停歇时间。设备检修停歇时间可按下式计算：

$$T = \frac{JF}{LtMK} + T_k \tag{5-5}$$

式中　T——设备检修停歇时间，天；

J——一个检修复杂系数的检修工作量定额，h；

F——检修复杂系数；

L——在一个工作班内，检修该设备的工人数；

t——每个工作班的工作时间，h；

M——每天工作班次；

K——检修工作量定额完成系数；

T_k——其他停机时间，天，是指浇灌地基、测试鉴定、验收、清理、涂漆、干燥等所需的时间。

5.6.2.3　设备检修费用定额

设备检修费用主要包括备件费、材料费、动力费、检修人员工资、场地经费和企业管理费等。设备检修费用定额是指企业为完成各种检修工作所需费用的标准，一般以一个检修复杂系数为单位来判定设备各种检修工作的费用定额。

对于尚未采用检修复杂系数的设备，有关定额标准可根据设备检修的历史统计资料、设备的有关文件并结合实际情况制订。以每个检修复杂系数来规定各种定额时，应考虑下列因素并加以适当地修正：

（1）当设备进行提高精度和技术性能的检修时，应另加工时。

（2）原设备设计质量低劣，或使用年限过长时，可适当增加工时。

（3）检修工艺水平提高及应用先进技术和装备时，可适当压缩工时。

（4）考虑设备使用维护条件、加工条件、机修工人技术水平和作业条件、检修管理水平等因素的影响。

5.6.3　制订设备检修工作定额的方法

制订设备检修工作定额的方法有统计分析法和技术测算法两种：

（1）统计分析法。根据本企业分类设备各种检修类别的检修记录进行统计分析，剔除非正常因素产生的消耗，取平均值，制订出分类设备各种检修类别的平均检修工作定额。

此法也可以用于制订企业拥有数量较多同型号规格的设备（特别是专用设备）的单台（项）检修工作定额。由于设备的项修的针对性强，故不宜采用此法判定检修工作定额。

（2）技术测算法。在预定的检修内容、检修工艺、质量标准和企业现行检修组织的基础上，对设备检修的全过程进行技术经济分析和测算，制定设备的检修工时、停歇天数和费用定额，以作为控制检修施工的经济指标。用技术测算法测定的设备检修工作定额，是根据设备修前的实际技术状况，参照以往同类设备的检修经验，经过具体分析而制定出来的，因此更加切合实际，也是今后企业制定设备检修工作定额的发展方向。

5.7　设备检修质量管理

设备检修的质量管理是指为了保证设备检修的质量，组织和协调有关职能部门和人员，采取组织、经济、技术措施，全面控制影响设备检修质量的各种因素所进行的一系列管理工作。只有对设备检修进行质量管理，才能保证和不断提高设备检修质量。

5.7.1　设备检修质量管理的工作内容

设备检修质量管理的工作内容包括：

（1）制定设备检修的质量标准。制定质量标准时，既要充分考虑技术工艺上的可行性，又要考虑经济上的合理性。

（2）编制设备检修的工艺。它是保证提高检修质量、缩短停歇时间、降低检修成本的有效手段。在编制检修工艺时，应尽可能采用国内外的有效技术。

（3）设备检修质量的检验和评定工作。它是保证设备检修后达到规定标准并且有较好可靠性的重要环节。因此，企业必须建立设备检修质量检验组织，按图样、工艺技术标准，对外购件和自制备件、检修质量和装配质量、修后精度和性能进行严格检验，并做好记录和质量评定工作。

（4）加强检修过程中的质量管理。认真贯彻检修工艺方案，对关键工序建立质量控制点和开展群众性的质量管理小组活动。

（5）加强修后用户服务和质量信息反馈工作。应建立用户访问制度，定期进行用户访问，认真听取意见。对质量返修和用户提供的质量信息反馈要进行分析，进一步制定提高检修质量的技术、经济、组织措施，逐步提高设备的检修质量和经济效益。

（6）加强业务技术培训工作，不断提高设备检修管理水平和技术水平。

5.7.2 设备检修的质量保证体系

为了提高设备检修质量，必须建立健全设备检修的质量保证体系。设备检修的技术管理、备件管理、生产管理、技术管理、财务管理、检修材料供应等，均从不同角度影响着设备检修质量。从系统的观点看，它们是一个有机的整体，把各方面管理工作组织协调起来，建立健全管理制度、工作标准、工作流程、考核办法等，形成设备检修质量保证体系，以保证设备检修质量并不断提高检修质量水平。

设备检修质量保证体系的要素：（1）质量方针和目标；（2）质量体系的各级职责及权限；（3）企业设备检修计划和对外承修的合同；（4）设备检修的工作流程（从制定计划至完工验收）及工作标准；（5）检修技术文件（包括质量标准）的制定与审核；（6）物资采购程序；（7）检测仪器及量具的控制；（8）检修过程的质量控制；（9）不合格品控制；（10）检修工序及检修完工的整机验收与试验；（11）合同、计划、技术文件的更改控制；（12）认证的申请与执行；（13）质量记录及提供质量文件的程序；（14）竣工验收程序及文件；（15）竣工验收后的用户服务；（16）质量成本控制；（17）质量信息的收集、加工和分析；（18）培训。

严格贯彻工艺规程，全面提高生产过程的质量保证能力，是检修和制造过程质量管理的核心。只有每一零件都合乎技术标准，每一部件、组合件、总成及机械的装配都合乎技术要求，机械设备的质量才能得到保证。

在检修和制造过程中，影响设备质量的工艺因素多种多样，可概括为生产过程中的操作者、原材料、设备、操作方法和环境这五大因素，它们同时对工艺过程产生影响，对设备质量发生综合作用。工艺过程就是设备质量的产生和形成过程，因此，工艺过程本身也有个质量问题。工艺质量、设备质量取决于工艺过程的质量，取决于工艺过程中的各种影响质量因素的变化。尽管影响质量的具体因素错综复杂，但是，这些因素的变化与设备质量波动的内在联系是有规律可循的。检修和制造工艺过程的质量管理，就是要研究、掌握和运用这个规律，据以改善各项因素及对它们的组织水平，不断提高工艺质量。工艺质量稳定良好，可以从根本上减少废次品和返修次数，提高设备质量的稳定性。

5.7.3 设备检修质量的检验

质量检验工作是质量管理的主要内容，起到把关和促进的作用，为加强质量管理积累数据资料、提供信息和情报。因此必须把质量检验作为生产过程的一道主要工序来进行。

（1）各级检修单位均应设立专职的质量检验机构与人员，在上级机务部门、质量部门和本单位领导的双重领导下，执行质量检验任务，对机械检修制造质量负检验责任。坚持按规定的项目和标准进行检验。

（2）必须建立专职检验为主与群众检验相结合的检验制度，严格零件、组装、总成和整体检验，明确工人、班组长和专职检验员检验的范围、项目和标准，坚持不合格的配件材料不准使用、上道工序不合格不准转入下道工序、不合格的总成不准安装、不合格的机械不准出厂。

（3）质量检验应采取预防为主的方针，检验人员应热情帮助工人分析质量低劣的原因，并采取措施，提高设备质量，防止质量事故的发生。

（4）经常保持检验工具设备完好，精度符合要求，逐步采用先进的检验设备，不断提高检验技术。

（5）检修质量的各项检验，必须做好记录，保证数据准确，及时上交。整理分析后归入技术档案。

5.8　设备检修中应用的网络技术

为了合理组织设备的检修，压缩停修期，避免窝工浪费、忙闲不均的现象发生，必须对检修工作进行全面规划、统一安排，协调检修工作的各个环节，使之一环紧扣一环，这就需要按照检修工艺流程，运用网络技术编制具体的检修作业计划。

网络技术是利用网络图形表示检修计划的安排和各工序之间前后衔接的逻辑关系，通过数学计算找出存在主要矛盾的工序，再通过平衡优化，使计划得到统筹兼顾合理安排，按期或提前完成检修任务。

5.8.1　网络图的组成

网络图是网络技术的基础，因其形状如网络而得名。它是一种图解模型，是一项检修计划整体的、系统的、逻辑的图示反映。网络图是由工序、事项和线路组成的：

（1）工序。工序是指一项具体工作的过程，一般需要消耗人力、物力，需要延续一定的时间。工序又称为作业或活动，在网络图中用箭线表示。

有的工序不消耗人力、物力，只需要时间。它虽然不消耗人力、物力，但需要时间，所以这个过程也是一道工序。还有一种工序，称为虚工序，它既不消耗人力、物力，也不需要时间，实际上是没有这个过程的，但是为了清楚地在网络图上表示出工序之间的逻辑关系，就虚拟了这道工序，用一端带箭头的虚线来表示。虚工序有时也用工序作业时间为零的箭线表示。

（2）事项。事项是一道工序的开工或完工的瞬时点。一般以圆圈“○”表示。它不消耗人力、物力，也不需要时间，只表示某道或某几道工序已经完工，而另一道或另几道工序可以开工的时间点。在网络图中是前后箭线之间的交接点，所以事项也称为结点。

网络图中第一个事项称为网络图的起始事项，它表示整个计划或工程的开始，最后一个事项称为网络图的终止事项，它表示整个计划或工程的结束。介于网络图的起始事项与终止事项之间的事项，称为中间事项。网络图中事项要统一进行编号。在网络图中，用一条箭线连带编号的两个事项表示一个确定的工序，如 $ⓘ\xrightarrow{A}ⓙ$，工序的名称或代号写在箭线上面，或用箭尾事项和箭头事项的编号来表示，例如工序 $ⓘ\longrightarrow ⓙ$。箭尾事项ⓘ是工序 A 的开始事项，箭

头事项 ⓙ 是工序 A 的完工事项。

（3）线路。从网络图的起始事项到终止事项，顺着箭头所指的方向通过一系列的事项和工序，这样连续不断的通路称为线路或路线。一个网络图可以有若干条线路，其中消耗时间最长的线路称为关键线路。关键线路决定整个计划或工程的工期，一般在网络图中用粗箭线或双箭线表示。一个网络图的关键线路有时不止一条。在关键线路上的工序称为关键工序。

（4）作业时间。即完成每道工序所需的时间，也就是一项活动或一件作业的延续时间。作业时间用符号 t 表示。i—j 这道工序的作业时间用 t_{ij} 表示。作业时间一般填写在箭线的下面。

5.8.2 绘制网络图

5.8.2.1 网络图绘制的规定

网络图绘制的规定包括：

（1）网络图中不能出现循环或称为闭环的线路，即箭线不能从某一事项出发，经过几个事项后，又回到该事项来。如某技术革新任务经过设计 A，制造 B 等工序后进入实验工序 D，假设实验的结果表明，必须重新进行设计，则在网络图中不能绘成图 5-10（a），而应绘制成图5-10（b）。

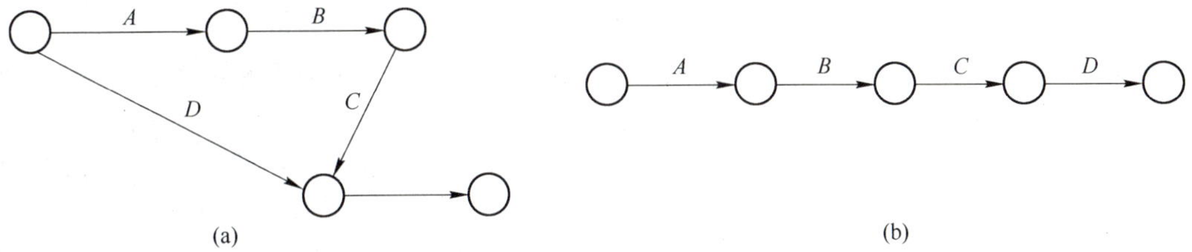

图 5-10 网络图

网络图中每一道工序两端的事项都应有自己的编号，号码不能重复。编号应符合 $i<j$，即工序箭尾事项编号小于箭头事项编号，这样才可以比较容易发现循环线路。

（2）不允许从某一箭线中间引一条箭线出来，箭线必须从一个事项开始到另一个事项结束。要注意各箭线之间的逻辑关系，其网络图如图 5-11 所示，图 5-11（a）正确，图 5-11（b）错误。

图 5-11 网络图正误对比

（3）两相邻事项之间只能有一条箭线，如有平行工序或交叉工序时，要增加事项引入虚工序予以区分开。如，有 100 个零件需顺序进行拆卸、清洗和检查三道工序，其网络图如图 5-12 所示。

图 5-12 串接方法进行作业网络图

为了缩短作业过程时间，可串接为平行交叉作业。在完成 50 个零件的某道工序后，就可以进行下一道工序，不必等 100 个零件都完成某一道工序后再进行下一道工序。每道工序分解为两道工序。其网络图如图 5-13 所示。

（4）不能出现没有先行工序或没有后续工序的中间事项。如发生这种情况，应将没有先

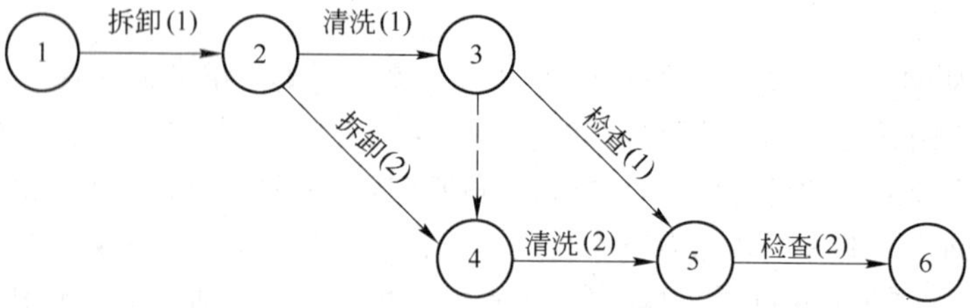

图 5-13　两段交叉作业网络图

行工序的事项与网络图的起始事项重合，将没有后续工序的事项同网络图终止事项重合。要保持网络图的完整。

5.8.2.2　网络图绘制步骤

网络图绘制步骤分为：

（1）准备工作。首先应确定检修计划的目标，明确主要目标和辅助目标；要熟悉检修的工艺流程；进行周密的调查研究，全面掌握检修设备、人力、材料、作业场地、分组分工的情况；收集和查阅有关资料，包括图纸、技术资料、定额资料等。

（2）计划分解。把一项计划分解成若干项互相独立而又互相关联的工序。互相独立是指每一道工序都是独立进行的，互相关联是指它们之间有一定的先后顺序和衔接关系。计划分解成工序后，要根据定额资料或经验，以及作业班组劳动力的安排，确定每道工序的作业时间。

（3）工序分析。确定工序的先后顺序和平行、交叉、制约等逻辑关系，即确定各道工序的紧前工序和紧后工序。列出工序分析表。

（4）绘制网络图。根据工序分析表中指出的各工序之间的关系，首先画出网络草图。方法是先分段画出各个部分的网络草图，如图 5-14（a）、（b）、（c）图，然后把各部分的网络草图合并成一个完整的网络草图，如图 5-15 所示。

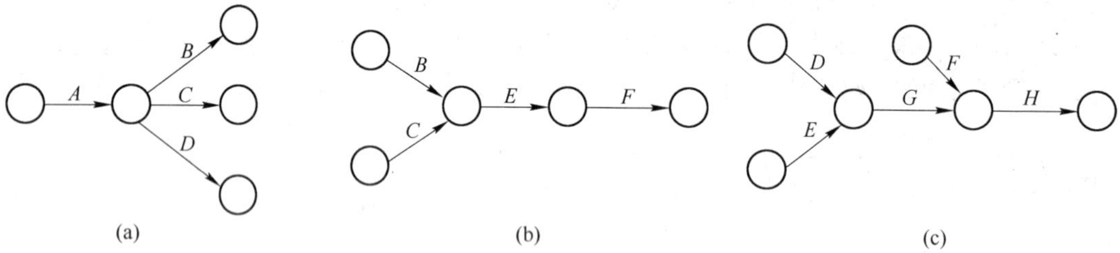

图 5-14　各部分网络草图

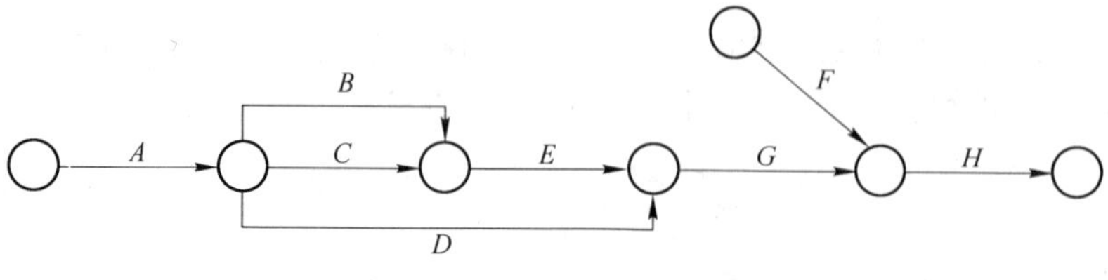

图 5-15　完整的网络草图

最后对网络草图中不符合绘制网络图规则的或逻辑关系表达不清的部分引入虚工序进行整理，绘制网络图，如图 5-16 所示。

（5）事项编号。网络图绘制成后，应将每个事项按顺序编号。自左向右由小到大，要求

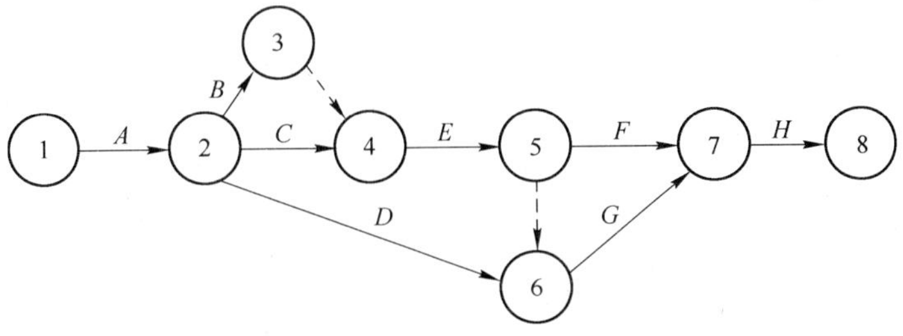

图 5-16 拆换蒸汽管网络图

每道工序的开工事项要小于完工事项，编号不允许重复，如图 5-16 所示。

5.8.3 网络图时间参数计算

网络图时间参数计算，下面介绍两种方法。一种为图算法，即直接在网络图上进行时间参数计算，这种方法适用于工序较少、线路不太复杂的网络图。另一种为结点矩阵法，即把网络结点（即事项个数）n 写成 n 行 n 列的矩阵形式，然后再进行计算。这种方法适用于工序较多、线路复杂、用图算法容易出错的网络图。

5.8.3.1 图算法

某检修任务的网络图如图 5-17 所示。用图算法进行网络图时间参数计算的步骤如下：

(1) 计算事项的最早开工时刻 t_{Ej}。事项的最早开工时刻是指以该事项为开工事项的各工序最早可能开始工作的时刻。因为网络图表示了各工序之间的先后顺序和逻辑关系，在此时刻前，以该事项为开工事项的各工序不具备开工的条件。

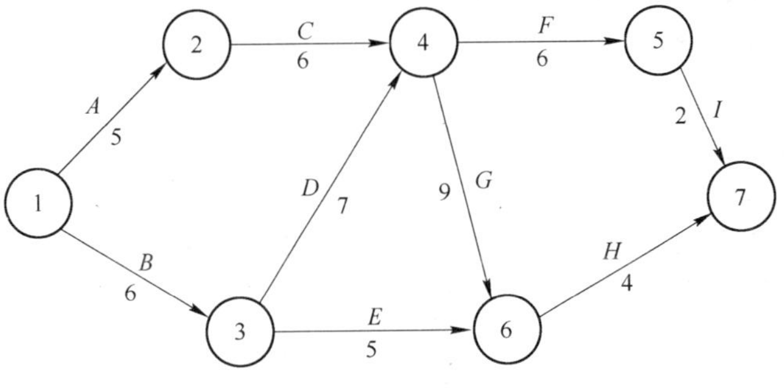

图 5-17 检修任务网络图

计算 t_{Ej} 应从网络图的起始事项开始，从左向右顺着箭线前进的方向，逐个计算，直至网络图的终止事项。网络图起始事项的最早开工时刻为零，即 $t_{E1}=0$；网络图终止事项最早开工时刻即是整个计划的工期，即 $t_{E7}=$工期。其他事项的最早开工时刻应该这样计算：箭尾事项 (i) 的最早开工时刻加上该工序的作业时间 t_{ij} 就是该工序箭头事项 (j) 的最早开工时刻。当有几个工序的箭线射入一个事项 (j) 时，因几个工序各箭线的箭尾事项 (i) 最早开工时刻以及各工序的作业时间 t_{ij} 也可能不相同，这时，应按每一个箭尾事项 (i) 的最早开工时刻 t_{Ei} 加上各工序的作业时间 t_{ij}，从中选择一个最大的值，作为箭头事项 (j) 的最早开工时刻，即 $t_{Ej}=\max\{t_{Ej}+t_{ij}\}$。这是因为只有当开工时刻最晚和作业时间较长的工序完工后，后面的工序才能开工。在图 5-17 中，事项 4、6、7 都有两条箭线射入，它们的最早开工时刻计算如下：

$$\begin{aligned} t_{E4} &= \max\{t_{E2}+t_{24};\ t_{E3}+t_{34}\} \\ &= \max\{5+6;\ 6+7\} \end{aligned}$$

$$= \max\{13;\ 11\} = 13$$

$$t_{E6} = \max\{t_{E3} + t_{36};\ t_{E4} + t_{46}\}$$
$$= \max\{6 + 5;\ 13 + 9\}$$
$$= \max\{11;\ 22\} = 22$$

$$t_{E7} = \max\{t_{E5} + t_{57};\ t_{E6} + t_{67}\}$$
$$= \max\{19 + 2;\ 22 + 4\}$$
$$= \max\{21;\ 26\} = 26$$

图 5-17 表示的检修任务工期为 26（时间单位）。计算出来的 t_{Ej}，填写在网络图各事项旁边的方框内，如图 5-18 所示。

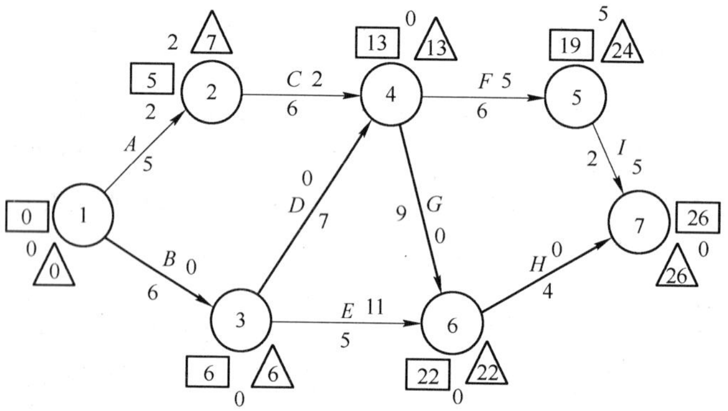

图 5-18　图算法网络图

（2）计算事项的最迟完工时刻 t_{Li}。所谓事项的最迟完工时刻就是以该事项为完工事项的各工序最迟必须完工的时刻。在此时刻若不能完工，就会影响后续各工序按时开工，以致影响整个计划不能按已经计算出来的工期完成。

计算 t_{Li} 应从网络图的终止事项开始，自右向左逆箭线方向逐个计算，直至网络图的起始事项。网络图的终止事项的最迟完工时刻也就是它的最早开工时刻。图 5-18 中 $t_{L7} = 26$。其他事项的最迟完工时刻减去该工序的作业时间 t_{ij}。当有几个工序的箭线都是从一个事项（i）射出时，这时应该把每一个箭头事项（j）的最迟完工时刻分别减去对应工序的作业时间，然后事项 3、4 都有两条箭线射出，它们的最迟完工时刻计算如下：

$$t_{L4} = \min\{t_{L5} - t_{45};\ t_{L6} - t_{46}\}$$
$$= \min\{24 - 6;\ 22 - 9\}$$
$$= \min\{18;\ 13\} = 13$$

$$t_{L3} = \min\{t_{L4} - t_{34};\ t_{L6} - t_{36}\}$$
$$= \min\{13 - 7;\ 22 - 5\}$$
$$= \min\{6;\ 17\} = 6$$

各事项的最迟完工时刻算出后，填写在事项旁边的三角框内，如图 5-18 所示。

（3）计算事项时差 T_i。中间事项既是前道工序的完工事项，又是后道工序的开工事项。事项时差表示出了前道工序最迟完工时刻与后道工序最早开工时刻之间的时间间隔。

$$T_i = t_{Li} - t_{Ei}$$

算出的各事项时差，写在事项旁边，如图 5-18 所示。

（4）计算每道工序时差 T_i。工序时差是在不影响整个工程或任务的工期前提下，工序的机动时间。

$$T_i = t_{Lj} - (t_{Ei} + t_{ij})$$

算出每道工序时差写在各工序箭线上，如图5-18所示。

（5）找出关键线路工序时差。T_i 为零的工序为关键工序。连接关键工序而成的线路为关键线路。由计算可见本例的关键线路为①→③→④→⑥→⑦，在网络图中用双箭线或其他颜色加粗箭线，以示醒目，如图5-18所示。

5.8.3.2　结点矩阵法

某汽修厂检修车间发动机大修，根据工艺流程及具体分组作业情况，绘制出发动机大修网络图，如图5-19所示。

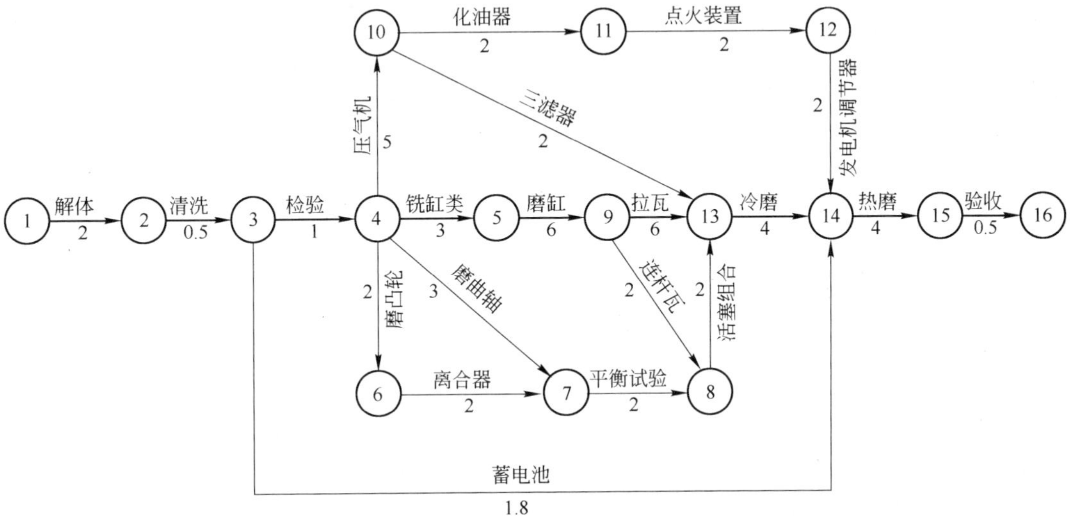

图5-19　发动机大修网络图

用结点矩阵法进行网络图时间参数计算的步骤如下：

（1）以结点（事项）个数 n 组成 n 行 n 列的矩阵。图5-18中结点个数16，故为16×16矩阵，依次填上结点，见表5-8。

（2）填写相应的工序作业时间。以行为箭尾结点，以列为箭头结点，顺次把各工序的作业时间填入矩阵中。工序1—2的作业时间为2，就将2填入1行2列的方格中。以此类推，把所有工序的作业时间都填进去，见表5-8。

（3）增加行列。在矩阵的左方加一列，准备记入结点的最早开工时刻，在矩阵的上方加一行，准备记入结点的最迟完工时刻 t_L，在 t_L 行的上方再加一行，准备记入结点时差 T_i。

（4）计算结点的最早开工时刻 $t_E=0$，写在结点1左边的 t_E 处。结点2的最早开工时刻 t_{E2}，先在结点2所在列中查得一作业时间2（即工序1—2的作业时间），将其与该值行上的 t_E 值相加就是 t_{E2} 的值，即 $t_{E2}=2+0=2$，将 t_{E2} 值填入结点2左边的 t_E 处。以此类推，$t_{E3}=0.5+2=2.5$；$t_{E4}=1+2.5=3.5$…在 t_{E7} 的计算中，结点7所在的列有两个作业时间数，将它们分别与同行的 t_E 值相加即 $3+3.5=6.5$，$2+5.5=7.5$；根据选取最大值原则，$t_{E7}=7.5$。如此计算出所有 t_E 值，填写在相应的 t_E 位置，见表5-8。

（5）计算结点的最迟完工时刻 t_L。计算结点的最迟完工时刻自终点结点开始，从右到左逐个计算。$t_{L16}=t_{E16}=27$，填写在16列结点的上方 t_L 为止。T_{L15}的求法是先查结点15所在行中有一作业时间数0.5（即工序15—16的作业时间），将其与所在列上的值 t_L 相减，就是 $t_{L15}=27$

−0.5 = 26.5，填写在 15 列结点上方的 t_L 位置。同理 t_{L14} = 26.5 − 4 = 22.5。

计算 t_{L10}时，在结点 10 所在行中有两个作业时间，它们是工序 10—11 和工序 10—13 的作业时间，将这两个作业时间分别与其所在列上的 t_L 值相减，即 18.5 − 2 = 16.5，16.5 − 2 = 14.5。根据选取最小原则，t_{L10} = 14.5，将此值填写在 10 列结点上方的 t_L 位置。如此计算出所有结点的 t_L 值，见表 5-8。

表 5-8　网络结点矩阵表

$T_i = t_L - t_E$		0	0	0	0	0	1	1	1	0	6	6	6	0	0	0	0
t_L		0	2	2.5	3.5	6.5	6.5	8.5	10.5	12.5	14.5	16.5	18.5	18.5	22.5	26.5	27
t_E	箭头 箭尾	1	2	3	4	5	6	7	8	9	10	11	12	13	14	15	16
0	1		2												1.8		
2	2			0.5													
2.5	3				1												
3.5	4					3	2	3			5						
6.5	5									6							
5.5	6							2									
7.5	7								2								
9.5	8									2				2			
12.5	9													6			
8.5	10											2		2			
10.5	11												2		0		
12.5	12														4		
18.5	13														4		
22.5	14															4	
26.5	15																0.5
27	16																

（6）计算结点时差 T_i 和确定关键线路。在 T_i 行中记入结点时差 T_i。利用 $T_i = t_{L_i} - t_{E_i}$，求出各结点时差，填入相应位置，见表 5-8。

时差为零的结点称为关键结点。把所有关键结点连接起来的线路，就是关键线路。本网络图中的关键线路为：①→②→③→④→⑤→⑨→⑬→⑭→⑮→⑯。在网络图上把此线路用双箭线或颜色笔画出以示醒目，见图 5-19。

5.8.4　网络的优化

网络的优化，就是按照既定目标，在一定的约束条件下，寻求最优方案。

5.8.4.1　时间优化

指在人力、材料、设备、资金等资源基本有保证的情况下，寻求最短工期。对于设备检修来说，目标是压缩停修期。缩短停修期应向检修网络图的关键线路要时间。一般可采取以下措施：

（1）对关键线路上的工序进行周密的组织，尽可能压缩关键工序的作业时间压缩某道工序的作业时间，一般要采取相应的技术和组织措施，如增加人力、物力、班次，加强技术力量，进行技术改革，采用新工艺、新设备、新技术等。采取这些措施一般要增加费用，因而要考虑成本。所以停修期的压缩要有一个合理限度。同时要注意，压缩工序的作业时间不能集中在少数的工序上，应当分散一些，要注意选择最有利的工序来压缩作业时间。

（2）改变检修工艺流程的衔接关系，调整劳动作业分工，组织平行作业、交叉作业等方式变更关键线路和关键工序。所谓平行作业就是将一道工序分为几道工序同时平行进行。所谓交叉作业，就是不必待一道工序全部完成，才开始下一道工序，而是在技术条件允许的情况下，上一道工序完成一部分后，就可以开始下一道工序，两道甚至三道工序交叉进行。如不一定要将发动机全部拆完后再清洗，清洗完后再检验鉴定，而是可以拆一部分就清洗一部分，清洗一部分就检验一部分，拆卸、清洗、检验并行、交叉进行。

（3）利用时差。工序时差不为零的工序是非关键工序，说明此工序有机动时间。从非关键线路上的非关键工序抽调人力、物力集中用于关键工序上，就可以缩短关键线路的延续时间，同时也削减了非关键工序的时差。

采取上述各方法都会引起网络的改变，每次改变后都要重新计算网络图的时间参数，重新确定关键线路。网络图时间优化理论的最佳情况是，每道工序都没有时差，每条线路都是关键线路。

5.8.4.2 资源优化

资源是指完成各道工序所需要的人力、设备、工具和材料。资源优化的含义有两层意思：一是在工期一定的前提下，力求以最少的人力、物力去完成；二是在完成检修任务中，合理使用资源，使人力、物力保持均衡。资源优化可采用如下办法：

（1）优先保证关键工序需要的资源。

（2）充分利用时差，错开各工序的开工时刻，平衡并协调各工序的人力、物力。

（3）时差大的工序，可推迟开工时间或放慢作业速度，以减少平均所需的资源。

6 备件管理

6.1 备件管理概述

6.1.1 备件及备件管理

在设备检修工作中，为了恢复设备的性能和精度，需要用新制的或修复的零部件来更换磨损的旧件，通常把这种新制的或修复的零部件称为配件，在仓库内预先储备一定数量，这种配件称为备品，总称为备品配件，简称备件。

备件管理是指备件的计划、生产、订货、供应、储备的组织与管理，它是设备检修资源管理的主要内容。备件管理是检修活动的主要组成部分，只有科学合理地储备与供应备件，才能使设备的检修任务完成得既经济又能保证进度。

6.1.2 备件的范围

设备检修工作中备件的范围包括：

（1）所有的检修用配套设备；

（2）设备结构中传递主要负荷、负荷较重、结构又较薄弱的零件；

（3）保持设备精度的主要运动件；

（4）特殊、稀有、精密设备的一切更换件；

（5）因设备结构不良而产生不正常损坏或经常发生事故的零件；

（6）设备或备件本身因受热、受压、受冲击、受摩擦及受交变载荷而易损坏的一切零部件。

库存备件应与设备、低值易耗品、材料、工具等区分开来。但是，少数物资也难以准确划分，各企业的划分范围也不相同。只能在方便管理和领用的前提下，根据企业的实际情况确定。

6.1.3 备件的分类

设备检修工作中备件的分类方法如下：

（1）按备件的精度和制造工艺的复杂程度分为关键件和一般件。

（2）按备件传递的能量分为机械备件和电器配件。

（3）按备件的来源分为自制备件和外购备件。

（4）按备件的制造材料分为金属件和非金属件。

（5）按零件使用特性（或在库时间）分为常备件和非常备件。

6.1.4 备件管理的目标和任务

6.1.4.1 备件管理的目标

备件管理的目标是在保证提供设备检修需要的备件，提高设备的使用可靠性、检修性和经济性的前提下，尽量减少备件资金，也就是要求做到以下四点：

（1）把设备计划检修的停歇时间和检修费用减少到最低程度；

（2）把设备突发故障所造成的生产停工损失，减少到最低限度；

（3）把备件储备压缩到合理供应的最低水平；

（4）把备件的采购、制造和保管费用压缩到最低水平。

6.1.4.2 备件管理的主要任务

备件管理的主要任务包括：

（1）及时供应检修人员所需的合格备件。为此，必须建立相应的备件管理机构和必要的设施，科学合理地确定备件的储备形式、品种和定额，做好保管供应工作。

（2）重点做好关键设备的备件供应工作。保证其正常运行，尽量减少停机损失。

（3）做好备件使用情况的信息收集和反馈工作。备件管理人员和检修人员要经常收集备件使用中的质量、经济信息，及时反馈给备件技术人员，以便改进备件的使用性能。

（4）在保证备件供应的前提下，尽量减少备件的储备资金。影响备件管理成本的因素有：备件资金占有率、库房占用面积、管理人员数量、备件制造采购质量和价格、库存损失等。因此，应努力做好备件的计划、生产、采购、供应、保管等工作，压缩储备资金，降低备件管理成本。

6.1.4.3 备件管理的工作内容

备件所涉及的范围广、品种多、制造、供应以及使用的周期差别大。所以备件管理工作是以技术管理为基础，以经济效果为目标的管理。其内容按性质可划分如下：

（1）备件的技术管理。内容包括：对备件图样的收集、积累、测绘、整理、复制、核对，备件图册的编制；各类备件统计卡片和储备定额等技术资料的设计、编制及备件卡的编制工作。

（2）备件的计划管理，是指提出外购、外协计划和自制计划开始，直至入库为止这一段时间的工作内容，可分为：1）年、季、月度自制备件计划；2）外购备件的年度及分批计划；3）铸、锻毛坯件的需要申请、制造计划；4）备件零星采购和加工计划；5）备件的修复计划。

（3）备件的库存控制。内容包括：库存量的研究与控制；最小储备量、订货点以及最大储备量的确定等。

（4）备件的经济管理。内容包括：备件库存资金的核定、出入库账目管理、备件成本的审定、备件的耗用量、资金定额及周转率的统计分析和控制、备件消耗统计、备件各项经济指标的统计分析等。

（5）备件库房管理，是指备件入库到发出这一阶段的库存管理工作。内容包括：备件入库时的检查、清洗、涂油防锈、包装、等级入账、上架存放；备件的收发，库房的清洁与安全；备件质量信息的收集等。

备件管理工作流程如图6-1所示。

6.2 备件的计划管理

备件的计划管理是备品配件的一项全面、综合性的管理工作，它是根据企业检修计划以及技术措施、设备改造等项目计划编制的。按计划期的长短，可分为年计划、季计划和月计划。按内容，可分为综合计划、需用计划、订货计划、大修专用备件计划以及备件资金计划等。按备件的类别和供应渠道，可分为工矿备件计划、专用备件计划、外协备件计划、自制备件计划、大型铸锻件计划和国外订货备件计划等。完整准确的备品配件计划，不仅是企业生产、技

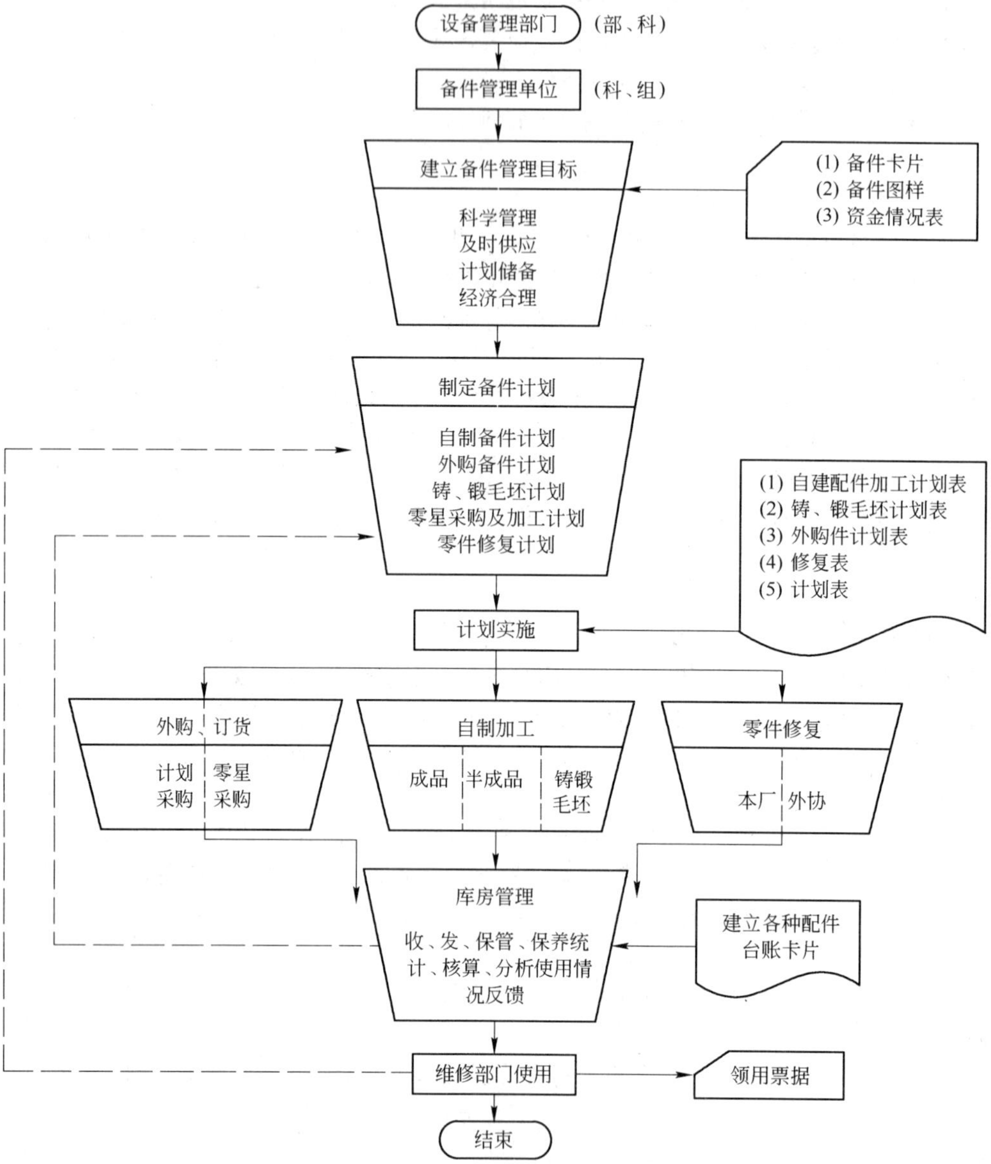

图 6-1　备件管理工作流程图

术、财务计划的一个组成部分，也是设备检修，保证企业正常生产的一个重要条件。

6.2.1　备件年度综合计划

年度综合计划是以企业年度生产、技术、财务计划为依据编制的综合性专业计划。主要包括以下内容：

（1）备件需用计划。备件需用计划是最基本的计划，反映着各车间、各种设备一年之内需用的全部备件，是编制其他有关备件计划的依据。主要内容有：生产在用设备维修、预修需用备件；技改、安装、环保等措施项目需用备件；设备改造需用备件；自制更新设备需用备件。

（2）备件订货计划。备件订货计划是以备件需用计划为依据编制的。

（3）年度停车大修专用备件计划。年度停车大修专用备件计划是企业一年一度全厂性停车大修特别编制的一种备件计划，是专用性质的一次性耗用计划。

（4）备件资金计划。资金计划是反映各类备件需用资金，以预计在一定时间内库存占用资金上升、下降指标的计划。有时也根据财务部门的要求编制临时单项或积压、超储、处理资金指标等计划。

6.2.2 备件计划的编制

编制备件计划是将备件工作从提出需用到备件落实消耗的全部业务活动，有目的地统筹安排，把备件管理各方面的工作有机地组织起来，确保维修和生产。

6.2.2.1 备件需用计划的编制

目前编制备件需用计划的方法有三种：

（1）以备件储备定额和消耗定额为依据。凡储备定额规定应有的储备而实际没有的，或者库存数不足储备定额的，加上按消耗定额，计算出在订货周期内的备件消耗数，编入备件需用计划；再加上没有定额或不包括在定额内的那部分，如：技措专用件、设备改造专用件、安措、环保等所需备件计划。

（2）以车间年度设备大、中、小修计划为依据，适当参考备件储备定额，库存账面消耗量等，加上年内设备改造，技措等备件需用计划，由备件主管部门加以综合、平衡、核对，由此产生一个较全面的年度备件需用计划。

（3）无完整的储备定额和消耗定额，备件工作又多头分散，以致部分备件编制计划，另一部分则不编入计划，客观上形成了“需要就是计划”的局面。

6.2.2.2 备件订货计划的编制

根据备件需用计划中的单项数量，减去到库部分，减去合同期货（包括在途的）数量，再减去修旧利废部分，得出备件订货总计划数，然后根据不同的渠道制订出分类订货计划。所以，备件订货计划是分类计划的汇总，它虽然来源于备件需用计划，但不同于备件需用计划。

6.2.2.3 年度大修备件计划的编制

编制好年度大修备件专用计划，对于确保检修顺利进行、减少流动资金的占用等都是十分重要的。年度大修专用备件是专为大修准备的，属于一次性消耗备件，因此不属正常储备范围。原则上应按计划100%的消耗掉，如果消耗不掉，应从大修专用资金冲销或专储。

6.2.2.4 备件资金计划的编制

编制备件资金计划依据是：备件合同，车间计划检修项目和技措、安措、设备改造等计划。备件资金计划可促使定额内流动资金用好、管好，并为财务部门编制计划提供备件资金依据。

6.2.3 备件计划的审核、执行和检查

备件计划的审核：凡编制出的各种备件计划，都需进行审核，这是备件计划批准生效的必备手续。其审核主要是指领导审核。

备件计划的执行：备件计划一旦经过审核、批准，就必须严格执行。要使所有备件计划都得到落实。

备件计划的修订与调整：由于对实际情况掌握不全或设备检修计划的变动等，都会造成备件计划的变更、修订和调整，也属正常的工作范围。

备件计划的检查：对备件计划还要经常检查其执行情况，对计划本身或在执行过程中出现

的问题，要及时处理。

6.2.4　备件的统计与分析

备件的统计是备件计划管理中的一个重要组成部分，是认识研究备件管理客观规律的有力手段。通过对统计数字的积累与综合分析，对于修订储备与消耗定额，改进备件的计划管理都能起指导作用。

怎样搞好备件统计工作：首先根据上级部门对备件的统计要求和本企业的管理要求建立起一套统计制度，对备件的各种统计范围和备件仓库的统计工作，做出具体的规定。要指定专职或兼职统计人员，人员要稳定；兼职人员要给一定的时间搞统计工作。要注意原始资料和原始数据的积累，为统计工作提供可靠资料。

备件统计工作的主要任务为：全面、准确、及时地反映各种备件的收入、发出、结存、数量、质量、资金等方面，做好月、季、年统计；按上级部门要求，及时、准确地填报各类备件统计报表；为企业统计部门提供统计数据，如按件、吨、元统计备件的月进出、结存，备件计划完成情况（包括资金计划，自制计划）等；为领导和备件管理人员提供第一手资料，作为企业经济活动分析和改进备件管理工作的依据。

统计资料的分析：对于统计资料的积累与科学分析，不仅可以找出备件工作的一些客观规律，也可以看出它和其他工作的内在联系，从而积累经验以指导今后工作实践，提高管理水平。备件统计资料的分析，要注意以下几点：

（1）通过备件收入、发出情况的分析比较，排除非正常性消耗，看储备与消耗定额是否实际；

（2）通过对库存资金的分析，查找上升和下降的原因，分析比较，看资金使用是否合理；

（3）利用历年消耗量、储备量和占用资金的数字分析比较，找出磨损规律和计划管理的客观规律；

（4）对备件各个时期到货情况的分析，看备件工作对设备检修的配合，以协调两者的关系；

（5）通过各种数据的分析，改进备件管理工作。

6.3　备件的技术管理

备件的技术管理工作应主要由备件技术人员来做，其工作内容为编制、积累备件管理的基础资料。通过这些资料的积累、补充和完善，掌握备件的需求，预测备件的消耗量，确定比较合理的备件储备定额、储备形式，为备件的生产、采购、库存提供科学、合理的依据。

6.3.1　备件的储备原则

（1）使用期限不超过设备检修间隔期的全部易损零件；

（2）使用期限大于检修间隔期，但同类型设备多的零件；

（3）生产周期长的大型、复杂的锻、铸零件；

（4）需外厂协作制造的零件和需外购的标准件；

（5）重、专、精、动设备和关键设备的主要配件。

6.3.2　备件的储备形式

备件的储备形式通常从下述三个角度分类：按备件的管理体制分类，可分为集中储备和分散储备两种形式；按备件的作用分类，可分为经常储备、保险储备和特准储备三种形式；按备件的储备形态分为成品储备、半成品储备、毛坯储备、成对（成套）储备、部件储备。

6.3.3 备件的储备定额

6.3.3.1 储备定额的概念和意义

确定备件储备定额，是编制设备各类备件计划的基础资料，是指导备件生产、订货、采购、储备，以及科学、经济地管理库房的依据。从广义上讲，储备定额是指企业为保证生产和设备检修，按照经济合理的原则，在收集各类有关资料并经过计算机和实际统计的基础上所制定的备件储备量、库存资金和储备时间等的标准限额。狭义的备件储备定额指备件卡中所列的各类备件的储备量定额。它是备件技术管理的一项主要工作。

6.3.3.2 备件储备定额的构成

备件的储备量随时间的变化规律，如图6-2所示。当时间为0时，储备量为Q，随着时间推移，备件陆续被领用，储备量逐渐递减；当储备量递减至订货点Q_d时，采购人员以Q_p批量去订购备件，并要求在T时间段内到货；当储备量降低至Q_{min}时，新订购的备件入库，备件储备量增至Q_{max}，从而走完一个“波浪”，又开始走一个新“波浪”。因此，备件储备定额包括：最大储备量Q_{max}、最小储备量Q_{min}、每次订货的经济批量Q_p、订货点Q_d。

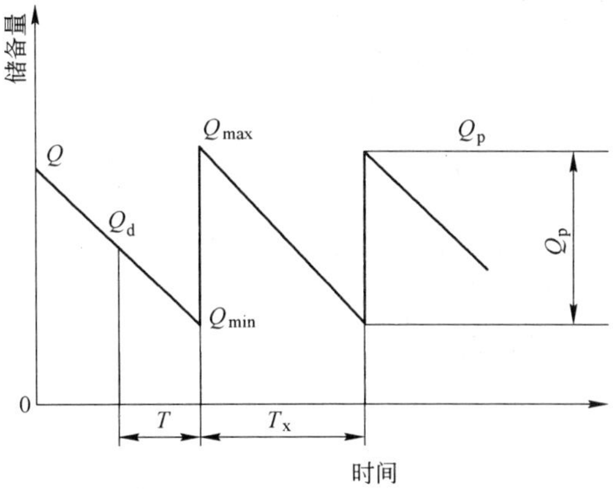

图6-2 通常情况下备件储备量变化规律

因为备件储备量的时间变化情况不会像图6-2那样有规律（如图6-3所示），所以必须有一个最小储备量，以供不测之需。最小储备量定得越高，发生缺货的可能性越小；反之，发生缺货的可能性越大。因此，最小储备量实际上是保险储备。

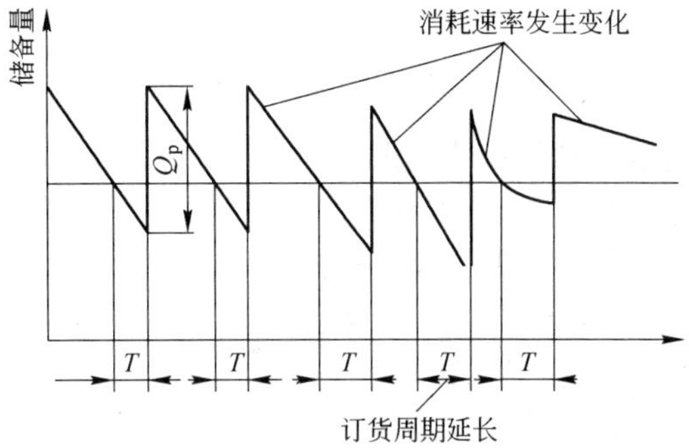

图6-3 实际备件储备量变化情况

最小储备量在正常的情况下是闲置的，企业还要为它付出储备流动资金及持有费用。但又不能盲目降低最小储备量，否则可能发生备件缺货。怎样确定最小储备量呢？这取决于对未来备件消耗量能否做出准确的预测。

6.3.3.3　预测备件消耗量

已知某备件的消耗量如表6-1所示。

表6-1　备件消耗量

时间	第1天	第2天	第3天	…	第 n 天	第 $n+1$ 天	第 $n+2$ 天	…	第 $t-2$ 天	第 $t-1$ 天	第 t 天
消耗量	N_1	N_2	N_3	…	N_n	N_{n+1}	N_{n+2}	…	N_{t-2}	N_{t-1}	N_t

由于备件每天的消耗量具有偶然性，导致统计数据随机波动，采用移动平均法消除数据随机波动的影响，移动期数为 n。n 的大小要合理选择，n 越大，消除随机波动的效果越好，但对数据最新变化的反映就越迟钝。为简化预测公式，推荐 n 取订货周期 T 的整倍数，在此取 $n=T$。

第 n 天的备件消耗量移动平均值：$M_n=(N_1+N_2+N_3+\cdots+N_n)/n$，第 $n+1$ 天的备件消耗量移动平均值：$M_{n+1}=(nM_n+N_{n+1}-N_1)/n$，第 $n+2$ 天的备件消耗量移动平均值：$M_{n+2}=(nM_{n+1}+N_{n+2}-N_2)/n$，以此类推，第 t 天的备件消耗量移动平均值为：

$$M_t=(nM_{t-1}+N_t-N_{t-n})/n \tag{6-1}$$

式（6-1）还可写成：

$$M_t-M_{t-1}=(N_t-N_{t-n})/n \tag{6-2}$$

或者

$$M_t-M_{t-1}=(N_t-N_{t-n})/T \tag{6-3}$$

将备件消耗量移动平均值与时间的关系绘成 T-h 维曲线图（见图6-4中的实线部分）。从图6-4中，我们可以找出备件消耗的变化规律，从而预测备件消耗趋势。

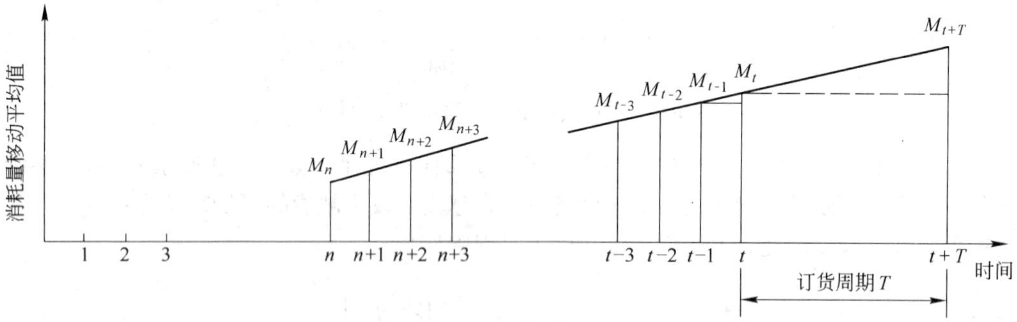

图6-4　各备件消耗量移动平均值变化规律图

假设备件用到第 t 天就要订购新备件。此时备件的储备量称订货点 Q_d，它要足够用到新备件进库，即 Q_d 要大于在订货周期 T 备件的消耗量 N_H，N_H 就是所要预测的。

再假设未来的备件消耗量移动平均线是以往消耗量移动平均线的自然延伸，见图6-4中的虚线部位。对虚线部分进行数学分析，得 N_H 的近似值：

$$N_H=TM_t+T(1+T)(M_t+M_{t-1})/2 \tag{6-4}$$

将式（6-4）得：

$$N_H=TM_t+(1+T)(N_t+N_{t-1})/2 \tag{6-5}$$

式（6-5）就是在订货周期内备件消耗量的预测公式，适用于对生产比较均衡的设备的备件进行预测。

6.3.3.4 备件储备定额的确认

确认备件订货点应以订货周期内备件消耗量预测值为依据，要求订货点储备量必须足够用到新备件进库，即订货点 Q_d 大于订货周期内备件消耗量 N_H。

备件订货点：

$$Q_d = KN_H \tag{6-6}$$

式中 K——保险系数，一般取 $K=1.5 \sim 2$；

N_H——订货周期内备件消耗量预测值。

备件的最小储备量：

$$Q_{min} = (K-1)N_H \tag{6-7}$$

备件订货的经济批量：

$$Q_p = \sqrt{2NF/IC} \tag{6-8}$$

式中 N——备件的年度消耗量；

F——每次订货的订购费用；

I——年度的持有费率（以库存备件金额的百分率来表示）；

C——备件的单价。

备件的最大储备量：

$$Q_{max} = Q_{min} + Q_p \tag{6-9}$$

6.4 备件库存管理

备件的库存管理是一项复杂而细致的工作，是备件管理工作的重要组成部分。制造或采购的备件，入库建账后应当按照程序和有关制度认真保存、精心维护，保证备件库存质量。通过对库存备件的发放、使用动态信息的统计、分析，可以摸清备品配件使用期间的消耗规律，逐步修正储备定额，合理储备备件。同时，在及时处理备件积压、加速资金周转方面，也有重要作用。

6.4.1 备件库存管理的内容

备件入库要求。入库备件必须逐件进行核对与验收：(1) 入库备件必须符合申请计划和生产计划规定的数量、品种、规格；(2) 要查验入库零件的合格证明，并做适当的外观等质量抽验；(3) 备件入库必须由入库人填写入库单，并经保管员核查。备件入库上架时要做好涂油、防锈保养工作。备件入库要及时登记，挂上标签（或卡片），并按用途（使用对象）分类存放。

备件保管要求：(1) 入库备件要由库管人员保存好、维护好，做到不丢失、不损坏、不变形变质、账目清楚、堆放整齐（三清、两齐、三一致、四号定位、五五堆放）；(2) 定期涂油、保管和检查；(3) 定期进行盘点，随时向有关人员反映备件动态。

备件发放要求：(1) 发放备件须凭领料票据。对不同的备件，厂内外要拟定相应的领用办法和审批手续；(2) 领出备件要办理相应的财务手续；(3) 备件发出后要及时登记和销账、减卡；(4) 有回收利用价值的备件，要以旧换新，并制定相应的管理办法。

备件处理要求：(1) 由于循环品外调、改造、报废或其他客观原因所造成的本企业已不需要的备件，要及时按要求加以销售和处理；(2) 因图纸、工艺技术错误或保管不善而造成的备件废品，要查明原因，提出防范措施和处理意见，并报请主管领导审批；(3) 报废或调出备件必须按要求办理手续。

6.4.2　备件库组织形式与要求

6.4.2.1　备件库的组织形式

由于企业的生产规模、管理机构的设置、生产方式以及企业拥有备件的品种、数量的不同，地区备件供应情况的不同，备件库的组织形式也应有所不同。机械行业企业内部大致可分为综合备件库、机械备件库、电器备件库和毛坯备件库等。

（1）综合备件库。综合备件库将所有维修用的备件如机床备件、电器备件、液压元件、橡胶密封件及动力循环品用备件都管理起来，做到集中统一管理，避免了分库存放，对统一备件计划较为有利。过去，采用这种形式的企业较多，有大型企业，也有中、小型企业。但由于备件品种较多，合管起来易与企业的生产供应部门分工不清，容易造成相互扯皮和重复储备现象。

（2）机械备件库。机械备件库只管机械备件（齿轮、轴、丝杠等机械零件），其形式较为单纯，便于管理，但修理中常需要更换的轴承、密封件、电器等零件，维修人员需到供应部门领取。

（3）电器备件库。电器备件库储备全厂循环品维修用的电工设备、电器电子元件等。储备的品种视具体情况而定，多数企业一般不单独设电器备件库，而由生产部门管理。

（4）毛坯备件库。毛坯备件库主要储备复杂铸件、锻件及其他有色金属毛坯件，目的是缩短备件的加工周期，以适应修理的需要。如果只有少数毛坯备件，一般可不设毛坯备件库而由材料库兼管。

总之，备件库的组织形式应根据企业的特点和客观实际情况适当选择设置。

6.4.2.2　备件库房及其要求

备件库房的建设应符合备件的储备特点，备件库房要求具备以下条件：（1）备件库的结构应高于一般材料库房的标准，要求干燥、防腐蚀、通风、明亮、无灰尘，有防火设施。（2）备件库房的建造面积，一般应达到每个修理复杂系数（包括机械、电器）$0.02 \sim 0.04m^2$。（3）配备有存放各种备件的专用货架和一般的计量检验工具，如磅秤、卡尺、钢尺、拆箱工具等。（4）配备有存放文件、账卡、备件图册、备件订货目录等资料的橱柜。（5）配备有简单运输工具（如脚踏三轮车等）以及防锈去污的物料，如器皿、棉纱、机油、防锈油、电炉等。

6.4.2.3　备件的仓库管理

定额管理、计划管理、仓库管理合称为备件三大管理。定额管理是基础，计划管理是中心，仓库管理是保障。三者共同确保使备件工作达到既保证生产维修的需要，又不积压浪费的目的。仓库管理是备件管理的重要工作之一，切勿以为其技术含量少且琐碎繁杂而掉以轻心。为了使备件及时按质、按量得到供应，就必须做好备件的验收、入库、保管和发放等备件后续工作，这就是仓库工作。可以说，与定额管理、计划管理一样，备件仓库管理的好坏，也直接关系到备件和循环品的保管和保养质量的高低，关系到循环品维修质量。而且，加强仓库管理也是防止积压、丢失、损坏、变质、变形的可靠保证，是堵塞各种漏洞，避免浪费的有效措施之一。

A　备件管理的任务

仓库管理的任务主要有两项：一是维护、保养好所管理的备件；二是将所管备件的库存情况及时向循环品管理人员和备件定额及计划管理人员反馈信息。仓库管理的主要职责是对所管备件的情况要清楚，包括分类要清楚、定额要清楚、存量要清楚、收发手续要清楚。

B 仓库管理的体制与规定

一般企业的备件仓库都设总仓库和分仓库。总仓库由企业主管部门，例如机动部门直接管理，存放全企业的通用备件。分仓库由企业的基层单位，例如分厂、车间等管理，存放本单位的专用备件及极小量的易耗通用件，且后者要纳入企业的统一定额与计划管理；但不管是总仓库或是分仓库，都应根据备件库存的有关要求，设置起重运输循环品与通风、防雨、防潮、防火等设施。

备件管理制度要包括仓库管理的内容，制定相应的进出库、库存堆放、保养维护、账卡管理与信息反馈等有关规范制度并纳入备件管理考核，规范仓库管理工作。备件要经过由循环品管理人员为主组成的质检小组进行型号、规格、材质、外形尺寸、精度及技术要求的检验鉴定，并根据备件计划人员规定的数量清点才能进库。备件领用要根据备件计划管理人员审批签字才能发放，其中计划检修用备件还需要检修管理人员的审批签认。出库备件当面点清，出库后及时销账。

备件堆放要整齐、清晰、安全并易于放取，堆垛间留有必要的、方便放取的通道，其中主要通道宽度不应少于1.5m，以便起重运输工具的移动。有条件的仓库要做到“四号定位，五五堆放”。“四号定位”是指备件有存放的仓库号、区号、货架号与层号，使人一看到这四个数字组成的号码就知道此备件存放的具体位置，易于存取。“五五堆放”就是每五件一堆，既便于领取计数，也便于盘仓清点。备件堆放现场挂放与账本标明一致的，表示备件型号、规格、材质、使用循环品、数量、存放位置号等内容的卡片，其中数量一栏应是可变的，以便随库存量改变而变。

仓管人员要注意和做好库存备件的防潮、防锈、防火、防变形等维护保养工作，尤其注意保养好备件的精加工面，不能碰伤、擦毛、生锈、变形。对螺杆、长轴等特殊备件更应按主管技术人员的要求垂直调放。

一般主管部门（如机动、循环品部门）与储备单位（仓库）都要建立备件台账，并由专职人员管理，准确无误地逐项登记备件的项目、件数、重量、材质、资金与定额等。仓管人员要做到“日清、月结、年盘点”，即每日对进出库备件要及时清理登记台账、卡片，每月统计、填报库存情况上报主管的机动、循环品部门，每年或半年认真盘点一次全部备件，使经常保持两本账（主管与仓库）的账、物、卡、资金四对口。

仓管人员要知道备件的最低、最高与订货点储备定额 D_{min}、D_{max} 与 D_p。在“日清、月结”中，若发现实际库存量 $D_{实} \leqslant D_{max}$ 或 $D_{实} \leqslant D_p$ 时，要在月报表中注明；若发现 $D_{实} \leqslant D_{min}$，则即时上报主管部门；对于 $D_{min} > D_{实}$ 或者 $D_{实} > D_{max}$ 的出现，应根据自己的认识提出相关意见。

6.5 备件的库存管理模式

降低备件库存水平的同时保证设备维修，一直是一个“鱼和熊掌能否兼得”的话题，但企业往往很难把握备件储存水平与设备停机损失的矛盾关系。很多企业一谈起备件管理，指导思想就是备件零库存管理，这是一个误区。在实际中，可以将一部分备件库存压力转移给备件供应商，即对于相当一部分备件，可以采取只存实物，用后结算的模式来减少流动资金占用，在备件上机之前，由于没有库存资金占用，也可以视为形式上的“零库存”。但当前的备件管理，为了更好地缓解上述矛盾，就不能满足于简单的形式上的“零库存”，还要更积极借鉴制造业物流供应链管理的最新模式，改变目前备件库存管理各自为政的独立运营模式，通过企业和备件供应商的协作管理机制，实现合作双方的共赢。

6.5.1　备件供管社会化趋势

在检修社会化正成为趋势的基础上，紧接着面临的新课题就是备件供管社会化。正如搞好检修社会化可以更好利用检修力量，降低检修成本一样，搞好备件供管社会化也可以降低备件储备，加速资金周转，提高备件管理效益。但由于种种原因，其中主要是风险与投资方利益的原因，备件供管社会化要难于检修社会化。但备件供管社会化毕竟是一个诱人的方向，而且从理论上讲，除了企业的专用备件尚难以社会化之外，那些通用备件，特别是国家定型标准件，应该是可以社会化的。就目前备件供管社会化模式的应用情况看，比较成熟的方式包括备件“无库存”管理、联合库存管理模式（Jointly Managed Inventory，JMI）和供应商管理库存模式（Vendor Managed Inventory，VMI）。

6.5.2　备件“无库存”管理模式

备件无库存管理是企业降低备件库存的一种有效途径，目前已在国内很多大型企业应用。

备件无库存管理是指签约单位（制造厂、代理商，以下简称供应商）根据与企业签约的备件品种、数量和使用周期组织生产或货源，同时供应商按企业要求，常年储备库存。企业仅在需用备件时，提前一定周期通知供应商，由供应商负责将备件按质、按量、按时送到企业的指定部门，企业再以实际领用的数量与既定价格和供应商进行结算。

备件无库存管理运作的内部关键是备件管理部门、备件供应部门和企业二级生产单位能够在无库存备件立项、价格审定与合同管理、无库存备件的领用等环节密切协作，发挥好各自的作用。一般情况下，可以通过详细的岗位职责制订和业务流程编制来确保内部实现无缝管理，避免责任推诿和管理缺位。

备件无库存管理运作的外部关键是备件供应商的管理和评估。一般由无库存备件项目申报单位推荐供应商名单报到设备部门，经设备部门审核后送采购部门，最后采购部门进行供应商资质审定，并拟定无库存供应商。

一般设备部门每年第四季度组织对无库存备件项目进行年度综合评估，其中对供应商评估采取二级用户部门打分汇总制，经年度综合评价合格的无库存备件供应商，由采购部门进行续签协议；对综合评价不合格的，视评价业绩给予警告直至取消其无库存备件供应商资格（一般无库存备件项目保留，由采购部门另行选供应商实施无库存供货）。

备件无库存管理运作特点是把那些质量和消耗相对稳定（如连续两年以上使用且无质量异议）的备件列入无库存管理的范围，供需双方仅就这些备件的用后结算模式达成一致意见。一般来说，供应商并不参与到企业的备件计划的优化过程中。

6.5.3　联合备件库存管理模式

联合备件库存管理模式是一种基于协调中心的备件库存管理方法，强调供应链节点企业同时参与，保证供应链相邻的两个节点之间的备件库存管理者对需求的预测水平保持一致，从而消除需求变异放大现象的一种合作创新的管理模式。这种模式不同于简单的备件无库存管理的事后结算方式，而是备件供应商更积极参与到企业的备件库存管理环节中，在保证企业维修备件需求供应的同时，自己也获得较稳定的市场份额。

联合备件库存管理模式（Jointly Managed Inventory，JMI）运行成功与否取决于运行机制的建立，借此来协调供需双方的利益，其要点包括：（1）根据双方需求分析和预测以及商定的市场份额，确定备件安全库存量、最大库存量、最低库存水平；（2）双方协商确定联合备件库存所有权比例，由此决定双方备件库存投资比例和投资金额；（3）根据需求分析和预测，确定备件库存补充策略；（4）双方协商确定 JMI 库存备件的进库、仓储、出库及配送工作流程；（5）双方协商确定 JMI 备件库存的结算价格和结算方式；（6）双方协商确定 JMI 仓储及其他管理费用分担比例和分摊金额；（7）双方协商确定 JMI 备件物资的技术标准和验收标准；（8）双方协商确定运行过程中的纠纷和争端解决程序。

通过运行机制的控制和沟通，供需双方能通过现代通信技术及时获取并分享 JMI 备件物资的进、销、存信息，同时对 JMI 运行过程中的问题进行良好的沟通与协商。除了运行机制的建立，供需双方还应在成本和风险分担机制、利益共享机制、激励监督机制方面达成共识。一般来说，JMI 备件库存适用于那些价值较大、专用性比较强、需求具有较大不确定性或随机性的备件物资。

6.5.4 供应商管理备件库存模式

供应商管理备件库存模式（Vendor Managed Inventory，VMI）是一种以用户和供应商双方都获得最低成本为目的，在一个共同的协议下由供应商管理备件库存，并不断监督协议执行情况和修正协议内容，使库存管理得到持续改进的合作性策略。在 VMI 的库存控制策略下，允许上游组织对下游组织的库存策略、订货策略进行计划和管理，在已经达成一致的目标框架下由供应商来管理备件库存。

VMI 的思想打破了传统的制造业企业与供应商各自盘算、各自为政的备件库存管理模式，体现了供应链的集成化管理思想。上游企业从下游企业那里实时获得端点数据，调取下游企业的库存文档，及时补充备件存货。上游企业和下游企业的紧密合作大大改善了整个流程，减少了不必要的系统成本、备件库存和固定资产，共同着眼于满足现场检修的需求。

由于企业需求备件品种规格比较多，VMI 供应商也应分为几大类，按照供应商的评分高低，评选出每类中的最优供应商，将其集合成整体，以便更好地为用户企业服务。

一般来说，列入 VMI 备件库存管理的备件可以是那些需求频繁、数量较大、品种规格繁杂、标准性较强的备件。如阀门、紧固件、轴承及管道配件、焊接材料、工具等。

供应商管理备件库存模式成功的基础首先是备件库存管理思想的转变，其次是战略供应商的选择，最后是强大的信息化协调平台和手段，三者缺一不可。

备件供管社会化的另外一个可行方式就是通过网站建立行业的虚拟备件库，在网站的虚拟备件库里“储存”着会员企业可以用来“调出”、“调剂”的备件。某一企业的冗余备件可能就是另一个企业的短缺备件。企业可以根据自己的行业分类，将本企业富余的备件和设备配件的主要技术参数、有关图片、报价等信息上传到网站数据库。用户通过强大的搜索工具获得自己感兴趣的备件信息列表。一旦明确备件需求，交易双方可以通过都信赖的第三方完成交易或双方直接交易。通过虚拟备件库，既可以部分盘活企业内部的“无用”资产，同时可以拓宽一些紧缺“事故件”的供应渠道。计算机网站虚拟备件库应该是节省社会资源、有效利用资源的未来方向。

6.6 备件的质量屋管理

6.6.1 质量的概念及其特性

质量属于使用价值的范畴，因此应当以使用价值作为质量的最终评价。一般地说，质量是适合一定用途，满足用户需要的各种特性，简称为适用性。它包括尺寸结构、质量、精度、功率、强度、材质、性能，即机械、物理以及化学成分等内在质量特性，还包括外观、型式、形状、色彩等外部质量特性。质量特性主要有以下五个方面：

（1）性能。性能是指设备为满足使用目的所具备的技术特性，即设备在不同目的、不同条件下使用时，其技术特性的适合程度。它包括设备的化学成分，如钢铁的碳、硫、磷含量；物理性能，如弹性模量、温度系数、厚度比等；力学性能，如抗拉强度、冲击韧性、硬度、耐磨性，耐腐蚀性和疲劳强度等；工艺性能，如冷热弯曲、反复弯曲，可焊性等。

（2）寿命。寿命是指设备能够使用的期限。

（3）可靠性。可靠性属于设备内在的质量特性，是指设备在规定时间内、规定条件下，完成规定工作任务的能力大小或可能性。一般地说，不仅设备出厂时各项性能指标必须达到规定的要求，而且设备的精度、性能稳定性、性能持久性、零部件耐用性等，在规定的使用期限内必须保持规定的功能。

（4）安全性。安全性是指设备在操作或使用过程中保证安全的程度。如对使用、操作人员造成伤害事故，以及产生公害，污染环境等的可能性。

（5）经济性。经济性是指设备制造成本低，在使用时省时、省力、省材料、省资金等。

上述五方面质量特性，反映设备在满足用户需要时所应具备的基本要求，应根据设备的这些特性能否满足用户的需要以及满足的程度来衡量设备质量的好坏。“可靠、耐用、高效、经济、好用、好修、好造、好看”全面、形象地说明了设备的质量要求，是优质设备所应具有的质量特性。其中，“可靠、耐用、好用、好修”应放在设备质量的首位。

6.6.2　质量屋的概念及其特性

质量功能展开 QFD（Quality Function Development）是一种用户驱动的产品开发方法，它是系统工程思想在产品设计过程中的具体运用。质量屋 HOQ（House of Quality）是一种确定顾客需要和相应产品或服务性能之间联系的图示方法。设备或备件的开发可应用此方法。

质量功能展开是通过质量屋来提供了一种将用户需求转换成产品的工程特性，并分解到制作过程的框架和结构，如图 6-5 所示。质量屋是驱动整个 QFD 过程的核心，是一个大型矩阵，由 9 个部分组成，分别是顾客需求、工程特性、顾客需求权重、技术基准评估、顾客需求与工程特性之间的关系、工程特性之间的自相关矩阵、经验数据、工程特性目标值、工程特性权重。

（1）顾客需求，是用顾客语言描述顾客对产品的实际需求，是 HOQ 最基本的输入，通过市场调查获得。

（2）顾客需求权重，是 QFD 规划过程中有效地分配资源和进行决策的重要依据，一般对顾客需求权重进行归一化处理。可以采用层次分析法（AHP）求取。

（3）工程特性，是用工程技术人员的语言描述产品或服务的技术特征。如果顾客需求是目标，则工程特性就是手段。

（4）顾客需求与工程特性之间的关系矩阵，是顾客需求与工程特性之间关系的判断矩阵。通常以“弱关系”、“中等关系”、“强关系”等语言术语来描述顾客需求与工程特性之间的相关程度。

（5）工程特性之间的自相关矩阵，表征了改善某一工程特性对其他工程特性所产生的影响。通常以“强正相关”、“弱负相关”等语言术语来表达这种自相关性。

（6）工程特性权重，可由每个工程特性满足各个顾客需求的总和来获得。在不考虑开发资源的情况下，权重大的工程特性将首先被改进。

（7）经验数据，一般包括技术难度、开发成本、开发周期等信息，应用者可根据需要进行取舍。

（8）工程特性目标值，确定工程特性目标值是一个复杂的优化过程。利用以上参数，可确定一个 QFD 规划模型，利用单纯形法优化模型得到工程特性的最优解作为目标值。

（9）技术基准评估，是指从技术的角度对本公司产品和竞争者产品进行评估。通常以“很满意”、“满意”、“不满意”等语言术语来评价结果。

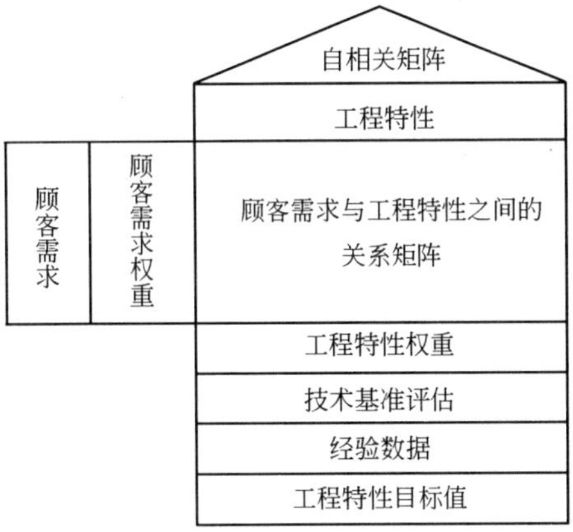

图 6-5 质量屋的简化形式

7 设备监测技术

7.1 设备状态监测

20世纪70年代以来，世界上发达国家都在工业领域中大力发展设备诊断技术，使设备处于最佳状态并发挥其最大效能。近年来，我国各行业也在大力推行设备状态监测和故障诊断，特别是化工、石油化工、冶金等行业已取得初步成效。

7.1.1 设备状态监测技术的含义及主要形式

7.1.1.1 状态监测技术

设备状态监测是利用人的感官、简单工具或仪器，对设备工作中的温度、压力、转速、振动、声音、工作性能的变化等进行观察和测定。

随着设备的运转速度、复杂程度、连续自动化程度的提高，简单依靠人的五官和经验进行监测已难以满足实际需要。工业领域开始应用电子、红外、数字显示等技术和先进工具仪器监测设备状态，用数据处理各种信号，给出定量信息，为分析、研究、识别和判定设备故障打下基础。

7.1.1.2 状态监测的主要形式

状态监测主要分为在线监测和离线监测两种形式。

在线监测是指通过设备被监测部位上的传感器连续采集放大信息，并传递给计算机进行分析处理，为维修决策提供依据。

离线监测是由专业技术人员巡回将固定在设备被监测部位上传感器的信息采集下来，再输入计算机进行分析处理。

也有在线监测与离线监测相结合的系统，即有些部位在线监测，另一些部位离线监测。

7.1.2 设备状态监测的主要技术

状态监测的主要技术有以下四种：

（1）监测技术。它是根据不同的诊断目的，选择适用的检查测量技术手段，以及对诊断对象最便于诊断的状态信号，进行监测采集的一项基本技术。由于设备状态信号是设备异常或故障信息的载体，因此能否真实、充分地监测到反映设备情况的状态信号，是这项技术的重要关键。

（2）信号处理技术。它是从伴有环境噪声和其他干扰的综合信号中，把能反映设备状态的特征信号提出来的一项基本技术。为此需要排除或削弱噪声干扰，保留或增强有用信号，进行压缩、滤波和形式变换，以精化故障特征信息，达到提高诊断灵敏度和可靠性的目的。

（3）模式识别技术。它是对经过处理的状态信号特征进行识别和判断，在此基础上对是否存在故障，以及其部位、原因和严重程度予以确定的一项基本技术。设备状态的识别实际是一个分类问题。它是从不相干的背景下提取输入信号的有意义的特征，并将其变为可辨识的类别，以进行分析工作。

（4）预测技术。它是对未发生或目前还不够明确的设备状态进行预估和推测，据此判断故障可能的发展过程，以及何时将进入危险范围的一项基本技术。在设备诊断中，预测技术除主要用于分析故障的传播和发展外，还要对设备的劣化趋势及剩余寿命做出预报。

此外，尚有三项主要技术也必须予以重视：

(1) 对故障机理的研究。它是弄清故障的形式发展过程，了解故障的形态学特征，进一步掌握故障信号，提取故障特征和建立故障档案的基础。

(2) 计算机技术的应用。设备诊断的大部分工作，都可以依靠计算机的记忆、存储和科学运算功能去实现，特别是精密诊断和专家系统，没有计算机技术的支持就难以完成。

(3) 控制和校正技术。它是对容易产生故障的过程以及已经存在的异常所采取的一种有效措施，例如采用数值控制建立运动条件自动识别及自动控制连锁报警功能、软件上的错点处理和信号源故障的自动识别，以及机组转子现场动平衡等。

7.1.3　设备状态监测的十大手段

按照状态信号的物理特征，设备状态监测工作手段可分为十种，见表7-1所示。

表7-1　设备状态监测工作手段

序号	物理特征	监测目标	适用范围
1	振　动	稳态振动、瞬态振动模态参数等	旋转机械、往复机械、流体机械、转轴、齿轮等
2	温　度	温度、温差、温度场及热图像等	热工设备、工业炉窑、电机电器、电子设备等
3	油　液	油品的理化性能、磨粒的铁谱分析及油液的光谱分析	设备润滑系统、有摩擦副的传动系统、电力变压器等
4	声　音	噪声、声阻、超声波、声发射等	压力容器及管道、流体机械、工业阀门、断路开关等
5	强　度	载荷、扭矩、应力、应变等	起重运输设备、锻压设备、各种工程结构等
6	压　力	压力、压差、压力联动等	液压系统、流体机械、内燃机、液力耦合器等
7	电器参数	电流、电压、电阻、功率、电磁特性、绝缘性能等	电机、电器、输变电设备、微电子设备、电子仪器等
8	表面状态	裂纹、变形、点蚀、剥脱腐蚀、变色等	设备及零件的表面损伤、交换器及管道内孔的照相检查
9	无损监测	射线、超声、磁粉场、渗透、涡流探伤指标等	压延、铸锻件及焊缝缺陷检查，表面镀层及管壁厚度测定等
10	工况指标	设备运行中的工况和各项主要性能指标等	流程工业或生产线上的主要生产设备等

7.2　常用监测技术

7.2.1　振动监测技术

7.2.1.1　振动监测机理

机械运动消耗的能量除了做有用功外，其他的能量消耗在机械传动的各种摩擦损耗之中，并产生正常振动。如果出现非正常的振动，说明机械发生故障。这些振动信号包含机械内部运动部件各种变化信息。分辨正常振动和非正常振动，采集振动参数，运用信号处理技术，提取特征信息，判断机械允许的技术状态，这就是振动监测。

由此看来，任何机械在输入能量转化为有用功的过程中，均产生振动。振动的强弱与变化和故障无关，非正常的振动增强表明故障趋于严重。不同的故障引起的振动特征各异，相同的振动可能是不同的故障。振动信号是在机器运转过程中产生的，就可以在不用停机的情况下监测和分析故障。通过振动识别和确定故障的内在原因，需要专门的监测设备和专门的技术人才。

7.2.1.2　异常振动分类

从动力学角度，机械振动可以分为自由振动、受迫振动、自激振动、参数振动。

受迫振动——物体在持续的交变力的作用下产生的振动，如对中不良、不平衡等。

自激振动——振动物体由于自身能量激发产生的振动。因为具有反馈循环效应，小的干扰波动可能造成系统的强烈振动，对设备造成损害，如油膜振荡、气流激振等。

参数振动——由于机械结构参数周期性变化而引起的振动，如转动轴存在较深裂纹、基础松动、转子结构不对称等。

根据振动频率数值可将异常振动分为表 7-2 所列的几种情况。

表 7-2　异常振动的频率数值

振动类型	频率范围	故障实例
低频振动	工频（50Hz）5 倍以下	转子不平衡、不对中、轴弯曲、油膜振荡
中频振动	1kHz 左右	齿轮振动
高频振动	>1kHz	滚动轴承损伤

7.2.1.3　振动测试标准

绝对判断标准：此类标准是对某类机器长期使用、维修、测试的经验总结，由行业协会或国家制定图表形式的标准。使用时测出的振动值与相同部位的判断标准的数值相比较做出判断。一般这类标准是针对某些类型重要回转机械而制定的。例如国际通用标准 ISO2372 和 ISO3945，表 7-3 所示为各类风机振动标准的绝对值。

表 7-3　各类风机振动标准（绝对值）

设备名称	测定位置	功率/kW	转速/$r \cdot min^{-1}$	振动标准/μm
高炉鼓风机	轴	4800	3000	50
初轧均热炉风机	轴　承	370	1426	80
煤气排送风机	轴　承	830	7308	30

相对判断标准：对同一设备的同一部位定期进行监测，按时间先后作出比较，以初始的正常值为标准，以实测振动值超过正常值的多少来判断。

类比判断标准：在相同工作条件下，多台相同规格的运行设备，对各台设备的同一部位进行振动测量，根据结果判断，如果某台设备的振动值超过其余设备的振动值一倍以上，视为异常。此方法在无标准可参考的情况下采用。

根据不同设备、不同使用条件、不同的环境选择合适的判断标准，总结实践经验，分析维修数据，以丰富和修正使用的标准。

7.2.1.4　振动监测方法

振动监测的方法主要分为以下几步：

（1）正确选择监测仪器。振动监测仪器的选择可参考表 7-4 所示。

表 7-4　振动监测仪器的选择

仪器种类	适用范围
速度传感器	不平衡、不对中、松动、接触引起的低频振动
加速度传感器	齿轮、轴承故障引起的中、高振动信号
轻便式点振仪	做简易诊断
固定传感器	做精密诊断

（2）正确选择测量参数。测量振动可用位移、速度和加速度三个参数表述。这三个参数代表了不同类型振动的特点，对不同类型振动的敏感性也不同，如表 7-5 所示。

表 7-5 测量参数选择

被测对象	参数选择
不平衡、不对中、轴弯曲、松动、油膜振动等	位移或速度
齿轮、轴承、叶片故障	加速度

（3）正确选择测点位置。测量时应找出最佳测振位置、合理布点、选择诊断的敏感点、传感器安装方便、对振动信号干扰小的位置，一般以轴承部位为测量点，顺序编号，每次测量时按相同顺序，如图 7-1 所示。由于不同的故障引起的振动方向不同，一般测量互相垂直的三个方向的振动，即轴向、径向（水平方向）和垂直方向。例如对中不良引起轴向振动；转子不平衡引起径向振动；机座松动引起垂直方向振动。高频或随机振动测量径向，而低频振动要测量三个方向。总之测量方向和数量应全面考虑设备的振动状态。

（4）传感器安装固定。根据具体情况选用螺钉连接固定、胶合固定、蜂蜡固定、磁铁连接固定等方式，确保传感器不会发生平行、垂直方向的移动。

（5）信号噪声问题。注意连线或接地回路引起的噪声，情况严重时应采取相应补救措施。

（6）定期对仪器标定。要保证振动信号的监测精度，必须定期对传感器和检测仪器进行参数标定。

（7）测试数据整理。通过画趋势图或计算机整理数据，与基准比较。

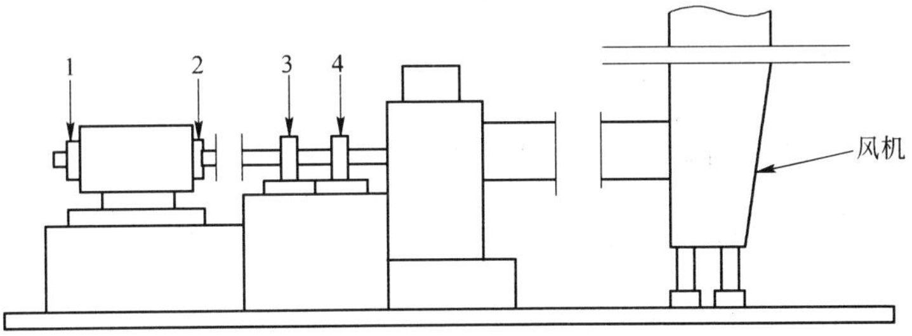

图 7-1 正确选择测点位置

7.2.1.5 振动记录与分析仪器

振动记录与分析仪器主要包括以下几类：

（1）位移型涡流式轴振动仪，主要用于在线监测高转速大型设备；

（2）速度型传感器振动仪，主要用于测量低频轴承座、壳体振动；

（3）加速度型传感器振动仪，广泛应用于各类中、高频振动监测；

（4）组合式仪表及信号分析系统，常用的品牌包括 ENTEK、IRD、RION、盛迪、西玛克、新赛科技、上海华阳、西北工大 MD 系列等。常用的振动记录与分析仪器的工作原理如图 7-2 所示。

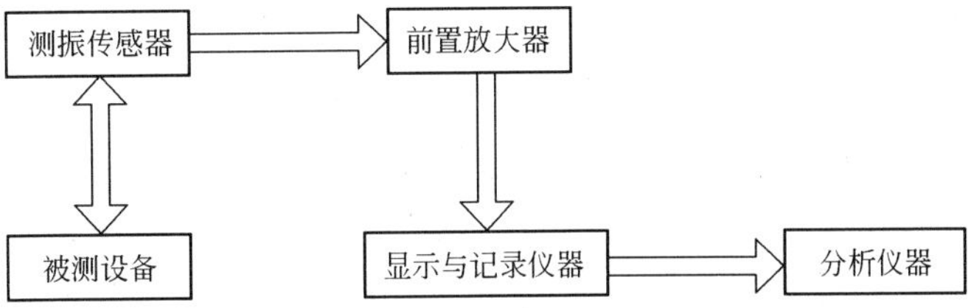

图 7-2 振动记录与分析仪器的工作原理

7.2.2　温度监测技术

温度监测主要分为常规温度监测技术和红外热成像监测技术。

7.2.2.1　测温仪器仪表分类

测温仪器仪表分类如表 7-6 所示。

表 7-6　测温仪器仪表分类

测温方式	分类名称	作用原理
接触测温	膨胀式温度计（液体式/气体式）	液体或气体受热膨胀
	压力表式温度计（液体式/气体式/蒸汽式）	封闭气体、液体受热膨胀、压力变化
	电阻温度计	导体、半导体受热电阻变化
	热电偶温度计	物体热电性质
非接触测温	光电高温计	物体热辐射
	光学高温计	
	红外热像仪	
	红外热电视	
	红外测温仪	

7.2.2.2　常规温度监测技术

测量设备表面温度变化的常规监测工具有便携式表面温度计，一般测量温度范围是 0 ~ 800℃，使用方便，读数直观，但是只能用于局部或某点的温度测量，受接触方法和环境影响很大，准确性低。

7.2.2.3　红外热成像监测技术

红外热成像监测技术通过测量物体在不同温度的红外线辐射来监测其温度。20 世纪 60 年代起该技术应用于电力工业，瑞典公司制成第一台商用仪器，随后各国公司相继生产相关设备。目前红外热成像技术在各行各业得到应用，取得明显效果。

7.2.2.4　行业应用

温度监测广泛应用于各类行业的设备系统。具体内容包括：

（1）电力系统：用于发电机、电动机铁芯、滑环、碳刷、热力管道、绕组、接点的发热状况的监测分析，配电盘发热状态的监测，三项平衡分析。

（2）冶金系统：对炉窑、管道、烟道、锅炉、安全阀管道、冷却系统壁厚和故障隐患进行测定分析。

（3）化工系统：反应釜、贮罐、流体管道的发热、壁厚、泄漏、绝热状况测定分析。

（4）建筑系统：对建筑空洞、砂浆气鼓、漏水、隔热层缺陷和冷、暖供应系统缺陷监测。

（5）电子工业系统：线路板发热状况监测辅助故障分析。

（6）煤矿系统：预报煤堆氧化起火先兆。

（7）地质、海洋、气象、医学体系、地热探测、探矿、气候变化、医疗诊断等。

7.2.3　油液监测技术

油液监测技术是用来监测机械转动使用的润滑油质量变化和机械磨损状况的方法。常规的润滑油监测用来检查润滑油使用后的性能变化情况；除此之外，在润滑油使用后，分析其中的磨粒和其他杂质，可以监测机械磨损状况。评价润滑油变化和设备零件磨损状态，预报其剩余寿命是当前迅速发展的监测技术之一，成为监测设备技术状态的重要手段。

A　油液理化性能监测

润滑油理化性能指标很多，其主要的指标有黏度、闪点、水分、酸值和机械杂质等，根据监测的结果判定润滑油的性能是否合格。

B　发射光谱分析技术

原子发射光谱分析法是通过测量物质发出特定波长的光及相应的光强度，对磨粒的元素成分及含量浓度进行定性和定量分析。它可测定油品添加剂的元素、磨粒物元素、污染物元素的成分和含量。

油料分析光谱仪可测的元素有：（1）磨损金属：Fe、Cu、Ti、Pb、Sn、Cr、Ni、Ag、Al、Mo；（2）添加物：Ca、P、Mg、Zn；（3）污染物：Na、Si、K、B。

发射光谱分析技术的特点是：分析迅速，不需要对样品进行处理，在短时间内能同时分析十几到二十几种元素；适合现场使用和分析多种材料摩擦副的磨料；分析结果准确性高，可达10～6级；适合分析小于10μm的摩擦颗粒，对油中的大颗粒不敏感。

C　铁谱分析技术

铁谱分析是以磨粒分析为基础的油液监测技术，利用高梯度强度磁场的作用，将磁性磨粒从润滑油中分离出来，并按其粒度有序的沉积，通过铁谱显微镜等仪器观察，可以分析磨损磨粒的大小、形貌、分布、成分和浓度等，用以诊断设备磨损形式、原因、部位、劣化程度和预测劣化发展趋势。铁谱分析仪器有直读式、斜面分析式、旋转分析式等。

铁谱分析技术的特点是：

（1）适合对大颗粒磨粒分析，颗粒直径1～200μm；

（2）可对铁磁材料磨粒进行定性和浓度的半定量分析；

（3）要求分析人员具有专业技术水平和实际经验；

（4）分析时间长，程序较复杂。

D　红外光谱分析技术

该技术根据润滑油中各组分的基团吸收特定频率的红外辐射强度不同，来对油液中各组分进行定性或定量分析。通过分析在用润滑油和新润滑油对红外光谱吸收的差异，可确定在用油的添加剂的降解程度，油品的硝化、硫化及串水等衰变和污染情况。

傅里叶红外光谱是一种原子吸收光谱，它可对有机官能团进行定性和定量分析，操作简单、快速、结果重复性好，可动态地检测润滑油黏度。

E　油液监测及分析诊断流程

（1）选择监测对象，制定方案；了解设备功能、结构、运转、润滑系统，确定方案；

（2）选取油样：油样应正确、均匀、有代表意义；

（3）制备监测油样：按照选择的监测技术、仪器规定来制备；

（4）油样监测：定性、定量测定参数；

（5）数据处理分析：选用趋势法、类比法对数据进行分析；

（6）判断故障：根据分析结果判断设备异常、故障部位、程度及原因，预报可能出现的问题、时间、部位、后果；

（7）改进建议：提出防止异常的方案、修复异常的办法。

7.2.4　噪声监测技术

在设备状态监测和故障诊断中，所碰到的声音一般为噪声。噪声有两类，一类是指一些不规则的、间歇或随机的声波；另一类是指不希望有的扰动或干扰声音，有时也包括那些在有用频带内任何不需要的干扰。在人们所处的环境中，所有噪声的总和成为环境噪声。当观测研究某声源时，凡与该信号存在与否无关的一切干扰，统称为背景噪声（如测量噪声、散粒噪声、热噪声）。噪声测量系统组成如图 7-3 所示。

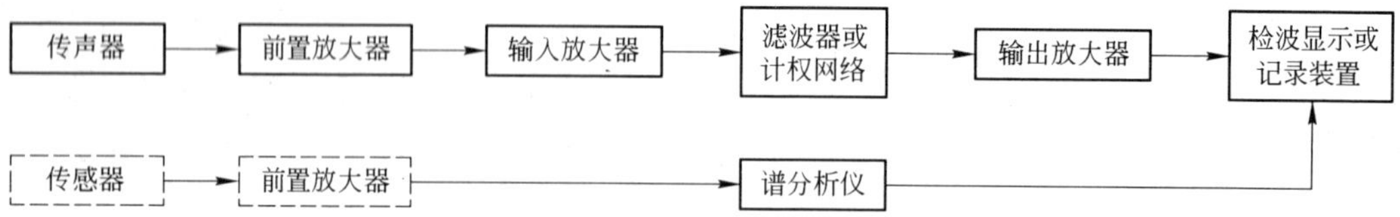

图 7-3　噪声测量系统

传声器的作用是将声学信号转换成电信号。声信号既可用声级计测量，从总体上判断机器设备的运行状态，用来进行总体的定量诊断；又可通过信号分析和处理的方法进行更为精密的状态监测和故障诊断。

声级计是最基本的噪声测量仪器，通常由输入放大器、计权网络、带通滤波器、输出放大器、检波器和显示装置组成，从表头上可直接读出声压级的分贝（dB）数。利用噪声的测量与分析进行机器设备监测及诊断的主要方法有下列几种：

（1）通过简易诊断技术的评估法。本法可以通过人的听觉系统主观判断噪声源的频率和位置，粗估机器运行是否正常；或者借助于传声器—放大器—声级计对机器进行近场扫描测量和表面振速分析，用来寻找机器的噪声源和主要发声部位。这种方法可用于机器运行状态的识别和精密诊断的粗定位。

（2）通过频谱分析进行精密诊断。频谱分析是识别声源的重要方法，特别是对噪声频谱的结构和峰值进行分析，可求得峰值及其对应的特征频率，进而寻找发生故障的零部件及故障原因。对于往复机械或旋转机械，一般都可以在它们的噪声频谱信号中找到与转速 n（r/min）和系统结构特性有关的基波和谐波峰值及其频率值，可用来识别主要噪声源。当峰值频率为几个零部件共有时，这时，就要结合其他方法，方可识别和区别究竟哪个零部件是主要噪声源。

（3）声强法。近年来用声强法来识别噪声源的研究发展很快，这是因为声强探头具有明显的指向特性，声强的指向特性是指在声波入射角为 ±90°时具有最大的方向灵敏度。用声强法能区分声波究竟是在声强探头的前方还是后方、左侧还是右侧入射的，而且这种区分对每一种频率成分均可实现。

（4）相关函数法。利用两个或两个以上的传声器可组成监测阵列单元，通过各传感器所测声源信号两两之间的互相关函数或互谱，决定信号时差或相位差，并计算声源到各测点的路程差，由此可确定声源的位置。这种方法在监测和诊断压力容器和管路的泄漏工厂和车间噪声源的区位以及工程结构的损伤已得到了成功的运用，并已实现了利用微机完成声源定位的实时分析系统。

7.2.5　无损检测技术

无损检测技术是指对材料和零、部件进行的非破坏检测，以便早期发现表面和内部缺陷的一项专门技术。无损检测的方法很多，各有特点，其检测表面裂纹的能力也各不相同。表 7-7 给出它们之间的比较。

表 7-7　无损探伤法检测表面裂纹的极限能力

监测方法	裂纹尺寸/mm			注　释
	宽	长	深	
目视法	0.1	2		受表面状况和光照的影响
渗透法	10^{-2}	1	0.1	与表面状况有关
磁粉法	10^{-2}	1	0.2	与磁化方式有关，限于磁铁材料
涡流法	10^{-2}	1	0.2	与激励方式有关，适于导体
超声波法	10^{-2}	2	1	与反射状况有关
X 射线法	0.3	5	0.3	与表面垂直厚度有关
声发射法	10^{-3}	10^{-2}	10^{-3}	仅在裂纹扩展时才有信号

（1）渗透探伤法。渗透探伤法就是受检零件表面预先清理干净后，在表面敷上专用的渗透液，当表面有开口缺陷时，经足够的时间后，渗透剂就渗透到缺陷中；然后把零件表面多余的渗透液清洗掉，再涂以显像剂形成显像薄膜，把缺陷中的渗透液吸出，经充分扩散进入显像剂薄膜，显现缺陷图景；最后就可观测判断出缺陷的位置、形状和大小，这就是渗透探伤法。

（2）磁粉探伤法。磁粉探伤法是一种应用较早、较广的无损检测方法。主要用于探测磁性材料或零部件表面和近表面的各种缺陷。这种探伤法的基本原理是当铁磁材质的构件在外磁场作用下被磁化时，在构件中产生磁力线的传播。如其表面和近表面存在缺陷，则由于缺陷的阻碍作用迫使磁力线弯曲而大量漏入空气中，在相应的部位形成漏磁场。通过观测施加在构件上的磁粉痕迹，就可判定缺陷的位置、取向和大小。

（3）涡流探伤法。涡流探伤法是以电磁感应为基础的。当把一个检验线圈与导电试件表面靠近并通以交流电流时，试件在交变磁场作用下，会在构件表面层感应出涡流。由于缺陷的存在，涡流的大小和分布会发生改变，使线圈内磁场发生变化。根据测得的涡流变化量，可判断缺陷的情况，这就是涡流探伤法。其基本框图如图 7-4 所示。

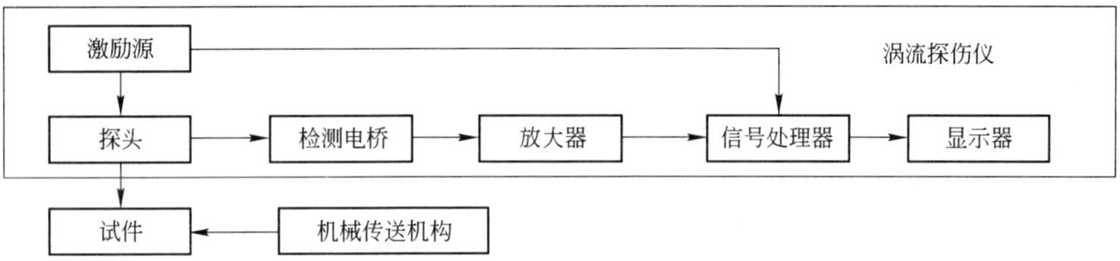

图 7-4　涡流检测系统框图

（4）超声波探伤法。正常人耳可以听到的声音的频率范围为 20～20000Hz，在此范围内的声音称为可听声，频率低于 20 Hz 的为次声波，高于 20000Hz 的为超声波，用于故障诊断的超声波频率一般在 0.5MHz 以上。

利用超声波进行探伤的特点是：超声波有良好的指向性，频率越高，指向性越好；由于频率高，波长短，超声波可在物体界面或缺陷处反射、折射和散射，据此可检测物体内部和表面的缺陷，并且波长越短，识别缺陷的尺寸越小，可检测与其波长同量级的缺陷。

超声波探伤的优点是：设备轻巧，操作方便，成本低，灵敏度高，检测速度快，可自动化检测，适用于野外作业，而且超声波对人体无害。缺点是检测时有一定的近场盲区，而且很难用于在线检测。超声波诊断是无损检测的一种重要方法，已获得了广泛应用。按照所用超声波形、探头类型、声耦合方式、波传播与激励方法等。超声波诊断方法综合归纳如图 7-5 所示。利用窄脉冲发射技术、频谱分析技术、扫描成像技术、超声全息摄影技术、超声 CT 技术等是进行缺陷超声诊断的未来发展方向。

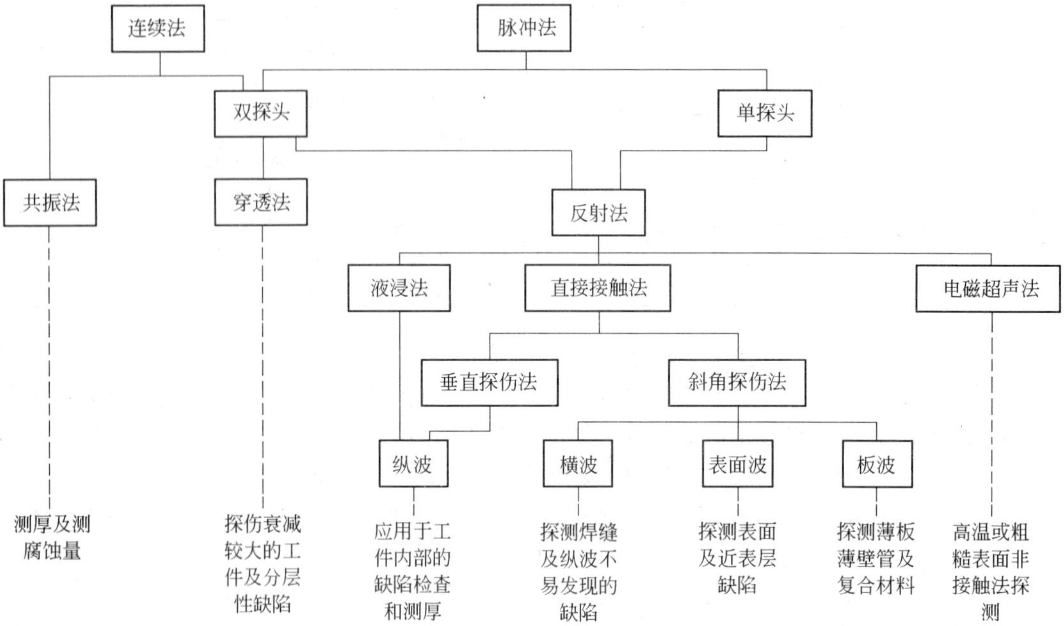

图 7-5　超声波诊断分类图

（5）射线探伤法。为检测深藏在物体内部的缺陷或状态变化，需利用穿透性更强的射线技术。射线在穿透物体的过程中，由于物体的吸收和散射，其强度要减弱，减弱的程度取决于物体的厚度、材料的性质、射线的种类和缺陷的有无。例如，当物体含有气孔时，气孔部分不吸收射线，容易通过；反之，若混有易吸收射线的异物夹杂时，射线就难以通过。用强度均匀的射线照射被测物体，使透过的射线在照相底片上感光、显影后，就得到与材料内部结构或缺陷相对应的灰度不同的图像，即射线底片。通过对这种底片的观测来检查缺陷的种类、大小和分布状况等，再依据相应的标准，来评定缺陷的危害程度，这就是射线照相探伤法。在设备诊断中常用的射线有 X 射线和 γ 射线。这两种射线的基本特点对比如表 7-8 所示。

表 7-8　X 射线和 γ 射线的基本特点

射线种类	线源强度	线源尺寸	图像对比	电　源	防　护
X	可调节	较　大	高	有	较　易
γ	固　定	较　小	低	无	较　难

（6）光学探伤法。光学探伤法是一种较老的方法，但有时却能发现一些其他方法难以发现的缺陷，只要探头能接近离被测物表面约 610mm 的距离，并且所成角度不小于 30°，即可进行光学探伤。光学探伤的主要设备是内窥镜，它常用于探测腔室和管道内部的缺陷。

7.3　基于无线传感器及测量装置的监测系统

设备科学化管理的要求愈来愈高，设备故障的预测在生产过程中已显得更为重要。设备检修由目前的计划管理模式正逐步向预知性设备检修模式转变，其目的是使设备的管理趋向合理化、科学化，更能体现一个企业的管理水平。检修计划的合理制定、生产成本的有效控制、安全事故的预防与避免费用重复投入等无不与设备在线运行工况息息相关。而传统的在线监测，成本高，安装不便，使其无法广泛采用。而无线技术的飞跃发展，互联网技术使得设备管理更为简单、科学、可靠、准确、经济。

7.3.1 系统简介

“无线传感器及测量系统”是目前国内工业互联网技术应用的高科技产品，它将目前最先进的无线数字网络通信技术与工业领域数据测控实现了最完美的结合。它采用了低功耗及数字编码识别技术，不需做任何线缆敷设（指有线连接过程），通过无线直序扩频、FSK 通讯方式实时、准确、有效地实现了数据采集与数据传输功能。该系统采集数据输入计算机 ERP 系统后，使现有的设备运行管理系统具有“在线设备运行监视”功能与“在线设备预诊断”功能，可以完全替代传统的管理模式。

“无线传感器及测量系统”适用于各种工业现场，数据传输流量非常小，每一组数据字节不超过 1k，可组成在线式监测无线传输系统、能源管理系统、无线测温系统、离线式设备点检无线传输等系统，也可作为部件使用，根据现场环境和客户需求可选择不同的配置，用于点对点通讯。

7.3.2 在线式监测无线传输系统

在线式监测无线传输系统具有以下特点：

(1) 低功耗。无线压力表、无线测温装置、无线测振装置采用干电池供电，两节 3.6V 电池可使用两年以上；

(2) 无线 4-20MA 采集装置、开关量采集装置、能耗采集装置采用 24V 供电，应用范围包含大多数仪表；

(3) 易安装：现场安装简单方便，不需布线；

(4) 系统扩展性好，也可改用 433M、868M 频段；

(5) 抗干扰性强，采用 2.4G 直序扩频技术（无线免费频段，屏蔽性好）；

(6) 通信距离从 2m 到 40000m 可选。

在线式监测无线传输系统组网方式如图 7-6 所示。

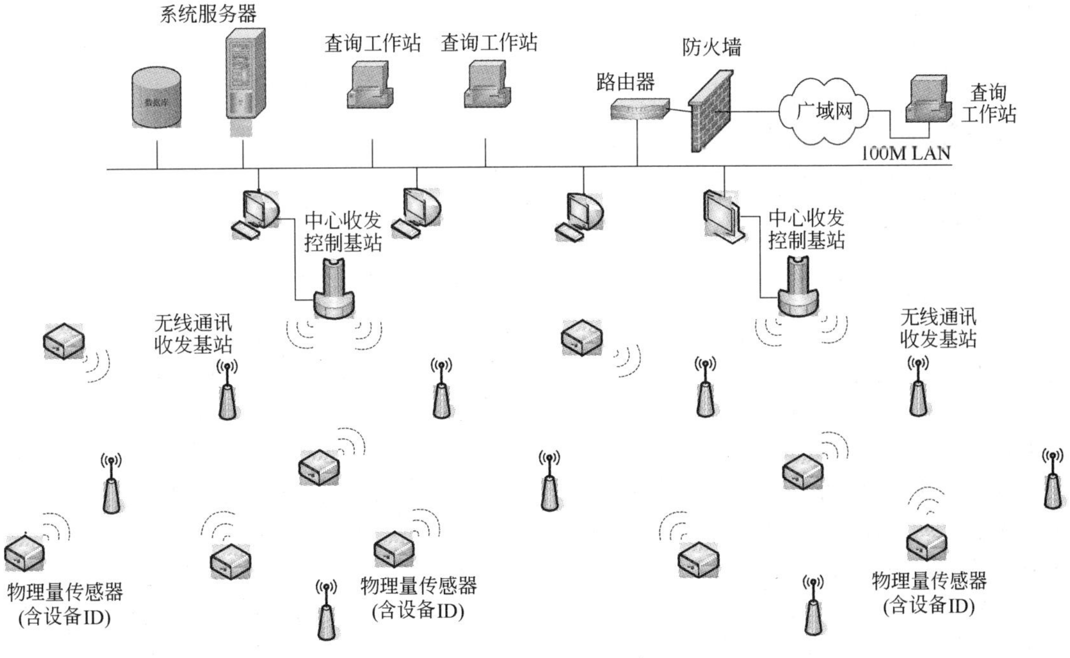

图 7-6 在线式监测无线传输系统组网方式

7.3.3　离线式监测无线传输系统

离线式监测无线传输系统采用的数据录入设备可分为两大类：数据手动录入设备和数据自动录入设备。

数据手动录入设备主要由以下几部分组成：便携式无线测温（测振）点检仪、无线电子标识牌、无线路由中继站、无线中心接收站。它具有以下功能：

（1）测量功能：含有设备ID的测试仪（含便携式点检仪）对有关检测点进行实时检测，测量数据的上传周期时间可任意设定；

（2）录入功能："FW-VI设备监测无线传输系统"可以将现场测量数据自动上传到计算机ERP系统，不需人工录入；

（3）报警功能：当检测数据超出该检测点极限时，计算机监控中心实时弹出一个报警对话框，并发出刺耳的报警声，提示管理人员该检测点有故障隐患；

（4）分析功能：可以按一定历史周期绘出点检运行曲线，提供给管理人员分析设备运行工况，制定出合理的检修计划；

（5）管理功能：增加、修改和删除设备信息，测量设备的领用管理（与公司的员工工号对应）；

（6）快捷建网功能：该无线传输系统实施简便，由于采用的是无线通讯模式，故项目安装施工极为简便，只需将无线路由中继站分布到各点检区域，就可轻松将数据采集传输到计算机ERP系统中。

数据自动录入设备主要由以下几部分组成：无线数据自动录入装置、现场仪表标识、无线中心接收站。数据自动录入设备除了具备数据手动录入设备的功能特点外，还有以下优点：

（1）无线数据自动录入装置体积小（火柴盒大小），便于携带，可直接挂于腰间。

（2）进入现场仪表标识（如温度标识、压力标识、振动标识、电流标识等）的范围内，数据可自动录入现场操作人员挂于腰间的无线数据自动录入装置，不需现场操作人员手动操作。

（3）数据的传输不需要安装中继站。

（4）现场设备都是电池供电，所以安装施工不需要布大量的电源线，减少了施工量和难度，设备安装更方便、快捷、安全。

离线式监测无线传输系统组网方式如图7-7所示。

7.3.4　系统产品

采集类设备包括：

（1）无线压力表（FW-XP-YL）。用于（水、气、液压、油压）管道、锅炉、耐压罐、反应塔、大型机械设备、行车、塔吊等等压力的数据采集与无线传输，它通常独立安装在现场，可以将采集的数据定时发送至距离最近的中继站，再由中继站将采集的数据传输至中心站，也可以直接将采集的数据传输至中心站。

（2）无线测振采集装置（FW-VI-ZCZ）。用于各种机械设备，测量出振动的加速度、速度。该装置用于测量电动机的振动速度以及频率，用于轴承、齿轮、风扇机床等快速检查，对于机械设备故障的预防检查。

（3）无线测温采集装置（FW-VI-ZCW、FW-VI-ZCWⅡ）。磁铁式无线测温采集装置（FW-VI-CTCW）。用于各种物体表面温度数据采集与无线传输，它通常独立安装在现场，将采集的数据定时发送至距离最近的中继站，再由中继站将采集的数据传输至中心站，也可以直接

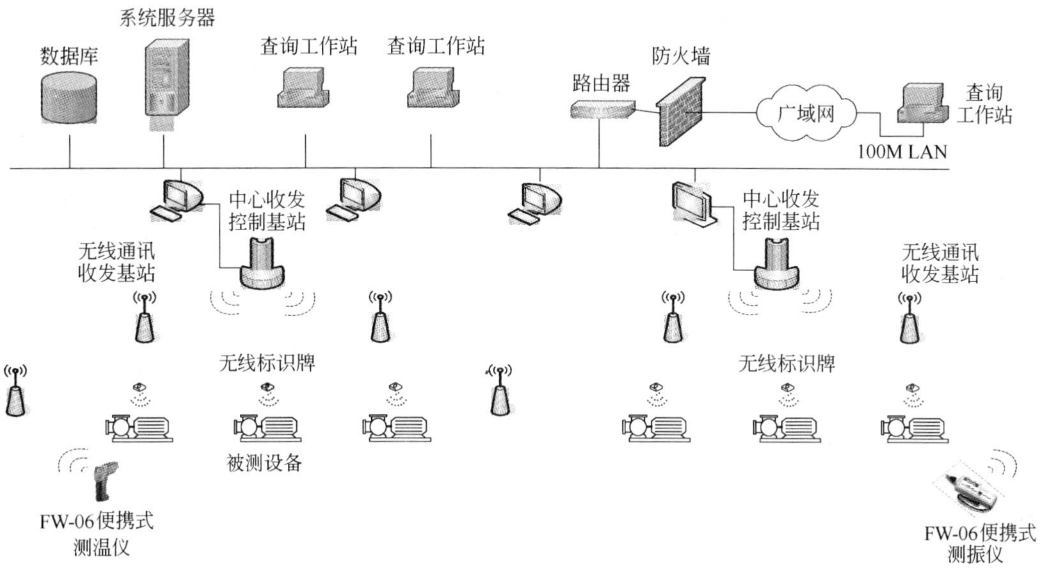

图 7-7　离线式监测无线传输系统组网方式

将采集的数据传输至中心站。适用于不易焊接、经常更换配件的设备。

（4）无线测高温装置（FW-VI-GW）。无线测高温装置无需外接电源供电。远程实时监控，无线传输，无需现场布线，省去普通产品需要现场布线的麻烦，既节省了人力，又节省了施工的成本。特别适用于现场无法供电且又需要数据进行实时传输的旋转炉窑、供暖等管道。它通常独立安装在现场，将采集的数据定时发送至距离最近的中继站，再由中继站将采集的数据传输至中心站，也可以直接将采集的数据传输至中心站，直接传输至模拟量还原装置。

（5）模拟信号采集装置（FW-VI-DDM）。用于温度仪表、压力仪表、流量仪表、速度仪表、位移仪表、物位仪表、湿度仪表、振动仪表、液位仪表、电工仪表等所有两线制标准工业 4 ~ 20mA 信号的采集与无线传输。

（6）4 ~ 20mA 信号采集装置（FW-VI-ACJ）。用于温度仪表、压力仪表、流量仪表、速度仪表、位移仪表、物位仪表、湿度仪表、振动仪表、液位仪表、电工仪表等所有两线制标准工业 4 ~ 20mA 信号的采集与无线传输。

（7）4 ~ 20mA 信号还原装置（FW-VI-DDH）。用于温度仪表、压力仪表、流量仪表、速度仪表、位移仪表、物位仪表、湿度仪表、振动仪表、液位仪表、电工仪表等所有两线制标准工业 4 ~ 20mA 信号的还原。

（8）交流电参数采集设备（FW-VI-DJ）。用于设备电源部分的数据采集与无线传输，它通常安装在配电设备或移动设备上，它同时可采集 15 路电流、1 组电压（三相电压）、5 路开关量数据，将采集的数据定时通过 2.4G 无线方式发送至距离最近的中继站，再由中继站将采集的数据传输至中心站。

（9）单回路开关量采集装置（FW-VI-KG）。用于一切开关量的采集与传输。有精度高、抗腐蚀、抗冲击、抗震动、高稳定性等优点。使用直序扩频技术，在恶劣复杂的环境中信号抗干扰能力强。

（10）多回路开关量输入输出采集装置（FW-VI-DL）。用于八路开关量的采集与传输。有精度高、抗腐蚀、抗冲击、抗震动、高稳定性等优点。使用直序扩频技术，在恶劣复杂的环境中信号抗干扰能力强。

(11) 透明传输模块 (FW-VI-TM)。透明传输模块为用户提供高速、永远在线、透明数据传输的专用数据通讯网络。主要针对电力系统自动化、工业监控、交通管理、气象、环保监测、管网监控、煤矿、油田等行业部门的应用。采用低功耗、高性能一体化，可高速处理协议和大量数据。有多个通信频道，也可根据客户具体要求扩展。具有通讯距离远、抗干扰能力强、组网灵活、性能可靠稳定等优点和特性；可实现点对点、一点对多点、多点对多点之间的设备间数据的透明传输；TTL 电平收发接口、标准串口 RS-232 数据接口，可以实现数据的广播方式发送、按照目标地址发送模式，除可实现一般的点对点数据通信功能外，还可实现多点之间的数据通讯，串口通信使用方法简单便利，可以大大简短模块的嵌入匹配时间进程。

(12) 电表、水表能耗数据采集器 (FW-VI-NH)。用于对电表、水表数据的采集与传输。可以通过有线方式传输，也可以通过无线方式传输，还可以支持多信道传输；能耗数据采集器配置不小于 128KB 的专用存储空间，支持对能耗数据 7～10 天的存储；能耗数据采集器将采集到的能耗数据进行定时传输；RS-485 或 RS-232 多串口协议连接；数据前端暂存，可将通信中断期间采集到的数据自动上传；能耗数据采集器支持对计量装置能耗数据的解析；在传输前能耗数据采集器对数据包进行加密处理。

显示类设备包括：多路无线集中器 (FW-VI-DLJZ)。FW-VI-DLJZ 多路无线集中器是在没有或者不便使用 PC 机的情况下使用的一种显示类设备，它可以将各种采集设备所采集的数据直接显示在显示屏上。

点检类监测设备包括：

(1) 便携式无线测温点检仪 (FW-VI-CW、FW-VI-CZ)。FW-VI-CZ 便携式无线测振点检仪是集现场数据采集、自动识别、无线传输等功能于一体的智能设备。它是由生产运行人员定时携带到现场对需要检测点进行检测，将对应采集的数据自动传送到无线路由中继站，该点检仪在一个无线电子标识牌范围内可识别 12 个设备 ID 码，且可存储 100 个识别码。

(2) 无线数据自动录入装置 (FW-VI-SJ)。FW-VI-SJ 无线数据自动录入装置是集现场数据自动采集、无线传输等功能于一体的智能设备。它是由生产运行人员佩带到现场巡检，并自动收集现场仪表标识 (如温度标识、压力标识、振动标识、电流标识等) 存放于该录入装置。

(3) 电子标签有源 RFID (FW-VI-BS)。FW-VI-BS 无线电子标识牌是配合便携式点检仪开发，它主要针对某设备有一个以上测试点而设计的，它为这些测试点提供 ID 编号。该标识牌工作时能耗低，非工作时间处于休眠状态，能耗 (小于 1μA) 可忽略不计，因此配装的蓄电池可连续使用五年以上。

无线网络通讯设备包括：

(1) 无线路由中继站 (FW-VI-ZJ)。FW-VI-ZJ 无线路由中继站是一种无线路由转发装置，它平时处于“待接状态”，一旦接收到采集的数据信号或其他中继站转发的数据信号时，便将接收到的数据信号发送到下一个中继站或无线中心接收站，覆盖范围广，它具有信号传递“接力”功能。它是该无线网络主要的设备。

(2) 无线中心接收站 (FW-VI-ZK)。FW-VI-ZK 无线中心接收站是一种无线接收装置，它将接收到的数据信号通过有线连接进入计算机网络系统。它通常安装在计算机房内。

(3) 无线桥接器 (FW-VI-QJQ)。FW-VI-WQ 无线桥接器是一种将两个不同厂家或不同网络连在一起的装置，通过串口来转发帧。达到数据传输的目的。发送到下一个中继站或无线中心接收站，它具有网络传递“接力”功能。它也是该无线网络主要的设备。

8 设备诊断技术

8.1 设备诊断技术

8.1.1 设备诊断技术的概念

设备诊断技术是指在设备的运转状态中，运用科学的方法，探测内部显现的异常征候、原因、部位、程度，然后采取具体对策，修正其缺陷的技术。其基本功能是在不拆卸或基本不拆卸设备的情况下，掌握设备运行现状，定量地检测和评价设备的以下状态：（1）设备所承受的应力；（2）强度和性能；（3）故障和劣化；（4）预测设备的可靠性。在设备发生故障的情况下，对故障原因、故障部位、危险程度进行评定，并确定正确的修复方法。

设备诊断技术包括以下三个环节：（1）检测异常；（2）诊断故障症状和故障部位；（3）掌握故障类型。因此，应用设备诊断技术，能确定设备存在的问题及其原因和程度，可以采取最适宜的对策避免故障的发生和确定针对性修复方法，以达到维修目标准确，排除故障及时，减少修理时间，降低维修费用和停机损失，提高设备有效利用率的目的。

上面所说的设备诊断是针对企业的在用设备而言的。如从设备的一生（寿命周期）而言，不仅要在设备运行阶段进行诊断，以实施状态维修；还必须在设计、制造阶段进行检测，诊断设备是否达到了设计技术要求、精度标准和预定功能；而在设备发生故障后，诊断分析故障发生原因。通过这三个相互联系的阶段和技术数据的积累，必然有助于提高以后的设备设计、制造质量，增大设备的可靠性，延长设备的使用寿命。

8.1.2 设备诊断技术的工作原理和工作程序

设备诊断技术的基本原理及工作程序如图 8-1 所示，它包括在前期建立信息库和知识库以及信号检测、特征提取、状态识别和预报决策等四个工作程序。

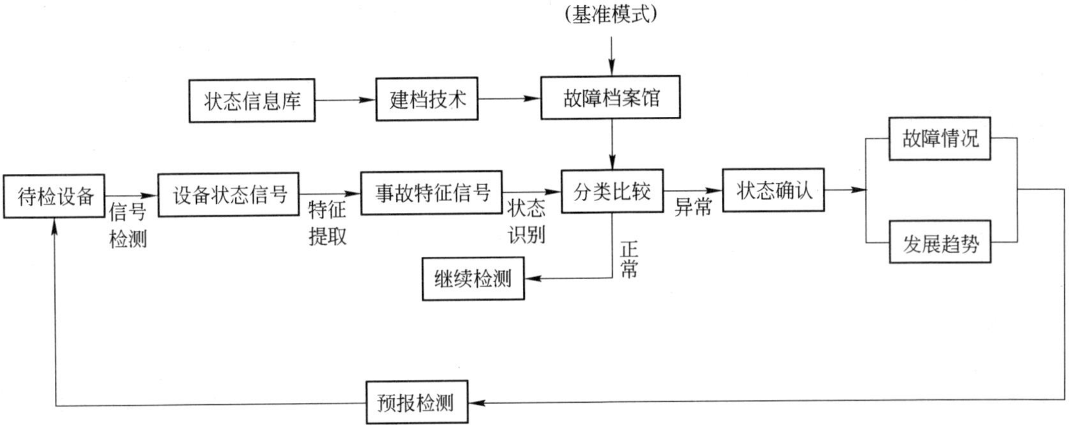

图 8-1 设备诊断技术的基本原理及工作程序

信号检测：按照不同的诊断目的和对象，选择最便于诊断的状态信号，使用传感器、数据采集器等技术手段加以监测与采集。由此建立起来的是状态信号的数据库，属于初始模式。

特征提取：将初始模式的状态信号通过信号处理，进行放大或压缩、形式变换、去除噪声干扰，以提取故障特征，形成待检模式。

状态识别：根据理论分析结合故障案例，并采用数据库技术所建立起来的故障档案库为基准模式。把待检模式与基准模式进行比较和分类，即可区别设备的正常与异常。

预报决策：经过判别，对属于正常状态的可继续监视，重复以上程序；对属于异常状态的，则要查明故障情况，做出趋势分析，估计今后发展和可继续运行的时间，以及根据问题所在提出控制措施和维修决策。

按照状态信号的物理特征，设备诊断技术的主要工作手段分为10种，如表8-1所示。选用上述主要工作手段要根据对象不同而有所区别，其中以振动、温度、油液及声学的诊断方法应用最多。

表8-1　设备诊断技术的主要工作手段

序号	物理特征	检测目标	适用范围
1	振　动	稳态振动、瞬态振动模态参数等	旋转机械、往复机械、流体机械、转轴、轴承、齿轮等
2	温　度	温度、温差、温度场及热图像等	热工设备、工业炉窑、电机电器、电子设备等
3	油　液	油品的理化性能、磨粒的铁谱分析及油液的光谱分析	设备润滑系统、有摩擦副的传动系统、电力变压器等
4	声　学	噪声、声阻、超声波、声发射等	压力容器及管道、流体机械、工业阀门、短路开关等
5	强　度	载荷、扭矩、应力、应变等	起重运输设备、锻压设备、各种工程结构等
6	压　力	压力、压差、压力联动等	液压系统、流体机械、内燃机、液体耦合器等
7	电气参数	电流、电压、电阻、功率、电磁特性、绝缘性能等	电机、电器、输变电设备、微电子设备、电工仪表等
8	表面状态	裂纹、变形、点蚀、剥脱腐蚀、变色等	设备及零件的表面损伤、交换器及管道内孔的照相检查等
9	无损检测	射线、超声、磁粉场、渗透、涡流探伤指标等	压延、铸锻件及焊缝缺陷检查，表面镀层及管壁厚度测定等
10	工况指标	设备运行中的工况和各项主要性能指标等	流程工业或生产线上的主要生产设备等

8.1.3　设备诊断技术的组成和功能

设备诊断技术由简易诊断技术和精密诊断技术两种技术组成。

简易诊断技术是指使用简单的方法，对设备技术状态快速做出概括性评价的技术。它能够迅速而概括地检查了解设备状态，由现场维修人员施行，普遍应用于各种设备。简单诊断技术一般有以下几个特点：

（1）使用各种较简单、易于携带和便于在现场使用的诊断仪器及检测仪表；

（2）由设备维护检修人员在生产现场进行；

（3）仅对设备有无故障、严重程度及其发展趋势做出定性初判；

（4）涉及的技术知识和经验比较简单，易于学习和掌握；

（5）需要把采集的故障信号储存建档。

设备的状态监测包括定期的或在线的，都属于简易诊断技术的范围。它可对能反映设备技术状态的一些参数做出正常与否的判断，当存在异常或超过限值时，应能报警或自动停机，但状态监测并不同于故障的识别和判断。

精密诊断技术是指使用精密的仪器和方法，对简易诊断中难以确诊的设备故障进行精确的定量检测与分析，找出故障位置、原因和数据，据以确定应采取的相应技术措施。它一般有以下几个特点：

(1) 用各种比较复杂的诊断分析仪器或专用诊断设备；

(2) 由具有一定经验的工程技术人员及专家在生产现场或诊断中心进行；

(3) 需对设备故障的存在部位、发生原因及故障类型进行识别和定量；

(4) 涉及的技术知识和经验比较复杂，需要较多的学科配合；

(5) 进行深入的信号处理，以及根据需要预测设备寿命。

近年开发的计算机辅助设备诊断系统和人工智能诊断系统等，也都属于精密诊断技术范畴，一般多用于关键机组和诊断比较复杂的故障原因。设备简易诊断和精密诊断两者的关系相当于护士与专科医生的关系，如图 8-2 所示。

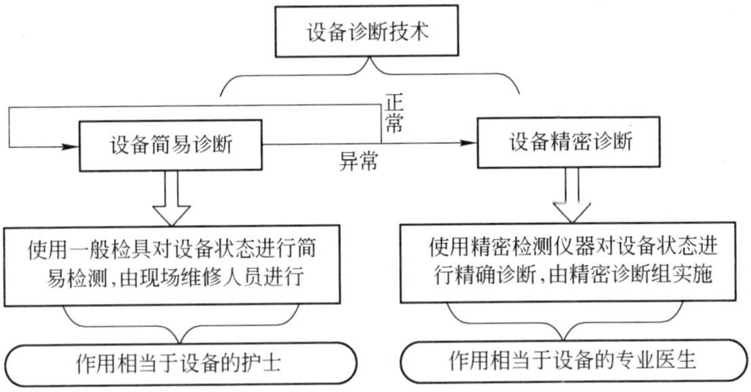

图 8-2 设备诊断技术的构成

在一般情况下，多数设备都采用简易诊断技术来诊断设备现时的状态，只有对那些在简易诊断中提出疑难问题的设备（包括关键、高精度、大重型设备），才进行精密诊断。这样使用两种诊断技术，才是最有效而又经济的。图 8-3 表示了简易诊断技术和精密诊断技术的功能。

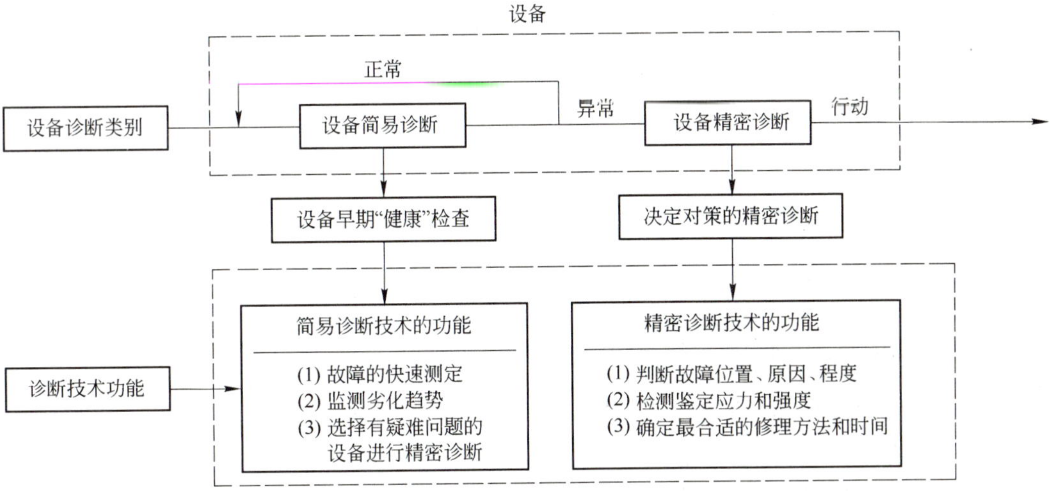

图 8-3 设备诊断技术的功能

8.1.4 设备诊断的判定标准及其制定方法

设备诊断的判定标准是用以评价设备技术状态的一种标准。据此可以判定设备的正常、异常和故障，以实施超限报警或自动停机。常用的判定标准有以下三种：

（1）绝对判定标准。根据对某类设备长期使用、维修与测试所积累的经验，并由企业、行业或国家归纳而制定的一种可供工程应用的标准。这类标准一般都是针对某类设备、并在规定了正确的测定方法后制定的，故在使用时必须掌握标准的运用范围和测定方法。

（2）相对判定标准。对同一台设备，在同一部位定期测定参数，并按时间先后进行比较，以正常情况下的值为原始值，用实测值与该值的倍数作为判定标准。

（3）类比判定标准。数台同样型号、规格的设备在相同条件下运行时，通过对各台设备的同一部位进行测定和相互比较来掌握异常程度。

目前，国内外比较普遍使用的判定标准的制定方法有两种。

（1）株洲冶炼厂建立标准的方法，步骤如下：

1）根据以往多次测试、检修的数据，大致确定判定标准，即确定故障的上限控制线。

2）根据某一周期（检修后开始运行至停机检修）测试数据找出变化规律并做出浴盆曲线。

3）由步骤2）确定下一运行周期故障的类型（递减型、恒定型和递增型）并重点研究后两种。利用一元回归直线方程，判断能否按正态分布规律做曲线，如可能即求出上限值。

4）将此上限值与步骤1）由实际经验得出的大致值相比较，看是否有较大出入。

在实际工作中，常会发现同一型号的不同机组，其正常上限值与临界值都不一定相同。因此，应尽可能给每一台机组建立一个档案，在积累数据后，再建立该机型的判定标准。

（2）日本丰田利夫教授制定标准的方法，步骤如下：

1）在设备正常时，进行20次以上（$n\geqslant 20$）的非连续测量。

2）计算其数学平均值：

$$\mu_0 = \frac{\sum_{i=1}^{n} X_i}{n} \tag{8-1}$$

式中　X_1，X_2，…，X_n——第1～n次的测量值。

3）计算标准偏差 σ_0：

$$\sigma_0 = \sqrt{\frac{\sum_{i=1}^{n}(X_i - \mu_0)^2}{n-1}} \tag{8-2}$$

4）按照以下公式计算判定标准：

异常（注意）值　　$X_e = \mu_0 + 2\sigma_0$　　（8-3）

危险（报警）值　　$X_e = \mu_0 + 3\sigma_0$　　（8-4）

8.1.5　设备诊断技术在设备工程中的作用

根据世界发达国家的经验和中国企业的实践经验，设备诊断技术在现代设备工程中的作用大致有以下几点：

（1）为优化设备设计及消除设计缺陷提供明确的方向。有些设备设计时因未认真考虑动态效应，从而造成难以使用的缺陷，可以通过设备诊断技术予以解决。如上海人造板机器厂所设计制造的木材生产线上的高速双面磨光机，在试车时出现异常振动，经应用诊断技术查找振源，发现由于机架导向辊的转动频率接近机架的固有频率，因而造成机组共振。

（2）为新设备验收安装提供重要手段。新设备在投入使用前，要进行设备验收，以及测试其原始运行数据，为以后的状态识别提供可靠依据。设备诊断技术可以作为重要手段。例如，上海汽车齿轮总厂在验收一台有争议的新磨床时，通过诊断发现磨头后端轴承的滚珠存在严重点蚀与失圆缺陷，更换后故障得以排除。

(3) 为进口设备经济索赔提供重要依据。有些技术上有缺陷的进口设备，可以通过诊断技术获取科学数据，作为经济索赔的重要依据。例如，株洲化工厂一台从国外进口的水环压缩机，在交付试车时出现异响。用 CMJ-1 轴承故障检测仪检查，发现振动量级超标，怀疑存在问题。但外方否认，并拒绝提供内部结构参数。经用共振解调分析，查明振动中有相当于工作频率的20倍频成分，从而判断叶片有问题，并确定叶片数为20片，使外商惊服，从而获赔5万美元。

(4) 为旧设备进行价值评估及处理报废提供依据。在对设备资产进行评估，特别是技术状态的评估中，诊断技术可以提供有力支持。通过简单的检测，在短时间内可正确评价，从而确定该设备当前的实际价值。

(5) 为解决因突发事故而造成的责任纠纷提供线索。在一些大型关键设备上多次发生突发事故后，因原因不明，造成责任纠纷。例如，大同发电厂2号发电机组和秦岭发电厂5号发电机组的事故，都因为缺乏故障诊断的“黑盒子”系统，而造成分析识别的困难。可见在一些发电厂、化工厂的设备上安装有具备此项功能的诊断系统是很有必要的。

(6) 为建立大型设施的可靠性数据库提供依据。不少大型矿山和施工机械价格昂贵，工作条件恶劣，而其使用可靠性对完成工期、保证质量起着重要作用。为此，建立该类设备的可靠性数据库并及时进行可靠性分析，对发生频率高、严重影响可靠性的故障提出有效排除措施，就显得十分重要。诊断技术可为此提供重要数据，并找出易损件的薄弱环节。一些单位已对大型挖掘机及自卸车进行了大量工作，取得良好效果。

(7) 为特殊设施提供远程诊断。在海上钻井平台上进行操作和监控作业的生产人员，当强烈台风来临，需暂时撤离，以保障人身安全。而此时的设备运行与监控工作，完全依赖于通信卫星遥控远程设备诊断系统，最终在陆上基地进行信号处理和维修决策。与此相似，天津电力试验所对相距54公里以外的天津军粮城发电厂5号机组成功地进行了远程诊断。今后，集优势诊断手段和专家经验于一体，以互联网络和卫星通信为传输控制手段的“设备医院”，必将日益发展。

8.2　设备诊断技术常用方法

8.2.1　设备诊断技术的选择

各种状态诊断技术各有差异和各有特点，各企业根据其生产特点，设备在生产中的重要性，自身条件来设置检测仪器和系统，并非选择的监测仪器越复杂越好，越高级越好，可以用简易的监测方法来检测设备，就没有必要采用精密诊断仪器或系统。企业设备中的大型和关键设备只占少数，大多数设备属于一般设备，因此大多数故障属于普通性质的故障，易于检测，易于诊断，所以在工厂大量使用简易检测仪器检查设备的运行状况，是最基本最普遍的工作。对于重要的大型设备，可以采用离线或在线监测与诊断技术。

由于设备系统的复杂性，故障的随机性、隐蔽性难以预测，影响设备运行状态的因素的多元性，使设备的检测和诊断很难做到十分准确无误。所以在诊断复杂设备系统的故障时，应从多个角度收集信息，除了振动数据外，还要参照其他信息，如工艺参数、润滑、环境、历史记录以及附属设备、管线等，不能只根据某一信息、数据就简单做出结论。要将各种情况、各种因素、各类数据加以融合，综合分析研究，做出判断。即只有通过信息的集合与技术的融合，才能得出正确的结论和做出科学预报。

8.2.2　设备诊断分析方法

优秀的故障诊断系统离不开诊断者的问题分析能力和逻辑推理能力。诊断人员应该学会如何积累、总结经验，通过以往的经验来分析判断设备故障。下面介绍几种常用的故障诊断逻辑和推理思维方法。

A　主次图分析

主次图分析又称为帕累托分析，是一种利用经验判断分析问题的方法，是将平时的设备故障频次或者停机时间记录下来，统计绘出设备的故障主次图（PARETO 图）。绘制主次图时，首先按照故障频次大小（停机小时多少）从左到右排序，然后分别将故障频次的百分比（或者停机小时）累加起来描点，再把这些点用曲线连接起来就形成了全图。图 8-4 所示为一台加工机床的故障主次图。从图中可以看出，变速故障的频次为 48.5%，而变速与主轴故障频次之和为 77.3%，变速、主轴与溜板故障频次之和为 86.4%……按照意大利科学家帕累托的 80/20 分布理论，设备 20% 的故障模式决定着 80% 的停机时间。这就告诉诊断工作者，永远要抓住最具有倾向性的前 20% 故障模式，因为它们决定了设备的主要故障停机。设备一旦出现故障，首先要想到故障频次最高的第一二种模式，然后再考虑次要的模式，这就是比较有效的诊断方法。

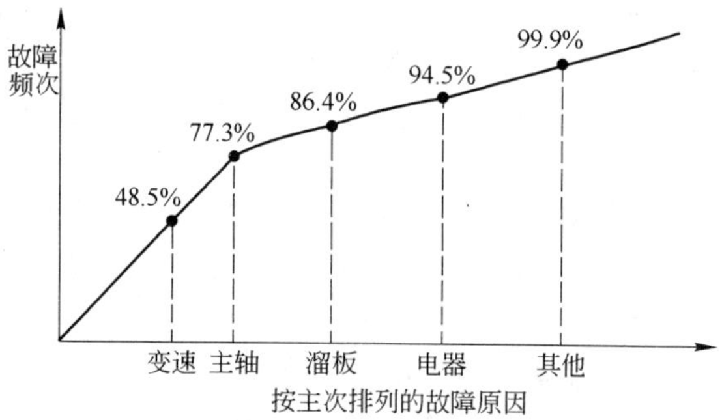

图 8-4　加工机床的故障主次图

B　因果分析

因果分析又称为鱼刺图，就是把故障原因按照发生的因果层次关系用线条连接起来，构成故障的主要原因称为脊骨，构成这个主要原因称为大骨，依次还有中骨、小骨、细骨……

设备诊断与维修工作者将平时维修诊断以鱼骨的形式记录下来，过一段时间需要对鱼骨图进行整理，经常出现的故障原因（大骨）就移到鱼头位置，较少发生的原因就向鱼尾靠近。今后，设备出现故障，首先按照鱼骨图从鱼头处逐渐向鱼尾处检查验证，检查出大骨，再依次寻找中骨、小骨、细骨，直至找到故障的根源，加以排除为止。图 8-5 给出利用鱼骨图分析设备综合效率低下问题的例子。

C　PM 分析

PM 分析是透过现象，分析事物物理本质的方法。所谓 P 是 phenomena，physical，problem，preventive 四个英文单词的字头，是说任何故障都表现出某种“现象”，这些现象是“物理的”，它导致“问题”的出现，而这些问题是“可预防的”。在现象背后存在着五个 M，即 mechanism、material、machine、manpower、method 这五个英文单词的词头，这就是说现象背后的原因可以归纳为“机理”、“材料”、“设备”、“人力”、“方法”等要素，这五个要素，也有用“人、机、料、法、环”来描述的。凡有故障（问题）出现时，一定要填写一张回答问题的表

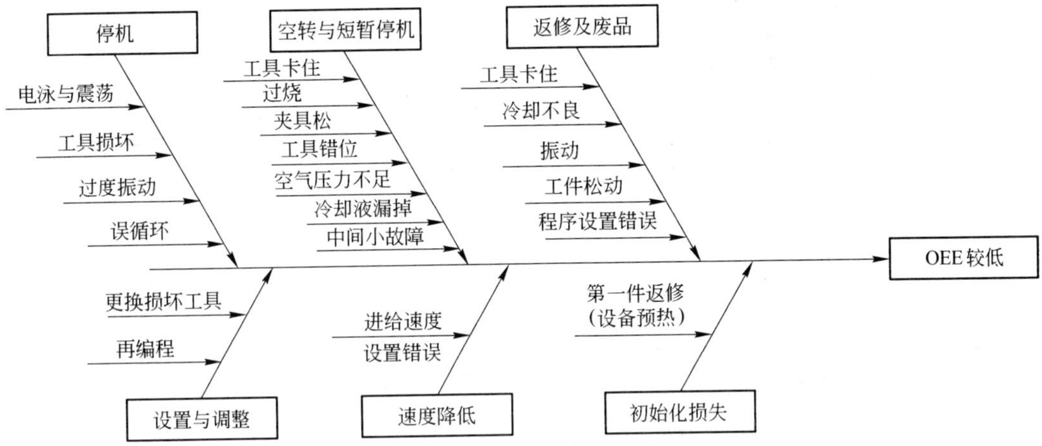

图 8-5 利用鱼骨分析方法影响 OEE 的设备损失图

单，连续提出并且回答与以上五方面相关的五个问题，对出现的现象给以合理的解释，就可以基本解决这个问题，找出满意的答案，或者至少可以接近的答案。不少企业把这一方法称为五个 Why 程序或 Why-Why 分析法，这是一种最典型的唯物主义分析问题方法，用这种方法可以激励我们开动脑筋，解决问题。

D 假设检验

假设检验方法是将问题分解成若干阶段，在不同阶段都提出问题，做出假设，然后进行验证，得到这个阶段的结论……直到最终找出解决问题的答案为止。其逻辑过程为：

阶段 A：问题 A→假设 1，2…→验证 1，2…→结论 A；

阶段 B：问题 B→假设 1，2…→验证 1，2…→结论 B；

阶段 C：问题 C→假设 1，2…→验证 1，2…→结论 C；

……

直至得出可以解决问题的最终结论。在上面的逻辑验证过程中，每一个阶段都是一次 PM 分析过程，下一个阶段的问题往往是上一阶段的结论，例如“问题 B”，一般为“为什么会出现结论 A?”，然后再假设和验证。直至最后找出故障原因，提出处理意见。

实例：注塑机小泵单独工作压力可达 100MPa，而大、小泵同时工作系统压力仅有 5 MPa，机器无法正常工作。大小泵输出的油路是连通的，小泵正常，说明问题出在大泵上，从大泵逐步分析如下：

(1) 阶段 A：见表 8-2 所示。

表 8-2 阶段 A 问题探究

问题 A：哪个因素引起大泵压力不高?	
假设	验证
溢流阀损坏	经检查，溢流阀无异常
大泵本身损坏	经检查，大泵无异常
换向阀 5A 问题	封住溢流阀排除 5A 影响，对溢流阀调压，压力 10MPa，假设成立
结论 A：换向阀 5A 问题引起大泵压力不高	

(2) 阶段 B：见表 8-3 所示。

表 8-3　阶段 B 问题探究

问题 B：换向阀 5A 有什么问题？	
假设	验证
密封圈失效	经检查，密封圈无异常
电磁铁 DI 损坏使阀芯不到位	用内六角扳手将阀芯推到底，压力仍上不去，假设不成立
电磁阀内部磨损严重，间隙大，封不住油	阀芯与阀孔间隙过大，假设成立
结论 B：换向阀配合表面间隙过大，换向后不能封住先导油，使溢流阀不能正常调压	

（3）阶段 C：见表 8-4 所示。

表 8-4　阶段 C 问题探究

问题 C：为什么换向阀 5A 磨损严重？	
假设	验证
使用太久	在每一循环中，换向阀 5A 动作 3 次，5B 动作 1 次，故 5A 损坏，5B 正常，假设成立
液压油不合要求	用 32 号机械油，长期不换，有水分，污染严重，假设成立
结论 C：换向阀换向次数过多，液压油污染严重，引起配合表面磨损严重	

处理措施：

1）重新调配换向阀 5A 配合表面，使之达到公差范围；

2）换油并清洗油箱。

E　劣化趋势图分析

设备的劣化趋势图是做好设备趋势管理的工具。劣化趋势图是按照一定的周期，测量设备的性能，在劣化趋势图上标记测量点的高度（任何性能量纲都可以换算成长度单位），一个一个周期地描出所有的点，再把这些点用光滑的曲线连接起来，就可以大体分析出下一个周期的设备性能劣化走向。如果存在一个最低性能指标，则可以看出下一周期的设备是否会出现功能故障。劣化趋势图如图 8-6 所示。

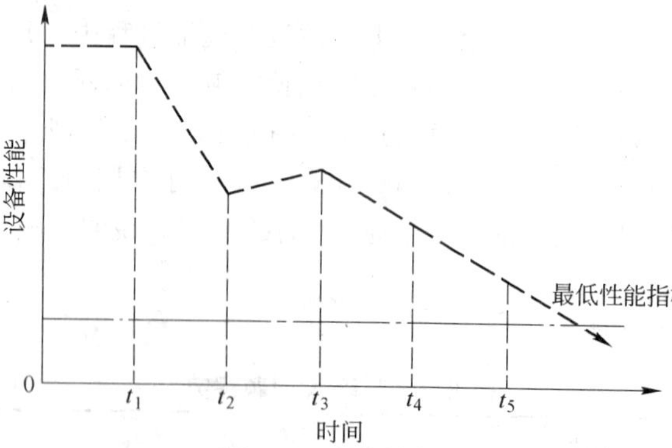

图 8-6　劣化趋势图

F　故障树分析

这种分析类似于鱼骨分析，也是层层展开的因果分析框架。不希望出现的事件，即设备故障称为顶事件，中间出现的事件称为中间事件，也用矩形框框起来，最后不再展开讨论的事件称为底事件，用圆圈圈起来。这样按照因果关系连接起来的树形结构图称为故障树。故障树与鱼骨图的重要区别，是事件之间要区分其逻辑关系，最常用的是“与”和“或”关系。“与”用半圆标记表示，即下层事件同时发生，才导致上层事件发生；“或”用月牙形标记表示，即下层事件之一发生，就会导致上层事件发生。如图 8-7 所示为故障树，当部件故障 1 与部件故障 2 同时发生，才引起设备故障，而下面的元件3或元件4其中任一失效，均会造成部件故障2的发生。

下面给出一个手提砂轮故障树的实例，手提砂轮机由电源、导线、电机、熔断器、开关和砂轮等元器件构成，如图8-8所示。现在发现砂轮机手握的电机部件发热烫手，可以利用砂轮机的故障树进行分析。根据经验，得到的故障树如图8-9所示。

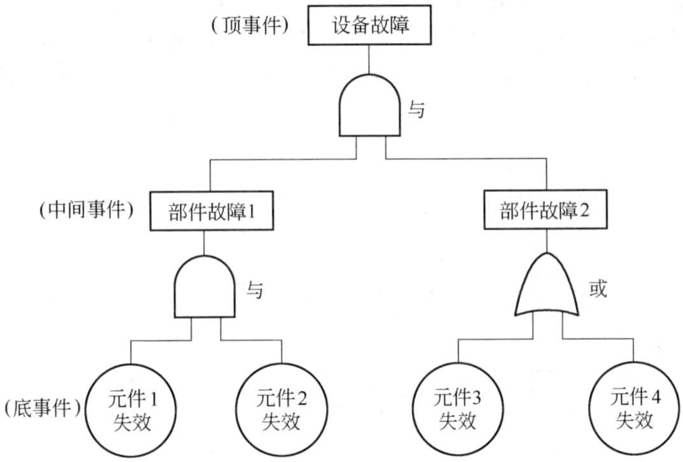

图8-7　简单故障树

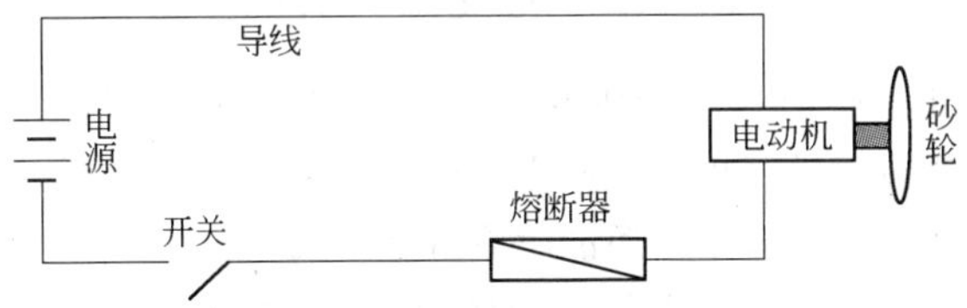

图8-8　手提砂轮机结构图

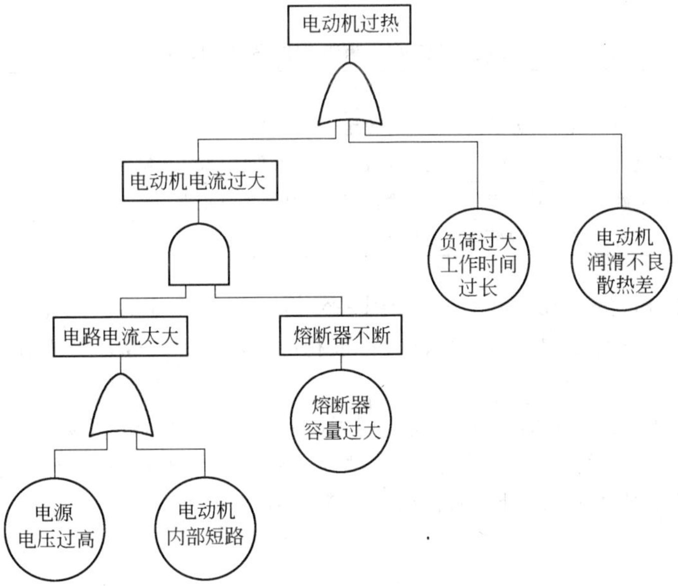

图8-9　手提砂轮故障树

G 失效模式影响和危害性分析（FMEA）法

失效模式影响和危害性分析是失效模式分析、失效影响分析和失效危害性分析三种分析组合的总称。失效模式是失效的表现形式和状态，如电路短路、机械性断裂、磨损等。失效影响则是指某种失效模式对所关联的子系统或整个系统的影响。失效危害性则是指失效后果的危害程度，通常用危害性进行量化分析。这种分析过程通常有以下程序：

（1）划分“功能块”。对所分析系统自上而下按照功能划分出“功能块”，如图 8-10 所示。可分解到最基本的构件、零件，具体分解到哪一水平，可根据分析目标确定。然后绘出功能逻辑框图。

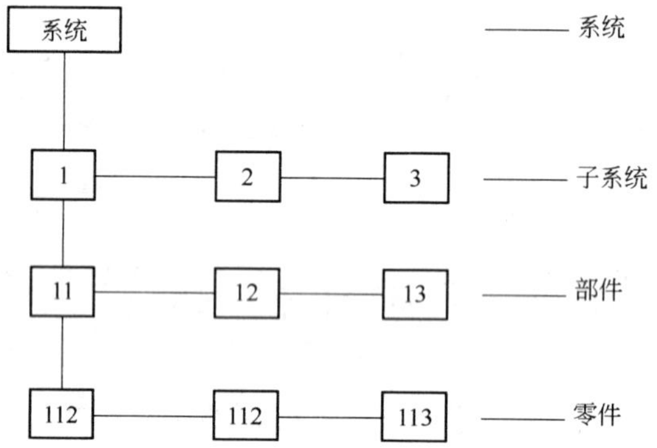

图 8-10 “功能块”的划分

（2）在调查的基础上，找出各功能块的失效模式和影响。例如某型号燃气轮机排气系统的排气通道完全堵塞，其故障模式可能是消声器破碎，而其影响则是“引起透平机剧烈喘振，排气温度过高时机器停止运行，如果更换消声器需要停机四星期”。

（3）分析失效原因。通过必要的测试和理化分析，查明引起失效的原因。

（4）进行失效模式危害性分析。按照危害性程度，失效分成四个级别，失效危害性程度等级的评定标准如表 8-5 所示。

表 8-5 失效危害性程度等级的评定

失效等级	危害程度
1	系统功能丧失，系统损失重大，可能导致伤亡和环境破坏
2	系统功能丧失，系统损失较大，没有导致伤亡，但对环境有一定影响
3	系统功能下降，系统损失较小，对人无伤害，对环境影响较小
4	仅需要计划外维修，影响维修直接费用

（5）采取措施和对策解决问题。根据因果分析、危害性分析的结论，采取如预防措施、主动改善维修、重新设计、提高零部件配置标准和可靠性指标，或者增加防护、监控装置等解决方案。

（6）填写失效模式影响和危害性分析（FMEA）表格。填写失效模式影响和危害性分析（FMEA）表格，记录和总结失效分析、处理过程、经验，作为知识资产进行有效管理，以便今后利用。失效模式影响和危害性分析（FMEA）表格格式如表 8-6 所示。

表 8-6 失效模式影响和危害性分析（FMEA）表

失效模式影响和危害性分析（FMEA）								
系统：			填表人：			日期：		
功能块图块	功能描述	功能障碍	失效模式	失效影响		检测方法	危害性等级	改进措施
				对本单元	对全系统			

下面我们给出一个失效模式影响和危害性分析（FMEA）示例。如表 8-7 所示。

表 8-7 失效模式影响和危害性分析（FMEA）示例

失效模式影响和危害性分析（FMEA）								
系统：燃气轮机排泄系统 填表人：徐则 日期：2004 年 12 月 18 日								
功能块图块	功能描述	功能障碍	失效模式	失效影响		检测方法	危害性等级	改进措施
				对本单元	对全系统			
133	为过热废气提供无障碍通道，保证废气到达平室上 10m 处出口	A 通道完全被堵塞	消声器破碎	消声器失去效果	引起透平机剧烈喘振，排气温度过高时机器停止运行。如果更换消声器需要停机四星期	听声音，测振动，红外测温	2	改进消声器设计、提高可靠性
		B 通道部分被堵塞	消声器部件脱落	消声器可能失去部分消失效果	取决于堵塞物性质，排气温度有可能上升，但不会引起透平机停机。杂物可能损坏透平机部件		3	强化检查、紧固，防止零件脱落

H 故障的集合优选搜寻方法

故障的集合优选搜寻方法是故障定位的程序优化方法。首先介绍纯集的概念：设若干集合相交，属于且仅属于某集合的元素构成该集合的纯集。我们以诊断为例来解释如何运用纯集的概念。如图 8-11 所示故障与表征（症状）的网络关系图，{$f1$、$f2$、$f3$、$f4$、$f5$} 为故障集合，表示“病因”，{$s1$、$s2$、$s3$、$s4$、$s5$、$s6$、$s7$、$s8$} 为表征集合，表示“临床症状”。它们之间的连线表示它们之间存在着因果关系。显然，一个故障可能有多个表征，就像一种疾病有多个症状一样；一个表征联系多个故障，就像一种症状可以在多个疾病里出现一样。图中，{$s1$} 是 $f1$ 表征集合的纯集、{$s3$、$s6$} 是 $f3$ 表征集合的纯集。

诊断程序优化的三个原则是最大概率原则、最小费用原则和纯集优选原则。

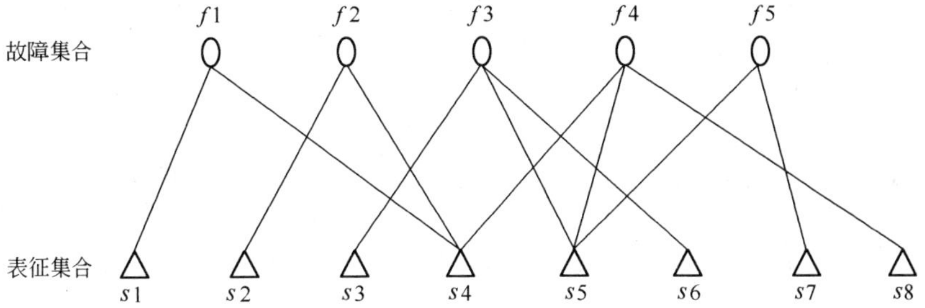

图 8-11 故障与表征的网络关系图

（1）最大概率原则：总是寻找最大概率的故障和故障中最大概率的表征进行诊断，这也就是应用80/20分布法则。

（2）最小费用原则：这是指广义的最小费用，即永远从最容易、最简单的诊断开始，也就是利用最短时间，最少仪器设备得到需要的结果，如果不行，再继续深入。诊断应该是由表及里、由浅入内、步步深入。

（3）纯集优选原则：我们总是在故障的表征纯集里寻找诊断表征，例如图8-11，如果先对症状s4进行诊断，就无法判断哪个故障发生，因为具有症状$s4$的故障有3个，即$f1$、$f2$、$f4$。如果从症状$s1$开始诊断，就会马上确定故障$f1$的存在，因为$s1$是故障$f1$的症状（表征）纯集中的元素。也就是说要优先注意那些故障特有的表征，而不是共有的表征。

以上的原则看起来很简单，但自觉、灵活地应用会使故障定位的效率大大提高。

8.2.3　振动诊断的分析方法

振动的强弱、能量、分布和波形形状结构的量化值为振动幅域指标，主要包括：

（1）峰值（Peak value）：振动离平衡位置的最大偏离。

（2）均值（Mean value）：又称平均值或直流分量。

（3）有效值（Root mean square value）：振动功率。

（4）脉冲指标（Crest factor）：波形是否有冲击。

（5）歪度指标（Skewness）：以平均值为中心，波形的对称性。

（6）峭度指标（Kurtosis）：波形的尖峭程度、有无冲击。

振动诊断的分析方法分时域分析法和频域分析法两大类，下面逐一介绍。

8.2.3.1　时域分析法

故障振动诊断的时域分析方法有：

（1）基于时域波形及概率密度谱的分析方法。显示各测点振动的波动曲线，观察波动曲线可观察振动的结构分布和形状。振动信号以位移、速度、加速度三个量表示，其最简单、最直观的表现形式就是时域波形。对于某些故障信号，其波形具有明显的特征，直接观察可以看出周期信号、谐波信号、短脉冲信号，这时利用波形分析可以直接识别共振现象及调制现象。比如对于旋转机械，其不平衡故障较严重时，信号中有明显的以旋转频率为特征的周期成分；而转轴不对中时，信号在一个周期内，比旋转频率大一倍的高频成分明显加大，即一周波动两次等。由于是最原始的信号，所以包含的信息量大，缺点是不太容易看出所包含信息与故障的关系。概率密度谱分析应用数理统计，将振动在幅值上的分布状态，提供对能量的结构比较，在此基础上提取故障特征和识别模型。

（2）轴心轨迹分析法。轴心轨迹是滑动轴承的轴心相对于轴承座的运动轨迹，它反映了转子瞬时的涡动情况，对轴心轨迹形状的观察有利于了解和掌握转子的运动状态，判断转子故障类型。工程上利用位移传感器检测轴心在x和y两个垂直方向上的振动合成轨迹图，从而对转轴的故障做出判断。

（3）时域同步平均法。时域同步平均法是从混有噪声干扰的信号中提取周期性分量的有效方法，也称相干检波法。

（4）相关分析。相关函数是振动信号在时序上的描述，是用来确定随机信号中的周期成分，在系统的振源识别和故障诊断中有着广泛的应用。因相关函数分为自相关函数和互相关函数，因此相关分析也可分为自相关分析和互相关分析。用于分析测点时序的关联性，比较振动信号时域的规律性，排除随机振动的干扰，发现周期成分。

(5) 包络解调。包络解调技术也是目前故障诊断中常用的技术，许多故障的信号表现为幅度调制，如轴承故障、齿轮表面剥落或损伤会产生周期性的冲击振动信号。一般其载波信号是系统的自由振荡信号及各种干扰频率，而调制信号即包络线多为故障信号，其频率较低。包络解调就是对信号进行解调分离提取出包络信号，再分析它的特征频率和幅值，就能准确可靠地诊断出轴承和齿轮的疲劳、缺齿、剥落等。

8.2.3.2 频域分析方法

频域分析是机械故障诊断中信号处理最重要和最常见的分析。工程上所测得的信号一般为时域信号，然而由于故障的发生、发展往往引起信号频率结构的变化。因此，为了通过所测得的信号了解、观测对象的动态行为，往往需要分析频域信息。将时域信号变换至频域加以分析的方法，称为频域分析。频域分析是基于频谱分析开展的。频谱分析的目的是把复杂的时间历程波形，经傅里叶变换分解为若干单一的谐波分量来研究，以获得信号的频率结构以及各谐波幅值、相位、功率及能量与频率的关系。可用于故障振动诊断的频谱分析方法有：

(1) 幅值谱。振动信号的有限个或无限个简谐函数标识的方法，反映振动信号 $x(t)$ 各简谐成分的幅值与其频率的关系。旋转机械的振动一般表现为周期振动，它可分为许多频率分量的合成，表现在频谱图上则是一条条离散的谱线。幅值谱是表征每个频率分量上振动幅值大小的频谱图，它是故障诊断中最常见、最直观的分析手段。

(2) 相位谱。相位谱反映各谐波成分的频率与相位值之间的关系。在旋转机械故障诊断中，信号的相位谱和幅值谱一样，是主要的识别特征。相位谱是表征每个频率分量上相位变化的谱图。实际上，相位谱和幅值谱是密不可分的，只有在幅值谱和相位谱完全相同时，时域中的波形曲线才会完全相同。相位谱在识别不平衡故障、确定不平衡位置、进行平衡校正方面作用很大。

(3) 平均谱。在频域分析中，也可以采用平均法进行频谱分析，这就是平均谱。平均谱包括时域平均谱和频域平均谱。

(4) 功率谱。前面的频谱分析主要是针对周期振动信号而言，对于混在随机噪声中的周期信号则很难分析出来。功率谱则能够很好地揭示随机波形中混有的周期信号，它反映的是振动能量的大小。功率谱可分为自功率谱和互功率谱。自相关函数的功率谱，标识振动信号中各谐波分量的频率和能量的关系。互相关函数的功率谱，显示不同测点之间共有的谐波成分和能量的关系。

(5) 对数谱。幅值谱和功率谱的纵坐标都是用线性坐标来刻度的，属于线性谱。这种谱图的优点是直观可见。但许多故障信号往往反映在信号的边带分量和谐波分量上，虽然其变化量级可以很大，但相对基波分量（往往是转频）而言，幅值是较小的，甚至是相当微弱的。这样，在线性谱上不容易观察到其变化的程度，这时可以采用对数谱。对数谱是将各频率分量的幅值取对数而变为分贝（dB）量度单位的幅值谱。

(6) 倒频谱。倒频谱能突出主要频率成分，识别复杂频谱图结构中的各组成分量。倒频谱分析是近代信号处理科学的一项新技术，它可以处理复杂频谱图上的周期结构。它对于分析具有同族谐频或异族谐频、多成分边频等复杂信号，找出功率谱上不易发现的问题，非常有效。倒频谱分析也称二次频谱分析，它包括实数倒频谱分析和复数倒频谱分析两种主要形式。实数倒频谱又可分为功率倒频谱、幅值倒频谱和类似相关函数的倒频谱。

(7) 瀑布图。瀑布图以时间为序列连续地反映在不同条件或不同的时间周期，其频谱变化的规律。

(8) 小波分析。小波分析是将非稳态的信号分解后返回到时域，结合频段的滤波，重组波形的时频分析手段。

8.3　智能诊断

近几年新发展起来的人工智能的一个分支——人工神经网络，模仿人脑物理结构，以其强大的并行运算和联想能力非常适合于设备诊断中的状态识别。这类以神经网络结构为基础、在大规模并行运算中模拟人脑物理结构的智能系统，克服了基于知识的专家系统中的瓶颈问题（大规模复杂的知识工程），实现了直觉联想型故障诊断。

8.3.1　旋转机械类智能诊断系统

定量地测定运转中设备的振动、音响、热量、弯曲，并由此判定设备的使用极限。其中，通过测定、解析振动，诊断设备异常的方法，是在设备诊断中最普通和最有效的手段。此测定法特别在旋转式机械的异常诊断中将发挥威力。

8.3.1.1　旋转式机械发生故障的判断基准

通过被收集的振动数据，判定机械的异常原因和劣化程度的方法如下：(1) 从振动的频率来判定；(2) 从振动的特征来判定；(3) 从振动的大小来判定。确定性的判定则要对以上各因素考察清楚后方可做出。以下叙述的判定方法和判定基准，来自对各种测定数据的整理和实验中对振动现象的解析，已被国内外所接受。

A　从振动的频率来判定

在身体异常的情况下，例如感冒时头会疼，食物中毒时肚子会疼。针对不同的原因，会有不同的症状。机械也是这样，在异常的情况下，由不同原因而发生的症状也是不一样的。频率不同，测定振动的模式也不同。通常，如果是低频率领域则测定其速度和位移，如果是高频率领域，可以测定其加速度。由此，通过调查振动模式的级别高低，就可以推定异常的类型。其分类大致如表 8-8 所示。

表 8-8　通过振动的频率判定故障

可听见范围几十 kHz	滚动轴承损坏 皲裂	
高频率范围几 kHz	滚动轴承损坏 洞隙 齿轮损坏	
低频率范围几百 Hz	轴不平行	$2fr$
	没有对准	fr　$2fr$　$3fr$
	轴弯曲	fr　$2fr$　$3fr$
	不平衡	fr
	安装不善	fr
	润滑油起泡	$1/2fr$ 以下
	蒸汽涡流	$1/2fr$ 以下

注：fr 为旋转频率。

B　从振动的特征来判定

振动方向判定法：测定半径方向和轴方向的振动，从明显的方向推定异常的原因。例如，不平衡、轴弯曲会造成半径方向的振动加大，没有对准则会显示出轴方向的振动变大。

振动波形判断法：滚动轴承的内外轮和滚珠损坏后，损坏部位和滚珠、内外轮接触的时候会发生强烈的压力脉动。通过对这种压力脉动的平均值和峰值测定，可以判定轴承的状态，如表 8-9 所示。

表 8-9 通过比较峰值和均值定故障

峰值	均值	峰值/均值	判定	振动波形
小	小	小	正常	
大	小	大	滚珠和内外轮有点状损伤	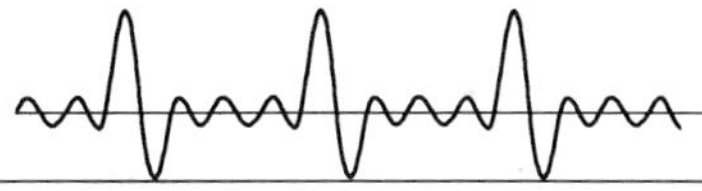
大	大	小	内外轮磨损	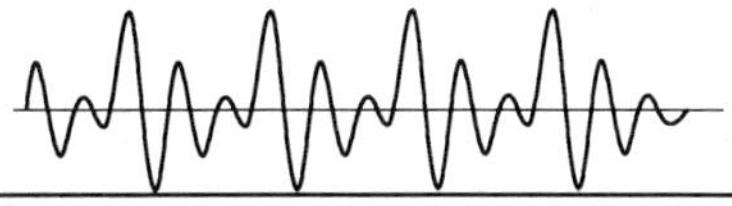

C 振动大小判定法

由振动的大小而进行的判定有三种方法：

（1）相互比较法。若有两台以上同机种机械，在同样的条件下对它们进行测定，并通过互相比较而得出判定的方法。

（2）历史比较法。定期测定同一台机械，把正常时候的数值作为初值，通过观察以后数值的倍数——即趋势，来进行判定的方法。通常的旋转式机械，正常值的 2 ~ 5 倍为需要引起注意的范围，5 倍以上则被判定为不良范围。

（3）绝对比较法。这里指由振动的绝对级别判定机械好坏的判定方法。可建立判定基准然而，因为机械的大小、构造、用途、使用条件不同而可能造成对机械的正常与否进行判定的不同，因此，不可一概而论。使用时，需增加考虑对象机械的特征。

8.3.1.2 风机智能诊断系统

旋转机械故障诊断技术的理论和方法已经日臻完善，在实际应用中取得了非常巨大的经济效益，现以风机诊断系统为例来说明，实际上也就是通用型集成神经网络诊断系统在风机故障诊断中的应用。

风机工作系统主要由风机和电机两部分组成，按监测参数类型，总系统又可分为振动、温度、噪声、油液、性能等五个子系统，总系统框图如图 8-12 所示。其中，故障诊断及决策系统是整个系统智能化的核心，它采用集成神经网络结构，如图 8-13 所示。

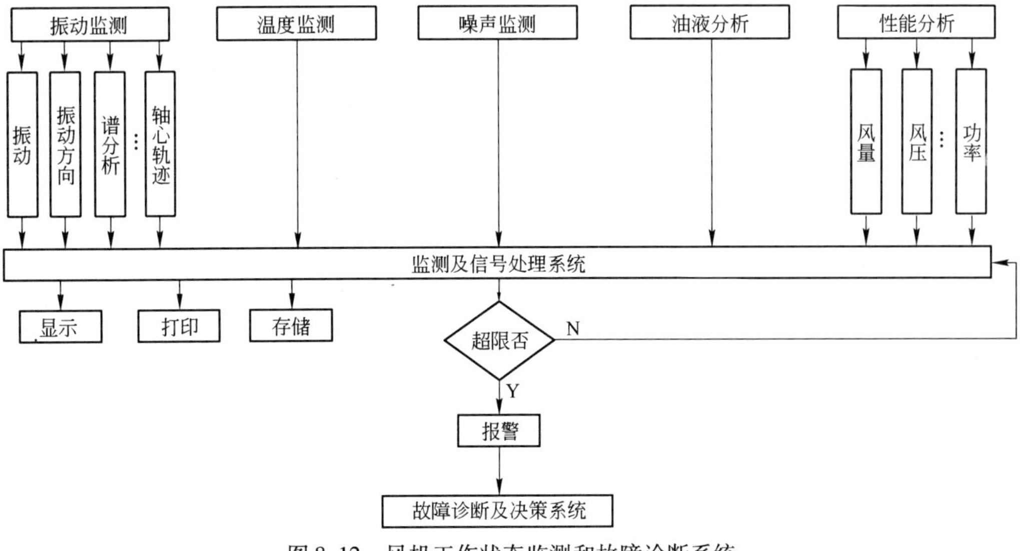

图 8-12 风机工作状态监测和故障诊断系统

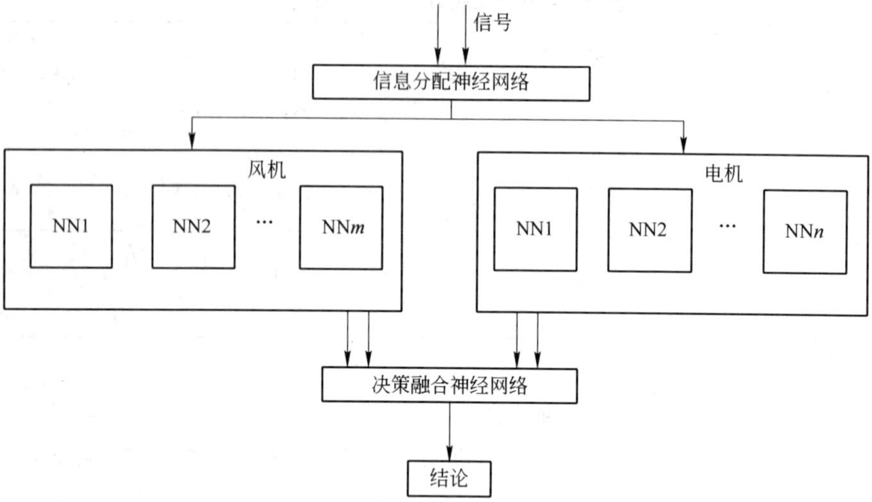

图 8-13　风机集成神经网络诊断系统

风机诊断流程可用图 8-14 的结构表示，在前置信号处理模块中，对温度和性能信号只需进行平滑处理，而对振动信号，除了振值大小和方向外，还用小波分析进行了频带分析，以作为待诊断的案例。风机神经网络 NN1 的诊断结果与网络 NN2 的诊断结果在融合决策网络内进行融合，从而得出综合诊断的结论。在生产线上某次风机外侧轴承轴向振值达 16mm/s，明显超限，系统报警，进入诊断系统，得出如图 8-15 所示的诊断结论，其置信度取小数点后 2 位在工程上即满足精度要求。

关于集成神经网络诊断系统的进一步分析见 8.3.2 节。

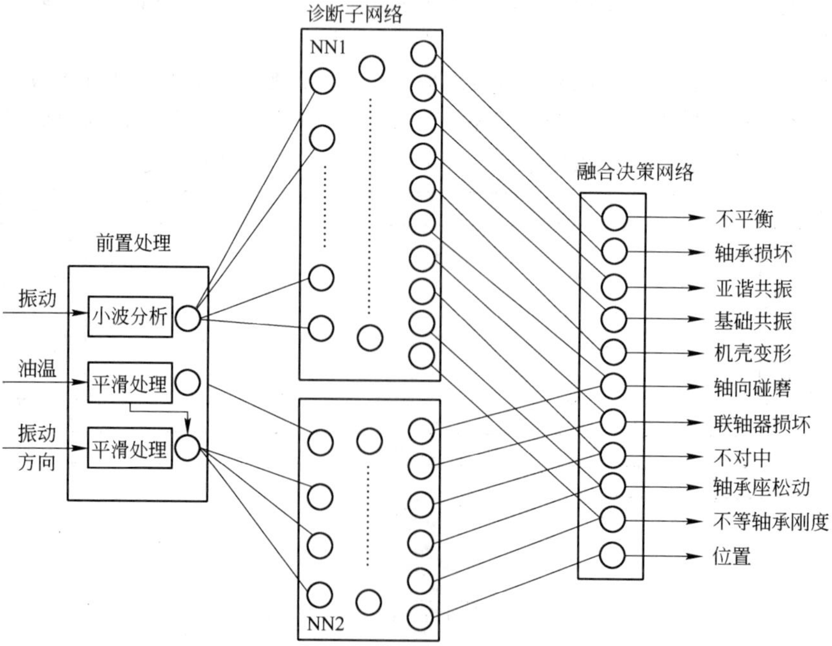

图 8-14　风机诊断流程图

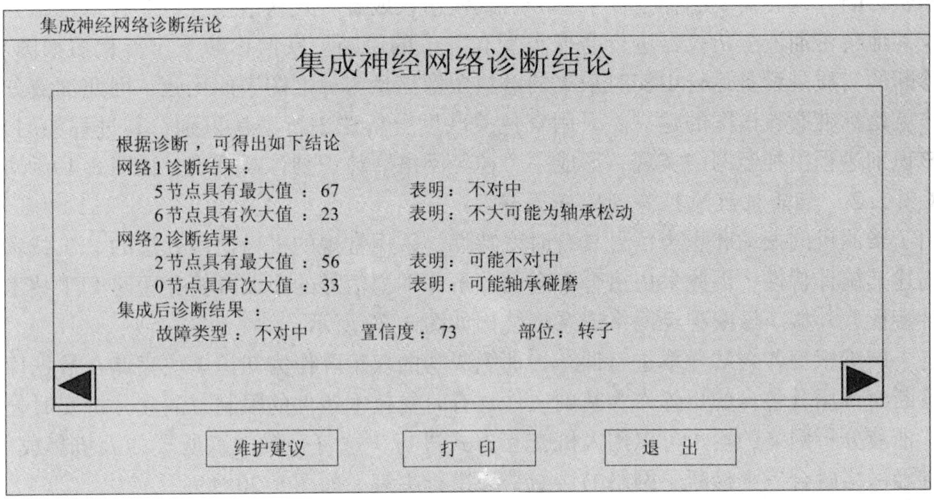

图 8-15 诊断结论

8.3.2 往复机械类智能诊断系统

由于往复机械有一组高速运行的往复运动质量，使其运行学和动力学形态比旋转机械复杂得多，故障诊断的难度也更大，对其故障机理及诊断方法的研究还很不够。柴油机是一种典型的往复机械，柴油机集成神经网络诊断系统实际上是通用型集成神经网络诊断系统在柴油机故障诊断中的应用。

柴油机故障可分为性能故障和机械故障两种。对性能故障的诊断可用一个子神经网络实现，以性能参数作为输入，如功率、转速、气缸压力、水温等。对机械故障则以两个子神经网络实现诊断，分别以国际上常用的振声（VA）信号和油液分析信息作为输入，形成了如图8-16所示的集成神经网络诊断系统。

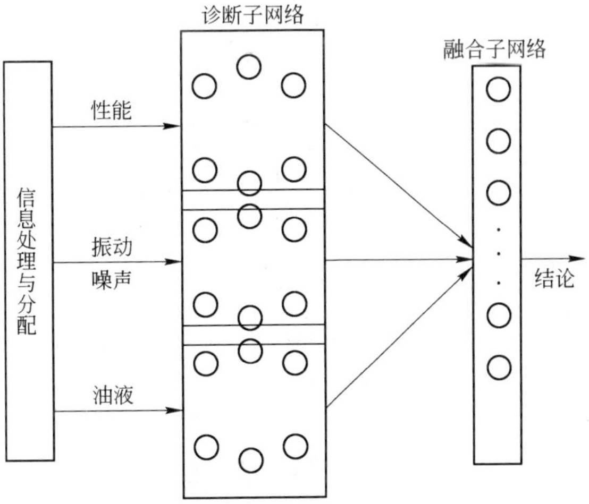

图 8-16 柴油机集成神经网络诊断系统

8.3.2.1 柴油机故障诊断油液分析子系统

油液分析中，简易诊断主要采用直读式铁谱仪和磁塞等仪器，当简易诊断确诊磨损严重时转入精密诊断，这时需要制作谱片采用分析式铁谱仪或旋转式铁谱仪进行磨粒识别，并配合光谱仪及其他精密油液分析仪器进行磨损类型和部位的诊断。铁谱诊断工作流程图如图 8-17 所示。诊断的实质是设备运行中实时采集的磨料图像信息与标准图谱的比较，因此油液分析的基础工作就是标准磨粒谱图的建立。采用灰色关联度分析法进行磨粒识别，其过程如图 8-18 所示，该识别过程由神经网络实现，形成一个神经网络磨粒识别诊断系统，如图 8-19 所示。

8.3.2.2 柴油机故障振声诊断子系统

由于柴油机的振动和噪声信号具有时变特性，采用常规的平稳信号处理的 FFT 技术不能完整地描述其统计特性，因此采用适合于全面分析非平稳信号的小波分析和短时 FFT 技术来描述其统计特性，其振声诊断神经网络子系统结构如图 8-20 所示。

各子网络根据各自的样本进行训练，训练成功的权矩阵作为知识子块存储在数据库，子网络在诊断时调用其各自的矩阵作为基础文件。有时受技术条件的限制，油液分析实时处理比较困难，油液分析网络的输入可以用人机交互方式进行，这符合钱学森所提的人机集成的思想。集成神经网络融合三个诊断子网络的诊断结果进行决策，如图 8-20 所示。

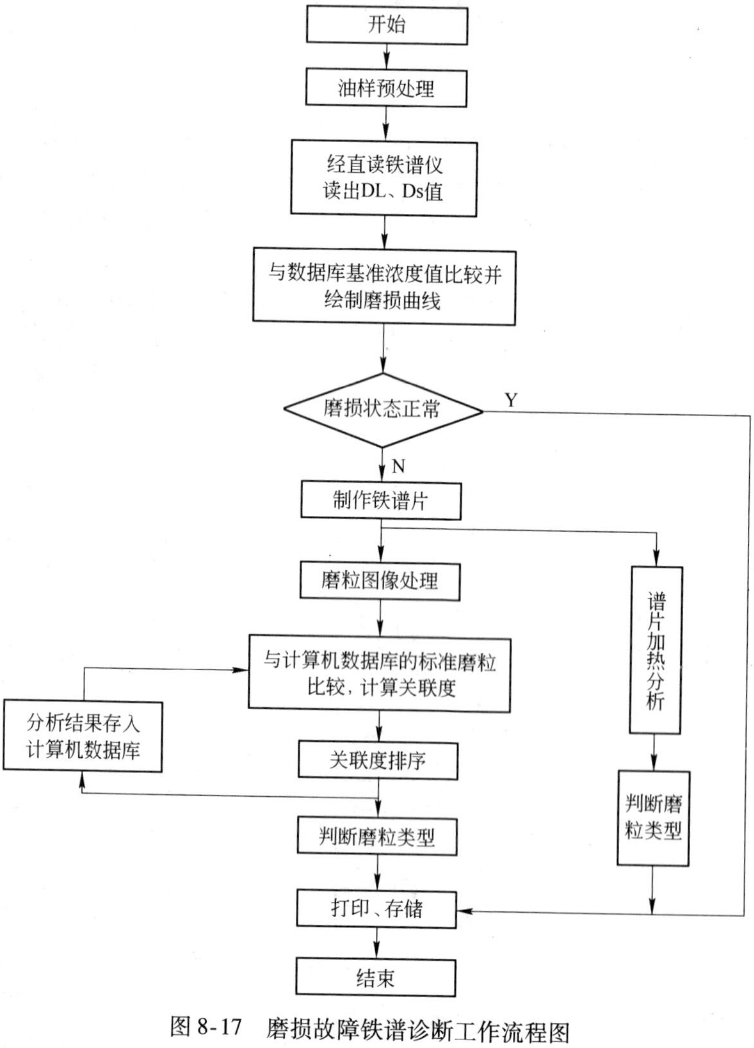

图 8-17 磨损故障铁谱诊断工作流程图

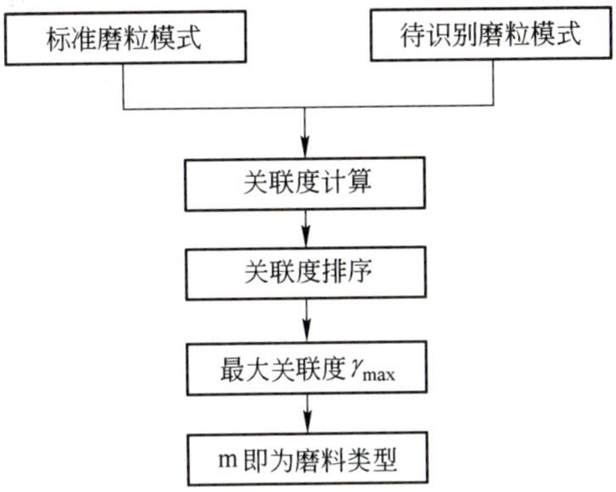

图8-18 运用灰色关联度进行磨料识别流程图

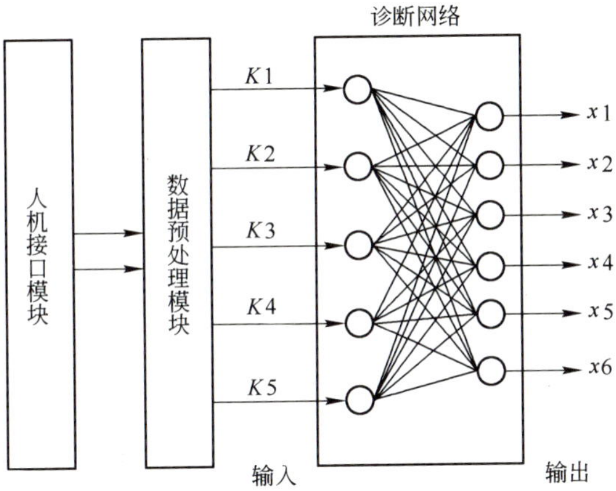

图8-19 神经网络磨粒识别诊断系统

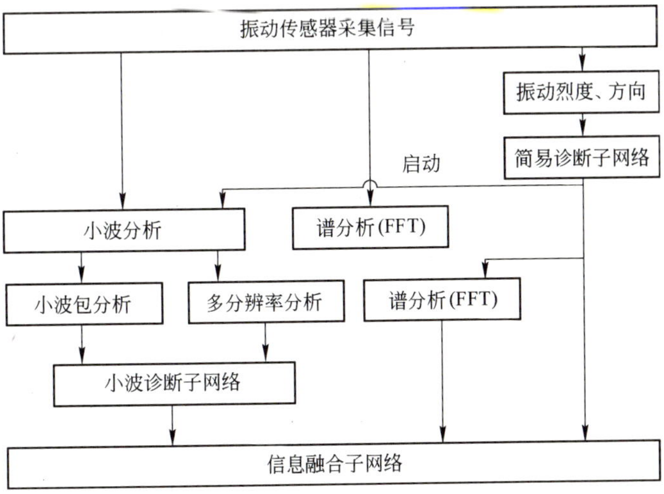

图8-20 柴油机故障振声诊断子网络

上述针对柴油机的集成神经网络诊断的方法实际上就是通用型集成神经网络系统的诊断方法，可以适用于包括旋转机械的各种机械设备的故障诊断。

8.4　设备故障诊断专家系统

设备故障诊断专家系统在世界各地都得到了广泛应用。比如，日本三菱电机公司研制了用于列车机车诊断的专家系统。日本东芝公司研制了用于大型直流电机诊断的专家系统。英国DelloProducts公司研制了用于飞机喷气发动机故障诊断的专家系统。Logistic Command研制了用于飞机喷气发动机故障诊断专家系统XMAN。美国Stewart Hughes Ltd. 公司为英、美军方开发了用于直升机发动机转子监控与诊断的专家系统。NASA研制了用于动力系统诊断的专家系统。在知识的推理上，传统的专家系统是用串行方式，其推理方法简单，控制策略不灵活，容易出现“匹配冲突”、“组合爆炸”及“无穷递归”等问题，且推理速度慢、效率低。还有，系统缺乏自学习和自完善能力，现行的故障诊断专家系统在运行过程中不能从诊断的实例中获得新的知识，并且对一些新的故障和系统设计的一些边缘问题求解具有很强的脆弱性。系统的求解能力完全局限于知识库中仅有的规则，知识获取时专家知识具有不一致性、不完全性和不准确性，系统不能在实例系统中自我完善。

8.4.1　设备故障诊断专家系统的基本原理

专家系统诊断利用了专家积累的丰富实践经验，能模仿专家分析问题和解决问题的思路，而且能够解释自己的推理过程，解释结论是如何获得的，无论是在理论上还是在工程上应用都很广泛。然而它也有不易克服的缺陷，如知识获取“瓶颈”问题。一方面由于专家知识有一定局限性，另一方面由于专家知识表述规则化有相当大的难度，两者造成了诊断知识库的不完备，表现为当遇到一个没有相关规则与之对应的新故障现象时，系统显得无能为力。

设备故障诊断专家系统是根据故障和表征之间的逻辑关系进行推理，这样存在两种研究的方向，根据已经被验证的普遍故障模型的提取，总结出通用的故障图谱，目前标准故障图谱已经得到广泛认可和应用，对故障诊断经验的积累进行抽象成为构建专家系统的骨架——推理机，专家系统是一个模式识别的过程，只有抽象后的普遍性规律进入推理库。另一方面由于设备差异性又使得设备存在自身的故障模式，因而，专家系统应具备通过故障诊断系统实际应用发现设备规则，提交规则后使得系统具备学习功能的能力。

基于模型的设备故障诊断方法为：利用机电设备的典型故障图谱作为参照模式，将采集信号的频谱图与之对应比照，产生识别诊断结果。针对典型故障频谱特征图（见典型的故障频谱结构图例），进行故障规则抽象，形成推理逻辑模型，先将各特征频率成分描述为代码，将各故障与特征频率进行关联。根据模糊数学原理，可以得到故障症状和特征频率组合之间的数学模型为 $Y = X\Theta R$（Y 为故障诊断结果；X 为故障症状向量；R 为故障特征频率矩阵；Θ 为逻辑算子）。对多成因的故障分解为故障基本粒子，方便将故障特征频率结构与故障基本粒子进行对应。

在诊断系统中涉及的知识和数据可以划分为设备、故障集和征兆集等三个集合。对于复杂结构的设备，故障与征兆之间可能存在着比较复杂的关系。考虑到设备结构的复杂性，应该分解成部件对应的故障，设备诊断方法把故障征兆、设备故障同整个设备结构联系在一起，如图8-21 所示。

建立征兆与故障集合：收集故障的表征，由于故障现象是陈述式结构，不能直接进行符号化，同时与故障因子间的关系为一对多结构，非常适合用数据库进行存储，将复合故障成因分解为独立故障现象，将同一故障现象作为主表，将故障成因作为子表进行关联。将分散的表征利用特性因素对应出故障，同时对不适宜量化的描述进行有机结合。故障诊断程序流程如图8-22所示。

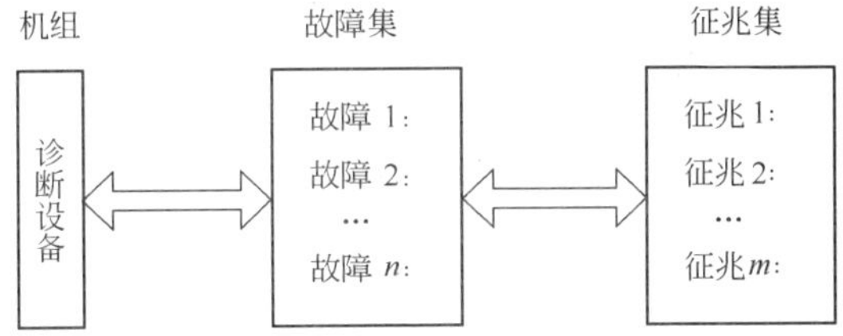

图 8-21　设备诊断方法原理图

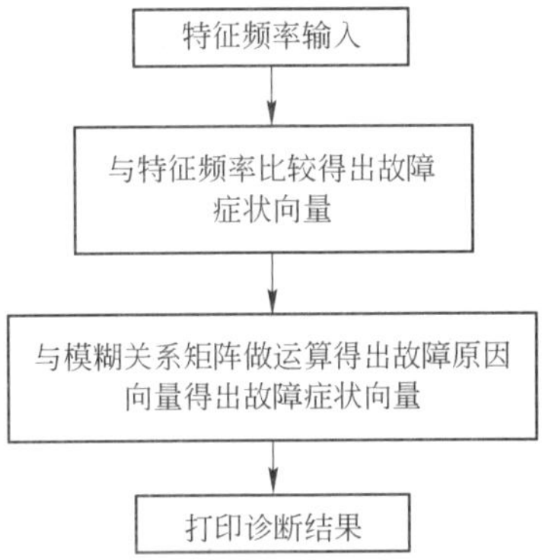

图 8-22　故障诊断程序流程

8.4.2　设备故障诊断专家系统应用案例

该智能诊断专家系统诊断的故障类型包括：（1）轴承故障（内圈、外圈、滚珠体、保持架）；（2）轴颈、轴肩磨损；（3）结构性、连接性、基础性松动现象；（4）装配不良、轴线不对中、失衡现象；（5）轮齿啮合不良、轮齿缺损、齿轮齿面磨损、齿形误差；（6）机架刚性不足、结构失稳等。

设备智能故障诊断专家系统可根据实际情况增加判据和规则，避免了人工诊断对经验积累和知识储备的要求，自动进行全面细致的分析。建立在远程状态监测基础上的技术直接将专家系统扩充到网络上应用，远程设备故障诊断专家系统根据故障诊断知识库，运用逻辑诊断法，得出诊断结果。

典型故障频谱特征故障诊断推理机：针对典型故障频谱特征图（见图8-23），进行故障规则抽象形成推理逻辑模型，先将各特征频率成分描述为代码，对各故障与特征频率进行关联。

故障症状向量：对多成因的故障分解为故障基本粒子，方便将故障特征频率结构与故障基本粒子进行对应。故障特征频率矩阵：对故障频率成分的基本结构组成列表，同时将判断边界值输入到特征频率矩阵，对边界值上下限进行异化处理（即边界值上限为正，边界值下限为负）。逻辑算子：故障的推理需要逻辑算法来实现，表8-10为转子类设备故障特征判断逻辑。

表 8-10　转子类设备故障特征判断逻辑

转子类设备特征频率匹配：RMS：测量速度有效值；*A*：频率幅值；ALM：报警值

转速：$fr=N/60$（Hz），*N*（r/min）　　单位：mm/s

观察频率	条　件	约　束	结　论
RMS		RMS≤1/2ALM	不能发现机械装置的异常
$A(fr)$	>0.7RMS	RMS > ALM	不平衡
$A(fr)+A(2fr)+A(3fr)$ & $A(fr)$	>0.7RMS & <0.5RMS	RMS > ALM	不对中或轴弯曲
$\sum A(\leqslant fr)$ & $A(fr)$	>0.5RMS & <0.5RMS	RMS > ALM	刚性不足或轴磨损
$A(1/2fr)+A(1/3fr)$ & $A(fr)$	>0.2RMS & <0.5RMS	RMS > ALM	松动或安装不良

频率范围：5Hz～1kHz

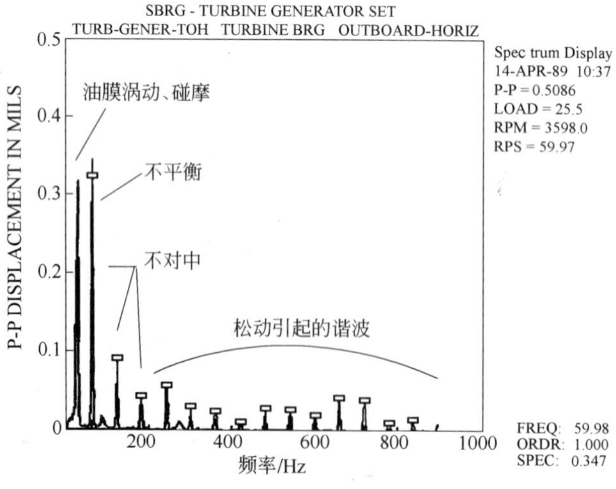

图 8-23　典型的故障频谱结构

这样能把故障与频率进行关联，故障症状向量与故障特征频率矩阵组合见表8-11。在此基础上，建立故障诊断推理数据库，实现推理机演算及推理条件学习模块，为辅助专家系统的使用，还需要实现历史数据追忆、振动信号显示、信号频谱分析、特征频率计算、辅助条件推理模块等，其中推理机的实现是专家系统的关键。

故障规则推理：为防止测量精度误差导致的识别无法匹配，对经过 FFT 后的频谱图特征频率对应时采用频率窄带匹配（$f = \max(F)\ F \in [Fi - \Delta h,\ Fi + \Delta h]$，$f$ 参与故障匹配的频率、Fi 理论计算出的故障频率、Δh 搜索窄带），从实际软件的算法中匹配循序嵌套数据库的循环以读取“特征频率表”、“故障推理表”的记录参与计算。

8.4.3 设备故障诊断专家系统的开发与应用

智能诊断功能如下：(1) 推理因子的修正与学习模块：上述各推理判断信息表的规则编辑界面，完成规则初始化及修改功能，同时可添加新的记录集而实现学习功能。(2) 推理与频谱识别：通过人机交互完成基于频谱模式识别及基于知识的故障推理，产生最终故障诊断结果。(3) 诊断报告的输出：完成诊断报告的组织实现，包含设备信息、显示谱图、指标量列表、模式识别诊断结果、人机对话诊断结果。

系统的两部分组成：(1) 通用频谱故障诊断模式识别；(2) 设备故障特异性推理人机对话。从软件操作界面上看包含三个模块：(1) 推理因子的修正与学习模块；(2) 推理与频谱识别；(3) 诊断报告的输出。

设备故障诊断专家系统为 OOP 开发，形成类 clsRatiocinate，类包含各类型设备诊断的成员函数 MachineDiagnose ( )、BearDiagnose ( )、GearDiagnose ( )、MotorDiagnose ( )、RotorDiagnose ( )、OtherDiagnose ( ) 实现通用频谱故障诊断模式识别。

例如，某高炉炉顶设备是一台关键设备，为保证高炉的正常运转，在该设备的在线监测系统的基础上，研发远程故障诊断专家系统。

某高炉炉顶设备故障诊断专家系统研发的主要步骤如下：(1) 研究炉顶设备的系统传动结构，抽象出5种（倾动、旋转、复合、反相、1/3转速旋转）运行状态的传动链。(2) 研究行星轮系特征频率计算，推导5种状态的部件故障特征频率表格。(3) 现场调研研究振动与设备故障关系，整理振动频率成分与故障对应逻辑关系。(4) 故障判据逻辑规则化，提供故障诊断知识库。(5) 绘制判据流程图，开发设备故障推理机。(6) 数据库设计。(7) 程序代码实现。

设备故障诊断专家系统结合设备状态监测系统，具备了利用现代的设备监测和诊断技术，监测和分析设备运行状态，对设备故障进行预报，新技术在现场使用必须同现场实际相结合，操作简单，效率高才具有生命力。使用人员只需要点击鼠标即可打印出诊断报告，达到故障诊断的目的。诊断报告输出如图8-24所示。

专家系统提供了齿轮箱特征频率的计算、通过网络进行故障诊断、诊断报告的保存与打印等功能，迅速准确地找出设备的故障部位和引起故障的零部件，因此，将在线监测系统与故障诊断系统结合使用可以实现设备的预知维修，降低维修成本和节省维修时间。

表 8-11　故障推理表

状态描述	设备类型	Fr	XFr	IFr	DFr	Fm	XFm	FmFr	Fi	Fin	Fout	Fbc	Fc	Fw	Fz	XFz	FzFr	XFrFz	Fs1	XFs1	DFs1	Fs1F1	Fs2	XFs2	DFs2	Fs2F	自定义	ON
在机械装置中未发现	机械装置	0	0	0	0	0	0	0	0	0	0	0	0	0	0	0	0	0	0	0	0	0	0	0	0	0	□	☑
不平衡	机械装置	0.7	0	0	0	0	0	0	0	0	0	0	0	0	0	0	0	0	0	0	0	0	0	0	0	0	□	□
不对中/弯曲	机械装置	-0.5	0.7	0	0	0	0	0	0	0	0	0	0	0	0	0	0	0	0	0	0	0	0	0	0	0	□	□
刚性不足/轴磨损	机械装置	-0.5	0	0.5	0	0	0	0	0	0	0	0	0	0	0	0	0	0	0	0	0	0	0	0	0	0	□	□
松动/安装不正确	机械装置	-0.5	0	0	0.5	0	0	0	0	0	0	0	0	0	0	0	0	0	0	0	0	0	0	0	0	0	□	□
异常（原因不明）	机械装置	0	0	0	0	0	0	0	0	0	0	0	0	0	0	0	0	0	0	0	0	0	0	0	0	0	□	□

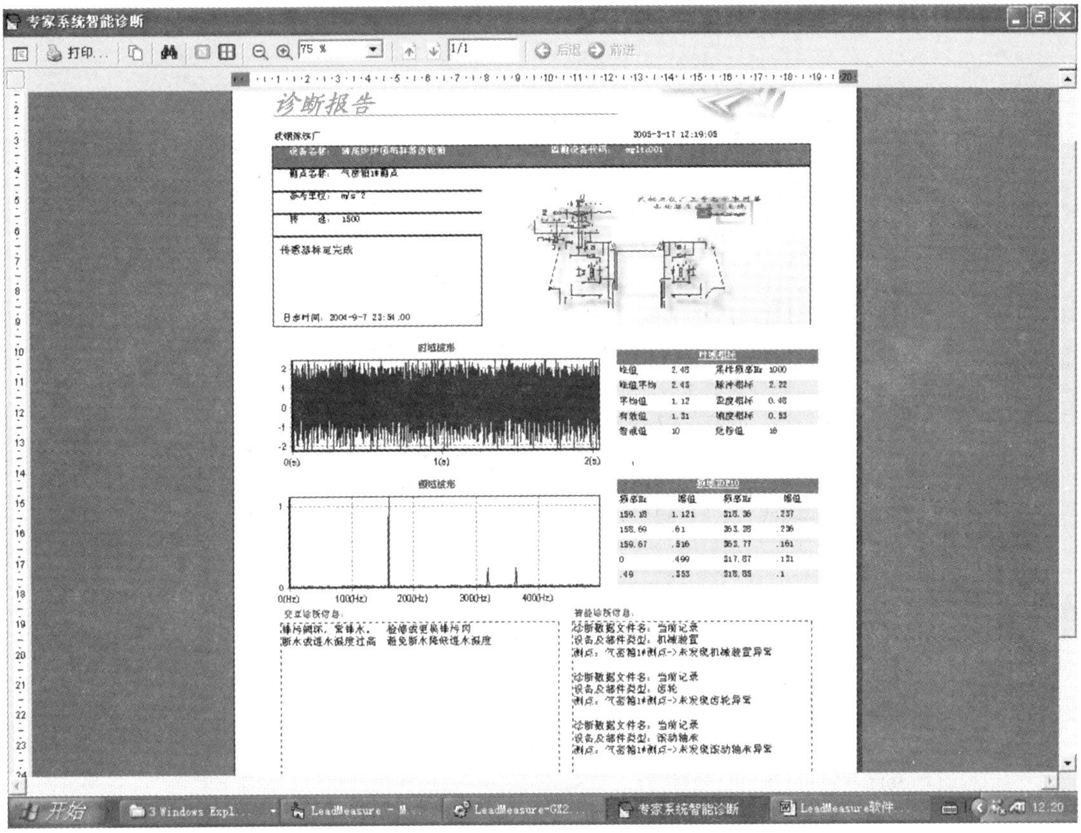

图 8-24　诊断报告输出实例

8.5　智能诊断综合应用案例

28 号精轧机传动链图及轴承图如图 8-25 和图 8-26 所示。在 2008 年 11 月 18 日重新焊接传感器后前 5 天振动峰值上升，5 天后振动峰值开始下降。

从图 8-27 可以看出，11 月 18 日到 11 月 22 日振动趋势明显上升（轧 ϕ6.5mm 线材），11 月 22 日到 12 月 4 日振动趋势下降（11 月 22 日到 11 月 27 日轧 ϕ10mm 线材，11 月 27 日到 12 月 4 日轧 ϕ8mm 线材）。

从图 8-28 可以看出，28 号精轧机 12 月 4 日 10:53 概率密度图和标准的正态分布有一定的差别，说明 28 号精轧机存在故障隐患。

从图 8-29 可以看出，28 号精轧机 12 月 4 日 10:53 自相关图中有较为明显和等间隔信号，时间间隔为 0.008s，对应的频率为 1/0.008 = 125Hz，与 28 号精轧机锥箱 3 轴转频 126.474Hz 相差不大。

从图 8-30 可以看出，时域波形有明显的等间隔信号存在，时间间隔为 0.03s 对应的频率为 333.3Hz，与已知的特征频率没有明显的对应关系；从图 8-31 可以看出，Z5/Z6 的啮合频率为 3919.922，幅值为 2.772m/s^2。Z3/Z4 啮合频率幅值也比较高，为 1.707m/s^2。

从图 8-32 可以看出，三个时间点最高峰值对应的三个频率值分别为（1/34.75）×1000 = 28.77Hz，（1/5.833）×1000 = 171.44Hz，（1/31.75）×1000 = 31.496Hz。与已知的特征频率没有明显的对应关系。

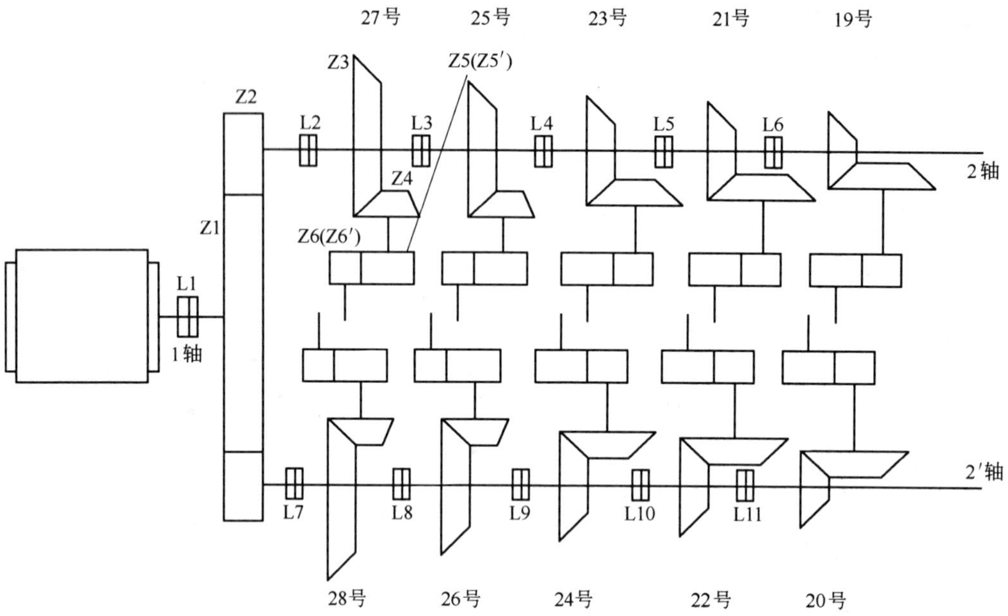

图 8-25　精轧机传动链

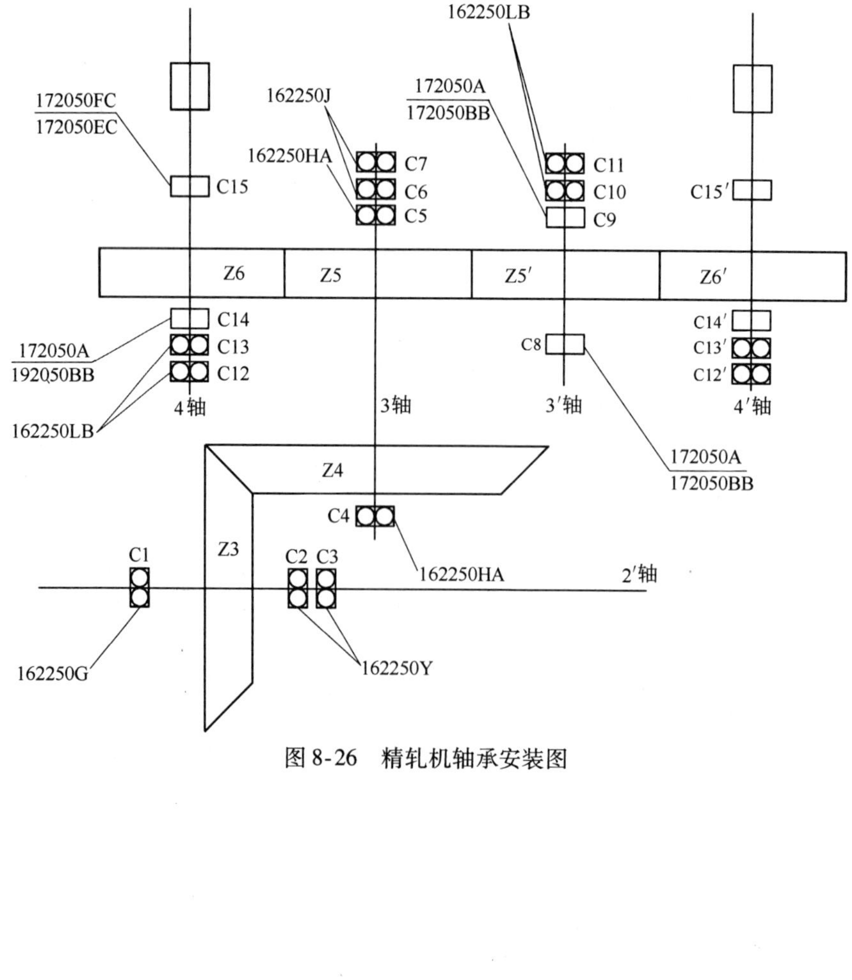

图 8-26　精轧机轴承安装图

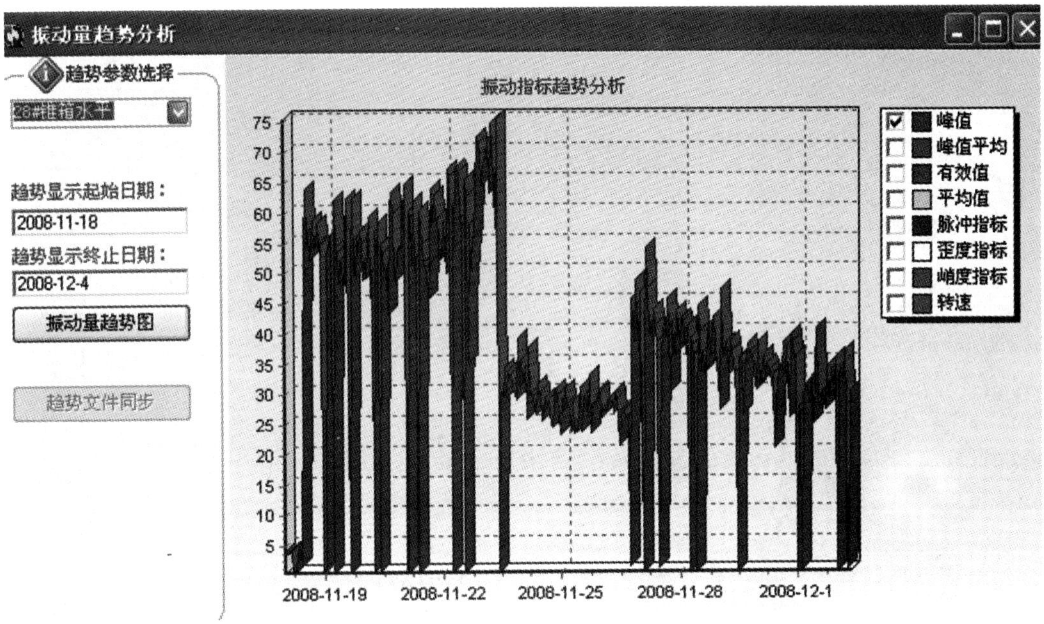

图 8-27　28 号精轧机 11 月 18 日到 12 月 4 日振动趋势

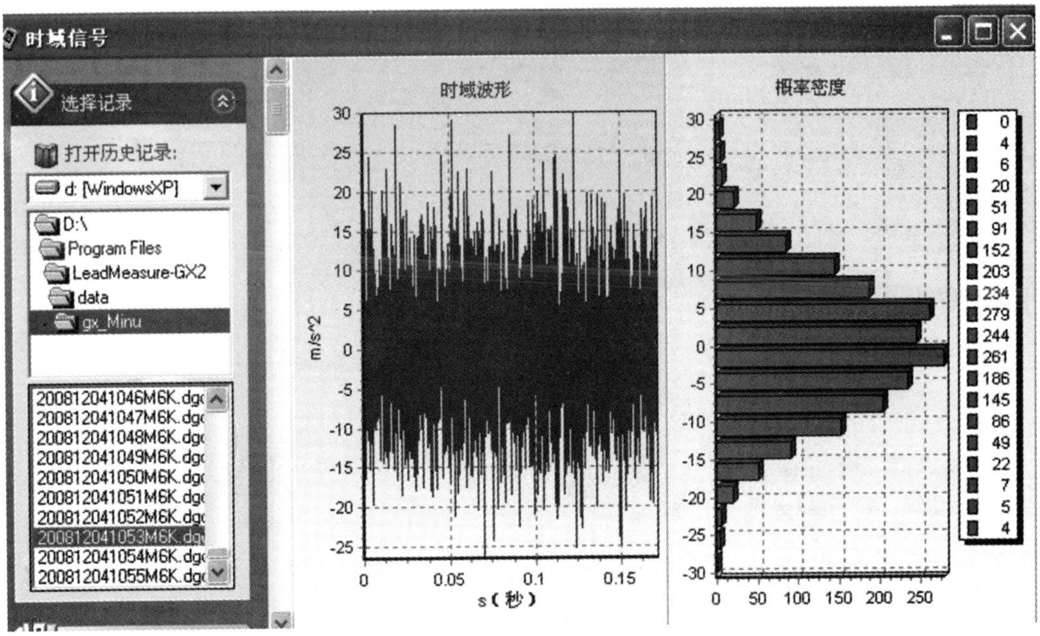

图 8-28　28 号精轧机 12 月 4 日 10：53 概率密度图

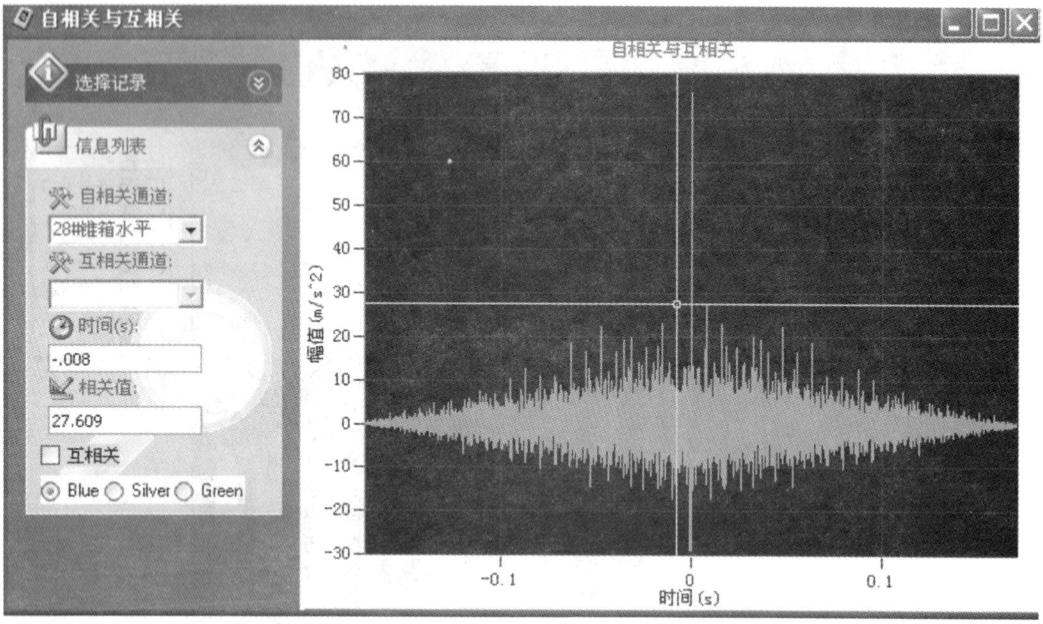

图 8-29　28 号精轧机 12 月 4 日 10：53 自相关图

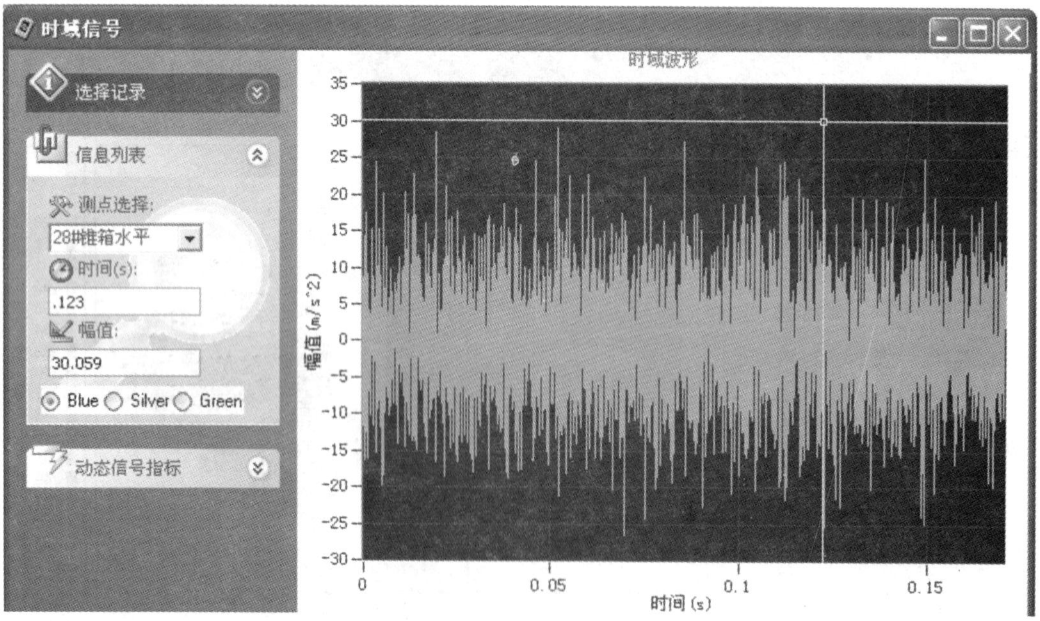

图 8-30　28 号精轧机 12 月 4 日 10：53 时域波形图

从图 8-33 可以看出，28 号精轧机 Z5/Z6 啮合频率 3919. 922 处有明显的连续高峰出现。智能诊断报告如图 8-34 所示。

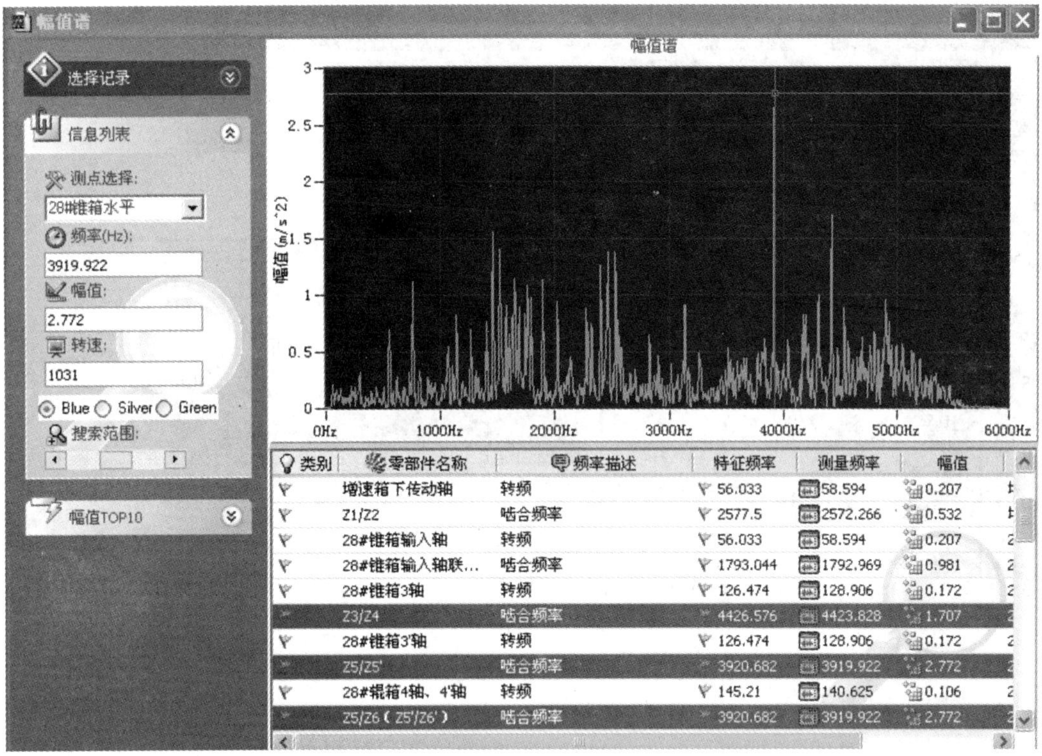

图 8-31　28 号精轧机 12 月 4 日 10：53 幅值图

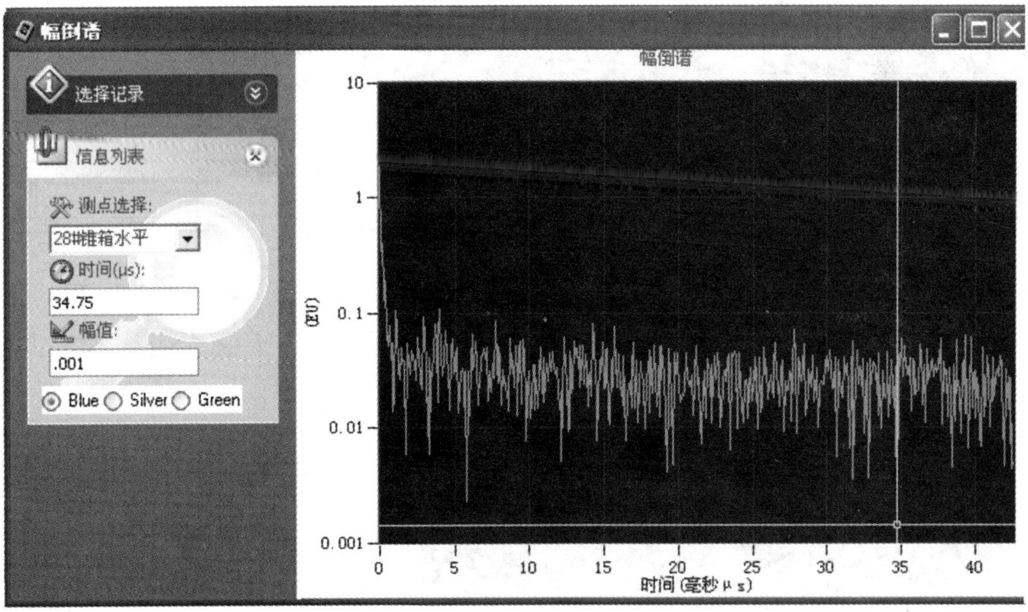

图 8-32　28 号精轧机 12 月 4 日 10：53 倒谱图

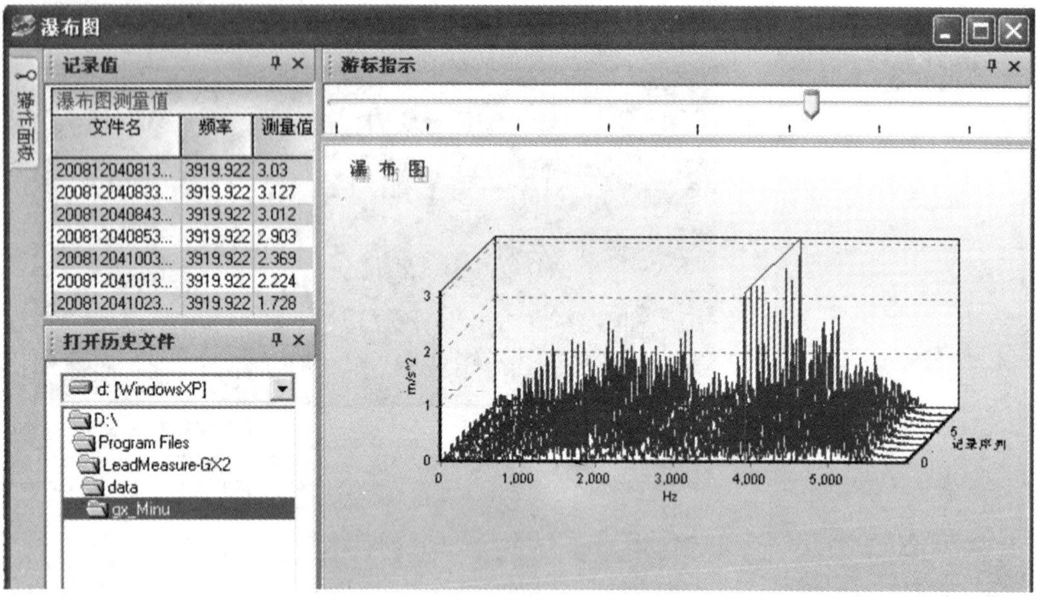

图 8-33　28 号精轧机瀑布图

LeadMeasure-GX2

诊断报告

德钢高线厂　　　　2008-12-4 11:36:55

设备名称：　轧机齿轮箱　　　　监测设备代码：　dggxc001

测点名称：　28#锥箱水平

参考单位：　m/s^2

转　　速：　1031

28#精轧机振动趋势传感器底坐重新焊接后5天开始下降

日志时间：2008-12-4 10:44:01

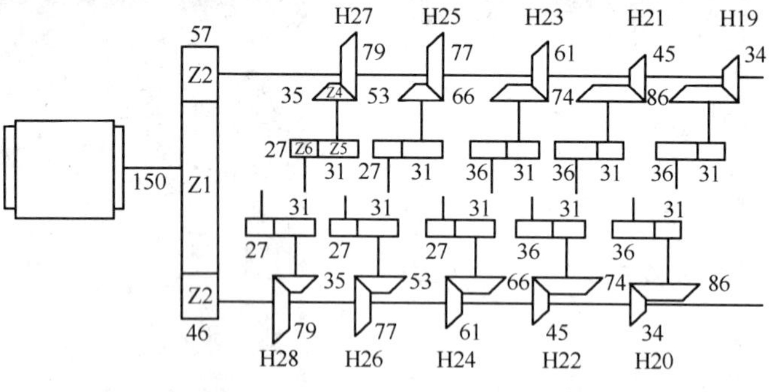

时域波形

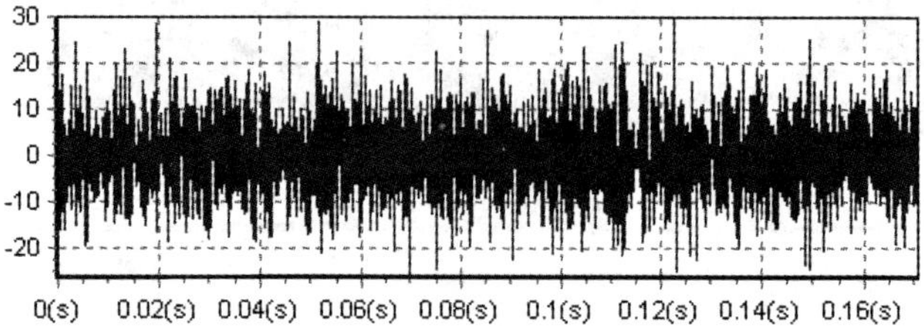

时域指标			
峰值	30.06	采样频率Hz	12000
峰峰值	56.63	脉冲指标	4.27
平均值	7.04	歪度指标	1.56
有效值	8.72	峭度指标	2.84
警戒值	60	危险值	90

报告人：

LeadMeasure-GX2

诊断报告

德钢高线厂 2008-12-4 11:36:55

频域波形

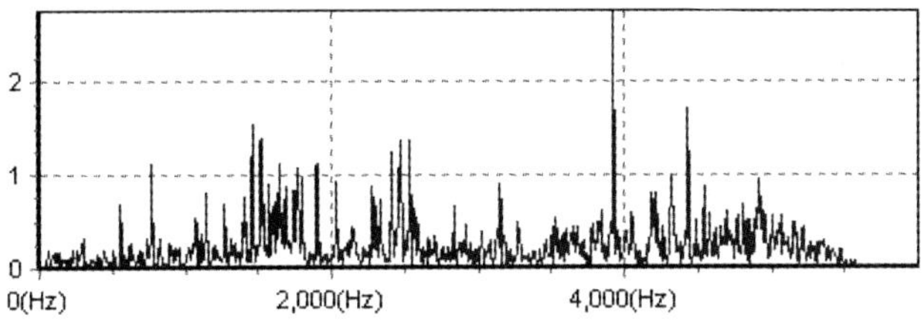

频域TOP10			
频率Hz	幅值	频率Hz	幅值
3919.92	2.772	2525.39	1.38
3914.06	2.528	2460.94	1.371
4423.83	1.707	1511.72	1.342
1453.13	1.554	2402.34	1.262
1517.58	1.404	1640.63	1.135

交互诊断信息：

3轴两端轴承有故障隐患 对3轴两端轴承进行检查

智能诊断信息：

诊断数据文件名：D:\Program Files\LeadMeasure-GX2\data\gx_Minu\200812041053M6K.dgc
设备及部件类型：机械装置
测点：28#锥箱水平->在机械装置中未发现异常
测点：28#锥箱水平->在机械装置中未发现异常
测点：28#锥箱水平->在机械装置中未发现异常

诊断数据文件名：D:\Program Files\LeadMeasure-GX2\data\gx_Minu\200812041053M6K.dgc
设备及部件类型：齿轮
测点：28#锥箱水平->Z5/Z5'：存在齿磨损征兆
测点：28#锥箱水平->Z5/Z6（Z5'/Z6'）：存在齿磨损征兆
测点：28#锥箱水平->Z5/Z5'：存在齿形误差征兆
测点：28#锥箱水平->Z5/Z6（Z5'/Z6'）：存在齿形误差征兆
测点：28#锥箱水平->Z5/Z5'：存在齿轮局部缺陷征兆
测点：28#锥箱水平->Z5/Z6（Z5'/Z6'）：存在齿轮局部缺陷征兆
测点：28#锥箱水平->Z5/Z5'：存在齿磨损征兆
测点：28#锥箱水平->Z5/Z6（Z5'/Z6'）：存在齿磨损征兆
测点：28#锥箱水平->Z5/Z5'：存在齿形误差征兆
测点：28#锥箱水平->Z5/Z6（Z5'/Z6'）：存在齿形误差征兆
测点：28#锥箱水平->Z5/Z5'：存在齿轮局部缺陷征兆
测点：28#锥箱水平->Z5/Z6（Z5'/Z6'）：存在齿轮局部缺陷征兆
测点：28#锥箱水平->在机械装置中未发现异常
测点：28#锥箱水平->齿磨损与擦伤可信度96.4%
测点：28#锥箱水平->Z5/Z5'：齿磨损与擦伤可信度96.4%
测点：28#锥箱水平->Z5/Z6（Z5'/Z6'）：齿磨损与擦伤可信度96.4%
测点：28#锥箱水平->Z5/Z5'：齿形误差可信度96.4%
测点：28#锥箱水平->Z5/Z6（Z5'/Z6'）：齿形误差可信度96.4%
测点：28#锥箱水平->Z5/Z5'：存在齿形误差可信度96.4%征兆
测点：28#锥箱水平->Z5/Z6（Z5'/Z6'）：存在齿形误差可信度96.4%征兆
测点：28#锥箱水平->Z5/Z5'：齿轮疲劳点蚀可信度96.4%
测点：28#锥箱水平->Z5/Z6（Z5'/Z6'）：齿轮疲劳点蚀可信度96.4%
测点：28#锥箱水平->Z5/Z5'：存在齿轮疲劳点蚀可信度96.4%征兆
测点：28#锥箱水平->Z5/Z6（Z5'/Z6'）：存在齿轮疲劳点蚀可信度96.4%征兆
测点：28#锥箱水平->Z5/Z5'：异常（看倒谱）
测点：28#锥箱水平->Z5/Z6（Z5'/Z6'）：异常（看倒谱）
测点：28#锥箱水平->Z5/Z5'：存在齿磨损征兆
测点：28#锥箱水平->Z5/Z6（Z5'/Z6'）：存在齿磨损征兆
测点：28#锥箱水平->Z5/Z5'：存在齿形误差征兆
测点：28#锥箱水平->Z5/Z6（Z5'/Z6'）：存在齿形误差征兆
测点：28#锥箱水平->Z5/Z5'：存在齿轮局部缺陷征兆
测点：28#锥箱水平->Z5/Z6（Z5'/Z6'）：存在齿轮局部缺陷征兆

报告人：

LeadMeasure-GX2

诊断报告

德钢高线厂　　2008-12-4 11:36:55

诊断数据文件名：D:\Program Files\LeadMeasure-GX2\data\gx_Minu\200812041053M6K.dgc
设备及部件类型：滚动轴承
测点：28#锥箱水平->162250G：滚动体缺陷
测点：28#锥箱水平->162250Y：滚动体缺陷
测点：28#锥箱水平->162250HA：滚动体缺陷
测点：28#锥箱水平->162250HA：内圈缺陷
测点：28#锥箱水平->162250G：滚动体缺陷
测点：28#锥箱水平->162250Y：滚动体缺陷
测点：28#锥箱水平->162250HA：滚动体缺陷
测点：28#锥箱水平->162250HA：内圈缺陷
测点：28#锥箱水平->162250G：滚动体缺陷
测点：28#锥箱水平->162250Y：滚动体缺陷
测点：28#锥箱水平->162250HA：滚动体缺陷
测点：28#锥箱水平->162250HA：内圈缺陷

诊断数据文件名：D:\Program Files\LeadMeasure-GX2\data\gx_Minu\200812041053M6K.dgc
设备及部件类型：电机
测点：28#锥箱水平->未发现电机异常

诊断数据文件名：D:\Program Files\LeadMeasure-GX2\data\gx_Minu\200812041053M6K.dgc
设备及部件类型：叶轮
测点：28#锥箱水平->转子未发现异常
测点：28#锥箱水平->转子未发现异常
测点：28#锥箱水平->转子未发现异常
测点：28#锥箱水平->冷却风机转子未发现异常

诊断数据文件名：D:\Program Files\LeadMeasure-GX2\data\gx_Minu\200812041053M6K.dgc
设备及部件类型：自定义
测点：28#锥箱水平->未发现自定义设备部件异常

诊断数据文件名：D:\Program Files\LeadMeasure-GX2\data\gx_Minu\200812041053M6K.dgc
设备及部件类型：特征频率打印
--------------------- 特征频率 ---------------------
测点：28#锥箱水平->电机轴［电机输出轴］转频 <===> 17.18333 Hz
测点：28#锥箱水平->增速箱输入轴［增速箱输入轴1轴］转频 <===> 17.18333 Hz
测点：28#锥箱水平->电机联轴器［电机联轴器L1］啮合频率 <===> 549.8667 Hz
测点：28#锥箱水平->增速箱下传动轴［增速箱下传动轴］转频 <===> 56.03261 Hz
测点：28#锥箱水平->Z1/Z2［增箱下传动轴齿轮］啮合频率 <===> 2577.5 Hz
测点：28#锥箱水平->28#锥箱输入轴［28#锥箱输入轴2'轴］转频 <===> 56.03261 Hz
测点：28#锥箱水平->28#锥箱输入轴联轴器［28#锥箱输入轴联轴器L7（齿接触）］啮合频率 <===> 1793.044 Hz
测点：28#锥箱水平->28#锥箱3轴［28#锥箱3轴］转频 <===> 126.4736 Hz
测点：28#锥箱水平->Z3/Z4［28#锥箱伞齿］啮合频率 <===> 4426.576 Hz
测点：28#锥箱水平->28#锥箱3'轴［28#锥箱3'轴］转频 <===> 126.4736 Hz
测点：28#锥箱水平->Z5/Z5'［28#锥箱斜齿］啮合频率 <===> 3920.682 Hz
测点：28#锥箱水平->28#辊箱4轴、4'轴［28#辊箱4轴、4'轴］转频 <===> 145.2104 Hz
测点：28#锥箱水平->Z5/Z6（Z5'/Z6'）［28#辊箱斜齿轮］啮合频率 <===> 3920.682 Hz
测点：28#锥箱水平->162250G［28#轧机输入轴2'轴轴承C1（圆柱滚子轴承）］内圈旋转频率 <===> 56.03261 Hz
测点：28#锥箱水平->162250G［28#轧机输入轴2'轴轴承C1（圆柱滚子轴承）］滚动体过内圈频率 <===> 691.0688 Hz
测点：28#锥箱水平->162250G［28#轧机输入轴2'轴轴承C1（圆柱滚子轴承）］滚动体过外圈频率 <===> 541.6486 Hz
测点：28#锥箱水平->162250G［28#轧机输入轴2'轴轴承C1（圆柱滚子轴承）］滚动体过内外圈频率 <===> 455.4772 Hz

报告人：

LeadMeasure-GX2

诊断报告

德钢高线厂　　2008-12-4 11:36:55

测点：28#锥箱水平->162250G [28#轧机输入轴2'轴轴承C1（圆柱滚子轴承）] 保持架旋转频率〈===〉 24.62039 Hz

测点：28#锥箱水平->162250Y [28#轧机输入轴2'轴轴承（角接触轴承）] 内圈旋转频率〈===〉 56.03261 Hz

测点：28#锥箱水平->162250Y [28#轧机输入轴2'轴轴承（角接触轴承）] 滚动体过内圈频率〈===〉 691.0688 Hz

测点：28#锥箱水平->162250Y [28#轧机输入轴2'轴轴承（角接触轴承）] 滚动体过外圈频率〈===〉 541.6486 Hz

测点：28#锥箱水平->162250Y [28#轧机输入轴2'轴轴承（角接触轴承）] 滚动体过内外圈频率〈===〉 455.4772 Hz

测点：28#锥箱水平->162250Y [28#轧机输入轴2'轴轴承（角接触轴承）] 保持架旋转频率〈===〉 24.62039 Hz

测点：28#锥箱水平->162250HA [28#轧锥箱轴3'轴轴承（圆柱滚子轴承）] 内圈旋转频率〈===〉 126.4736 Hz

测点：28#锥箱水平->162250HA [28#轧锥箱轴3'轴轴承（圆柱滚子轴承）] 滚动体过内圈频率〈===〉 918.5977 Hz

测点：28#锥箱水平->162250HA [28#轧锥箱轴3'轴轴承（圆柱滚子轴承）] 滚动体过外圈频率〈===〉 599.0855 Hz

测点：28#锥箱水平->162250HA [28#轧锥箱轴3'轴轴承（圆柱滚子轴承）] 滚动体过内外圈频率〈===〉 574.1236 Hz

测点：28#锥箱水平->162250HA [28#轧锥箱轴3'轴轴承（圆柱滚子轴承）] 保持架旋转频率〈===〉 49.92379 Hz

测点：28#锥箱水平->162250J [28#轧锥箱轴3'轴轴承C6/C7（角接触轴承）] 内圈旋转频率〈===〉 126.4736 Hz

测点：28#锥箱水平->162250J [28#轧锥箱轴3'轴轴承C6/C7（角接触轴承）] 滚动体过内圈频率〈===〉 852.1159 Hz

测点：28#锥箱水平->162250J [28#轧锥箱轴3'轴轴承C6/C7（角接触轴承）] 滚动体过外圈频率〈===〉 539.0938 Hz

测点：28#锥箱水平->162250J [28#轧锥箱轴3'轴轴承C6/C7（角接触轴承）] 滚动体过内外圈频率〈===〉 533.6484 Hz

测点：28#锥箱水平->162250J [28#轧锥箱轴3'轴轴承C6/C7（角接触轴承）] 保持架旋转频率〈===〉 49.00852 Hz

测点：28#锥箱水平->162250LB [28#轧锥箱轴3'轴轴承C10/C11（角接触轴承）] 内圈旋转频率〈===〉 126.4736 Hz

测点：28#锥箱水平->162250LB [28#轧锥箱轴3'轴轴承C10/C11（角接触轴承）] 滚动体过内圈频率〈===〉 854.2515 Hz

测点：28#锥箱水平->162250LB [28#轧锥箱轴3'轴轴承C10/C11（角接触轴承）] 滚动体过外圈频率〈===〉 410.4845 Hz

测点：28#锥箱水平->162250LB [28#轧锥箱轴3'轴轴承C10/C11（角接触轴承）] 滚动体过内外圈频率〈===〉 316.0731 Hz

测点：28#锥箱水平->162250LB [28#轧锥箱轴3'轴轴承C10/C11（角接触轴承）] 保持架旋转频率〈===〉 41.04845 Hz

测点：28#锥箱水平->162250LB [28#轧辊箱轴4轴/4'轴轴承C12/C13/C12'/C13'（角接触轴承）] 内圈旋转频率〈===〉 145.2104 Hz

测点：28#锥箱水平->162250LB [28#轧辊箱轴4轴/4'轴轴承C12/C13/C12'/C13'（角接触轴承）] 滚动体过内圈频率〈===〉 980.8073 Hz

测点：28#锥箱水平->162250LB [28#轧辊箱轴4轴/4'轴轴承C12/C13/C12'/C13'（角接触轴承）] 滚动体过外圈频率〈===〉 471.297 Hz

测点：28#锥箱水平->162250LB [28#轧辊箱轴4轴/4'轴轴承C12/C13/C12'/C13'（角接触轴承）] 滚动体过内外圈频率〈===〉 362.8987 Hz

测点：28#锥箱水平->162250LB [28#轧辊箱轴4轴/4'轴轴承C12/C13/C12'/C13'（角接触轴承）] 保持架旋转频率〈===〉 47.1297 Hz

报告人：

图 8-34　智能诊断报告

从图 8-27 可以看出，11 月 18 日到 11 月 22 日振动趋势明显上升（轧 ϕ6.5mm 线材），11 月 22 日到 12 月 4 日振动趋势下降（11 月 22 日到 11 月 27 日轧 ϕ10mm 线材，11 月 27 日到 12 月 4 日轧 ϕ8mm 线材）。说明焊接传感器可能对设备有一定的影响；从图 8-32 可以看出，Z5/Z6的啮合频率 3919.922 幅值为 2.772m/s^2，Z3/Z4 啮合频率幅值也比较高，为 1.707m/s^2。说明 3 轴存在故障隐患。建议，对 28 号精轧机 3 轴两端轴承进行检查。

9 设备工程经济

设备是企业进行生产和服务活动的重要物质基础，是重要的生产力要素之一。在当前现代工业条件下，机器设备日益精密化、自动化、数字化、大型化，与设备有关的费用在产品成本中的比重不断提高，加强企业设备管理变得日益重要。设备管理就是用先进的管理模式和方法，对寿命周期内的所有设备的物质运动形态和价值运动形态进行的系统管理工作。企业设备管理工作包括设备运动的全过程，即设备的选购、使用、维护、修理和改造、更新和租赁等。

9.1 设备租赁与购买经济性分析

9.1.1 设备租赁概述

9.1.1.1 设备租赁的概念

设备租赁是随着企业资产所有权与使用权的分离而产生的设备使用形式。它是指设备的承租者按照租赁契约的规定，定期向出租者支付一定数额的租赁费从而取得设备的使用权，设备的所有权则不发生改变，仍归出租者所有。

9.1.1.2 设备租赁的方式

设备租赁的方式主要有两种：经营租赁和融资租赁。

1）经营租赁。经营租赁也称运行租赁，是指出租者除向承租者提供租赁物外，还承担设备的保养、维修、贬值以及不再续租的风险，任何一方可以随时以一定方式在通知对方后的规定时间内取消或中止租约。经营租赁具有可撤销性、短期性、租金高等特点，适用于技术进步快、用途较广泛、使用具有季节性的设备。经营租赁设备的租赁费计入企业成本，可减少企业所得税。

2）融资租赁。融资租赁是指由双方明确租让的期限和付费义务，出租者按照要求提供规定的设备，然后以租金形式回收设备的全部资金，出租者对设备的整机性能、维修保养、老化风险等不承担责任。融资租赁是以融资和对设备的长期使用为前提的，租赁期相当于或超过设备的寿命期，具有不可撤销性、租期长等特点，适用于大型机床、重型施工等贵重设备。融资租入的设备属承租方的固定资产，可以计提折旧计入企业成本，而租赁费一般不直接计入企业成本，由企业税后支付。但租赁费中的利息和手续费可在支付时计入企业成本，作为纳税所得额中准予扣除的项目。

9.1.1.3 设备租赁的意义

设备租赁对承租者的益处：（1）减少资金占用和减轻资金负债状况；（2）有利于适应季节性和暂时性的需要；（3）加快设备更新、避免技术落后的同时，降低投资风险；（4）可避免通货膨胀的冲击。

设备租赁对出租者的益处：（1）促进资产的合理使用，提高设备利用率；（2）扩大设备销路，提高经济效益；（3）享受税赋和加速折旧的优惠，减少税金的支出。

9.1.2 设备租赁与购买的决策分析

承租人在决策租赁还是购买设备时，最简单的方法是将租赁成本和购买成本进行比较。租赁成本仅仅包括租金的支付，购买成本不仅包括设备的价格，还包括使用设备所发生的运转费和维修费，无论用现值法、年值法，均以成本较少的方案为宜；如果方案考虑设备产生的收入情况，方案的选择要以收益效果为准。

设备租赁的现金流量与购置方案的比较：

（1）经营租赁设备方案的净现金流量为：

净现金流量 = 销售收入 − 经营成本 − 租赁费 − 销售税及附加 − （销售收入 − 经营成本 − 租赁费 − 销售税及附加）×所得税税率　　(9-1)

（2）融资租赁设备方案的净现金流量为：

净现金流量 = 销售收入 − 经营成本 − 租赁费 − 销售税及附加 − （销售收入 − 经营成本 − 折旧费 − 销售税及附加 − 租赁费中的手续费和利息）×所得税税率　　(9-2)

（3）自有资金购置设备方案的净现金流量为：

净现金流量 = 销售收入 − 经营成本 − 设备购置费 − 销售税及附加 − （销售收入 − 经营成本 − 折旧费 − 销售税及附加）×所得税税率　　(9-3)

（4）贷款购置设备方案的净现金流量为：

净现金流量 = 贷款 + 销售收入 − 经营成本 − 设备购置费 − 销售税及附加 − 利息 − （销售收入 − 经营成本 − 折旧费 − 销售税及附加 − 利息）× 所得税税率 − 还本　　(9-4)

下面举例说明设备租赁方案与购置方案的比较方法。

例 9-1　设备价格 5.4 万元，每年可实现销售收入 6 万元，经营成本 4 万元，寿命为 6 年，残值为 0，所得税税率 33%。有 4 种投资方式，若基准收益率为 15%，试决策何种方式最佳？

（1）用自有资金购买。

（2）贷款购买，贷款年利率 10%，贷款年限 6 年，利息当年付清，本金最后还。

（3）经营租赁，年租金 1 万元。

（4）融资租赁，先一次支付 50% 的设备价款，然后在 6 年内每年支付 0.6 万元，其中利息和手续费 0.2 万元。

解：（1）自有资金购买。

0 年：净现金流入 = −5.4（万元）

1～6 年：净现金流入 = 6 万元 − 4 万元 − (6 万元 − 4 万元 − 0.9 万元) × 0.33
= 1.637（万元）

其中，折旧费 = 5.4 万元/6 年 = 0.9（万元/年）

$$NPV(15\%) = 1.637\text{ 万元}(P/A, 15\%, 6) - 5.4\text{ 万元} = 0.80(\text{万元})$$

现金流量图见图 9-1。

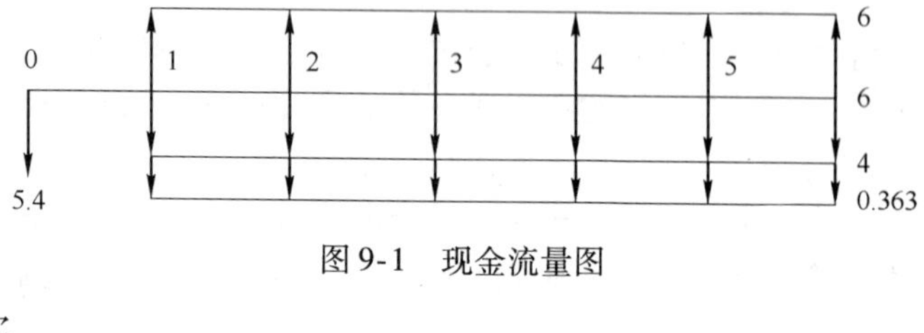

图 9-1　现金流量图

（2）贷款购买。

0 年：净现金流入 = 5.4 万元 − 5.4 万元 = 0（万元）

1～5 年：净现金流入 = 6 万元 − 4 万元 − 0.54 万元 − (6 万元 − 4 万元 − 0.54 万元 −

0.9 万元) ×0.33 = 1.275(万元)

6 年：净现金流入 = 6 万元 − 4 万元 − 0.54 万元 − (6 万元 − 4 万元 − 0.54 万元 − 0.9 万元) ×0.33 − 5.4 万元 = −4.1248(万元)

其中，折旧费 = 5.4 万元/6 年 = 0.9(万元/年)

NPV（15%）= 1.275 万元(*P/A*，15%，6) − 5.4 万元（*P/F*，15%，6) = 2.49(万元)

现金流量图略。

(3) 经营租赁。

1～6 年：净现金流入 = 6 万元 − 4 万元 − 1 万元 − (6 万元 − 4 万元 − 1 万元) ×0.33 = 0.67(万元)

NPV（15%）= 0.67 万元(*P/A*，15%，6) = 2.54(万元)

现金流量图略。

(4) 融资租赁。

0 年：净现金流入 = −2.7(万元)

1～6 年：净现金流入 = 6 万元 − 4 万元 − 0.6 万元 − (6 万元 − 4 万元 − 0.9 万元 − 0.2 万元) ×0.33 = 1.103(万元)

其中，折旧费 = 5.4 万元/6 年 = 0.9(万元/年)

NPV（15%）= 1.103 万元(*P/A*，15%，6) − 2.7 万元 = 1.47(万元)

现金流量图略。

最终的决策结论是：按经济效益指标，经营租赁方案最优，贷款购买方案次之，再是融资租赁，用自有资金购买最差。

9.2　设备的折旧

9.2.1　设备折旧的意义和计提的依据

9.2.1.1　设备折旧的意义

设备随着时间的推移或在使用过程中，由于损耗而转移到设备中去的那部分价值，称为设备折旧。这部分价值随着设备的销售而予以回收、积累，在企业形成设备的折旧基金。折旧基金是为了补偿设备的磨损而逐年提取的专用基金，其主要目的是在旧设备不能再使用或不再使用时，用折旧基金购置新设备，实现设备的更新。设备的折旧根据设备的价值、使用年限，用所规定的折旧方法计算。

正确计算设备的折旧和提取折旧基金对于加强企业经济核算和组织社会再生产有着重要的意义：

(1) 提取折旧基金是对企业固定资产管理进行考核、监督的必要手段。通过对企业折旧计划执行情况的检查分析，可以发现企业在固定资产管理中存在的问题，促进管理部门及时采取改进措施，充分发挥固定资产的效能。

(2) 对于国有企业，正确计提固定资产折旧对于正确核算设备成本和企业盈利，对于确定社会总设备中的补偿基金和国民收入的积累基金，正确处理国家和企业的财务关系，都有着重要影响。

(3) 设备耗损价值的补偿，是实物形态更新的必要条件。因此，正确计算和提取折旧基金是设备更新的重要保证。

9.2.1.2　决定折旧额的因素

在计算机折旧时，应考虑设备原始价值、使用年限、设备报废清理时的残余价值和各项清理费用四个因素：

（1）原始价值。设备的原始价值是固定资产的价值，而设备的折旧额是固定资产耗损部分的价值。因此要计算设备折旧首先必须考虑其原始价值。某些设备只有完全重置价值而没有原始价值的则可按完全重置价值计算其折旧。

（2）使用年限。设备的使用年限是指在正常的情况下，根据设备本身的结构、质量和属性，以及使用中的工艺过程和使用条件、维护、修理质量等因素估计可以使用的期限。在确定设备使用年限时，应当包括正常的季节性停歇和大修所需的时间。

（3）残余价值。设备的残余价值简称残值，是指设备在失去使用价值，经过拆除清理以后所残留的那些材料、零件、废料等的价值。例如报废机器的废铁、拆除建筑物的废旧材料等，仍然可以由企业利用或出售给其他企业。这部分价值是体现设备丧失生产能力以后的残体的价值，不应该将它们计入设备成本中去。因此，在计算设备折旧额时，就应该估计设备的残值，并从设备原始价值中扣除。

（4）清理费用。设备的清理费用是报废设备在清理过程中所必须支付的费用。如生产设备的拆卸以及其他搬移、整理所花费的人工、辅助材料和零星开支等。清理费用作为使用设备的一种必要的追加耗费，必须计入设备成本，因此应加到设备原始价值中去，由使用期间的设备成本平均负担。

清理费用也可理解为实现设备残值的必要条件，由残值偿付，也就是说在设备的残值内扣除，扣除清理费用的残值称为净残值。

9.2.1.3　计提折旧的范围

计提固定资产折旧必须明确应该计提固定资产折旧的范围。按照国家规定的折旧制度，计提折旧的固定资产范围是：企业的房屋、建筑物；在用的机器设备、仪器仪表、运输车辆、工具器具；季节性停用和修理停用的设备；以经营租赁方式租出的固定资产；以融资租赁方式租入的固定资产。

9.2.2　设备折旧方式

我国现行的固定资产的折旧方式，主要有直线折旧法和加速折旧法。

9.2.2.1　直线折旧法

直线折旧法又称使用年限法或平均折旧法，是指设备应计提的折旧额除以设备的使用年限，以求得每年平均计提折旧额的方法。计算公式为：

$$\text{设备年折旧额}=\frac{\text{设备原值}-\text{预计残值}+\text{预计清理费用}}{\text{预计使用年限}} \tag{9-5}$$

$$\text{年折旧率}=\frac{\text{年折旧额}}{\text{设备原值}} \tag{9-6}$$

$$\text{设备月折旧率}=\text{设备年折旧率}/12 \tag{9-7}$$

9.2.2.2　加速折旧法

加速折旧法又称“快速折旧法”。设备折旧主要是由有形磨损和无形磨损两种因素共同造成的。从有形磨损的角度，开始阶段是设备新、效率高、效益大，因而在设备早期应比在设备晚期负担较多的折旧费用。从无形磨损的角度，设备寿命周期越长，越往后风险越大，收益率将不断下降。因此，设备投入使用的早期分配较多的折旧费用，就是为后期一旦出现风险做好资金储备，及时地提供可靠的更新资金，有利于企业早日采用先进的技术装备。目前应用最广泛的加速折旧法有双倍余额递减法和年数总和法。

A　双倍余额递减折旧法

双倍余额递减折旧法是指各年的折旧额以每年相等的折旧率乘以折旧净值。由于设备各年折旧净值（折旧余额）是逐年递减的，其各年折旧费也随着余额而递减。这种方法理论上有一定的价值，问题是设备始终不能折旧完，因此在设备寿命周期后期需转换为直线折旧法，把其折旧余额平均分配给剩余的各折旧年限。

在余额递减法中所使用的折旧率，通常大于直线折旧率，当使用的折旧率为直线折旧率的两倍时，称为双倍余额递减法，即：

$$\alpha = \frac{2}{N} \tag{9-8}$$

$$D_t = L_{t-1}\alpha \tag{9-9}$$

式中　α——折旧率；

N——设备预计使用年限；

D_t——第 t 年的折旧额；

L_{t-1}——第 $t-1$ 年的设备账面净值。

设 K_0 为设备的原始价值，则：

第 1 年的折旧额 $D_1 = K_0\alpha$

第 2 年的折旧额 $D_2 = (K_0 - K_0\alpha)\alpha = K_0(1-\alpha)\alpha$

第 3 年的折旧额 $D_3 = [K_0 - K_0\alpha - K_0(1-\alpha)\alpha]\alpha = K_0(1-\alpha)^2\alpha$

……

第 t 年的折旧额 $D_t = K_0(1-\alpha)^{t-1}\alpha$

例 9-2　一台设备的原值为 15000 元，预计使用 5 年，报废时净残值为 2000 元，用双倍余额递减法计算各年的折旧额。

解：求得固定折旧率为：

$$\alpha = \frac{2}{N} = \frac{2}{5} = 40\%$$

各年的折旧额计算如表 9-1 所示。

表 9-1　双倍余额递减法计算折旧额

使用年份	折旧率	折旧额/元	累计折旧额/元	设备账面净值/元
1	40%	15000 ×40% =6000	6000	9000
2		9000 ×40% =3600	9600	5400
3		5400 ×40% =2160	13760	3240
4		(3240 −2000) /2 =620	12380	2620
5		(3240 −2000) /2 =620	13000	2000
合　计			13000	2000

B　年数总和法

年数总和法是指每年的折旧额可用设备原值减去残值的差额为基数乘一个逐年递减的折旧系数（折旧率）来确定的一种方法。此递减系数的分母为设备使用年限数的累计之和，即每年递减系数的分母均相等；分子的大小等于从当年开始到设备终止还剩余的年数。例如，当 $N=5$年时，分母为 $1+2+3+4+5=15$；分子在第 3 年时，此年的递减系数为 3/15。

年数总和法的计算公式为：

$$D_t = \frac{2(K_0 - S)(N - t + 1)}{N(N + 1)} \tag{9-10}$$

式中　S——设备的残值。

例 9-3　利用上例有关数据，列表计算年数总和法的折旧额（如表 9-2 所示）。

表 9-2　年数求和法的折旧计算表

使用年份	折旧基数	折旧率	折旧额/元	累计折旧额/元
1	15000 - 2000 = 13000	5/15	4333.33	4333.33
2		4/15	3466.67	7800.00
3		3/15	2600.00	10400.00
4		2/15	1733.33	12133.33
5		1/15	866.67	13000.00
合　计			13000	13000

9.3　设备的磨损与寿命

9.3.1　设备的磨损及其度量

9.3.1.1　设备有形磨损及度量

设备有形磨损又称物质磨损，指设备在使用或闲置过程中所发生的实体磨损或损失，主要表现在物理性能、几何形状、技术属性等方面的改变。

设备的有形磨损又可划分为两种形式：第Ⅰ种有形磨损和第Ⅱ种有形磨损。

第Ⅰ种有形磨损——设备在使用过程中，由于外力的作用使零部件及整个设备发生摩擦、振动、疲劳和冲击等现象，致使设备的实体产生磨损，这种磨损叫做第Ⅰ种有形磨损。它通常表现为：机器设备零部件原始尺寸甚至形状发生改变；公差配合性质的变化导致精度降低；部分零部件损坏等。

设备有形磨损一般可经过三个阶段，与零件的磨损规律类似。第一阶段是新机器设备的“初期磨损阶段”。在这个阶段，通常由于设计、制造、安装及操作人员对新设备操作不习惯或不正确造成的；第二阶段为“正常磨损阶段”。在此阶段内，设备零部件已经受到运行考验，在正常工作条件下，零件磨损缓慢并与机器开动时间长短及负荷强度大小有关；当零件磨损到一定程度，正常磨损关系开始受到破坏，使得磨损加剧，进入到“第三磨损阶段”。这时，设备故障率增加，功能下降，不能正常工作甚至发生事故。

第Ⅱ种有形磨损——设备在闲置过程中，由于自然力的作用，发生金属件生锈、腐蚀和橡胶、塑料老化等，使其降低甚至丧失工作精度和能力，这种磨损称为第Ⅱ种有形磨损。

设备有形磨损量 α_p 的确定是在综合单个零件磨损程度基础上确定的整机平均磨损程度来度量的，可用下式来表示：

$$\alpha_p = \frac{\sum_{i=1}^{n} \alpha_i k_i}{\sum_{i=1}^{n} k_i} \tag{9-11}$$

或

$$\alpha_p = \frac{R}{K_1} \tag{9-12}$$

式中 α_p ——设备有形磨损程度；

n ——设备零件总数；

α_i ——零件 i 的实体磨损程度（以不能使用为100%）；

k_i ——零件 i 的价值；

R ——修复全部磨损零件所用的修理费用；

K_1 ——在确定磨损时该种设备的再生产（或再购）价值。

零件 i 的实体磨损程度用下式表示：

$$\alpha_i = \frac{\delta_{pri}}{\delta_{mi}} \times 100\% \tag{9-13}$$

式中 δ_{pri} ——第 i 个零件的实际磨损量，mm；

δ_{mi} ——第 i 个零件所允许的最大磨损量，mm。

α_p 应小于1。若 $\alpha_p \geq 1$，则此设备已无修理的必要，可用买新换旧的方法来解决问题了；另外，n 的确定应符合实际，不能把一切磨损件不分主次均纳入计算范围，而只应把那些直接影响设备基本功能的零部件作为对象。通常，制造厂家会向用户提供设备关键件清单及修理图纸；否则，负责设备修理的部门要事前准备好关键件清单及图纸资料。

9.3.1.2 设备无形磨损及度量

设备无形磨损又称经济磨损或精神磨损，该种磨损不是在生产过程中由于使用或自然力的作用造成的，所以并不表现为设备实体的变化，而是表现为设备原始价值的贬值。

设备无形磨损根据不同的成因也可分为两种：第Ⅰ种无形磨损和第Ⅱ种无形磨损。

第Ⅰ种无形磨损——由于相同结构设备再生产价值的降低而产生原有设备价值的贬低，称为第Ⅰ种无形磨损。该种磨损主要是劳动生产率不断提高、技术的进步、工艺的改善等原因使生产同种设备的劳动耗费相应降低，而使原有设备贬值。但设备本身的技术特性和功能，即使用价值并未发生变化，不存在提前更换设备的问题。

第Ⅱ种无形磨损——由于新技术的发明和应用，出现了结构更先进、性能更完善、生产率更高的新型设备，使原有设备显得陈旧落后；并且，如继续使用原有设备，就会使设备成本高于社会平均成本。此时出现的经济磨损，称为设备的第Ⅱ种无形磨损。可见，第Ⅱ种无形磨损不仅使原有设备的价值相对降低，而且会使原设备局部或全部丧失其使用价值。这时，应考虑用技术更先进的设备代替原有设备。但是否更换，需度量原设备贬值的程度而定。

设备无形磨损的程度用设备的价值降低系数 α_I 来估计：

$$\alpha_I = \frac{K_0 - K_1}{K_0} \tag{9-14}$$

式中 α_I ——设备无形磨损程度；

K_0 ——设备的原始价值（购置价格）；

K_1 ——等效设备的再生产价值或再购价格。

等效设备的再生产价值或再购价格 K_1 用下式表示：

$$K_1 = K_n \times \left(\frac{q_o}{q_n}\right)^{\alpha} \times \left(\frac{c_n}{c_o}\right)^{\beta} \tag{9-15}$$

式中 K_n ——新设备的价值；

q_o, q_n ——旧设备、新设备的生产率（件/单位时间）；

c_o, c_n ——旧设备、新设备的单位设备耗费，元/件；

α, β ——设备劳动生产率提高指数和成本降低指数（$0 < \alpha < 1$，$0 < \beta < 1$）。

分析上式，当 $q_o = q_n$，$c_o = c_n$ 时，表明新旧设备的生产率和使用成本均相同，$K_1 = K_n$ 表示只发生了第Ⅰ种无形磨损；若出现下述情况之一，即表明发生了第Ⅱ种无形磨损：

（1）$q_n > q_o, c_n = c_o$，此时 $K_1 = K_n (q_o/q_n)^{\alpha}$；

（2）$q_n = q_o, c_n < c_o$，此时 $K_1 = K_n (c_n/c_o)^{\beta}$；

（3）$q_n > q_o, c_n < c_o$，此时 $K_1 = K_n(q_o/q_n)^{\alpha}(c_n/c_o)^{\beta}$。

9.3.1.3　设备的综合磨损及度量

设备无论运转还是闲置，均会同时发生有形磨损和无形磨损，二者互相影响，使设备的价值降低，由此形成的损失和贬值称为设备的综合磨损。

设备综合磨损可用如下方法度量：设备遭受有形磨损后的残余价值系数为 $(1 - \alpha_p)$；设备遭受无形磨损后的残余价值系数为 $(1 - \alpha_I)$；设备遭受综合磨损后的残余价值系数为 $(1 - \alpha_p)(1 - \alpha_I)$；

因此，设备综合磨损程度 α 的计算公式为：

$$\alpha = 1 - (1 - \alpha_p)(1 - \alpha_I) \tag{9-16}$$

设备在遭受综合磨损后的净值 K 为：

$$\begin{aligned} K &= (1 - \alpha)K_0 = [1 - 1 + (1 - \alpha_p)(1 - \alpha_I)]K_0 \\ &= \left(1 - \frac{R}{K_1}\right)\left(1 - \frac{K_0 - K_1}{K_0}\right)K_0 = K_1 - R \end{aligned} \tag{9-17}$$

从上式可看出，设备遭受综合磨损后的净值等于等效设备的再生产价值减去修理费用。

9.3.2　设备的寿命

9.3.2.1　设备寿命的种类

从不同的角度考察机器设备，可将设备寿命划分为以下几个范畴：

（1）物理寿命。物理寿命又称自然寿命、物质寿命，指一台全新设备从开始使用，直到不能正常工作予以报废为止所经历的全部时间。物理寿命的长短，主要取决于设备抵抗有形磨损的能力，而与无形磨损无关。

（2）技术寿命。技术寿命又称设备的技术老化周期，指设备开始使用，到因其技术落后而被淘汰为止所延续的时间。技术寿命长短主要取决于技术进步的速度，而与有形磨损无关。

（3）折旧寿命。折旧寿命又称会计寿命，指设备开始使用，到其投资通过折旧的方式全部回收所延续的时间。其长短由国家财政部门规定的固定资产使用年限决定。

（4）经济寿命。经济寿命是指使用一台设备年平均总费用最低的年数，是根据设备使用成本最低的原则确定的，其长度往往短于物理寿命。经济寿命是由有形磨损和无形磨损共同决定的。

9.3.2.2　设备经济寿命的确定

A　静态法（运行成本低劣化值法）

随着使用年限的增加，设备能源费、保养费及修理费等运行成本势必逐年增加，称为设备的低劣化。假定运行成本每年以 λ 值线性递增，λ 称为设备运行成本的低劣化值。若设备使用 T 年，则第 T 年的运行成本为：

$$C_T = C_1 + (T - 1)\lambda \tag{9-18}$$

T 年内运行成本的年平均值为：

$$\overline{C}_T = C_1 + \lambda(T - 1)/2 \tag{9-19}$$

式中 C_1 ——运行成本的初始值，即第一年的运行成本；

T ——设备使用年数。

除运行成本外，设备的年总费用中还包括逐年分摊的设备购置费用，其值为：

$$C'_T = (K_0 - V_L)/T$$

式中 K_0 ——设备原始价值；

V_L ——设备处理时残值。

因此，使用设备的年平均总费用为：

$$C_A = (K_0 - V_L)/T + C_1 + \lambda(T-1)/2 \qquad (9\text{-}20)$$

使用设备的年平均总费用变化规律呈马鞍形，如图 9-2 所示。

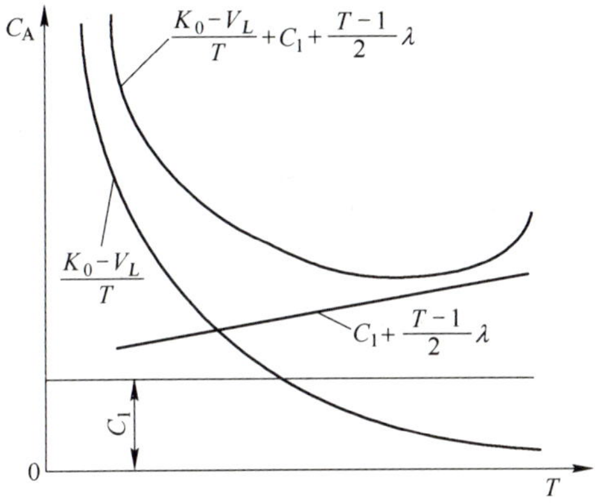

图 9-2 使用设备的年均总费用曲线图

设备经济寿命可用对 C_A 求极值的方法得到，即使用设备的年平均总费用最低的年数。设 V_L 为一常数，令 $\frac{dC_A}{dT} = 0$，则设备经济寿命为：

$$T_E = \sqrt{\frac{2(K_0 - V_L)}{\lambda}}$$

以上计算未考虑资金的时间价值。如需考虑，则采用动态计算方法。

B 动态法（最小年平均总费用法）

动态法的计算公式为：

$$AC_t = [K_0 - L_t(P/F,i,t) + \sum C_t(P/F,i,t)](A/P,i,t) \qquad (9\text{-}21)$$

式中 AC_t ——动态年总费用；

K_0 ——设备原始价值；

L_t ——设备使用 t 年后的残值；

C_t ——第 t 年设备使用费用；

t ——设备使用时间，$t = 1, 2, \cdots, n$。

设备经济寿命 T_E 应为 $\min[AC_1, AC_2, \cdots, AC_n]$ 对应的计算年限 t 值。

例 9-4 某设备原始价值 $K_0 = 60000$ 元，年利率 $i = 10\%$，各年使用费用及年末残值如表 9-3 所示，试计算该设备经济寿命。

表 9-3　某设备各年使用费及残值表

年　数	1	2	3	4	5	6
年使用费/元	12000	14000	18000	23000	28000	34000
年末残值/元	15000	7500	3750	2000	2000	2000

解： 求解过程如表 9-4 所示。

表 9-4　某设备的经济寿命计算过程

t	C_t	$(P/F,i,n)$	$C_t(P/F,i,n)$	$\sum C_t(P/F,i,n)$	L_t	$L_t(P/F,i,t)$	$(A/P,i,t)$	AC_t
1	12000	0.9091	10909	10909	15000	13637	1.1000	62999
2	14000	0.8264	13570	22479	7500	6198	0.5762	43953
3	18000	0.7513	13523	36002	3750	2817	0.4021	37470
4	23000	0.6830	15709	51713	2000	1366	0.3155	34814
5	28000	0.6209	17385	69096	2000	1242	0.2638	33728*
6	34000	0.5645	19193	88289	2000	1329	0.2296	33788

由表 9-4 可知，设备的年平均总费用在 1 ~ 5 年内是逐年递减的，到第五年达到最低点，随后呈上升趋势。因此，设备的经济寿命为 5 年。

9.4　设备磨损补偿的技术经济分析

9.4.1　设备磨损的补偿方式

设备发生磨损后，必须进行有效的补偿。由于磨损形式的不同，补偿磨损的方式也不一样，如图 9-3 所示。总的说来，修理、技术改造和更新是设备磨损补偿的三种方式，通常把修理和技术改造称为局部补偿，而把更新称为完全补偿。从广义上讲，又可把该三种补偿方式都称为设备的更新。究竟采用何种方式补偿，要具体情况具体分析，先进行准确的经济评价后再做决定。

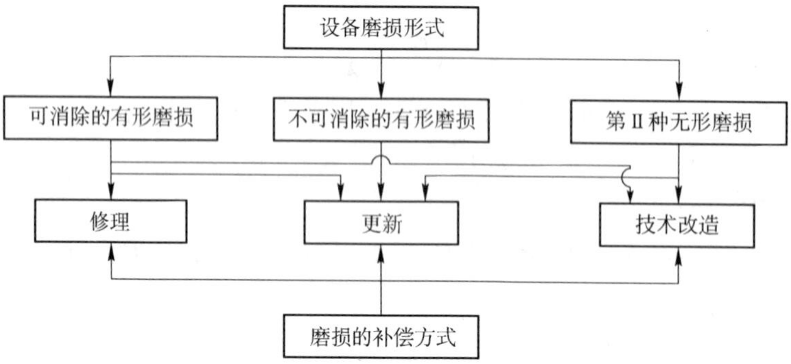

图 9-3　设备磨损的三种补偿方式

9.4.2　设备修理的经济分析

9.4.2.1　设备修理的概念

设备修理是指为保持设备在平均寿命期限内的完好使用状态而进行的局部更换或修复工作，目的是消除设备经常性的有形磨损和机器运行中遇到的各种故障，以保证设备在其寿命期内保持必要的功能。

从经济上讲，大修与中修、小修（固定资产制度改革后，三种修理方式已统称为固定资产修理）相比，是规模最大、花钱最多的设备修理方式。因此，在选择补偿方式时，往往把大修作为研究对象，同其他再生产方式进行经济分析、对比。对大修的技术要求是使大修过的设备达到出厂水平，但实际上大修过的设备无论从精确度、速度、生产效率等各方面，还是使用中的技术故障频率、有效运行时间等方面，都比同类型新设备有所逊色，其综合性能会有某种程度的降低。而且，随着修理次数的增加，大修间隔期也会缩短，从而使大修的经济合理性逐步降低。

修理（包括大修）过程中，应尽量保留并重复利用原设备留下来的零部件。重复利用度越高，修理的经济性就越好。通常，在设备的平均寿命期内，进行适度的修理，往往经济性是合理的。当然，如果设备修理次数过多，零部件的重复利用度越来越低，相应的修理费用会越来越高，经济合理性将逐渐丧失，此时就要考虑其他更新方式对设备磨损进行补偿。

9.4.2.2 设备大修的经济界限

设备从投入使用到其寿命周期结束前所花费的维修费用总额，往往超过设备原值的若干倍。而且设备使用期越长，相应的维修费用就会越高。由于日常设备使用中的维护以及中小修费用相对较少，因此应把注意力放在大修的经济合理性分析上。

A 设备大修的最低经济界限

设备大修可继续利用原设备保留下来的零部件，这是保证修理经济性的有利条件。如果设备当次大修费用低于同种设备的重置价值，则认为大修在经济上是合理的。将这个条件称为设备大修的最低经济界限，可用下式表示：

$$R < K_n - K_L \tag{9-22}$$

式中 R ——设备当次大修费用；

K_n ——同种设备的重置价值（即旧设备在大修时同种新设备的市场价格）；

K_L ——旧设备被替换时的残值。

之所以叫最低经济界限，是不考虑修理后的设备在性能等方面与同种新设备的差异，只要满足上式条件即可选择大修。如不能满足上述最低的经济界限，应考虑其他补偿方式。

B 设备大修的理想经济界限

满足最低经济界限，并不一定达到最佳效果。前面已提到，设备大修后的总体性能、使用效果及经济性一般会有所下降。设备大修的理想经济界限是：大修后生产的产品质量达到规定要求，且单位设备的生产成本不超过同种新设备生产的单位产品成本。这个界限是更为重要的设备大修经济界限，可用下式表示：

$$C_j \leqslant C_0 \tag{9-23}$$

式中 C_j ——在第 j 次大修后的设备上加工单位产品的成本；

C_0 ——在同种新设备上加工单位产品的成本。

C_j、C_0 可参考下式计算：

（1）C_0 可看作在新设备第一次大修之前整个使用期间（称为第一个使用周期）生产单位产品的成本：

$$C_0 = (K_n + P_0 - L_1)/Q_0 \tag{9-24}$$

式中 K_n ——新设备的价值（现值）；

P_0 ——设备在第一个使用周期内经营费用现值总额（以 K_n 为现值计算点，以下同）；

L_1 ——设备使用到第一次大修时的残值现值；

Q_0 ——设备在第一个使用周期内的设备产量。

（2）C_j 可根据两次大修之间的总经营成本额与该期间生产的产品数量之比来确定：

$$C_j = (L_{j-1} + R_{j-1} + P_j - L_j)/Q_j \tag{9-25}$$

式中 L_{j-1}——设备使用到第 $j-1$ 次修理时的残值（现值计算点，以下同）；

R_{j-1}——设备第 $j-1$ 次大修费用，其中 $R_0 = 0$；

P_j——设备第 j 个使用周期内经营费用现值总额；

L_j——设备第 j 次大修时的残值现值；

Q_j——设备在第 j 个使用周期内的产品产量。

9.4.3 设备更新的经济分析

9.4.3.1 设备更新的形式及评价指标

设备更新有原形更新和技术更新两种形式。原形更新是用相同的新设备更换有形磨损严重、不能继续使用的旧设备；技术更新是用较先进的新设备更换那些遭到第Ⅱ种无形磨损、技术上不能继续使用或经济上不宜继续使用的旧设备。

设备更新的评价指标有很多，有技术方面的（如可靠性、安全性、节能性、维修性等），有社会方面的（如环保等），有经济方面的（如投资、经营成本等）。设备更新时究竟按照哪些指标进行评价，要具体情况具体分析。在一些特殊行业，如石油、化工或高温、高压、易燃、易爆等行业，首先考虑设备的安全可靠性，其次才是经济性。通常意义下，经济性是更多的考虑因素。因此，在这里仅对设备更新的经济性进行分析比较。

9.4.3.2 设备更新的决策方法

A 按照经济寿命确定设备更新

首先计算设备经济寿命，从而确定其更新时间。这种方法简单易行，主要针对长期生产同一类型设备的企业或进行周期性重复更换的设备。经济寿命的计算方法见本书 11.1.2 节，这里不再赘述。

B 出现新设备的更新决策——年费用比较法

该方法主要针对由于第Ⅱ种无形磨损的作用，在现有设备运行成本尚未升高到需要用原形设备替换之前，已经出现效率更高、经济性更好的设备，这时是否更换的决策问题。

年费用比较法是：从原有旧设备现状出发，分别计算旧设备再使用一年的总费用和备选新设备在预计的经济寿命期内的年平均总费用，并进行比较，根据年费用最小原则决定是否更换设备。

（1）旧设备再使用一年的总费用可由下式求出：

$$AC_0 = V_{00} - V_{01} + \frac{V_{00} + V_{01}}{2} i + \Delta C \tag{9-26}$$

式中 AC_0——旧设备下一年总费用；

V_{00}——旧设备在更新决策时可出售的价值；

V_{01}——旧设备一年后可出售价值；

i——最低期望收益率；

ΔC——旧设备再使用一年运行费用的损失（包括使用新设备后运行成本的节约额和销售收入的增加额）；

$\frac{V_{00} + V_{01}}{2} i$——因继续使用旧设备而占用资金的时间价值损失，资金占用额取旧设备现在和一年后可售价值的平均值。

（2）新设备年均总费用的计算。该部分费用包括三项：

$$AC_n = \frac{\lambda(T-1)}{2} + \frac{K_n - V_L}{T} + \frac{K_n + V_L}{2}i \tag{9-27}$$

式中　AC_n——新设备年均总费用；

$\frac{\lambda(T-1)}{2}$——设备 T 年间劣化值的平均值（T 为设备使用年限）；

$\frac{K_n - V_L}{T}$——设备 T 年内每年的价值损耗（K_n 为设备的原始价值；V_L 为新设备使用 T 年后的残值）；

$\frac{K_n + V_L}{2}i$——新设备在使用期内平均占用资金的时间价值；

如取新设备的经济寿命 $T = \sqrt{\frac{2(K_n - V_L)}{\lambda}}$ 并代入上式，可得按经济寿命计算的新设备年均总费用：

$$AC_n = \sqrt{2(K_n - V_L)\lambda} + \frac{(K_n + V_L)i - \lambda}{2} \tag{9-28}$$

当 λ 不易求得时，可根据经验决定新设备的合理使用年数 T，然后得 $\lambda = \frac{2(K_n - V_L)}{T^2}$。由此求得的新设备年均总费用为：

$$AC_n = \frac{2(K_n - V_L)}{T} + \frac{K_n + V_L}{2}i - \frac{K_n - V_L}{T^2} \tag{9-29}$$

（3）将 AC_0 与 AC_n 进行比较，做出是否更新的决策。如果 $AC_n \leqslant AC_0$，则更新设备；如 $AC_n > AC_0$，则不能更新，应继续使用旧设备。

例 9-5　某机械加工企业进行招投标前的准备工作，针对必须使用的一台设备进行技术经济决策。该设备 5 年前用 12000 元购买，目前估计价值为 3500 元。现在又出现一种改进的新型号，售价为 15000 元，寿命为 8 年，其运营费用低于现有设备。新、旧设备各年的残值及使用费用见表 9-5，基准收益率为 15%。

表 9-5　新、旧设备相关费用数据

年份（t）	旧设备		新设备	
	使用费用 C_t/元	残值 L_t/元	使用费用 C_t/元	残值 L_t/元
1	2200	1800	600	10000
2	3500	900	900	9000
3	4500	400	1200	8000
4			1500	7000
5			1800	6000
6			2200	5000
7			2800	4000
8			3500	3000

（1）若企业中标，加工合同期为 3 年，是否需要更新该设备，何时更新？

（2）若企业中标，并签订长期的加工合同，是否需要更新该设备，何时更新？

解：（1）加工合同期为 3 年，即只使用该设备 3 年。

可计算各方案的费用年值，最小者为优。

1）马上更新方案的费用年值：

$$AC(15\%) = [15000元 + 600元(P/F, 15\%, 1) + 900元(P/F, 15\%, 2) + (1200元 - 8000元)(P/F, 15\%, 3)](A/P, 15\%, 3) = 5138(元)$$

2）1 年后更新方案的费用年值：

$$AC(15\%) = [3500元 + (2200元 - 1800元 + 15000元)(P/F, 15\%, 1) + 600(P/F, 15\%, 2) + (900元 - 9000元)(P/F, 15\%, 3)](A/P, 15\%, 3) = 5264(元)$$

3）2 年后更新方案的费用年值：

$$AC(15\%) = [3500元 + 2200元(P/F, 15\%, 1) + (3500元 - 900元 + 15000元)(P/F, 15\%, 2) + (600元 - 10000元)(P/F, 15\%, 3)](A/P, 15\%, 3) = 5492(元)$$

4）不更新方案的费用年值：

$$AC(15\%) = [3500元 + 2200元(P/F, 15\%, 1) + 3500元(P/F, 15\%, 2) + (4500元 - 400元)(P/F, 15\%, 3)](A/P, 15\%, 3) = 4713(元)$$

设备在不更新方案中的费用年值最小，为 4713 元。所以，旧设备还可继续使用 3 年，无需更新。

（2）若企业长期需用该设备，需计算出新设备经济寿命后再做决策。计算结果如表 9-6 所示。

表 9-6　新设备经济寿命计算表（$i = 15\%$）

t	C_t	$(P/F,i,n)$	$C_t(P/F,i,n)$	$\sum C_t(P/F,i,n)$	L_t	$L_t(P/F,i,t)$	$(A/P,i,t)$	AC_t
1	600	0.8696	522	522	10000	8696	1.1500	7850
2	900	0.7561	680	1202	9000	6805	0.6151	5780
3	1200	0.6575	789	1991	8000	5260	0.4380	5138
4	1500	0.5718	858	2849	7000	4003	0.3503	4850
5	1800	0.4972	895	3744	6000	2983	0.2983	4702
6	2200	0.4323	951	4695	5000	2162	0.2642	4632
7	2800	0.3759	1053	5748	4000	1504	0.2404	4626*
8	3500	0.3269	1344	6892	3000	981	0.2229	4661

从表 9-6 可看出，新设备使用 7 年，等值年度费用最小，为 4626 元，因此其经济寿命为 7 年。

最后，计算各方案费用年值：

1）马上更新方案的费用年值：

$$AC(15\%) = 4626(元)$$

2）1 年后更新方案的费用年值：

$$AC(15\%) = \{3500元 + [2200元 - 1800元 + 4626元(P/A, 15\%, 7)](P/F, 15\%, 1)\}(A/P, 15\%, 8) = 4587(元)$$

3）2 年后更新方案的费用年值：

$$AC(15\%) = \{3500元 + 2200元(P/F, 15\%, 1) + [3500元 - 900元 + 4626元(P/A, 15\%, 7)](P/F, 15\%, 2)\}(A/P, 15\%, 9) = 4596(元)$$

4）3 年后更新方案的费用年值：

$$AC(15\%) = \{3500元 + 2200元(P/F, 15\%, 1) + 3500元(P/F, 15\%, 2) + [4500元 - 400元 + 4626元(P/A, 15\%, 7)](P/F, 15\%, 3)\}(A/P, 15\%, 10) = 4664(元)$$

依据以上数据可知，1 年后更新方案的费用年值最小，为 4587 元。因此，设备应当在使用 1 年后更新，即第 2 年更新。

上述方法较繁琐，一般可用简化算法求得最佳方案：

新设备的经济寿命为 7 年，等值年度费用为 4626 元，将继续使用旧设备的第 t 年度费用与之相比较：

旧设备继续使用，第 1 年：$AC(15\%)1 = 3500元(F/P, 15\%, 1) - 1800元 + 2200元 = 4425(元)$

旧设备继续使用，第 2 年：$AC(15\%)2 = 1800元(F/P, 15\%, 1) - 900元 + 3500元 = 4670(元)$

旧设备继续使用，第 3 年：$AC(15\%)3 = 900元(F/P, 15\%, 1) - 400元 + 4500元 = 5135(元)$

可画出不同年份下使用旧设备的现金流量图，如图 9-4 所示。

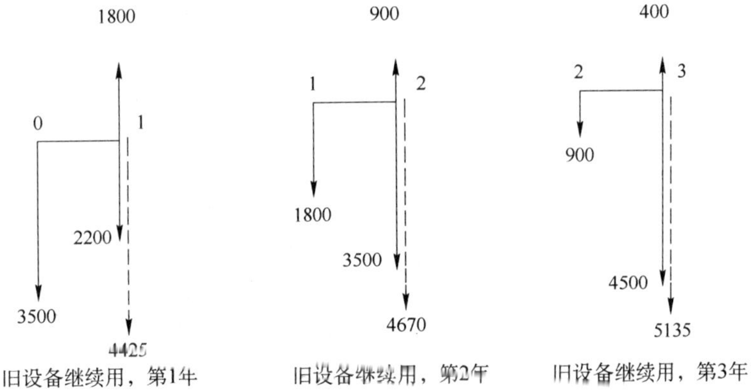

图 9-4 旧设备继续使用的现金流量图

由计算结果可知，旧设备继续使用 1 年的年度费用小于新设备经济寿命时期的等值年费用，而第 2、3 年的费用则都大于它。因此，应在第 1 年末更新。

9.4.4 设备技术改造的经济分析

9.4.4.1 设备技术改造的概念

设备技术改造是应用现代的技术成就和先进经验，改进现有设备的结构，给旧设备换新部件、新装置、新附件等以改善现有设备的技术性能，使之全部或局部达到现代新设备的水平。

设备技术改造投资少、见效快，具有较强的针对性和适应性。有的设备技术改造后，适应生产需要的程度甚至超过一般的新设备。所以，在极个别情况下，对新设备也可以进行改装。但通常情况下，对性能、结构全新的设备不存在改装的问题。另外，当技术改造致使现有设备结构有重大改动，甚至是整机的改动时，也不宜进行技术改造。

9.4.4.2　技术改造的经济分析

设备技术改造的经济分析不能孤立进行，应与其他补偿方式相比较：设备大修、原设备继续使用、用相同结构的新设备更换、用性能更好的设备更换等。现介绍具体分析方法：

（1）总费用现值法。对上述几种补偿方案，分别计算它们的使用总成本现值，从中选取总成本最低的方案为最佳方案。可用下列公式计算：

方案的生产能力系数（β）= 方案的生产能力/同类型新设备的生产能力

1）继续使用旧设备（下标用"o"表示）：

$$C_{To} = \frac{1}{\beta_o}\left[\sum_{t=1}^{T}\frac{G_{ot}}{(1+i)^t} - \frac{L_{on}}{(1+i)^T}\right] \tag{9-30}$$

2）旧设备大修（下标用"r"表示）：

$$C_{Tr} = \frac{1}{\beta_r}\left[K_r + \sum_{t=1}^{T}\frac{G_{rt}}{(1+i)^t} - \frac{L_{rn}}{(1+i)^T}\right] \tag{9-31}$$

3）用原形新设备替换（下标用"n"表示）：

$$C_{Tn} = \frac{1}{\beta_n}\left[K_n + \sum_{t=1}^{T}\frac{G_{nt}}{(1+i)^t} - L_0 - \frac{L_{nn}}{(1+i)^T}\right] \tag{9-32}$$

4）用高效率新设备替换（下标用"g"表示）：

$$C_{Tg} = \frac{1}{\beta_g}\left[K_g + \sum_{t=1}^{T}\frac{G_{gt}}{(1+i)^t} - L_0 - \frac{L_{gn}}{(1+i)^T}\right] \tag{9-33}$$

5）设备技术改造（下标用"m"表示）：

$$C_{Tm} = \frac{1}{\beta_m}\left[K_m + \sum_{t=1}^{T}\frac{G_{mt}}{(1+i)^t} - \frac{L_{mn}}{(1+i)^T}\right] \tag{9-34}$$

式中　j——代表各种不同的方案，$j = o$，r，m，n，g；

β_j——j 方案的设备生产能力系数，$\beta_n = 1$（以原型新设备替换的生产能力为基准，使各方案具有可比性）；

C_{Tj}——j 方案的总费用现值；

K_j——j 方案的投资费用；

G_{jt}——j 方案第 t 年的经营费用；

L_0——j 方案的旧设备在待处理（决策）年份的残值；

L_{jn}——j 方案的第 T 年年末的设备残值；

t——设备使用年份，$t = 1, 2, \cdots, T$。

（2）追加投资回收期法。大多数情况下，设备大修、技术改造、更新之间有下列关系：

$$K_r < K_m < K_n \tag{9-35}$$

$$C_r > C_m > C_n \tag{9-36}$$

$$Q_r < Q_m < Q_n \tag{9-37}$$

式中　K_r，K_m，K_n——分别为设备大修、技术改造和更新的基本投资，元；

C_r, C_m, C_n——分别为设备大修、技术改造和更新的单位设备成本，元/件；

Q_r, Q_m, Q_n——分别为设备大修、技术改造和更新的年生产量，件/年。

在考虑设备补偿方案时，可按下列标准进行决策：

1）当 $K_r/Q_r > K_m/Q_m$，且 $C_r > C_m$ 时，技术改造的经济效果好，不仅基本投资节约，经营费用也相对较少，但该种情况较少出现。

2）当 $K_m/Q_m > K_n/Q_n$，且 $C_m > C_n$ 时，设备更新优于技术改造。

3）当 $K_r/Q_r < K_m/Q_m$，但 $C_r > C_m$ 时，可用追加投资回收期指标进行决策：

$$P_a = \frac{K_m/Q_m - K_r/Q_r}{C_r - C_m} \tag{9-38}$$

当 $P_a \leqslant P_c$ 时（P_c 为企业或部门规定的基准投资回收期），应选择技术改造方案；若 $P_a > P_c$，则应选择设备大修方案。

4）当 $K_m/Q_m < K_n/Q_n$，但 $C_m > C_n$ 时，也可用追加投资回收期来计算：

$$P_a = \frac{K_n/Q_n - K_m/Q_m}{C_m - C_n} \tag{9-39}$$

当 $P_a \leqslant P_c$ 时，更新方案是合理的；若 $P_a > P_c$，则应选择技术改造方案。

例 9-6 某设备更新方案各年费用的原始资料如表 9-7 所示，旧设备在决策年份的可售价值为 3000 元，$i = 10\%$。试选择不同服务年限时设备的最佳更新方案。

表 9-7 各种更新方案的原始数据

项目 数据 / 方案	K_j	β_j	I 表示各年的经营费用，元；Ⅱ表示各年末残值，元。										
使用旧设备	$K_o = 0$	$\beta_o = 0.75$	I	1450	1880	2200	2700						
			Ⅱ	1290	680	400	100						
旧设备大修	$K_r = 7200$	$\beta_r = 0.96$	I	720	980	1200	1480	1750	1950	2200	2500	2750	2960
			Ⅱ	6500	5800	5200	4800	4000	3200	2300	1500	800	750
用原型新设备	$K_n = 13000$	$\beta_n = 1$	I	480	570	660	750	850	960	1050	1380	1250	1400
			Ⅱ	9500	8500	7300	6280	5300	4200	3150	2100	1300	1250
用高效率新设备	$K_g = 18000$	$\beta_g = 1.3$	I	360	430	500	550	620	700	780	850	900	980
			Ⅱ	13500	10250	8800	7250	5680	4800	4000	3000	2000	2000
技术改造	$K_m = 13000$	$\beta_m = 1.1$	I	550	660	800	950	1080	1200	1350	1450	1600	1730
			Ⅱ	9000	8000	6800	5800	4700	3800	2700	1700	1000	1000

由表 9-8 分析计算可知，如果考虑最多只使用 3 年（如 3 年后设备将更新换代等原因），以继续使用旧设备为最佳方案。此时没有更换的必要，甚至连旧设备大修也是多余的；如果使用 4 年，就可以考虑旧设备大修方案；如果设备将使用 5 ~ 7 年，最佳方案是用原型新设备替换旧设备；如果使用 8 年以上，用高效率新型设备替换旧设备为最佳方案。

表 9-8 各种方案的总费用

使用年限 / 总费用/元 / 方案	1	2	3	4	5	6	7	8	9	10
继续使用旧设备	193.9*	3079.9*	5632.4*	8400.8						
旧设备大修	2026.5	4032.4	5895.0	7602.5*	9562.3	13414.5	13242.6	14958.0	15886.4	17127.4
用原型新设备	1800.0	3882.6	5918.7	7626.2	9152.5*	10614.5*	13907.6*	13094.9	14053.3	14662.5
用高效率新设备	3748.3	5547.4	7266.7	8832.4	10224.7	13157.4	13970.5	12777.9*	13495.7*	13845.6*
技术改造	3016.5	4939.9	6852.3	8485.4	10043.3	13362.1	12682.3	13835.9	14788.2	15429.6

10 设备工程管理信息化

10.1 企业资源计划

企业资源计划（Enterprise Resource Planning，ERP）是建立在信息技术基础之上，利用现代企业先进管理思想，为企业提供计划、控制、经营业绩评估和决策的全方位、系统化的管理平台。它集信息技术与先进管理思想于一身，反映时代对企业合理调配资源的要求，奠定了企业在信息时代生存、发展的基石，成为现代企业的运行模式。

ERP 由美国的加特纳公司（Gartner Group Inc.）首先提出，它的基本思想是将企业的业务流程看作一个紧密连接的供应链，将供应商和企业内部的采购、生产、销售以及客户紧密联系起来，便于对供应链上的所有环节进行有效管理，实现对企业的动态控制和各种资源的集成与优化，提升基础管理水平，为企业提供全方位的解决方案。可从管理思想、软件设备、管理系统三个层次给出它的含义：

（1）管理思想：ERP 是一整套企业管理系统性体系的标准，其实质是在 MRPⅡ的基础上进一步发展而形成的面向供应链（Supply Chain）的管理思想。它更加面向市场，面向经营，面向销售，能够对市场快速响应；它将供应链管理功能包含了进来，强调了供应商、制造商与分销商间的新的伙伴关系。此外，ERP 在管理上较多地考虑人的因素作为资源在生产经营规划中的作用，也考虑了人的培训成本。

（2）软件设备：以 ERP 管理思想为灵魂，综合应用客户机/服务器体系、关系数据库结构、面向对象技术、图形用户界面、第四代语言（4GL）、网络通讯、电子数据交换 EDI（Electronic Data Interchange）、多数据库集成及辅助工具等信息产业成果的软件设备。

（3）管理系统：ERP 作为管理系统，整合了企业管理理念、业务流程、基础数据、人力物力、计算机硬件和软件于一体的企业资源管理系统，它们互相之间有相应的接口，能够很好地结合在一起来对企业进行管理。

10.2 设备管理信息系统

10.2.1 PMIS 与 ERP 的关系

设备管理信息系统（Plant Management Information System，PMIS）就是以系统思想的方法，利用现代信息通讯技术和设备管理理论的最新发展成果，并结合国家有关设备管理的法律、法规，对企业设备管理活动中的信息进行收集、提取、加工、输出，从而形成支持组织决策的信息系统。

设备管理信息系统（PMIS）作为 ERP 系统的子系统，必须与 ERP 系统兼容，保证物流、人流、资金流、信息流等信息共享。

10.2.2 PMIS 系统的目标

PMIS 系统应实现以下目标：（1）随时掌握设备现况、履历等各项图文数据，提供管理参考。(2) 提升设备维修水准，确保设备功能与精度，提高设备可开动率、作业线生产作业率。(3) 汇集各项设备统计数据、进度、预算费用等信息，以供高层决策用。(4) 提高对外委厂商及协力作业控制能力，提升外委品质，降低外委成本。(5) 提高设备趋势分析与寿命预测的正确性，减少事故发生，并正确判断事故原因。(6) 提高设备工作计划的弹性，合理安排设备维护各项准备工作，减少人力物力的浪费。(7) 加强职业安全卫生要求事项的配合，符合法令法规要求。(8) 针对工程全生命周期，提供涵盖工程基本数据建立、底价规划、询价、议比价、订约、估验、报支完工等各阶段各项作业的协助，以便有效管理工程。(9) 预算的实际支出数据自动抛财务系统，减少人工收集数据时间、提高数据准确性。(10) 提供资产验收功能，将工程实支数转固定资产，同时自动抛会计账，减少人工操作。(11) 可处理固定资产购置、营缮、受赠、出售、报废、盗失、灾害、换入换出、异动、闲置、重估及折旧作业，提供固定资产增减明细表、摊提折旧明细表。(12) 在固定资产处理过程中，由系统自动产生会计账务的传票分录至会计系统，与会计系统配合相互查证。

10.2.3 PMIS 发展趋势和特点

随着计算机技术的高速发展，设备管理信息系统（PMIS）发展趋势和特点主要有：

(1) 整体性。设备管理信息系统（PMIS）作为 ERP 系统的子系统，充分注重模块接口和数据共享，PMIS 向上必须与 ERP 系统兼容，保证物流、人流、资金流、信息流等信息共享。并实现设备的全生命周期管理。

(2) 网上办公功能。网上办公功能使企业工作不受时间、空间和地区限制，实现异地办公、全球化跨区域管理。考虑开放式供应链上的每一个节点，通过 Internet 将供应商、制造厂与本企业之间架起一道不受时空限制的桥梁。采用 B/S（Browser/Server）结构，客户可直接在 Internet 网上浏览企业主页，查看相关设备的特点，同时可进行网上订货及电子交易，并开展网上招、投标以及合作伙伴的选取，使企业始终是开放的，不断发展的系统。

(3) 权限授予。系统管理员根据要求对公司中不同部门、不同级别的人员赋予不同的系统操作权限，各人员进入系统只可查看和操作被授权的部分。

(4) 柔性。模块式、插件式子系统设计，使各子系统高度集成，并相互独立。

(5) 输入侦错设计。在系统资料输入环节充分应用侦错设计，实现实时错误报警，以防止资料的错误输入。

(6) 追踪监控功能。全面记录每个使用者在系统中的操作过程，帮助管理者追踪各部门及人员工作动态。

(7) 智能报表功能。根据公司要求能灵活生成各种报表，能够方便地生成符合国际标准的财务报表。

(8) 数据完整性。系统内部采用完整、统一的编码体系。基本资料一码到底，串接各系统，保证编码的唯一性、准确性。

(9) 安全性。系统应有安全机制管理，采用严格的权限机制、防火墙及反病毒技术，确保企业数据安全。

(10) 系统稳定性和功能可拓展性。系统自身运行稳定，可与 Excel、Project 等常用软件兼容；系统功能可根据企业需要拓展升级。

(11) 界面友好、操作简易。界面设计风格一致，简洁，方便操作；首页设有新工作提醒模块，并采用工作流程图模式，可以帮助操作者最快查找到新工作信息和所需的内容。

（12）丰富的优化模型和算法。企业在设备购置、设备维护与监控、维修费用、合作伙伴的选取等方面设置先进的模型和算法，保证企业具有强劲的市场竞争力。

（13）企业流程优化。确保每一个流程都是增值的，消除繁琐的、重复的劳动，为企业实行流程优化打下基础。

10.3　PMIS 编码设计

设备管理系统标准体系所包含的设备点检、维修成本、物料、资产管理等基本模块的有效运行，需要一个庞大的数据库作支持。这些数据主要分为两大类：第一类是设备管理系统各类编码；第二类是设备管理系统所必需的基础资料。两大部分有机地构成了设备管理系统标准体系数据库。

编码体系数据库是设备管理信息化系统各专业管理模块之间进行链接和身份识别的代号，是管理者实施系统管理与操作的进门“钥匙”，是一种获取系统内部资源与信息的起点，是沟通系统的语言。因此，设备编码的质量，直接影响到了系统管理与运行的质量，在设计与编制时务必认真。

10.3.1　设备位置编码

在系统设计中，设备位置编码是诸多种编码中的最主要任务之一，是最能体现具体设备唯一身份的代码，表征设备在生产现场中所处的地理位置，是每一台具体设备的唯一身份代码。编码设计得好坏，直接影响到设备管理系统信息化运行与信息管理的质量。因此，在进行系统编码策划和设计时必须进行全面考虑。编码基本应遵循“四项原则”：

（1）层级原则。从总体上讲，设备编码要按照“设备→分部设备→零部件”的层级式关系进行编制；

（2）唯一性原则。为准确识别设备、分部设备和零部件的身份，在编码中要确保各代码所表示的特定含义唯一性，绝对不可出现重码。一台设备（或分部设备，或零部件）只能有一个代码。

（3）扩展性原则。考虑到企业未来的发展，如设备更新、改造和扩建等，编码位置要留有较大的扩展空间，以满足不断发展变化的需要。

（4）预算、成本核算对应性原则。编码时，要结合预算中心和成本中心的设置，以保证系统在财务抛账、费用归集和财务处理中不至于出现矛盾和差错，避免给费用的统计、分析与管理带来不便。

例如，某企业的设备位置编码设置为六个层级：第一层级为工厂地域码；第二层级为生产线码；第三层级为区域码；第四层级为设备码；第五层级为分部设备码；第六层级为零部件码，如表 10-1 和表 10-2 所示

在编码的设置上，要充分考虑到码位、码长与码所代表的内涵是否能够满足设备点检、维修、零部件更换与储备、资产管理、预算中心、成本中心等综合管理的需要。

从点检和维修的角度考虑，设备码和分部设备码都可以是点检或维修的主体，但分部设备则是这一主体的最小单位。零部件码一般不能作为点检和维修的主体，而只是当它达到磨损极限、寿命极限或损坏时，进行更换之时用，因此零部件应该理解为更换的主体。

表 10-1 某企业的设备位置编码 I

主码（8位）								附加码（7位）						
设备								分部设备			零部件			
工厂地域		生产线		区域		设备		专业	分部设备		零部件		零部件细分	
1	2	3	4	5	6	7	8	9	10	11	12	13	14	15
第一层		第二层		第三层		第四层		第五层			第六层		第七层	

序号	工厂区域	工厂地域						
		第一位码	第二位码（数字符）					
		英文符	1	2	3	4	5	6
1	原料区	A	工业港	焦化公司	烧结厂	金资公司		
2	炼铁区	B	炼铁厂					
3	炼钢区	C	一炼钢厂	二炼钢厂	三炼钢厂			
4	型线区	D	大型厂	棒材厂				
5	热板区	E	轧板厂	热轧厂	二热轧	三热轧		
6	冷板区	F	冷轧场	硅钢厂	二冷轧	二硅钢	三冷轧	三硅钢
7	计控区	J	计控场					
8	能源区	M	热力厂	燃气厂	供电厂	供水厂	氧气厂	
9	质检区	Q	质检中心					
10	矿山区	T	大冶铁矿	灵乡铁矿	金山店铁矿	程潮铁矿	乌龙泉铁矿	
11	公司机关	G	股份机关					

表 10-2 某企业的设备位置编码 II

主码（8位）								附加码（7位）						
设备								分部设备			零部件			
工厂地域		生产线		区域		设备		专业	分部设备		零部件		零部件细分	
1	2	3	4	5	6	7	8	9	10	11	12	13	14	15
第一层		第二层		第三层		第四层		第五层			第六层		第七层	

序号	专业名称	表示符号	序号	专业名称	表示符号
1	机械	M	10	动力管网	D
2	电气	E	11	仪器仪表	A
3	液压润滑	L	12	计算机	C
4	土建	G	13	通讯	W
5	炉窑	F	14	水处理	J
6	起重	Q	15	金属加工	X
7	压力容器	R	16	其他	
8	安全环保	H			
9	交通运输	Y			

10.3.2 设备类别编码

设备类别编码是对设备公共管理元素进行标准化、规范化和管理简洁化的一个过程。设备类别主要有两种形式：一是广域类别分类；二是局域类别分类。广域类别分类，是指在厂际之间通用的，适应于不同生产厂之间标准化、规范化的需要，具有相当的广泛性。局域类别分类，是指在一个厂区内具有同类管理特性和技术属性的设备类别划分，只适用于在一个生产厂内部的标准化和规范化。这样进行分类是为了达到以下目的：用于查询同类别设备中重要设备清单；用于查询技术标准单纯的重要更换件的库存量；用于对基本技术标准相近，但有差异且可作为互换品的重要设备及更换件进行模糊查询。对于基本技术属性相同的、必须进行点检管理的重要设备及部件，建立企业范围内统一的类别规范和规范下的定额标准。

设备类别编码的编制原则：

（1）重要性。在编制时要充分考虑到设备、分部设备或其零部件在生产中所处的重要地位，而进行有重点、有选择的编制，以便于管理部门查询其设备清单、技术标准及重要更换件。

（2）合理性。在对设备、分部设备或零部件进行分类的过程中，要充分考虑到分类是否准确和合理。分类准确与合理的最重要标志，就是看是否能够在具体的类别指导下建立起统一的规范和标准。

（3）简洁性。类别代码本身只是对若干种类设备、分部设备和零部件的分类、检索和查询，因此应尽可能做到简洁明了。

（4）唯一性。类别代码是对设备、分部设备或零部件所分类别的识别，因此同设备编码一样，也不能出现重复编码，必须严格保持代码在特定意义条件下的唯一性，以便于准确识别。设备类别分类的准确和科学直接关系到系统基础资料数据库建立的优化程度。

从理论上讲，企业的所有设备都具有所属的类别分类，类别可以覆盖到所有的设备。但在实际上，做到这样的分类是十分困难的。因此，从实际操作中，衡量设备分类合理的标准就是所分出的设备类别，能够包括的设备数量比例越大越好。如果太小，分类就失去了它本身的意义。某企业的设备类别编码见表10-3。

表10-3　某企业的设备类别编码

<table>
<tr><td colspan="6">设备类别代码</td></tr>
<tr><td colspan="4">类　别</td><td colspan="2">流水号</td></tr>
<tr><td>设备类别分类属性</td><td colspan="3">设备类别分类</td><td></td><td></td></tr>
<tr><td>1</td><td>2</td><td>3</td><td>4</td><td>5</td><td>6</td></tr>
<tr><td>(A、B···)</td><td>(A、B···)</td><td>(A、B···)</td><td>(A、B···)</td><td>(0~9)</td><td>(0~9)</td></tr>
<tr><td>第一层</td><td colspan="3">第二层</td><td colspan="2">第三层</td></tr>
</table>

序　号	设备类别分类属性	代　码	序　号	设备类别分类属性	代　码
1	通用机械	T	13	运输机械	M
2	炼焦机械	B	14	港口机械	N
3	烧结机械	C	15	化产机械	P
4	炼铁机械	D	16	电气设备	R
5	炼钢机械	E	17	仪器设备	S
6	轧钢机械	F	18	计算机	A
7	起重机械	G	19	通讯	U
8	环保设备	H	20	其他	Q
9	液压润滑	J			
10	工业建筑	K			
11	工业炉窑	L			
12	工业烟囱	Y			

10.3.3　设备备件、材料编码

物料编码是从采购和仓储的角度考虑的，是设备零部件和材料纳入仓储管理的特定代名

词。从理论上讲，设备零部件编码是附属于设备和分部设备之后的，与它们的关系可以说保持着“父-子-孙”的对应关系，层级和隶属关系非常明确。零部件编码是在设备码之下的延续，也是表征其地理位置的代码，一个零部件有一个编码，即便是相同的规格型号的零部件，它们的编码也会因在现场所处的地理位置和空间位置不同，而编码也会截然不同，显然具有明显的唯一性特征。然而，物料编码则与零部件编码的方式完全不同，它们是以品种规格划分的，只要零部件的规格型号相同，则物料的编码一定相同，只不过与零部件编码保持着一定的对应关系，以某企业为例，设备备件（材料）编码如表 10-4 所示。

表 10-4 某企业设备备件（材料）编码

备件编码											
1	2	3	4	5	6	7	8	9	10	11	12
A、B…	0~9	0~9	0~9	0~9	0~9	0~9	0~9	0~9	0~9	0~9	0~9 A、B…
第一层		第二层		第三层		第四层		自主编号			

材料编码											
1	2	3	4	5	6	7	8	9	10	11	12
1~9	0	0	0~9	0~9	0~9	0~9	0~9	0~9	0~9	0~9	0~9
第一层		第二层		第三层		第四层		自主编号			

属性名	金属	电工	化工	油品	建材	包装	耐火材料
编码	100	200	300	400	500	600	700

序号	分类名称	代码	序号	分类名称	代码
1	计算机	IN	10	气动润滑件	QR
2	电　气	IQ	11	起重机械	QZ
3	电　源	DY	12	烧结机械	SJ
4	大型工具	GJ	13	通　信	TX
5	环保机械	HB	14	通　用	TY
6	加热及热处理机械	JR	15	仪　表	YB
7	精整机械	JZ	16	液压件	YY
8	炼钢机械	LG	17	轧钢机械	ZG
9	炼钢机械	LT			

与存货会计科目一致

10.4 PMIS 体系结构

采用 B/S（Browser/Server）即浏览器/服务器结构，是随着 Internet 技术的兴起，对 C/S 结构的一种变化或者改进的结构。传统的 C/S 结构是一种企业内部的局域网络结构，用户需要安装客户端软件才能使用，数据计算和存储分布于客户机和服务器之间，对客户机性能要求较高，使用范围有局限性，操作繁琐，系统维护和升级麻烦，应用成本较高；在这种模式下，受限于用户硬件和网络环境，企业的供需价值链不是开放的。而 B/S 结构本身就是一种开放式的跨平台的操作系统，在这种结构下，用户界面完全通过 www. 浏览器实现，一部分事务逻辑在前端实现，但是主要事务逻辑在 Web 服务器和数据库服务器端实现，形成所谓三层结构；B/S 结构利用不断成熟和普及的浏览器技术实现原来需要复杂专用软件才能实现的强大功能，是一种全新的软件系统构造技术。因用户只需采用标准浏览器（Internet Explorer、Netscape、Navigator 等）访问使用，使得系统开发环境与应用环境相分离，节约了开发成本，提高了开发效率；同时扩大了使用范围，操作更简便，用户体验更强，系统维护和升级更方便、应用成本较低，真正实现一处安装处处使用的优点。因此，采用 B/S 结构的 ERP 系统将是企业的最佳选择。B/S 的结构如图 10-1 所示。

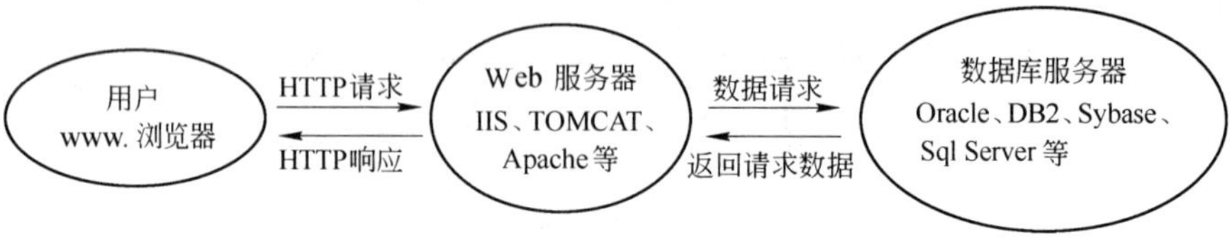

图 10-1　B/S 结构

10.5　PMIS 系统的功能模块设计

根据我国企业的设备管理工作状况，在 ERP 供应链思想指导下，突出设备管理以物流、资金流、信息流、技术流为中心的特点，本设备管理信息系统主要设计以下八个功能模块，每个模块又包含若干个功能子模块。八大功能模块如图 10-2 所示。

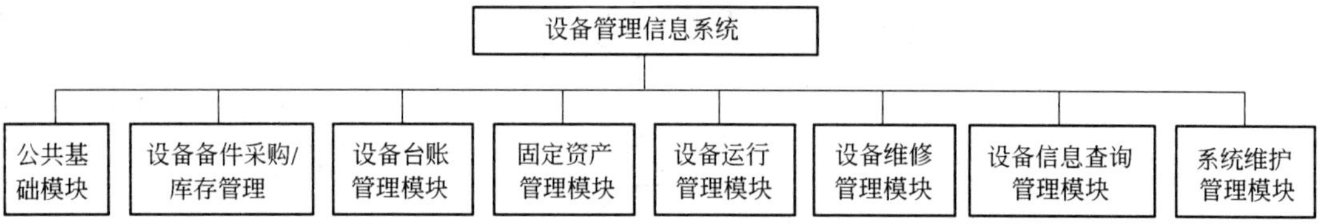

图 10-2　PMIS 系统各功能模块

10.5.1　公共基础模块

公共基础模块包括常用资料库、权限授予和审批流程三部分。

常用资料库将企业各种基本信息，如员工的基本信息，操作人员使用权限，合同的录入、切割、外包等信息进行统一分类、管理。

系统管理员在人员名单中添加使用系统的人员的基本信息后，根据公司要求在授权模块中对该人员在系统中的操作权限进行设置，权限设置完成后，各人员进入系统只可查看和操作被授权的部分。

系统使用权限的设置，让不同部门、不同级别的公司员工分工更加明确，确保公司工作和审核流程的严密性。严格的审核流程保证了企业管理的规范性、数据的完整性和决策的准确性。在审核流程中，每当上下级之间有新工作交流时，则在人员登录系统时会在新工作提醒中显示。

10.5.2　设备备件采购/库存管理模块

10.5.2.1　流程分析

采购流程一般为各计划管理部门编制初步的备件计划，经库房认可（是否低于规定库存），再经财务确认（成本、资金是否允许），形成备件采购计划，由采购部门签订采购合同，到货后验收入库，合同、入库单、发票三单核对无误后，财务部门付款。

设备备件采购/库存管理模块的主要业务流程如图 10-3 所示。备件库存管理的一般流程为供应商将备件送至库房，库房管理人员负责与采购合同核对，并对备件质量进行检测，合格后办理入库手续，并根据备件的分类进行仓库号、货位分配。同时，将信息反馈给财务部门和采购部门。当车间领取备件时，车间提出申请，经财务部门成本确认，库房管理人员办理出库手续，并将信息反馈给财务部门。库存管理除了要对备件的来源、去向管理清晰之外，最重要的是要确定合理的库存量，在保证生产的前提下，确保库存占用资金最少，并能提供迅疾、准确的库存信息。

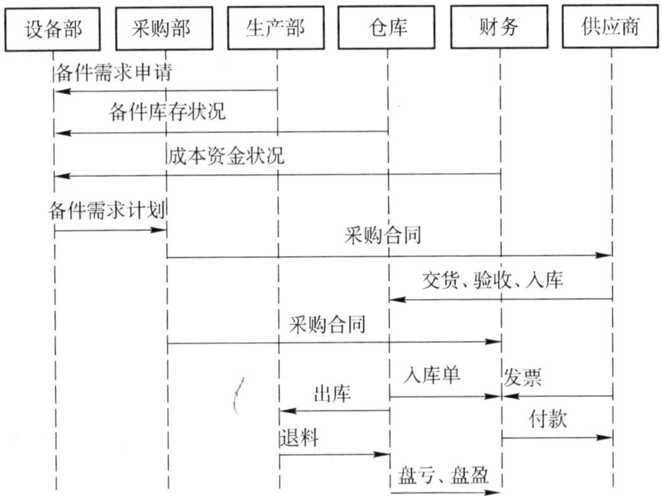

图 10-3 设备备件采购/库存管理模块的主要业务流程图

10.5.2.2 功能设计及分析说明

系统可以自动生成部分备件采购计划，再由人工进行删、添确认。系统自动生成的备件采购计划有两个来源：（1）来源于库存管理模块提供的确保安全库存的采购信息；（2）来源于维修功能模块提供的紧急采购信息。

采购计划反馈至财务管理系统得到成本、资金的确认后，进行人工的删、添确认，形成最终的采购计划。采购部门调用知识共享管理模块，确认是否有技术含量更高的新设备或性能价格比更好的替代品。同时，调用供应商信息管理模块，进行供应厂商的选取。备选供应商确定后，招、投标管理模块可以自动生成招标书，并对招投标进行全程管理。投标结束经确认后，系统生成采购合同。采购合同经双方认可后，系统自动将合同反馈至财务和库房管理部门。供应厂商供货时，库房管理部门核对验收无误后，对采购合同进行到货确认。同样，系统也会自动将此信息反馈至采购和财务部门。供应厂商只要开具发票，财务部门即可按时付款。

10.5.2.3 设备备件采购管理模块的系统构成（见图 10-4）

10.5.2.4 备件库存管理模块的功能设计和分析说明

备件库存管理模块的主要功能为：入库管理、出库管理、移库管理、退料管理、库存管理、盘点管理、综合信息统计查询。备件库存管理模块系统构成如图 10-5 所示。

入库管理：备件到达仓库时，库房人员核对、验收后，对采购合同进行确认，系统自动生成入库单，其中包含有名称、类别、金额、入库时间、备件来源等信息，库房人员只需要对其分配仓库号、货位号、入库手续即可完成。同时，系统自动将该信息反馈给财务部门和计划/

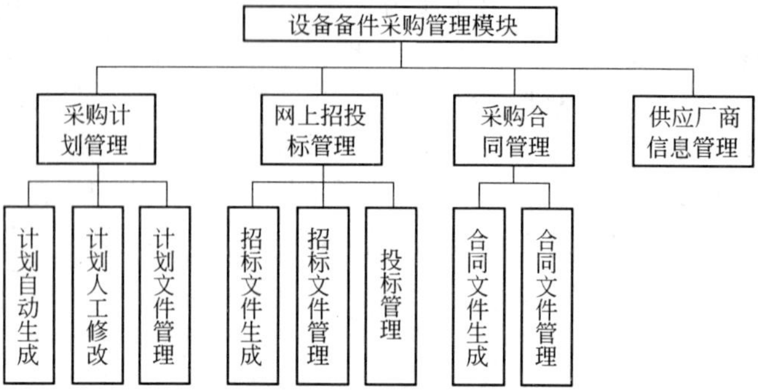

图 10-4　设备备件采购管理模块的系统构成

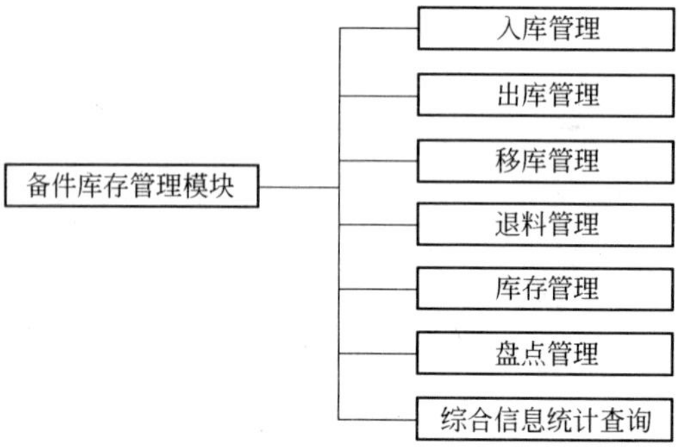

图 10-5　备件库存模块的系统构成

采购部门。

出库管理：各车间通过库存信息查询模块找到需要的备件，在系统上填写领料单，经成本确认后，系统将领料单发至库房，库房确认，发料系统自动生成出库单，包括名称、类别、金额、出库时间、领出单位等信息，同时系统将此信息反馈给财务部门。

移库管理：移库是仓库之间、同一仓库不同库位之间或分公司之间的备件调拨。

退料管理：指领用后多余的备件退还给仓库。

库存管理：系统定期对库存备件进行扫描判定，当发现某类备件低于库存量时，将此信息反馈到采购模块，自动生成订货信息，其数量为规定库存量与安全库存量之差。

库存盘点：是对库存物料进行数量清点、状态检查及记录的过程。目的是弄清事物与账面记录是否相符。如不相符，要调整账面数，以达到“账物相符”的要求。当每种库存备件盘点周期确定后，系统可自动输出到期应盘点的备件。

综合信息统计查询：到货/入库/出库/移库/库存查询、分账目查询、收发存报表打印等。

10.5.3　设备台账管理模块

台账管理的主要功能为：设备基础数据管理、设备图纸资料管理、设备升级改造信息管理、特种设备及仪表管理。设备台账模块的系统构成如图 10-6 所示。对设备的基础数据进行集成管理，包括设备编号、名称、规格、生产日期、生产厂家、原值、安装单位、使用单位等原始信息。对设备图纸资料的管理，包括设备零件图、设备装配图、设备安装图、设计变更等。设备升级改造信息管理，包括历次备件更换记录、设备局部技术改造记录、升级换代信息和改造验收记录等。对特种设备（锅炉、压力容器、起重机械）及仪表的检测、检定记录的管理。

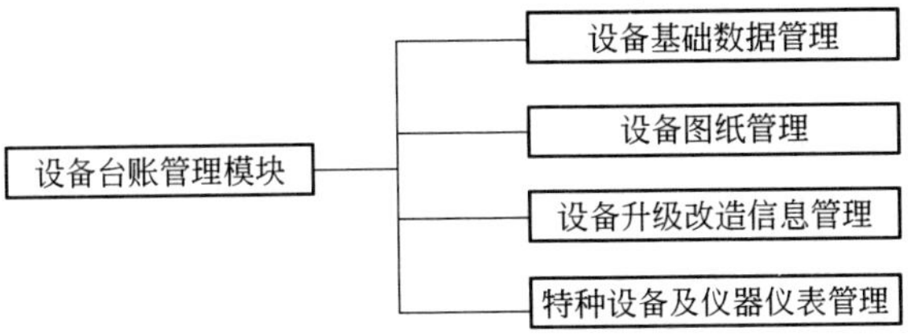

图 10-6　台账管理模块的系统构成

10.5.4　固定资产管理模块

固定资产是指使用年限在一年以上，单位价值在规定标准以上，并且在使用过程中保持原有实物形态的资产，包括房屋及建筑物、机器设备、运输设备、工具器具等。

固定资产管理的主要功能为：基础数据维护、资产折旧管理、资产增减管理、资产维修管理、资产租赁管理。固定资产管理模块的系统构成如图 10-7 所示。

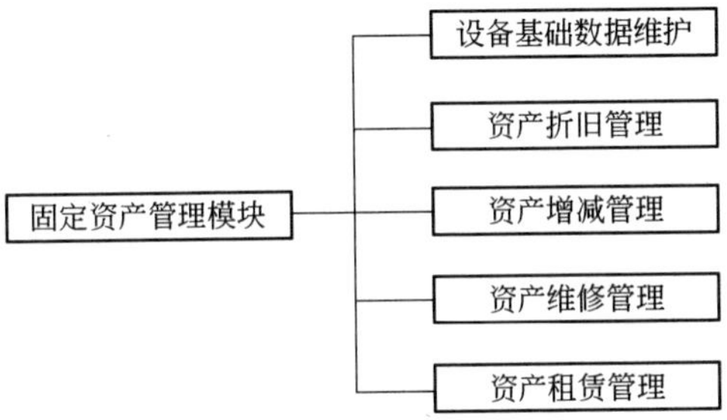

图 10-7　固定资产管理模块的系统构成

设备基础数据维护：基础数据维护主要包括固定资产分类、固定资产科目（如固定资产、累计折旧、租金费用等）、固定资产卡片等。

资产折旧管理：资产折旧管理就是通过设置折旧参数和采用折旧方法来计算折旧费用，并自动生成转账凭证。其中，折旧参数主要包括折旧基数、净残值、折旧年限等，折旧的方法主要有平均年限法，工作量法、双倍余额递减法和年数总和法。折旧计入设备成本。

资产增减管理：资产增减管理包括固定资产增加和固定资产减少两项功能。固定资产增加管理功能主要有：固定资产购入、固定资产自建、固定资产的改建和扩建、其他单位投资转入、融资租入、捐赠以及固定资产盘盈等。固定资产减少管理功能主要有：固定资产转让、固定资产报废或损毁、固定资产盘亏等。

固定资产维修管理：固定资产维修数额较小时，一般在发生时就直接计入当月费用，借记“制造费用”和“管理费用”等账户，贷记“原材料”。大修时，一般采用预提或待摊的方法。

资产租赁管理：资产租赁管理包括对固定资产的租入和租出的租赁合同管理以及租金计划管理。租入与租出的合同，将作为计算相应费用的依据。租赁合同一般要说明租赁时间范围、起始日期、结束日期、费用计算方法、费用明细、每期付款时间、原值、净值和往来客户的类型等。

10.5.5　设备运行管理模块

设备运行管理模块的主要功能为：运行记录、点检管理、设备的润滑及保养管理、状态监测、设备事故管理、设备故障诊断管理、状态统计、综合评估等。

运行记录：系统对全厂的主要生产设备运行情况记录，包括停机台时记录、运行台时记录、完好检查记录、制度台时规定等。

点检管理：系统根据设备的点检周期，自动提示需要点检的设备。点检数据采用便携式设备输入或手工录入方式，录入完毕一经确认，系统自动生成点检报告，确保点检数据的实效性和准确性。利用计算机对点检记录及标准进行管理，将设备的点检信息与点检标准进行比较，利用人工智能或建立一定的设备状态模型对设备进行故障诊断，增强对设备的动态监控，保证设备的持续、稳定运行。调用辅助决策系统，可对设备进行整体性能评估和趋势分析。对于纳入状态维修管理的设备，可由辅助决策系统进行是否需要状态修理的级别进行判定。

设备的润滑及保养管理：系统根据润滑周期自动提示需要润滑的设备以及需要添加油品的类别、名称、标号，注油点的位置及注油数量等，并对设备的润滑档案进行管理。设备管理人员可以根据设备状况或趋势对润滑周期及注油种类进行动态调整。同样，系统也可自动提示需要清洁保养的设备，并对全程进行跟踪记录。

状态监测：通过 DCS（Distrituted Control System）系统或人工输入设备的运行状态，动态获取设备的运行参数，为设备管理的各功能系统提供基础数据。

设备事故管理：对设备的各种事故进行管理，记录事故产生的设备、时间、地点、原因、解决方法等相关信息，并可产生事故报表。

设备故障诊断管理：设备故障诊断主要是对出现的设备故障进行分析诊断，找出设备出现故障的原因，得出设备故障诊断分析结果。

状态统计：利用状态检测系统对设备的运行状况进行动态跟踪，并记录有关信息，为可能的设备事故提供分析、检查数据，记录设备的运行状态，并可以对设备的运行状况进行统计，生成设备运行报表、设备完好状况等报表。

综合评估：调用辅助决策系统对设备的整体性能包括生产能力是否达标（功率、承载等）、设备的运行状态以及设备的节能、环保等进行综合评估，并形成趋势分析报告。

设备运行状态监测管理模块的系统构成如图 10-8 所示，设备日常维护管理模块的系统构成如图 10-9 所示。

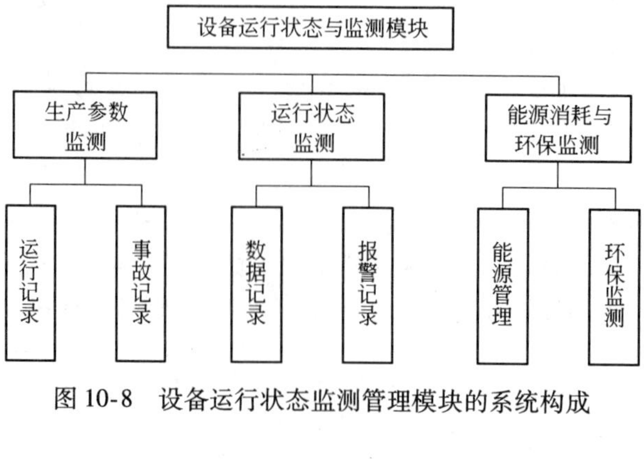

图 10-8　设备运行状态监测管理模块的系统构成

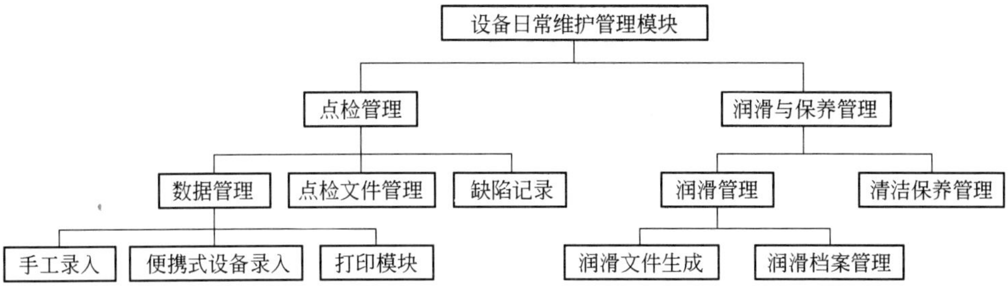

图 10-9 设备日常维护管理模块的系统构成

10.5.6 设备维修管理模块

企业的维修管理，已从事后维修向以点检定修制为核心的预防维修发展，其目的是为了使生产得以合理安排，并避免和减少设备故障停机，有效提高设备管理水平。但是在预防维修方式下，设备状态的要素提取不全面，过多强调设备的周期检修，容易造成过度维修，造成维修资金和生产的浪费。如果将以时间为基准的预防性维修改为以状态为基准的响应性维修，就会延长检修间隔，避免过度维修。然而，状态维修是建立在准确的状态诊断基础上的，尤其是实时在线监测。这样，就需要企业初时有大量的投入，而企业往往无力承担。针对这一情况，提出优化检修的概念，即状态检修、计划检修和故障检修相结合的检修方法。企业可根据自身情况，结合政府规定行业标准以及制造厂建议等对不同设备进行不同的检修方式。一般来说，限制重要生产线产量的关键设备以及投资大、易出问题的大型设备，应采用状态检修模式。

系统对于纳入计划检修和状态检修管理的两类设备可根据检修周期和状态报告自动生成检修计划。检修计划在检修资源完备的前提下，经资金和成本的确认，传送至生产管理部门，批准后系统自动生成维修工单，并可实时传送至检修部门。检修部门可利用系统编制网络进度计划，绘制网络图，并可调用辅助决策系统对其维修费用、工时进行优化，找出关键路线，指明关键任务。对于多个相关维修项目，还可实现材料、备件、人员等维修资源的统一调度和管理。检修任务完成后，验收记录、维修记录等相关的文件系统均进行集成化统一管理。维修管理模块的主要业务流程图如图 10-10 所示。

设备管理人员还可随时利用系统的查询、统计功能，对计划执行情况、工期、费用等进行查询、分析，发现问题迅速响应。

设备维修管理模块的系统构成如图 10-11 所示。

10.5.7 设备信息查询管理模块

设备管理工作中会产生大量的信息，对于设备管理人员来说，需要获得及时、准确、完整的所用信息。同时，设备管理工作还需要大量的数据报表。这都需要利用设备信息查询管理模块，来实现数据的统计汇总，并打印输出所需要的数据报表。

10.5.8 系统维护管理模块

整个设备管理工作所涉及的数据量巨大，准确、及时的数据管理是系统运行的关键。由于设备管理信息系统是一个开放的系统，因此系统的安全机制就显得十分重要。

系统维护管理模块的主要功能是及时对数据进行备份、删改和清空等维护工作。同时，采用严格的授权机制和防火墙技术，确保系统的数据安全。

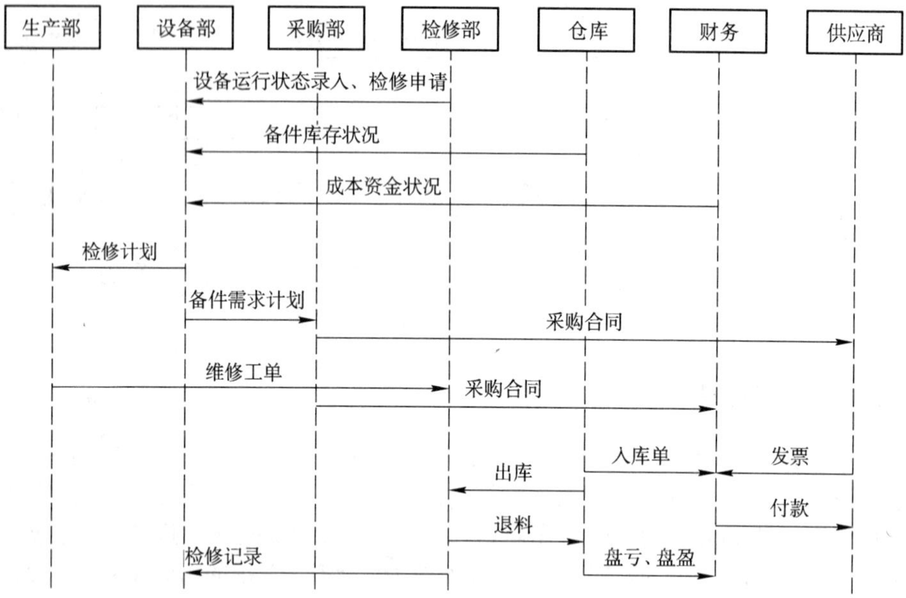

图 10-10　维修管理模块的主要业务流程图

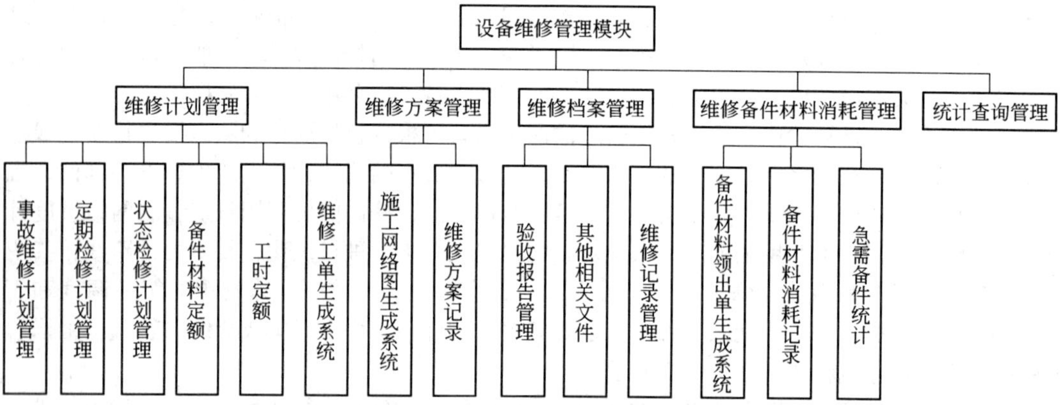

图 10-11　设备维修管理模块的系统构成

11 设备辅助决策管理

辅助决策管理又称为决策支持系统 DSS（Decision Support Systems），它主要由数据库、模型库和人机交互界面三大部分构成，主要解决半结构化和非结构化问题。人工智能和专家系统 AI/ES（Artificial Intelligence and Expert System）与 DSS 结合后成为智能决策支持系统 IDSS。IDSS 与 DSS 的主要区别在于它包含一个知识库，从而能像专家一样从模型库中选择合适的模型。

设备管理辅助决策模块通常由三大部分构成：（1）状态评估及故障诊断系统：用于对设备状态的监测评估及故障诊断，对设备的总体性能进行综合评估，对设备状态进行趋势分析。（2）设备更新决策和最佳库存系统：用于对设备更新或改造的判定，及不同备件的合理库存进行动态调整。（3）维修管理支持系统：在对维修计划、维修方案的制订中，对维修工时、费用、资源、调配等进行优化处理，找出利润最佳的工期计划方案。

11.1 智能决策支持系统 IDSS

智能决策支持系统（Intelligent Decision Support System，IDSS）是在决策支持系统（DSS）的基础上集成人工智能中的专家系统（ES）而形成的。智能决策支持系统既发挥了专家系统以知识推理形式解决定性分析问题的优势，又发挥了决策支持系统以模型为核心解决定量分析问题的优势，充分做到了定性分析和定量分析的有机结合，使得解决问题的能力和范围得到了扩展。

IDSS 的主要特点和功能：IDSS 具有推理机构，能模拟决策者的思维过程，能根据决策者的需求，通过会话分析问题，应用有关的知识，引导决策者选择合适的决策模型；IDSS 的推理机构能跟踪问题的求解过程，进而证明模型的正确性，增加了决策者对决策方案的可信度；IDSS 可以通过询问决策者来辅助诊断问题的边界条件和环境，以弥补 DSS 处理半结构化或非结构化问题时的不足；IDSS 能够跟踪和模拟决策者的思维方式和思路，使决策者不仅得到结论，而且知道结论产生的原因。

11.1.1 基于 MAS 的设备智能决策支持系统模型

基于 MAS 的设备智能决策支持系统模型的结构如图 11-1 所示，该模型主要由智能交互式人机界面 Agent 以及构成传统智能决策系统的知识库、模型库、数据库、方法库等组成。

11.1.1.1 设备综合管理系统及数据仓库

设备管理系统包括设备维修管理、固定资产台账管理、设备信息查询、设备运行管理、设备购置记录、设备调动管理、库存备件管理等。设备管理信息有以下特点：信息源多，有企业内部的、企业外部的；信息类型多，有资产管理方面的、使用维护方面的、财务统计方面的；数据统计量大，有数十个指标（如设备完好率、设备时间开动率等）需要统计和计算，因此需要建立数据仓库，对这些庞大的数据进行筛选、挖掘和分析处理。

11.1.1.2 智能交互式人机界面 Agent

智能交互式人机界面 Agent 是由人和计算机通过人机界面组成的一个有机整体，是人机交换的主要通道。智能交互式人机界面 Agent 强调 Agent 的自治性和反应性，在与用户交互过程中，能够通过不断的学习，获取用户的某些特征知识，从而能够满足特定用户的某些特定行

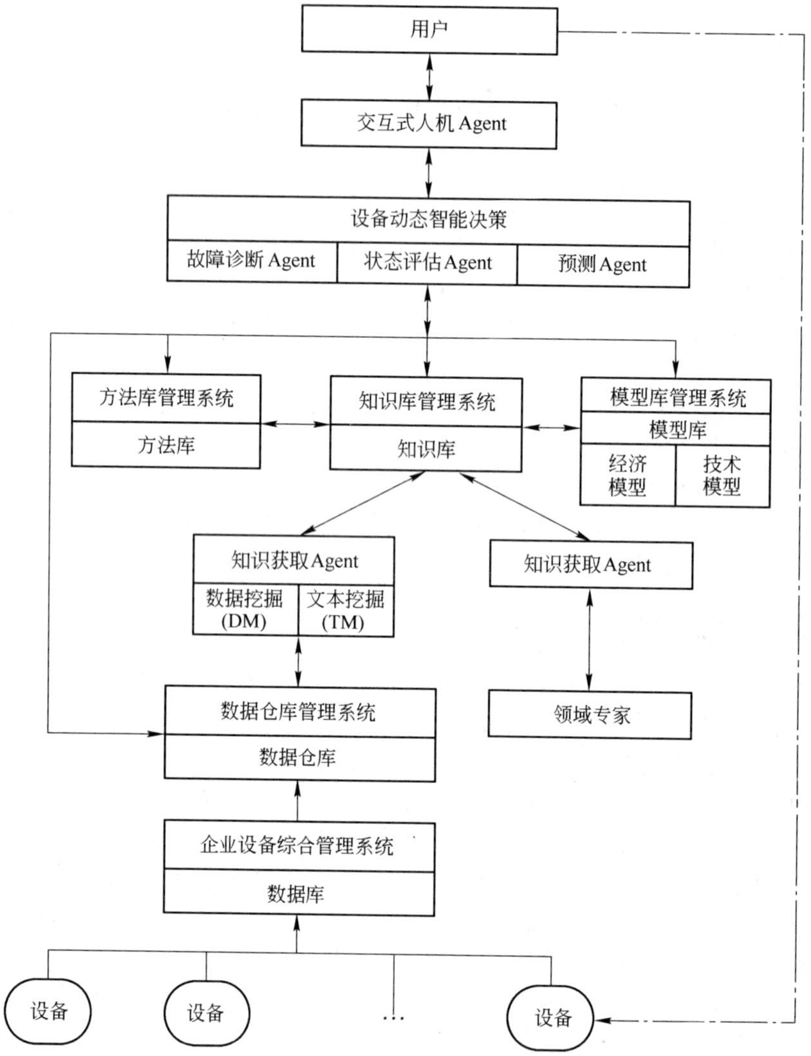

图 11-1　基于 MAS 的设备智能预测决策支持系统模型

为。它采用的是一种间接管理的方式，通过自发学习用户的目标、爱好、习惯等，判断用户在某些特定的情况下将如何做出反应，并可以替代或者帮助用户完成相应的任务。

11.1.1.3　知识库系统

设备工程与管理是继承与创新相结合的一项活动，是知识的组合与重用。设备知识的管理主要分为两大块：显性知识的管理——内容的数字化管理；隐性知识的管理——数据挖掘以及相关领域专家经验的管理等。知识来源于设备的整个寿命周期，然后又将知识应用于设备规划、设计、使用、管理与维修、更新改造等各个环节。

知识库系统是 IDSS 的智能核心，包括知识库、知识库管理系统与知识获取 Agent。数据仓库中的数据是数据挖掘的原始依据，同时方法库为数据挖掘提供方法，知识库为数据挖掘提供知识，模型库为数据挖掘提供模型，数据挖掘的结果形成新的知识和模型，并充实知识库和模型库。

知识获取 Agent 主要分为数据挖掘（DM）和文本挖掘（TM），其来源主要有两个方面：企业原有 MIS 等系统持续运行所积累的企业各个方面的历史数据以及企业外部的各种信息。知识库对获取到的知识进行分类、编码、整理等结构化处理，最后以适当的方式将其储存起来。知识库系统还对其中所存储的知识设置访问权限、必要时对知识进行加密，以对各层次知识进行保护。

11.1.1.4 方法库系统

方法库系统由方法库和方法库管理系统组成。方法库是存储方法模块的工具，主要由构成各种数学模型的算法程序组成。根据设备管理决策的需要，方法库主要设置下列方法：

（1）基本数学方法：各种初等函数算法、曲线拟合法、平滑法、外推法等；

（2）统计方法：回归分析法、方差分析法、相关分析法、因子分析法等；

（3）优化方法：线性规划、判别分析、求解分析等；

（4）设备综合评价法：最大总收益法、劣化数值法、最小年均费用法、设备综合效率评价法等；

（5）经济学方法：工程经济、会计学等常用方法；

（6）预测方法：因果分析法、时间系列法、时序平滑法、神经网络等；

（7）决策方法：量本利分析法、决策树法、不确定型决策法等。

方法库管理系统是集中控制方法模块的软件系统，主要功能包括方法的命名、分类、存储和调用、方法合成、方法执行、数据与方法衔接、安全保护和辅助学习等。

11.1.1.5 模型库系统

模型是以某种形式对一个系统的本质属性进行的简化描述，它有很多类型，在本系统中使用的模型主要是数学模型，包括技术模型和经济模型，通过数学模型对事务进行量化处理。

11.1.2 设备经济寿命预测模型

设备经济模型主要用于预测设备的经济使用年限。寿命周期费用 LCC（Life Cycle Cost）是指设备从规划、研究开始，到设计、制造、运输、安装、调试、使用、维护、修理、改造直到报废整个寿命过程中所支出的总费用。设备的平均使用费最小的年限就是设备的经济使用年限。

设备的年均使用费采用动态处理方法，首先要对其收益与费用进行时间价值的等值变换，其计算公式为：

$$C_n = ZH(K_o - L_nX_n + \sum_{t=1}^{n} V_tX_t) \tag{11-1}$$

式中 C_n ——年均费用；

ZH ——资金回收系数；

K_o ——设备原值；

X_n，X_t ——现值系数；

L_n ——第 n 年时设备残值；

V_t ——第 t 年的运行维护费。

结合企业实际操作情况，将运行维护费用分为维修费用、协议保产费用、特殊大修费用、备件费用、材料费用五部分，将其归结到一起即为年总运行维护费，可用式（11-2）表示。

$$V = C_1 + C_2 + C_3 + C_4 + C_5 \tag{11-2}$$

式中 V ——年总运行维护费；

C_1 ——年总维修费用；

C_2 ——年总协议保产费用；

C_3 ——年总特殊大修费用；

C_4——年总备件费用；

C_5——年总材料费用。

11.1.3　设备智能决策 Agent

设备智能决策 Agent 由状态评估 Agent、故障诊断 Agent 和预测 Agent 等组成，其结构如图 11-2 所示。

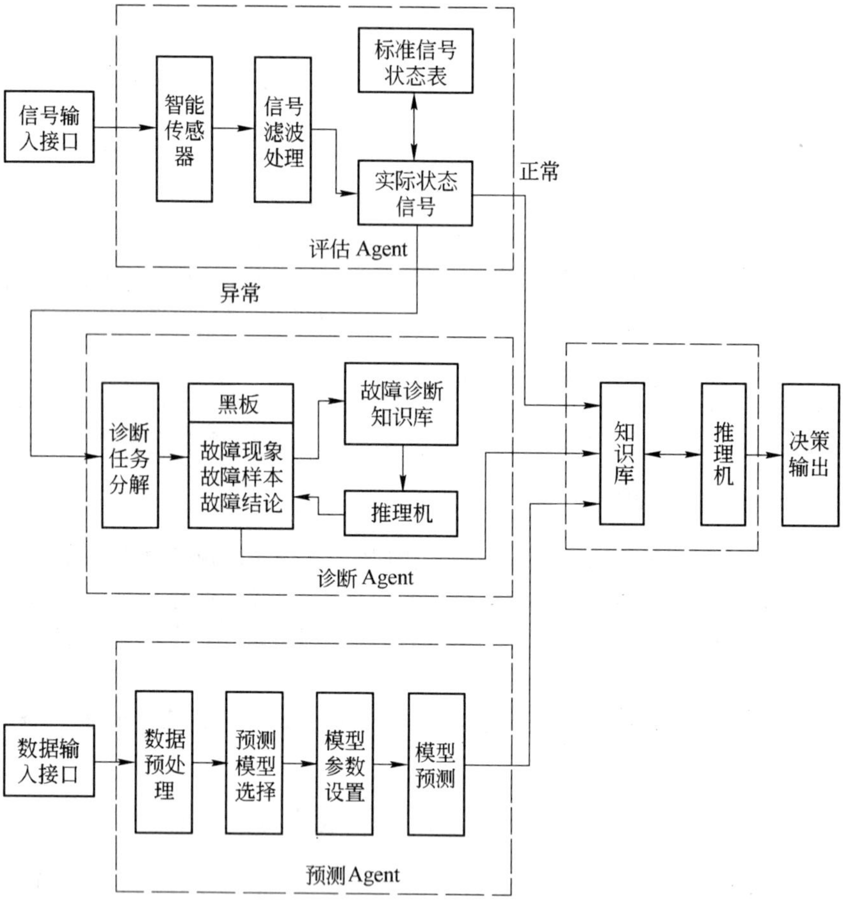

图 11-2　设备智能决策 Agent

状态评估 Agent 的作用是利用设备状态监测数据，调用相应的知识，评估设备状态和故障成因，最终生成分析结果，为故障诊断做准备。其主要由智能传感器、信号滤波、状态评估和标准信号状态表等模块组成。该模块根据监测设备的信号类型，选择不同的智能传感器进行实时在线监测，并对信号进行滤波平滑处理，使信号尽可能接近实际状态信息，然后与标准状态信号表进行对比，从而评估设备的当前运行状态，如发现状态数据异常，则向诊断 Agent 发出诊断信号。

故障诊断 Agent 是用来诊断和解释监测对象所发生的异常和故障，从而确定故障发生的原因和部位，其诊断信息主要来自于状态评估 Agent。该模块根据状态评估 Agent 等传来的故障诊断信号，根据方法库中提供的方法对任务进行分解，使故障具体化、任务明确化，然后利用知识库中的知识和推理机，对故障任务进行诊断。在两者之间有一个黑板结构的公共数据区，用来存放故障现象、故障样本及故障结论，实现数据共享，并负责输出诊断结论。

预测 Agent 能够根据当前信息状态和其他 Agent 的状态，结合相关预测模型进行推理和预测，其信息主要来源于监测对象本身和设备当前状态信息及历史状态信息。预测模型的选择是预测 Agent 的核心，由于状态信息中不可避免地存在异常波动点，为了提高预测模型的适应性，在选择预测模型前要对数据进行预处理，当模型确定后，设置模型参数再进行预测。

11.1.4 设备智能决策系统案例

智能决策 Agent 根据当前实时的以及历史工作状态参数，结合预测 Agent 中的预测结果，并依据知识库中的知识和推理机，向用户输出决策结果，供用户参考。例如，通过客户端登录设备寿命周期费用分析子系统，操作者输入设备位置码后，便可从数据仓库中查询到设备的基本信息以及各年的运行费用。根据实际情况，设定好残值率、年利率、物价指数、图形放大倍数以及预测方式，即可对设备的经济使用年限进行预测，如图 11-3 所示。

从图 11-4 中可以很直观地看到设备在使用过程中各项费用的趋势，包括年均折旧费、年

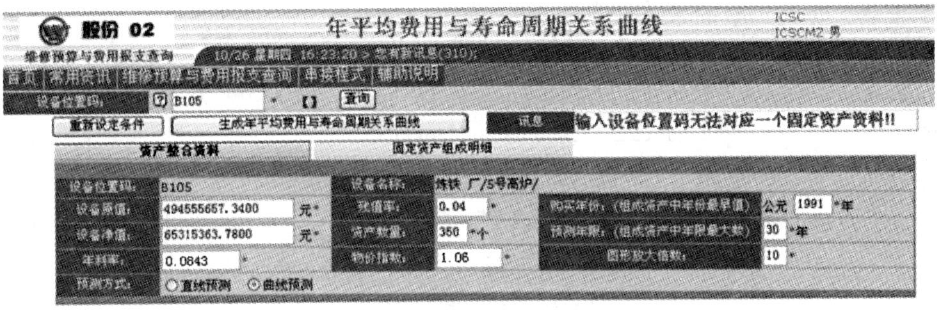

图 11-3 武钢设备 LCC 分析系统主页

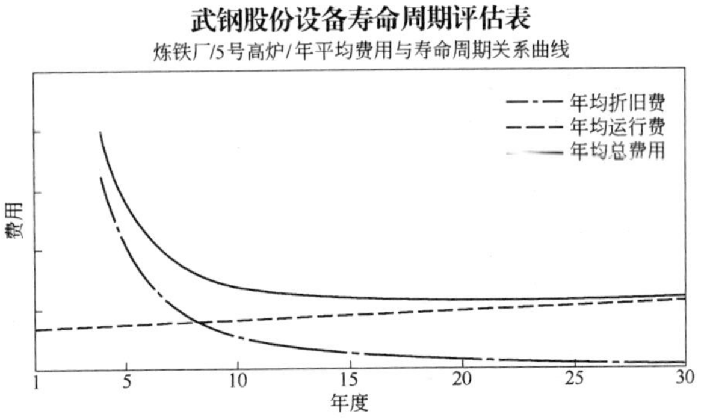

厂名代码与设备名称：炼铁厂/5 号高炉/		设备位置码：B105
本设备所归属的设备资产编号：		设备资产卡片上的名称：
原值：494,555,657.34	净值：65,315,363.78	资产数量：350
购买年份：1991	残值额：19,782,226.29	残值率：0.04
预测年限：30		
该设备历年所用费用统计为：		
设备维修费用（元）：2,792,824.83	协议保产费用（元）：400,760.00	
特殊大修费用（元）：380,082.42	备件费用（元）：13,279,009.04	
材料费用（元）：0.00	总计（元）：16,852,676.29	
评估结论：	经济报废年度：2010 年	经济使用寿命：20 年

图 11-4 5 号高炉 LCC 曲线

均运行费、年均总费用。同时，系统能直接求出年均总费用值最小的年份，并给出相关数据，从而为企业设备选型及更新改造决策提供依据。

11.2　基于知识的设备维护群体决策支持系统模型

11.2.1　设备维护群体决策流程

基于知识的设备维护群体决策过程，是一个多重反馈过程，如图11-5所示。该决策过程从设备管理需求分析开始，通过资源信息分析，确定由公司自己完成维护还是外委。若公司自行维护，确定设备维护目标，并通过检索和智能匹配搜索后台知识库，寻找相似案例，若有，则提取案例进行比较分析，参考其决策方法和流程；若无，则启动决策程序，通知群体决策成

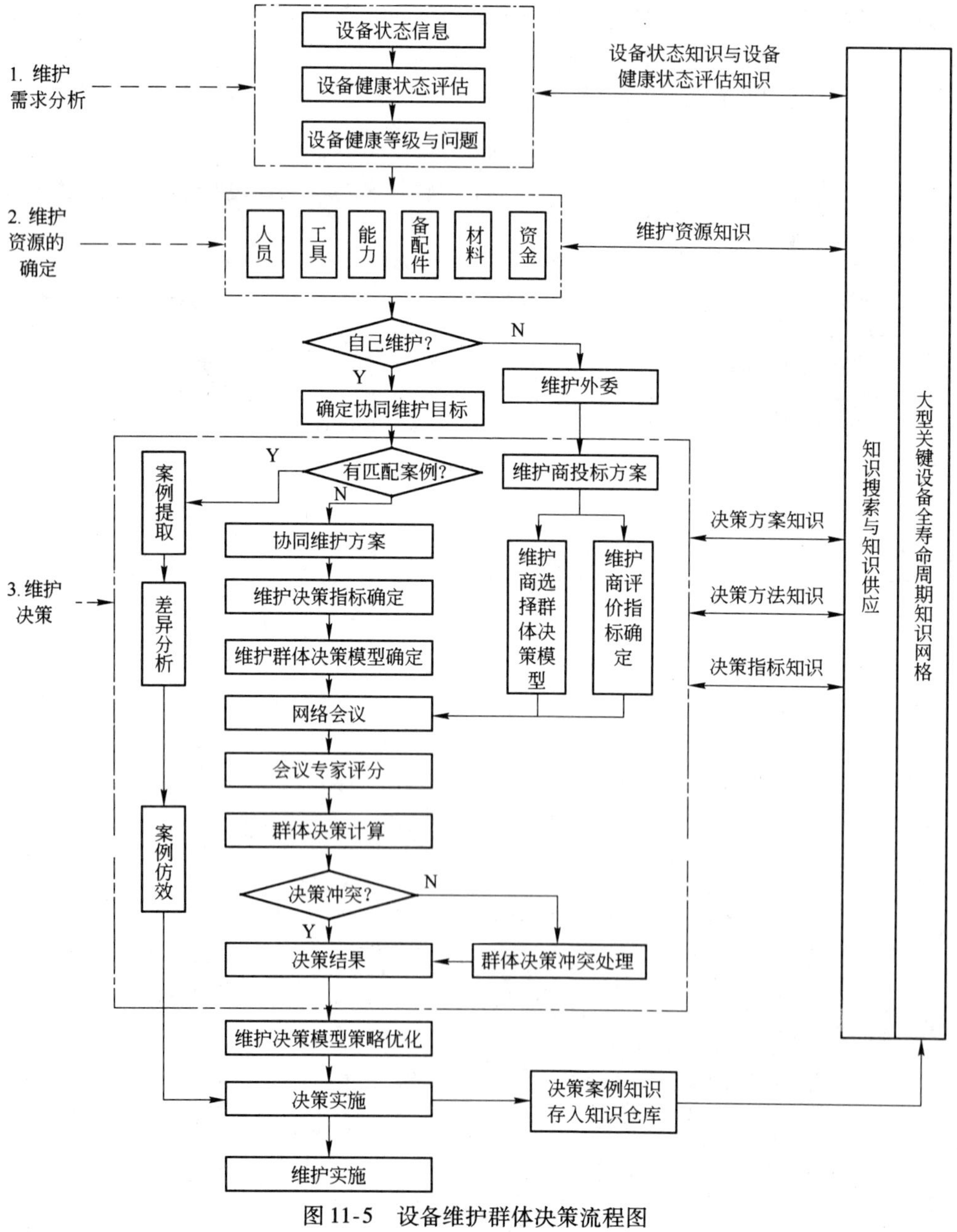

图11-5　设备维护群体决策流程图

员召开网络会议，群体成员根据设备决策指标等约束，对各决策问题的各个方案进行群体评估，解决决策冲突并获取决策结果。在决策和维护实施后，将决策案例、维护知识和经验净化后录入知识库。若外委，则在对外招标后，启动决策程序，从知识库中检索外委商家信息、评价方法模型和评价指标，通知群体决策成员召开网络会议，群体成员根据外委商评价指标等约束，对外委商进行群体评估，解决决策冲突并获取决策结果。

11.2.2 设备维护群体决策方法

本节主要介绍企业自行维护情况下，设备知识仓库中提供的设备维护群体决策算法：

（1）将设备维护过程的特性要素转换为决策模型并确定有效的模型要素。在设备维护过程中产生的特性要素有很多，技术方面特性要素有功能需求、过程变量、环境需求、设备功效需求和客户需求等；维护主体如不同的维护者，维护小组还会具有社会性要素如组织行为特性、心理认知特性和心理倾向性等；维护的实施必须以计算机网络为媒介，这就产生了数据传输速度、传输安全、数据的通用性和跨平台性等相关要素。这些特性要素在设备维护过程中都可以转化为决策约束。这里提出的模型不仅能描述决策过程的决策变量，还能获取维护准则、过程变量和决策行为的相关信息。决策行为的信息在模型的决策要素中能合理表示，同时模型还能设定不同的限制和假设。

（2）建立设备维护过程结构性模型的分析控制方法。复杂的设备维护过程往往具有层次结构。一般层次结构分为树状结构和网状结构。层次结构中任一节点均可对应为一个维护对象，维护对象有设备自身的维护参数、维护函数和维护方法等。一个完整的维护过程往往对应一个或多个维护树或维护网图。根节点（顶层节点）往往为维护过程最高级目标或最重要级过程要素，包括设备的主参数、主约束和主目标。节点之间通过参数输入输出形成一个有机整体。树图的树枝表达了节点之间的级次关系，并非数据传递关系。这些节点从结构层次上来讲是树状结构；而从数据流传递方面来讲，则可能是无序或有序结构表达方式。实际上，需要清理要素节点之间的影响路径，将维护过程从纵的方向排出次级，理清关系，建立设备维护过程的结构性模型。将设备维护过程映射为群体决策过程，则可以按决策活动对设备维护过程进行分解，将维护需求转化为决策准则，通过维护准则对维护过程进行层次化分解，再分析层内、层间的要素关系，并对多余要素、不重要要素进行消减，明确要素之间的关系，从而实现对设备维护过程结构模型的分析和控制。

（3）多准则群体决策方法中准则的评价确定。在得到设备维护过程的结构模型后，可以得出维护决策准则的层次关系，在此基础上引导维护参与者对准则进行评价，限制其主观随意性。在维护过程中，会由于不同维护变量的取值、不同的过程变量分解协调方法、不同的维护目标、对准则的权重系数不同设置、不同的经验和知识、不同的视角等产生不同的维护方案。正是因为维护决策者对方案影响要素的偏好导致了不同维护方案的产生。维护准则的权重系数从某种程度上表现了维护过程中维护准则的偏好。在一些实际的维护问题中，参与者给出偏好信息的形式通常是两两方案比较的判断结果，这种偏好信息的形式可由一个判断矩阵来构成，也可以直接对准则和方案进行偏好评价。方案相对于准则的偏好可以用语言标度和数字标度表示。假设有 k 个准则，g 个方案，相对第 i 个准则，各方案的评分：$x_i = \begin{bmatrix} x_{1i} \\ \vdots \\ x_{gi} \end{bmatrix}$，构造方案准则的偏好矩阵：$X=[x_1,\ \cdots,\ x_k]=\begin{bmatrix} x_{11} & \cdots & x_{1k} \\ \vdots & \vdots & \vdots \\ x_{g1} & \cdots & x_{gk} \end{bmatrix}$。评分作为偏好标度可以用区间数、模糊数、实数来表示。确定了准则和方案的偏好值后，用多偏好关系或模糊偏好关系进行描述，然后运用聚合函数对各偏好值进行合成得到该基本评价问题的偏好值，各维护参与者的侧重点及知识背景不同，故各参与者的评价结果也需要进行合成。准则的评价确定直接会影响到维护解的求取。此处，准则的评价建立在维护过程的结构模型基础上，准则的评价方法、不同维护参与者的准则偏好聚合是保证多准则决策方法有效性的关键要素之一。

（4）多准则群体决策方法。研究设备维护多准则群体决策方法。对于群体决策而言，往往采用一般多准则决策方法：

$$A_{\text{方案-准则}}=\begin{bmatrix} a_{11} & \cdots & a_{1n} \\ \vdots & \vdots & \vdots \\ a_{m1} & \cdots & a_{mn} \end{bmatrix},C_{\text{人-准则}}=\begin{bmatrix} c_{11} & \cdots & c_{1n} \\ \vdots & \vdots & \vdots \\ c_{t1} & \cdots & c_{tn} \end{bmatrix}$$

$$D_{\text{人-方案}}=C_{\text{人-准则}}\cdot A'_{\text{方案-准则}}=\begin{bmatrix} d_{11} & \cdots & d_{1m} \\ \vdots & \vdots & \vdots \\ d_{t1} & \cdots & d_{tm} \end{bmatrix}$$

$$D'=\begin{bmatrix} \dfrac{\max d_{1i}+\min d_{1j}}{m} \\ \vdots \\ \dfrac{\max d_{ti}+\min d_{tj}}{m} \end{bmatrix}$$

由此得到各方案评价值从而根据评价值的最大或最小值得到最终方案。当前应用较多的就是这样的多准则决策方法，它克服了以往一般决策方法的一些缺点，对决策过程的主观性进行了一定控制，但并没有考虑决策过程中决策者之间的相互关系对决策结果的影响。由此，需要在多准则决策方法的基础上进行改进，引入决策者之间的相互关系，从而更大程度地体现决策过程的客观性，以求得到更科学的决策结果。

对于维护过程这样的特殊决策过程而言，往往是维护各阶段都会有决策需求，而且方案的决策在很大程度上受群体潜在特性的影响，并且不同阶段，群体潜在特性会发生变化。这里所指的群体潜在特性就是指参与者相互之间的关系特性，以视角关系作为群体特性的载体。多准则群体决策方法中的各维护参与者对准则的评价和各参与者相互关系矩阵为：

$$C_{\text{人-准则}}=\begin{bmatrix} c_{11} & \cdots & c_{1n} \\ \vdots & \vdots & \vdots \\ c_{t1} & \cdots & c_{tn} \end{bmatrix},\quad V_{\text{人-人}}=\begin{bmatrix} v_{11} & \cdots & v_{k1} \\ \vdots & \vdots & \vdots \\ v_{k1} & \cdots & v_{kk} \end{bmatrix}$$

维护参与者对准则的偏好评价矩阵的评价值来自于构建面向群体决策的约束网格计算的结论，即对结构模型中层次级别不同的准则进行不同评价，从而提高准则偏好评价值的客观性和科学性。在研究决策者相关矩阵时引入维护参与者的视角相关矩阵，并比较其他决策者相关矩阵与视角相关矩阵，从而对视角矩阵进行调整，确保与视角相关矩阵耦合改进后的多准则群体决策方法不仅能得到合理的维护解，还能体现决策过程中参与者之间以及参与者和维护解之间的复杂适应性变化。

12 设备知识管理与工程

围绕着知识共享，企业可将设备知识的管理分为两部分：隐性知识的管理——通过数据挖掘技术以及建立基于社会关系的知识网络的方法，从数据库中或人脑中挖掘有价值的隐性知识；显性知识的管理——建立基于信息技术的知识网络，提高知识的共享效率和水平。设备知识的管理还必须围绕工作流程，同时离不开领导、组织、制度、文化和技术的支持。整个设备知识管理活动要经过多次 PDCA（计划、实施、检查、再实施）螺旋循环。设备知识管理总体架构如图 12-1 所示。

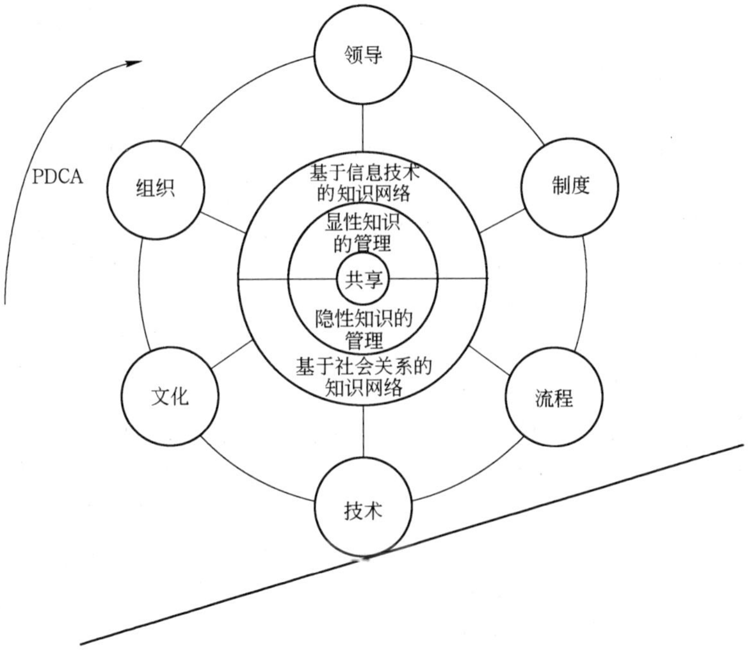

图 12-1　设备知识管理总体架构

12.1　隐性知识的管理

隐性知识主要包括隐藏在人脑中的难以理解、难以用语言文字表达、难以交流的经验诀窍类知识和隐藏在数据中的知识。经验诀窍类知识以非结构化的、非正式的方式存在，具有专有性、对解决现实问题和突发性问题有重要价值，如：经验、技巧、构思、洞察力、判断力、解决问题的能力等。隐性知识更大程度地体现了“知识”的价值，由于它主要存储在人的头脑中，因此，对隐性知识的管理除了尽可能使隐性知识显性化之外，主要表现在对拥有知识的人的管理。

隐性经验类知识贵在积累、传承。企业在实践中摸索出来的经验与教训应该加以总结，建立最佳实践、典型事故知识库，使经验得以传承，错误不再重现。企业员工每做一项工作、每做一个项目，都应把方案、体会、诀窍、失误、教训和成果等以文档、录像等方式存储到知识库，沉淀下来，将员工个人的智力资源变成企业知识资源，让大家共享，从而快速提高其他员工的技能水平，同时避免企业由于人才流动而造成知识和经验的流失。

企业可根据自身特点，把掌握知识且具备创新能力的专家、技术带头人及具有丰富现场经验的技术人员作为知识资源，通过选定专题，采用规范化、标准化、系统化的整理方法，将积累的知识收集、提炼，将员工内心的经验以及凝结在经验中的知识从混乱无序逐步序化、显化。将企业多年来在设备管理方面积累的经验进行总结，建立作业标准，编制技术规程、企业标准。对典型设备事故的发生经过、处理方法以及预防措施进行完整总结，对预防设备故障的发生、杜绝重复事故具有积极有效的作用，同时也为技术人员提供了宝贵的现场经验。在回顾过去的成功经验或失败教训的基础上，隐性知识逐步清晰明确，其迅速而有效地扩散、传播，能促进知识在设备系统内部的流通，提高知识的利用率，使员工们可以在需要的时候获得相应的帮助，设备管理的水平和创新能力得以不断提高。挖掘人脑中知识的方法有多种，如建立基于社会关系的知识网络、传帮带活动、知识竞赛、知识论坛、论文发表等，其中基于社会关系的知识网络是一种很有效的挖掘人脑中的隐性知识的方法。

关系网络蕴藏着各种丰富的资源，其中包括丰富的知识资源。关系网络有助于企业获取企业所需的知识资源，尤其是隐性知识资源。E. von Hippe 对美国小型钢铁企业的调查表明，通过个人关系网络进行的 know- how 交换在美国钢铁制造业中广泛存在，即使在竞争企业之间也存在这种非正式的 know- how 交换，主要通过不同企业间具有相似职业背景的工程师的私人关系进行。企业可以通过关系资源获取知识和应用知识。一个企业的关系网络越多，企业从这些网络关系中获得的知识就越多。同时，企业从网络中获取和应用知识还受嵌入在网络之中的知识丰裕程度的影响。知识获取和知识应用在一定程度上是一个社会过程，关系网络在企业获取知识方面起着关键性的作用。关系网络可以使企业进入并获取其他组织的知识资源。通过和其他组织的交互，企业可以获取外部知识，并和企业现存的知识进行组合。企业需要一个知识网络来支撑知识创造和专业化的知识转化活动。

关系网络增加了企业获取知识的机会。企业从其他组织那里获取知识的多少取决于企业关系网络的强度、关系网络的广度和关系网络的知识蕴含量。通过与知识蕴含量丰裕的组织建立密切、广泛的社会交互，有助于建立庞大的强关系网络，提升组织之间的信任水平和互惠程度，从而有助于增进企业从其他组织那里获取知识的广度、深度和效率。企业应根据自身运作所需的知识需求，建立发达的基于社会关系的知识网络，如与供应商、顾客、专家、学术研究机构、大学、中介组织、政府、合作伙伴甚至是竞争对手等建立广泛、深入的联系。隐藏在数据中的知识主要通过知识发现方法获取。知识发现就是利用各种知识发现算法从数据仓库中发现、表达、更新和解释有关知识的过程。这一过程可以运用数理统计、决策树、时间序列分析、基于规则的推理、基于实例的推理、神经网络、遗传算法等方法来进行。知识发现的一般过程见图 12-2。

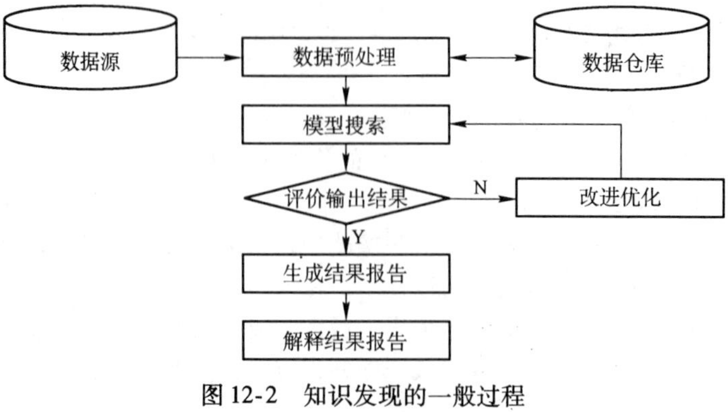

图 12-2　知识发现的一般过程

12.2　显性知识的管理

显性知识是指可以形式化、制度化、可以用言语或文字表达的知识。目前显性知识主要以内容的形式存储、表示。所谓内容就是对各种结构化数据、非结构化文档、信息的统称，内容管理就是将这些内容整合在一起，在一个操作系统平台上，统一调用，进行内容的采集、创建、数字化、加工、存储、组织、挖掘、检索、传递、发布和应用等。

设备管理显性知识主要包括设备档案、已经总结出来的最佳实践、经验教训等。设备档案就是设备从规划、设计、制造、购置、安装、调试、使用、维修、改造、更新直至报废的一生全过程中形成的图纸、文字说明、凭证和记录等文件资料。已经总结出来的最佳实践、经验教训通常以文字、照片、音频、视频等媒体形式存在。

显性知识的管理重点是建立基于信息技术的知识网络，基于信息技术的知识网络就是利用知识信息载体的一切属性，并将这些属性按照一定规则通过链接而关联整序起来，构成的一张描述知识信息的网络。在知识网络中，知识信息交汇的节点称为网节。网节可以是一本书、一篇论文，也可以是一个单位、一个作者、一个概念等。网节与网节之间通过网链连接。网链既有双向链接，也有单向链接。将已经归纳总结出来的被基本接受的正式知识数字化，同时利用数据库、链接、搜索引擎、文档管理、实时协作和远程学习等技术加速知识的交流与共享。

12.3　面向工作流程的知识管理

知识管理应面向工作流程。只有将知识管理与设备工程管理具体工作相结合，知识管理才能凸显出其经济意义。例如，围绕设备维修、设备故障诊断、设备性能改善研究、设备经济寿命周期研究、设备三率管理等开展知识管理活动。

12.3.1　决策层重视

表面上看，知识管理与企业效益没有直接关系，因此，往往较难得到决策层的重视。而实际上，知识管理的成功实施可以降低企业成本、避免事故的发生、提高工作效率等。在企业，如果一项活动得不到企业决策层的重视和支持，这项活动就很难成功，因此，争取决策层对知识管理活动的大力支持直接影响知识管理活动的效果。

12.3.2　组织倡导

组织（Organization）是对完成特定使命的人们的系统性安排。组织具有三个显著特征：目标明确、由多个个体组成、系统性。组织知识是组织内各类知识的综合与集成，是整个组织对外所表现出来的竞争能力。

现实中，组织可以按照不同的标准进行分类。按组织的形成方式，可以划分为正式组织与非正式组织。

正式组织是为了有效地实现组织目标，而明确规定组织成员之间职责和相互关系的一种结构，其组织制度和规范对成员具有正式的约束力。这是判别一个组织是否正式组织的主要标准——而不考虑它是否注册登记，是否合法；正式组织在创造和传播组织中大部分编码化知识时发挥着主要作用。知识管理应发挥正式组织的主导作用。正式组织中可以成立知识管理部门，并设置知识经理、知识工程师等职位。

非正式组织则是组织成员在感情相投的基础上，由于现实观点、爱好、兴趣、习惯、志向等一致而自发形成的网络关系。由于正式组织在传播隐性知识方面往往效率欠佳，原因可能是基于正式的制度、规则、程序等正式组织的协调机制不完善（也无法完善），不足以激励个体成员将自己所拥有的隐含经验类知识拿出来共享，因此，知识管理还应发挥非正式组织的作用，如建立实践社区。实践社区是指具有特别专长或工作的团队成员，由于有共同的兴趣和对目标的共同感知，以及具有分享与工作相关的知识和经验的共同愿望，而形成的一种特殊的非正式网络。实践社区经常是围绕一些主题形成的，如一门学科、一种工艺或一个生产过程，社区成员加入社区不仅仅是为共同兴趣，主要是希望能从社区中获得自己单独所无法取得的知识，同时体现自己的价值，如实践操作中的难题，当前领域的新发展、新信息、新技术、新工具等。社区成员通过各种方式非正式地交流思想和分享知识，在一种沟通和信任的环境里积极地学习和探讨，分享想法和经验，就发展成为一种分享式的做事方式或一套共同的惯例，从而使专家的知识在整个社区成员间得到共享。实践社区为寻找和发现不同领域的专家提供了有效的途径。

12.3.3 信息技术支持

电话、手机和计算机网络等信息通讯工具拉近了组织与组织、人与人之间在时间和空间上的距离，使时间和空间上的距离不再成为知识交流与共享的障碍。以前，隐含经验类知识的传播和共享主要还是通过成员间的直接接触来进行，随着网络技术的飞速发展，特别是电子邮件和可视电话系统的应用，成员间通过网络传递和共享隐含经验类知识成为可能。人们借助网络可以减少许多不必要的面对面的接触，因而可以提高效率。例如，英国石油公司（BP）的钻井船出现故障时，在过去常常需要专家乘坐直升机到现场解决问题，费用平均达到15万美元/天。如今借助Internet，只需要钻井船的工程师在一台小型摄像机面前检修有故障的设备，这台摄像机通过卫星系统与BP在千里之外的虚拟工作组总部的专家相连，通过实时的电视系统，专家与船上的工程师共同诊断设备故障，在很短的时间内，故障就得到解决。可见，对于隐性知识的传递共享，基于网络的虚拟接触与面对面的直接接触相比较，有其自身的优势。

12.3.4 制度与文化支持

企业在知识共享过程中，知识激励制度起着重要作用。企业应该将知识管理纳入到绩效考核中，设立知识贡献奖，对知识贡献突出的个人或组织实施奖励。奖励方式有精神激励和物质激励。

企业文化就是企业成员共同的价值观念和行为规范。就是企业员工都明白应该怎样做，而且都自觉自愿地这样做，逐渐形成一种习惯、自然和观念，并反作用于大家的行为，逐渐以规章制度、道德公允的形式成为员工的行为规范。营造学习知识、奉献知识、严谨认真、开放信任的文化气氛对知识共享极其重要。

12.4 知识管理系统应用案例

某企业构建的设备维保知识管理系统，是为解决该企业中出现的经验知识无法积累、现有数据文件知识无法有效利用的难题而提出的。设备维保知识管理系统能从一定程度上将个人知识转化成组织知识储备起来，从而减少员工跳槽对企业造成的负面影响；可以使恰当的知识在恰当的时间、通过恰当的场合和载体传递给恰当的人，从而运用整体的智慧来提高整体技术水平。

该企业设备维保知识管理系统主要包括：设备基本信息管理、备件销售及库存管理、设备维护与检修管理、设备故障信息管理、客户与供应商管理、用户权限管理等模块，如图12-3所示。

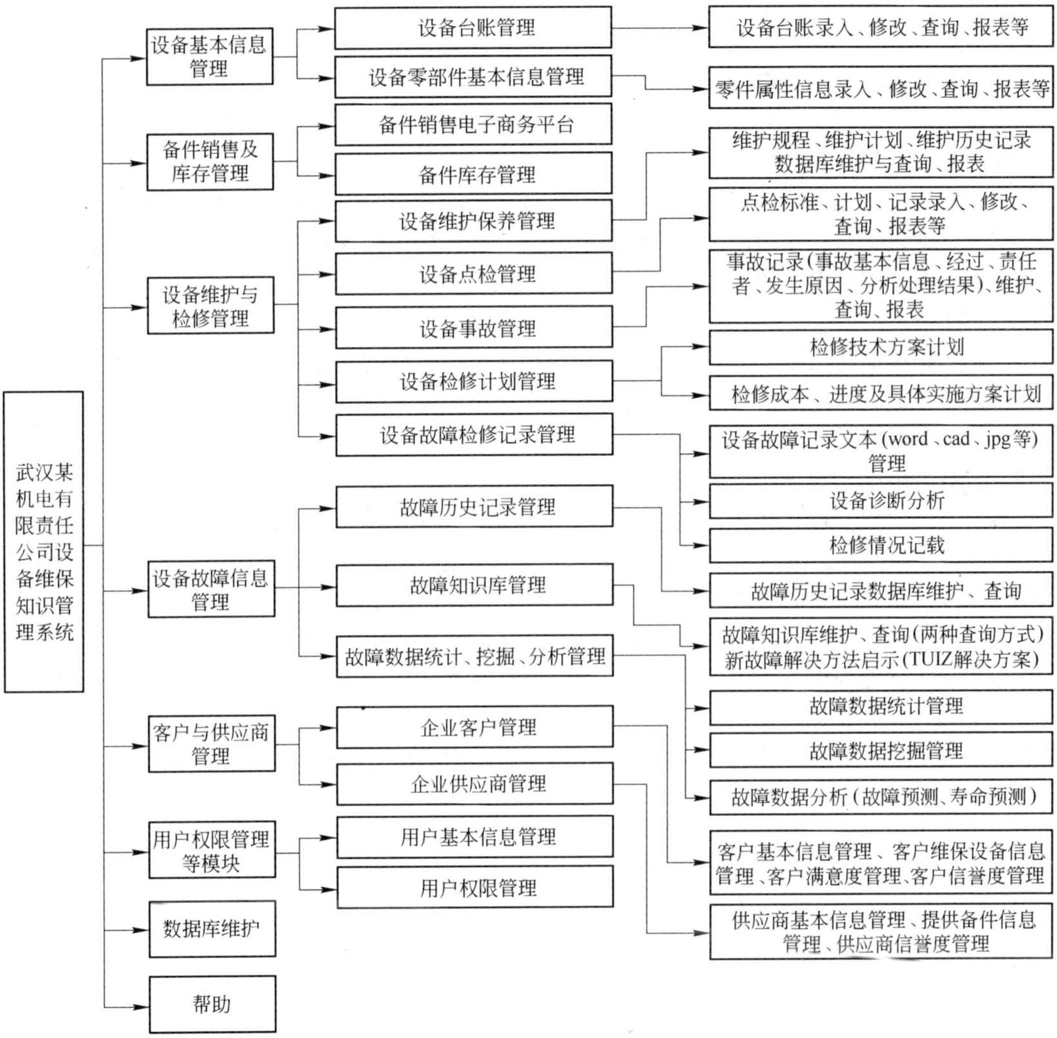

图12-3 设备维保知识管理系统功能模块图

设备基本信息管理：设备基本信息管理主要由设备台账管理和设备零部件基本信息管理两个模块组成。设备台账管理主要是对设备的一些基本信息进行管理，其中包括设备资产编号、设备名称、设备型号、设备规格、重量、制造厂家、制造年月、投产年月、设备原值、电机台数、总功率、设备现状、设备分类、安装地点等；设备零部件基本信息管理重点在于对维保设备的零部件的一些基本信息的管理，包括零部件名称、材料、重量、是否为标准件以及零部件图片。

备件销售及库存管理：备件销售及库存管理部分将建立维保备件销售电子商务平台，并对企业维保备件基本情况、库存数量等信息进行动态跟踪、查询。

设备维护与检修管理：设备维护与检修管理包括设备维护保养管理、设备点检管理、设备事故管理、设备检修计划管理以及检修历史记录管理。设备维护保养管理是对设备维护保养（擦拭、清扫、润滑、调整等）信息的管理；设备点检管理是对设备进行定点、定期的检查信息的管理；设备事故管理包括设备事故基本信息（设备名称、事故严重程度等）、发生经过、责任者、发生原因、分析处理结果等；设备检修计划管理是对维保设备出现故障后对其进行检修或改造的计划管理，包括检修技术方案计划、检修成本计划、检修进度计划及计划实施控制方案等；设备维修历史记录管理是对设备运行期内的所有检修历史信息的管理，包括历史检修原因、历史检修方案、历史检修结果等。

设备故障信息管理：设备故障管理主要包括：故障历史记录管理、故障知识库管理和故障数据统计挖掘分析管理模块。

设备故障的管理主要是对故障历史进行记录、统计分析，以发现设备潜在故障模式和设备运行状况，为设备预维修的内容和时机提供依据。故障统计分析管理可以有两种方法：只考虑设备（零部件）故障次数的故障统计分析法和综合考虑设备零部件故障频度以及故障影响的FMEA 分析法。

故障知识库的建立主要是为了整理企业封存在资料库中的宝贵的故障资料以及吸收企业设备在未来出现的新的故障信息，将这些知识财富在企业内部共享。该知识库可以作为设备维修技术人员的学习资料，通过查询浏览故障知识库有助于帮助他们了解设备可能出现的他们所不知的一些故障情况，为提高他们的设备维修技术水平提供帮助。

客户与供应商管理：客户与供应商管理主要包括企业客户管理和企业供应商管理两个模块。企业客户管理包括客户基本信息管理、客户维保设备信息管理、客户满意度管理、客户信誉度管理等。企业供应商管理包括供应商基本信息管理、提供备件信息管理、供应商信誉度管理等。

用户权限管理等模块：用户管理主要包括用户基本信息管理和用户权限管理两个模块。该系统的使用对象主要是：设备高层管理人员、设备维修技术人员和设备使用维护人员。为了保证系统的安全性，不同的使用对象对各个模块具有不同的操作权限。

13 绿色设备工程

自从人类进入工业社会以来，人们就在寻找各种方法加强企业设备的管理，以期望达到节能、降耗、提高加工质量的目的。根据企业生产经营的宏观目标，通过采取一系列技术、经济、组织措施，对企业主要生产设备的规划、设计、制造、购置、安装、调试、使用、维修、改造、更新直至报废的一生全过程进行管理，以保证设备良好的状态，并不断提高设备的技术素质，保证设备的有效使用和获得最大的经济效益。

绿色设计与制造是近几年提出的新概念，其深刻的内涵尚处于探索研究阶段。综合现有文献的观点和学者们所做的研究，将绿色制造定义为：绿色制造是一个综合考虑环境影响和资源效率的现代制造模式，其目标是使得设备从设计、制造、包装、运输、使用到报废处理的整个设备生命周期中，对环境的负面影响最小，资源效率最高，并使企业经济效益和社会效益协调优化。从设备的寿命循环周期整体角度出发，在设备概念设计中运用并行工程的原理，在保证设备功能、质量和成本等基本性能情况下，充分考虑设备寿命循环周期各个环节中的资源能源的合理利用、环境保护和劳动保护等问题。总之，绿色设备设计是一个综合了面向对象技术、并行工程、寿命周期设计的一种发展中的系统设计方法，是融设备的质量、功能、寿命和环境于一体的设计系统。

从设备生命周期概念角度，清洁化生产（又叫绿色制造）可定义为：在不牺牲设备功能、质量和成本前提下，系统地考虑设备开发制造及其活动对环境的影响，使设备在整个生命周期中对环境的负面影响最小，资源利用率最高。清洁化生产本质上是制造问题、环境保护问题和资源优化问题的交叉融合。清洁化生产的主要内容包括三个部分：清洁化材料；清洁化能源；经过清洁化的生产过程生产出清洁化设备。

清洁化生产的主要特点包括：

（1）系统性。清洁化生产除了保证一般制造系统的功能外，还要保证环境污染最小。

（2）预防性。强调以预防为主，通过消减污染物源及保证环境安全的回收利用，使废弃物最小化。

（3）适合性。使生产目标符合企业生产经营发展需要，又不损害生态环境和保持自然资源的潜力。

（4）经济性。通过清洁化生产，可节省原材料和能源消耗，降低废弃物处理带来的费用，降低生产成本。

（5）有效性和动态性。清洁化生产从末端治理转向对设备生产过程的连续控制，使污染物消失在生产过程中，综合利用再生资源和能源的循环利用技术，有效防止污染再产生。

实施清洁化生产的驱动力主要来源于8个方面：可持续发展要求、法令规定、国际标准要求、用户需求、设备服务要求、竞争压力要求、风险管理要求、生态工业要求。清洁化生产系统的模型如表13-1所示。

表13-1 清洁化生产系统的模型

清洁化生产系统	途径	改变观念、加强立法、宣传和教育途径；管理途径；技术途径	
	目标	资源综合利用；环境保护	
	内容	清洁化能源	能源利用率高；环境保护性能好；可永久利用；可再生性好
		清洁化生产过程	生态设计；清洁化材料；清洁化工艺技术；清洁化生产设备；清洁化包装；清洁化管理；清洁化营销
		清洁化设备	环境友好；节省能源；易于回收利用；便于处理；符合人机工程

清洁化生产的研究可归纳为两大领域：(1) 清洁化生产的概念、定义和方法。具体包括有关框架和理论、通用工具、能量模型、材料流动模型、资源优化模型和各种算法。(2) 技术应用。具体包括清洁化材料、清洁化工艺、清洁化包装、设备使用、用后处置等。

13.1　绿色设计

据统计，造成环境污染的排放物有70%以上来自制造业，它们每年约产生出55亿吨无害废物和7亿吨有害废物。在过去，更多地把保护环境的重点放在了污染物的“末端治理”上，而忽略了污染物的全过程控制和预防上。要想彻底解决对环境污染问题，必须从“源头”上进行治理。具体到制造业，就是要考虑设备整个生命周期对环境的影响，最大限度地利用原材料、能源，减少有害废物的排放，减轻对环境的污染。随着环境问题的日益严重，绿色设备设计的思想也日益受到重视。

在实施绿色制造过程中，绿色设计是关键，它决定了设备生命周期的80%～90%的消耗。绿色设计是指在设备及其生命周期全过程的设计中，充分考虑对资源和环境的影响，在考虑设备的功能、质量、开发周期和成本的同时，优化各有关设计因素，使设备及其制造过程对环境的总体影响减到最小。绿色设计又称为面向环境的设计（Design For Environment，DFE）。绿色设计目的是使设备及其制造过程对环境的总体影响减至最小。设备绿色设计如图13-1所示。

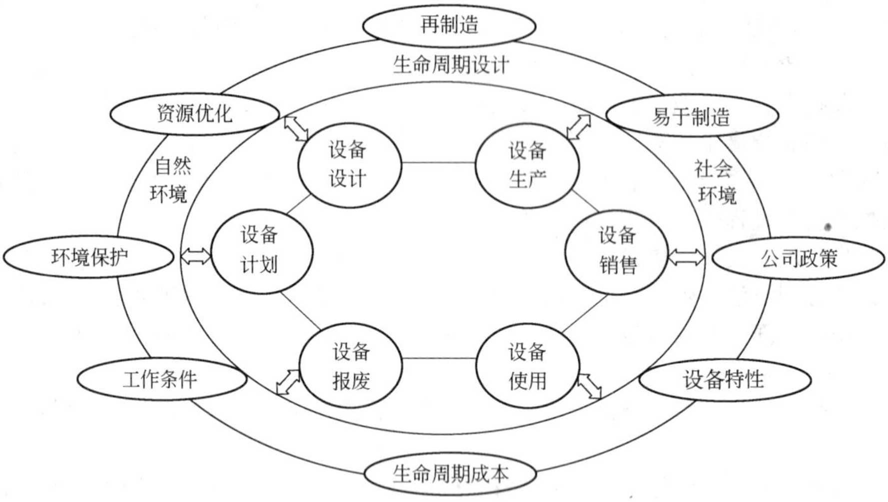

图13-1　设备绿色设计

从图13-1中可以看出，设备绿色设计的特点主要有：拓展了设备生命周期、并行闭环设计方式、有利于环境保护和维护生态系统平衡、在三个不同层次上进行动态设计。这三个层次是：治理技术与设备设计（如可回收性设计等）；清洁预防技术与设备设计；为价值而设计。

设备绿色设计与传统设计的区别主要在于：

(1) 传统设计属于粗放型设计，其生产模式是设备生命周期表现为“摇篮到坟墓”。很少考虑环境属性或者不考虑设备的后续生产、使用中的资源和能源消耗、废弃对环境的影响，大量浪费了地球上的不可再生资源。这种方式单靠增加投入和加大消耗来实现发展，不惜牺牲环境的发展模式是不能持续的，甚至危及人类生存和发展。

(2) 绿色设计属于集约型设计，是从摇篮到再现的过程。设备从概念形成到生产制造、使用、废弃后的回收、再用、处理等各个阶段都必须考虑从根本上防止污染。从经济学观点看，它是以最小代价取得最大报酬。

绿色设计的主要内容包括：生态材料选择、面向回收的设计、面向拆卸的设计、面向制造的设计、面向装配的设计、生态包装、设备生命周期分析、设备经济性分析、设备设计数据库等。设备绿色设计的准则实际上是在传统设计的技术准则、成本准则、人机工程学准则基础上，再纳入环境准则，而且将环境准则置于优先考虑地位，绿色设计的准则如表 13-2 所示。

表 13-2 绿色设计的准则

准 则	内 容
环境准则	(1) 低物料消耗；(2) 降低能耗；(3) 有利于职业健康和生产安全；(4) 环境污染最小
技术准则	(1) 有规定的功能；(2) 保证设备质量；(3) 具有预期使用寿命
经济性准则	(1) 费用最低；(2) 利润最大
人机工程准则	(1) 好的使用性能；(2) 满足消费个性

未来的绿色设计和制造将趋于向全球化、社会化、集成化、并行化、智能化、产业化方向发展。未来可能的研究方法有：模块化设计；神经网络和模糊数学的应用；公理化设计；虚拟拆卸等。人们提出了绿色设计发展体系，其中关键是绿色设备设计评价体系的完善，对设备从设计、制造、包装、运输、报废整个生命周期中每一个环节对环境影响作出评价，并且要在整个生命周期中、集成环境下建立绿色设备的评价体系。同时，要研究开发先进制造技术，以及与之相匹配的先进制造模式，大力开发低污染、低能耗、无公害的生产工艺与最终设备。研究开发适合绿色设计和制造需要的数据库和信息系统，例如：材料数据库、制造数据库、LCA 数据库及各种知识库，开发绿色设备设计和实施绿色制造的支撑软件。

13.1.1 绿色材料及其选择

绿色材料是指在满足一般功能要求的前提下，具有良好的环境兼容性的材料。绿色材料在制备、使用以及用后处置等生命周期的各阶段，具有最大的资源利用率和最小的环境影响。绿色材料选择的三个原则包括：

(1) 优先选用可再生材料，尽量选用回收材料。提高资源利用率，实现可持续发展。

(2) 尽量选用低能耗、少污染的材料。

(3) 尽量选择环境兼容性好的材料及零部件，避免选用有毒、有害和有辐射特性的材料。所用材料应易于再利用、回收、再制造或易于降解。

研究统计表明，造成能源、资源过度消耗、枯竭、环境污染的最主要根源之一是材料及其加工过程。这迫使人们反省和重新评价过去对材料研究、开发、生产和使用的活动，反省过去忽视生存环境恶化而一味追求高性能、高附加值材料的做法，重视探索具有良好性能或功能、对资源和能源消耗低、有利于环境协调的材料。

归纳起来，传统设计中材料选择存在问题主要有：(1) 忽略了所用材料在报废后的回收处理问题。(2) 仅考虑设备的功能目标来选择材料，忽略了环境目标问题。(3) 忽略了材料及其加工过程对环境的影响。(4) 未考虑所用材料本身的生产过程。(5) 所用材料种类繁多。

绿色设计中，材料选择的一般原则是：(1) 考虑所用材料的环境友好性，即考虑材料使用过程中应对生态环境少或无负面作用，良好的环境协调性，避免选用有毒、有害和有辐射特性的材料。(2) 所用材料在废弃后应能自然分解，且能被自然界所吸收。(3) 所用原材料不需要附加任何涂镀。(4) 尽量减少所用材料的种类。生态化设计中应当尽可能避免采用多种不同材料，以便将来有利于设备的回炉再利用。(5) 尽量采用低能耗、低成本和少污染的材料。(6) 所用材料应易于加工，且加工中污染最小或无污染。(7) 尽量选用易于回收、再用、再制造或易于降解的材料。（8）优先选用可再生材料，尽量选用回收材料，以提高资源利用率，实现可持续发展。

13.1.2　面向拆卸的设计

13.1.2.1　设备生命周期循环与可拆卸性

设备全生命周期系统中包括了设备设计系统、生产系统、销售系统、恢复系统，设备技术中有设计技术、生产技术、拆卸技术和再循环技术，从而形成了设备生命周期的循环。可拆卸性是设备回收处理和再利用的前提，是衡量设备设计优劣的重要指标。设备从设计开始就要考虑拆卸的可能性与经济性，这是解决设备生命周期设计的根本出路。设备的拆卸类型和拆卸技术如表 13-3 所示。其中，破坏性拆卸意指使零部件分离，而不顾设备结构的破坏程度；部分破坏性拆卸意指拆卸过程中只损坏那些廉价零部件，而其余部分可以安全可靠地分离；非破坏性拆卸意指拆卸过程中不能损坏任何零部件。

表 13-3　设备的拆卸类型及拆卸技术

拆卸的对象	拆卸类型		材料回收
	零部件再利用	零部件特殊加工	
设备的拆卸	非破坏性	非破坏性	任何情况
	部分破坏性	部分破坏性	
零部件的拆卸	破坏性	破坏性	
	非破坏性	依赖于特殊加工	视具体情况而定

13.1.2.2　面向可拆卸设计（DFD）的定义与内容

面向可拆卸设计是一种使设备容易拆卸并能从材料回收和零件重新使用中获得最高利润的设计方法学。可拆卸性是绿色设备设计的主要内容之一，也是绿色设备设计中研究比较早而且比较系统的一种方法。它研究如何设计设备才能高效率、低成本地进行组件、零件的拆卸以及材料的分类拆卸，以便重新使用及回收，它要求在设备设计的初级阶段就将可拆卸性作为结构设计的一个评价准则，使所设计的结构易于拆卸，因而维护方便。并可在设备报废后可重用部分，充分有效地回收和重用，以达到节约资源和能源、保护环境的目的。面向拆卸的设计是使设备具有良好拆卸性能的设计方法、设计工具和设计过程的集成。

可拆卸性设计的主要策略有：减少拆卸的工作量；可预测的设备构造；易于拆卸；易于分离；减少零件的多样性。目前 DFD 主要集中在以下三个阶段性研究上：收集、分类和归纳 DFD 的有关知识；拆卸可能性的量化评估；创建新的 DFD 方法和工具，并且这些工具一般是与 CAD 设计集成的专家系统。DFD 的主要内容包括三个方面：可拆卸设备设计、可拆卸工艺设计及可拆卸性评价。

（1）可拆卸设备设计。可拆卸设备设计的目的是通过在设备概念形成阶段充分考虑可拆卸的难易程度来保证设备具有良好的可拆卸性能。具体而言，主要有三个目的：设备零部件的直接或者间接再用、元器件的回收（尤其是电子元器件）、材料的回收。设备结构的拆卸设计可以用两种方法实现：1）基于典型案例的拆卸设计；2）计算机辅助可拆卸结构设计。

（2）可拆卸工艺设计。可拆卸工艺设计旨在为手工拆卸、自动拆卸确定最佳拆卸路径和选择最佳拆卸工具。手工或自动拆卸有两种情况：1）将设备拆成单个的零部件；2）依据设备的最终状态，有选择地拆卸。

（3）可拆卸性评价。可拆卸性评价是对设计方案进行评价、修改、再评价、再修改，直到满足设计要求的动态过程。拆卸设计的评价指标：主要包括拆卸费用、拆卸时间、拆卸能耗、拆卸造成的环境影响、可达性、标准化程度、拆卸方向、设备的结构复杂程度等。

13.1.2.3 DFD 的主要原则

DFD 的主要原则有以下五项：

(1) 拆卸工作量最少——包括零件合并、减少设备所用材料种类、材料相容性、有害材料的集成等。

(2) 结构可拆卸——包括采用易于拆卸或破坏的连接方法、紧固件数量最少、简化拆卸运动、可达性（即对连接部位的拆卸、切断、切割等提供易于接近的位置）。

(3) 拆卸易于操作——包括单纯材料零件、废液排放、便于抓取、尽量不采用非刚性零件等。

(4) 易于分离——包括一次性表面、便于识别、尽量减少零部件品种和规格、采用模块化设计。

(5) 设备结构的可预估性——包括避免将易老化、易腐蚀材料与所需拆卸、回收的材料零件组合到一起，防止要拆卸的零部件被污染或腐蚀等。

13.1.3 面向回收的设计

面向回收的设计（Design for Recovering and Recycling，DFR）是指设计过程中，充分考虑设备零部件及材料回收的可能性、回收价值大小、回收处理方法、回收处理结构工艺性等一系列涉及回收的问题，实现零部件、材料资源和能源的充分有效利用、环境污染最小的设计方法。设备拆卸的目的之一是回收，而 DFR 的目的主要包括资源回收和再使用。实现这些目标的途径包括原材料的再循环、零部件的再使用。影响回收的主要因素是设备拆卸技术、回收利用成本。回收的基本原则是：首先拆卸设备中最有价值的部分，其次是尽量提高拆卸效率。针对零部件的再使用和材料的再使用提出了几种设计策略：可回收材料及其标志；可回收工艺与方法；可回收经济评估；可回收性结构设计。回收方式可以是：前期用户回收（即设备制造商对设备制造过程中产生的废弃物、材料进行及时回收）；后期用户回收（即材料而不是设备的回收）；用户回收（即设备而不是材料的回收）。

DFR 的特点主要有：

(1) 使材料资源得到最大限度利用，减少废弃物数量。

(2) 有利于可持续发展战略的实施。

(3) 扩大就业门路，提供更多的就业机会。

(4) 物流的封闭性。

(5) 回收过程本身是绿色制造，不造成环境的二次污染。

DFR 与传统设计的比较如表 13-4 所示。

表 13-4 DFR 与传统设计的比较

传统设计的要求	回收设计的附加要求
功　能	长寿命或者短寿命设备
安全性	安全性环境保护法规、回收材料特性、测试方法
使　用	回收方法及废弃规则物
人机工程因素	利用可回收材料的设计规则
生　产	先期用户回收和后勤保障，回收材料的生产性能
装　配	装配策略，面向拆卸的联结结构
运　输	重用及再生材料运输和装置

续表 13-4

传统设计的要求	回收设计的附加要求
维　护	将拆卸集成到回收后勤保障中
回收废物处理	设备回收、再生、材料回收、处理
制造成本	制造成本、使用成本、回收成本

13.2　绿色工艺

设备对环境的影响不仅在设计过程中要加以考虑，而且在设备制造过程中对环境的各种影响也要做相应的考虑，采用绿色工艺是实现绿色制造的重要一环，绿色工艺与清洁生产密不可分，清洁生产被正式认定为可持续发展的先决条件。绿色工艺是指清洁工艺，指既能提高经济效益，又能减少环境影响的工艺技术。它要求在提高生产效率的同时必须兼顾削减或消除危险废物及其他有毒化学品的用量，改善劳动条件，减少对操作者的健康威胁，并能生产出安全的与环境兼容的设备。在加工过程中的零件绿色工艺主要包括加工顺序工艺优化、加工参数、切削刀具、切削液、润滑剂的使用、加工质量、热处理、金属成型（铸造、熔炼）中的清洁工艺以及环境评估。绿色工艺要从技术入手，尽量研究和采用物料和能源消耗少、废弃物少、对环境污染小的工艺方案和工艺路线。

清洁化生产工艺技术包括三种类型：(1) 节约资源的工艺技术。(2) 节省能源的工艺技术。(3) 环保型工艺技术。机械加工中的清洁化生产加工技术如表 13-5 所示。其中，干式切削加工技术可分为完全干式切削加工（即加工过程中不用任何冷却润滑液）和准干式切削加工（即加工过程中很少量地使用冷却润滑液）。干式磨削加工中较有效的方法是强冷风磨削加工。

表 13-5　机械加工中的清洁化生产加工技术

切削加工（车削、钻削、铣削等）	干式切削，包括开发刀具和探索加工条件等
	准干式切削，包括排屑处理、表面质量等
磨削加工	干式磨削
	最佳磨削用量，涉及供液系统、用液微量化方法
	磨削液的选择，包括油性、水溶性、新型磨削液
	油屑分离，包括磨削液回收利用、切屑回收处理

13.3　绿色包装

基本属性（如设备的功能、质量、生命、成本等）和环境属性是现代设备的“内在”，而影响整体形象的“包装”则是现代设备的“嫁妆”。

绿色包装技术就是从环境保护的角度，优化设备包装方案，使得资源消耗和废弃物产生最少。绿色包装意指采用对环境和人体无污染或污染最小的、可回收再利用或可再生的包装材料及其制品的包装。生态包装设计的主要内容包括：(1) 研发无毒、无污染、可回收利用、可再生、可降解的包装原材料。(2) 研究现有包装材料中的有害成分（如泡沫快餐盒含有的成分 CFC 等）的控制技术及替代技术；研究自然“贫乏材料”的替代技术。(3) 优化包装结构，减少包装材料消耗。(4) 包装废弃物的回收处理。

绿色包装的主要特点是：(1) 材料最省、废弃物最少、节省能源和资源。(2) 易于回收利用和再循环。(3) 包装材料能自行降解且降解周期短。(4) 包装材料应对人体和生物系统无毒无害。(5) 包装设备应在其全生命周期中不会产生环境污染。

设备包装业的环境污染主要表现在包装制品的生产、储存、消费和使用的各个过程以及包装废弃物等方面。现代设备的营销五个要素是设备、价格、渠道、促销以及包装。生态包装（或绿色包装）已成为设备国际营销的强有力手段之一。设备的包装应摒弃求新、求异的消费理念，简化包装，这样既可减少资源的浪费，又可减少环境的污染和废弃物的处置费用。另外，设备包装应尽量选择无毒、无公害、可回收或易于降解的材料，如纸、可复用设备及可回收材料（如 EPS、聚苯乙烯设备）等。目前这方面的研究很广泛，大致可以分为包装材料、包装结构和包装废弃物回收处理 3 个方面。当今世界主要工业国要求包装应做到“3R1D”（Reduce（减量化）、Reuse（回收重用）、Recycle（循环再生）和 Degradable（可降解））原则。

绿色包装材料的主要类型包括：(1) 轻量化、薄型化、无氟化、高性能的包装材料，如新型的镁质材料等。(2) 重复再用和再生的包装材料，如啤酒瓶、饮料瓶、酱油瓶、醋瓶等玻璃瓶。(3) 可食性包装材料，如蛋白质、植物纤维等作为原料的可食性包装材料，(4) 可降解包装材料，如生物降解塑料、光降解塑料、生物/光双降解塑料等。(5) 利用自然资源开发的天然生物包装材料，如纸、木材、竹编材料、木屑、麻类棉织品、芦苇以及农作物中的茎杆、稻草等天然生物材料在自然环境中极易分解，不污染环境，还可资源再生，成本低。(6) 纸质的包装材料。

13.4　绿色制造应用案例

13.4.1　消失模铸造

高温金属液使泡沫模样热解“消失”，占据泡沫模的空间而获得铸件，称为消失模铸造。消失模铸造的工艺过程：泡沫模样成形、模样涂料及烘干、散砂振动紧实、浇注成形（抽真空）。

消失模铸造具有以下优点：(1) 铸件精度高。精确成形，无需取模、无分型面、无拔模斜度。(2) 铸件设计灵活。铸件结构设计自由度大，原为几个零件，可装配组合整体铸造。(3) 无传统铸造中的砂芯。采用干砂造型紧实，无需制芯。(4) 绿色铸造。无黏结剂，浇注时，泡沫塑料排放的有机物少、排放时间短、地点集中，便于集中收集处理；干砂造型，铸件落砂、清理的工作量小，旧砂回收率高。(5) 适合于铸造生产复杂的箱体、缸盖、管接头等各类铸件。(6) 消失模铸造是一种几乎没有加工余量、能精确成型的铸造工艺，容易实现清洁、批量生产，为铸件复杂结构设计提供了充分的自由度。

消失模铸造的主要缺点为：(1) 浇注温度要求较高。泡沫模样的存在，浇注温度较普通铸造高 30～50℃。(2) 易产生增碳、冷隔、气孔和夹渣等缺陷。泡沫模样气化产生气体、残渣等影响。(3) 消失模铸件的组织晶粒相对粗大，铸件性能略低。无黏结干砂对金属液的冷却速度偏慢。(4) 铝镁合金铸件易产生针孔缺陷，组织致密度不好。高温下（约 800℃）液态铝合金浇注时，易产生 H 针孔。

浇铸时的注意事项：浇注钢液时要稳、准、快，瞬时充满浇口杯，并且快速不断流动，直到溢不出浇口杯为止。浇注开始就要大口浇注，旋转钢包倾倒钢液时要稳、要快，浇注时快速连续浇注不得断流，始终保持浇口杯成充满状态。如果同整箱铸件的钢液断流，会吸进空气，有可能造成塌砂现象或者铸件气孔增多的问题，导致铸件报废。由于负压真空的吸力作用，砂箱内钢液热量会散失一部分，泡塑模型气化时也需要热量消耗，所以钢液温度比传统砂型铸造的温度要略高 30～100℃。

13.4.2　汽车齿轮类零件精锻成形技术

汽车齿轮类零件（见图13-2，图13-3）精锻成形技术产生的效果：齿形尺寸精度不小于7级，齿面粗糙度 $R_a=0.4\sim0.8\mu m$，齿形部分不需要任何切削加工就可达到直接装车使用的要求。精锻成形技术与传统生产技术比较：提高材料利用率30%；设备性能大为提高，其中抗弯疲劳寿命提高40%；提高生产效率8～10倍；场地干净环保。

图13-2　温锻毛坯、温锻件及冷精整锻件

图13-3　闭式冷挤压成形

13.4.3　气门锻件热近净成形技术

气门近净成形工艺为：(1) 细长杆坯料；(2) 电热镦粗制坯；(3) 螺旋压力机上终锻成形。其中，电镦制坯和终锻模具寿命极为关键。首先通过接触电阻和毛坯内部的阻抗加热，即通过低电压大电流迅速加热至1200～1350℃高温，然后局部镦粗连续进行。其原理如图13-4所示。

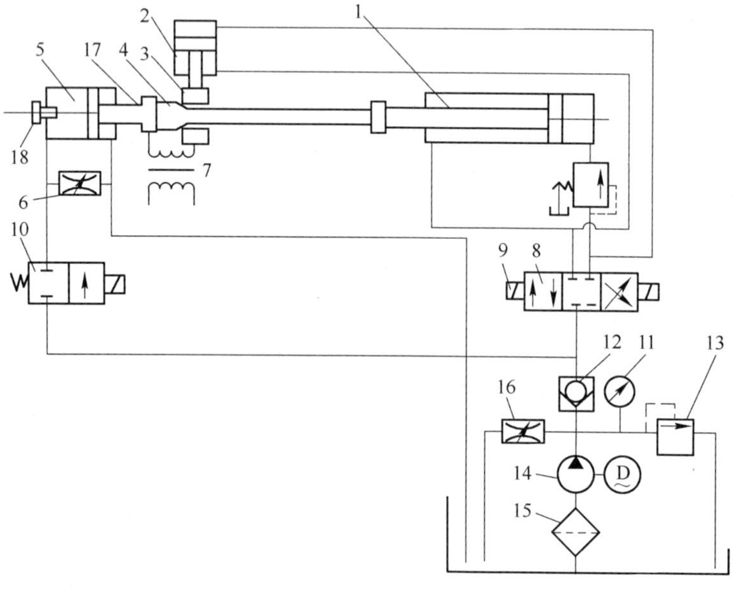

图13-4　气门电热镦粗原理图

1，2，5—液压缸；3—夹紧电极；4—细长杆坯料；6—节流阀；7—变压器；8—三位四通换向阀；9—电磁铁；10—两位两通电磁阀；11—压力表；12—单向阀；13—溢流阀；14—液压泵；15—滤油器；16—节流阀；17—活塞；18—限位螺钉

气门近净成形工艺优点：(1) 对于细长金属杆一次被加热镦粗的金属聚集量可以是杆径的几十倍；(2) 所需设备吨位小，且设备结构比较简单，设备费用大为降低。

气门近净成形工艺存在的问题：(1) 参数的再现性不好，且影响工作效率；(2) 电热镦粗属于自由镦粗，其鼓形的侧表面处于切向拉应力状态，当温度较低时，容易产生裂纹，导致工件报废；(3) 气门电热镦粗工艺参数多 (7 项以上)，传统电镦机工艺凭经验操作，很难达到各项参数合理匹配，工艺过程极难稳定，常发生过热、过烧、表面开裂、蒜头歪斜等缺陷，其废品率稍有不慎会超过5%。

13.4.4　高强度难变形铝合金零件流动控制成形技术

超硬铝合金7A04、中高硅铝合金SC100和高硅铝合金A390均为高强度难变形铝合金，其特性是：(1) 强度高、刚性好；(2) 中高硅铝合金和高硅铝合金耐磨性好，线胀系数小；(3) 塑性成形性能差，流动阻力大，速度敏感性强，模锻时极易产生开裂。

金属“流动控制成形”(Flow Control Forming，FCF)，采用类似于高压溢流的分流锻造技术，通过在模膛上合适的位置设置控制腔（即分流降压腔），实现对坯料金属在复杂封闭模膛中流动方向和压力的控制。其核心是：提出以大的塑性变形程度使铸态棒料毛坯内的块状粗精硅破碎，细化并均匀分布；建立强烈的三向压应力状态；使中高硅铝合金由“脆性”转变为“塑性”。

FCF技术的特点：(1) 可以精确控制金属材料的非均匀塑性流动，提高其成形性能，可实现更加复杂的结构件的精密成形；可以有效避免折叠、充不满等缺陷的产生，使制件金属流线连续致密，提高设备的力学性能；(2) 可以使制件表面更加光洁，尺寸精度更高，其公差能达到IT8～9级，比一般冷挤压尺寸精度还高1级。

针对机匣体为长条槽形结构特点，提出多向精锻成形工艺，研制成多向可分精锻模具装置，研制成多向精锻压力机，取代传统模锻和等温锻造工艺，生产枪械关键零件。如图13-5所示。

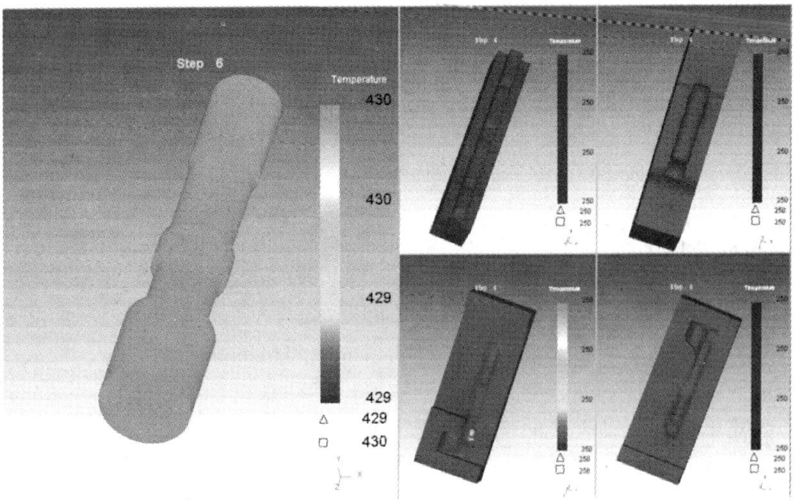

图13-5　高强度铝合金零件流动控制成形技术

13.4.5　抽油杆多工位镦锻成形工艺及模具

抽油杆（见图 13-6）是油田采油机械上极为关键的一种零件，若在采油过程中其一根抽油杆断裂，很容易造成价值过百万元甚至数百万元的一口油井报废。抽油杆属于典型的长杆类零件，每根长达 9000mm，其杆径为 ϕ16mm、ϕ19mm、ϕ22mm、ϕ25mm、ϕ29mm、ϕ32mm 和 ϕ38mm 的系列设备。其结构特点是：每根抽油杆的一头为其直径是杆径 3 倍左右的双法兰，双法兰间的距离与法兰直径大体相等。

采用传统多工序镦锻工艺生产，其合格率仅为 40%，将长径比大于 14 ~ 22 的超长杆 3 次镦粗、预锻和终锻 5 工序（国外生产）变为 4 工序镦锻成形，在国产四工位平锻机上成功地生产出抽油杆系列设备，并使成品率由不到 60% 提高到 100%。实现了 4 工位模具型腔的优化设计，并使 4 个单元模具的分模面处于同一水平面，进而实现了机械化生产，大大提高了生产率。发明了空心抽油杆 4 工位锻造新技术，解决了深井采油的轻质抽油杆的需求难题。抽油杆零件由进口转变为出口。

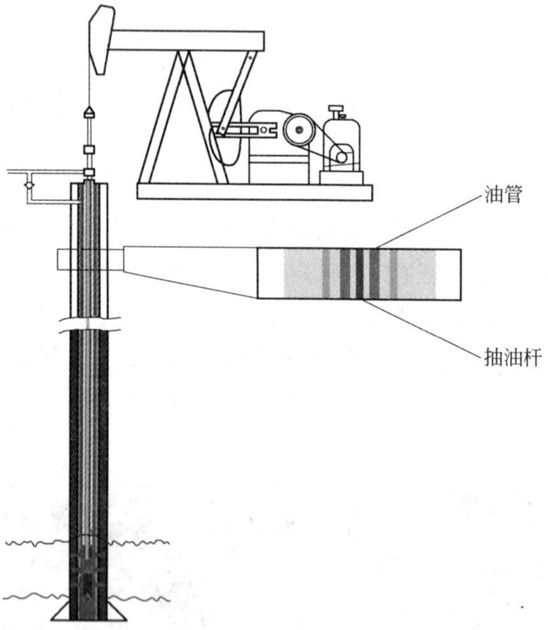

图 13-6　抽油杆在油田采油机械中的应用

13.4.6　数控精锻液压机

针对锻件的种类和冷、热精密精锻成形工艺的要求，分别提出单动、双动和多向数控精锻液压的结构方案。其原理是：将多连杆机械传动精锻压力机的框架式机身，加长滑块及精密导向机构，与精锻液压机的快速空程与慢速压制的液压传动系统相结合。

YK34J 型数控单动、双动、多向精锻液压机如图 13-7 所示，这些数控精锻液压机的共同特点是：集综合机械传动和液压传动两种精锻压力机的优点于一体，具有制造成本低，使用维修方便、工艺应用面宽和生产效率较高的优势，其主要技术参数和性能指标达到了国际上同类设备的先进水平，且价格仅为进口的 1/4 ~ 1/3。

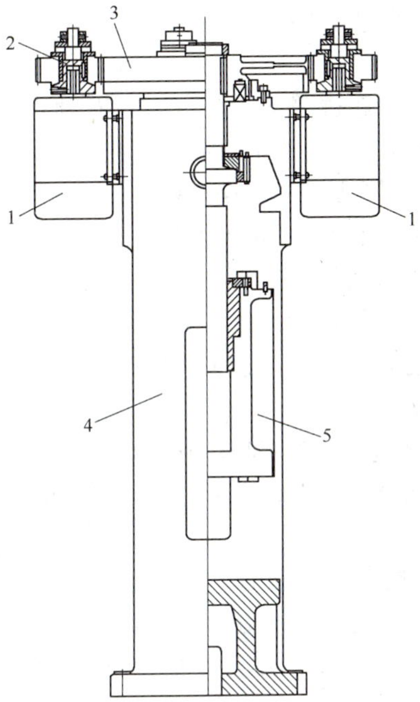

图 13-7 数控精锻液压机结构示意图

1—电机；2—小齿轮；3—飞轮；4—机身；5—滑块

13.5 再制造工程

再制造工程已成为一种极具潜力的新型产业。事实上，再制造是一种系统创新（模式加技术），涉及全球行业及时间范围，要求多学科（机械、电子、冶金、材料、物理化学等）的系统研究，它体现了 AMS“大制造、全过程、高技术”的特点。

再制造工程是以设备全生命周期设计和管理为指导，以优质、高效、节能、节材、环保为目标，以先进技术和产业化生产为手段，来修复或改造废旧设备的一系列技术措施或工程活动的总称。再制造工程主要包括：设备修复（Repair）、设备改装（Refitting）、设备改进或改型（Modification or Improvement）、回收利用（Recycling）。

再制造工程能够大量恢复设备及其零部件的性能，延长使用寿命，降低全生命周期成本，节能节材，减少环境污染，形成新的产业，创造更大价值，符合国策（人口、资源、环境）的要求。

再制造的生态效益非常显著，以节省材料为例，相当于减少了对金属矿石、煤、石油以及其他材料的开采。如通过再制造重新利用 1t 的铜金属，至少可以避免 200t 铜矿的开采。

再制造与再循环有很大的区别，将设备的形成价值划分为材料值和附加值，材料本身的价值远小于设备的附加值（包括加工费用、劳动力等）。再制造能够充分利用并提取设备的附加值，再循环只是提取了材料本身的价值。

13.5.1 再制造业的发展现状

1996 年，美国波士顿大学制造工程学教授 Robert T. Lund 在 Argonne 国家实验室的资助下，领导了一个研究小组对美国的再制造业进行了深入调查，调查范围涉及汽车、压缩机、电器、机械制造、办公设备、轮胎、墨盒、阀门 8 个工业领域，他们撰写了研究报告《再制造业：潜在的巨人》，建立了一个有 9903 个再制造公司的数据库。研究结论表明，再制造业在美国经济中已占有重要地位。

1996 年，美国专业再制造公司超过 73000 家，生产 46 种主要再制造设备，每年的销售额超过 530 亿美元。汽车再制造业是美国最大的再制造行业，2001 年，汽车再制造零部件的年销售额为 365 亿美元。美国还制定了再制造中长期规划：

（1）2005 年再制造设备的年销售额达 1000 亿美元；

（2）2010 年保证所有再制造设备性能达到或超过原设备；

（3）2020 年再制造业基本实现零浪费，并确保设备的质量和服务。

2000 年日本提出了“循环型社会”的构想，内容包括三个方面：资源的再利用、废旧设备或零部件的再使用、减少垃圾的产生。

欧盟委员会于 2000 年 2 月通过了一项有利环境保护的新规定，未来所有欧盟的汽车用户，将享受免费旧车回收。从 2002 年起，废旧汽车的可再生利用率将达到 85%，到 2015 年将达到 95%。

中国 20 世纪 80 年代提出了废弃物处理的“资源化、减量化、无害化”政策。90 年代提出了可持续发展战略。1999 年后，国家自然科学基金委员会先后将“再制造”列为面上项目和重点项目。2000 年底，中国工程院 12 位院士及多名专家完成了《绿色再制造工程及其在我国应用的前景》咨询报告，2003 年又完成了《废旧机电设备资源化》咨询报告，两个报告均由中国工程院呈报国务院。2003 年 6 月，我国装备再制造技术国防科技重点实验室通过验收。再制造工程已成为我国重要学科发展方向和重大产业化推广方向。

13.5.2　设备再制造工程的基本内容

设备再制造工程在设备的计划、设计、生产、销售、使用和报废中的具体应用如表 13-6 所示。

表 13-6　设备再制造工程的基本内容

阶　段	再制造工程的内容
设备计划	确定设备再制造性。再制造性是指经技术、经济和环境等因素综合分析后，废旧设备所具有的通过维修或改造，恢复或超过原设备性能的能力
设备设计	将设备的再制造性考虑进设备设计中，以使设备有利于再制造。设备再制造性的三分之二是由设备设计阶段决定的
设备生产	（1）保证设备再制造性的实现；（2）对设备加工和装配过程中出现的超差或损坏零件通过表面工程等再制造技术，恢复到零件的设计标准后使用；（3）利用设备末端再制造获得的零部件参与新设备的装配
设备销售	建立销售、维修与回收一体化循环管理系统，确保再制造工程的连续性
设备使用	（1）落后设备的再制造升级，以恢复或提高设备的性能；（2）再制造的零件用于设备维修
设备报废	（1）对设备整体再制造，直接投入使用；（2）对零部件再制造，生产出再制造零部件用于新设备或设备维修

设备再制造主要有 7 项标准：（1）耐用设备；（2）功能失效的设备；（3）标准化的设备与可互换性的零件；（4）剩余附加值较高设备；（5）获得失效设备的费用低于设备的残余增值；（6）生产技术稳定设备；（7）再制造设备生成后，满足消费者要求。

设备再制造的过程可以划分为三个阶段：（1）拆卸阶段，将装置的单元机构拆散为单一的零部件；（2）将已拆卸的零部件进行检查，将不能继续使用的零部件进行再制造维修，并进行相关的测试、升级，使得其性能能够满足使用要求；（3）将维修好的零部件进行重新组装，一旦发现装配过程中出现不匹配等现象，还需进行二次优化的过程。这三个阶段的每一个阶段与其他两个阶段紧密相连且互相制约。这些都表明了再制造过程与传统的制造过程有着明显的区别，表现出很大的灵活性，传统的制造方法不适用于再制造系统。设备再制造需考虑以下问题：

(1) 再制造策略。设备再制造的主要方法包括：改善材料质量、减少材料消耗、优化工艺流程、优化流通渠道、延长生命周期、减少环境负担、优化废物处理及优化系统功能等。

(2) 再制造经济性。建立设备成本评价模型，主要考虑以下问题：对于设备的不同生命周期的选择，确定其成本和收益；确定哪种设备进行再制造；分析不完善的市场，考虑较快的设备降价途径；以合理的价格获得核心部件；哪种零件须进行翻新；从毛坯再制造开始，根据设备整个预期生命周期所承担的费用，确定设备的价格以获利最大等。

(3) 再制造模式中的设备回收途径。现有设备的分销系统可以转化为“双行道”，同时进行设备的回收，提高消费者的回购率，使再制造商从中获利。

(4) 再制造的设计技术。在设备全生命周期内，影响再制造设计的因素很多，要改善再制造设计方法，考虑设备毛坯材料的选择、零部件可拆卸性和可再制造性等要求。再制造设备零件拆卸方法的设计是特别重要的。因为拆卸对于再制造的可行性和成本是重要的决定因素。需要强调的是，对于再制造的拆卸工作必须是无损的，而有损拆卸一般适用于简单的材料回收。

(5) 再制造的生产技术。表面工程技术和快速成形技术是再制造工程的关键技术。再制造过程中的质量控制是其核心问题。从影响环境的角度来看，许多消费设备在使用阶段比制造阶段对环境的影响更严重。因此，再制造设备不能使用会带来污染的技术。

(6) 再制造系统结构的创新。从系统角度看，再制造系统一般包含再制造设计系统、再制造过程系统、管理信息系统、质量控制系统、物能资源系统、环境影响评估系统等。

13.6 绿色维修技术

设备工程的绿色修复技术，特指污染小的修复技术。刷镀、热喷涂、维修焊接、粘接与粘涂等新技术，在设备维修中已大量应用推广。物理与化学气相沉积、激光处理开始在设备维修中应用。绿色维修的技术有：表面预处理及净化；电镀与化学镀；电刷镀；转化膜；涂料涂装；防锈封存与包装；热喷涂（焊）；化学热处理；气相沉积；高能束表面改性；表面粘涂；液膜溶解扩散焊；热浸镀；表面分析与性能检测；激光表面处理、奥氏体不锈钢低温渗碳、热喷涂、低表面能涂层、智能涂层、聚脲涂层、环境友好型表面处理技术等表面工程技术。

13.6.1 电刷镀技术

13.6.1.1 基本原理

电刷镀技术是设备机械零件表面强化和修复以及零件表面装饰和防护的一项表面技术，它适应生产的需要而产生，并随着生产的发展而发展。它具有设备轻便、工艺灵活、镀积速度快、镀层种类多、结合强度高、对环境污染小等一系列优点，并且适应范围广泛，尤其适用于大型机械的不解体现场修理或野外抢修。

电刷技术的基本原理如图 13-8 所示。采用一专用的直流电源，电源的正极接镀笔，作为刷镀时的阳极，电源的负极接工件，作为刷镀时的阴极。刷镀时使浸满镀液的镀笔以一定的相对运动速度在工件表面上移动，并保持适当的压力。在镀笔与工件接触部件，刷镀液中的金属离子在电场力作用下迁移到工件表面，并获得电子被还原成金属原子，这些金属原子在工件表面沉积形成镀层。随着刷镀时间增长，镀层逐渐增厚。

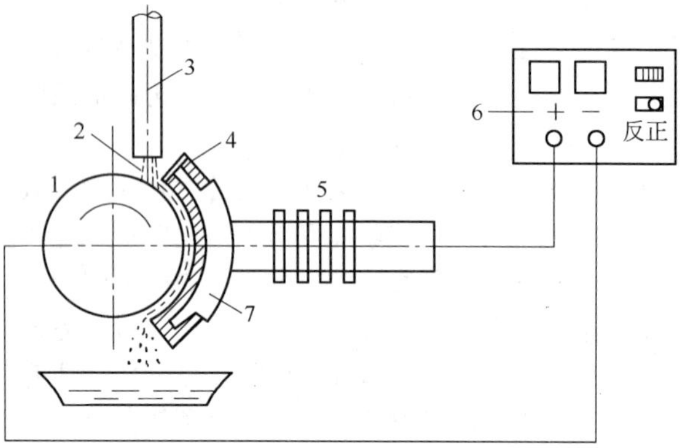

图 13-8　电刷镀基本原理示意图

1—工件；2—镀液；3—喷嘴；4—棉花和涤棉套；5—镀笔；6—直流电源；7—石墨块

其基本原理可以用下式表示：

$$M^{n+} + ne \longrightarrow M$$

式中　M^{n+}——镀液中的金属阳离子；

n——该金属离子或纳米粒子所带电荷数；

e——电子；

M——金属原子。

13.6.1.2　技术特点

电刷镀技术有许多特点，这些特点使电刷镀技术在设备维修中发挥重要作用。电刷镀技术的主要特点有以下三个方面：

（1）设备特点：1）电刷镀设备多为便携式或可移动式，体积小，重量轻，便于到现场使用或进行野外抢修。2）不需要镀槽，也不需要挂具，占用场地小。3）一套设备可以完成多种镀层的刷镀。镀笔材料主要采用高纯细石墨，为不溶性阳极。镀笔形状可根据镀件表面形状需要制成各种样式。刷镀某些镀液时，可采用金属材料作阳极。4）设备的用电量、用水量比槽镀少很多，可以节约电能、水资源。

（2）镀液特点：1）电刷镀溶液是金属盐水溶液，其中含有配合剂、表面活性剂等添加剂。不同镀液有不同颜色，便于鉴别。2）镀液中金属离子含量通常比槽镀高几倍到几十倍。镀液具有很好的稳定性，可以长期储存。能在较宽的电流密度和温度范围内使用，使用过程中不必调整金属离子浓度。3）不燃、不爆、无毒性，大多数镀液接近中性，腐蚀性小，因而能保证手工操作的安全性，也便于运输和储存。除金、银等个别镀液外，均不采用有毒的配合剂和添加剂。4）镀液固化技术和固体制剂的研制成功，给镀液的运输、保管带来极大的方便。

（3）工艺特点。电刷镀区别于电镀（槽镀）的最大工艺特点是镀笔与工件必须保持一定的相对运动速度，使其有如下优点：1）散热条件好，在使用大电流密度刷镀时，不易使工件过热。2）镀层的形成是一个断续结晶的过程。镀液中的金属离子只是在镀笔与工件接触的那些部位还原放电结晶。镀笔的移动限制了晶粒的长大和排列，因而镀层中存在大量的超细晶粒和高密度的位错，超细晶核位错的存在是镀层强化的重要原因。3）镀液能随镀笔及时供送到工件表面，大大缩短了金属离子扩散过程，不易产生金属离子贫乏现象。加上镀液中金属离子含量高，允许使用比槽镀大得多的电流密度，因而镀层的沉积速度快。4）使用手工操作，方便灵活，尤其是对于复杂表面，凡是镀笔能触及的地方均可成功施镀。5）工件的尺寸、形状受限制小，非常适用于大设备的不解体现场修理。

电刷镀的主要适用范围如下：修复加工超差或磨损的工件表面，恢复尺寸和几何形状，修复有划伤、凹坑、斑蚀、孔洞、渗漏的表面或导轨平面，修复工件表面的防护层；修复盲孔件、深孔件或有裂纹的工件，修复印刷电路板、电气触点、整流子和微电子元件，使用反向电流，给调动平衡的零件去重等。

13.6.1.3 电刷镀设备、工具及刷镀液

A 刷镀电源

刷镀电源是刷镀的主要设备。根据刷镀的特点，电源应具有直流平外特性，即随着负载电流的增大，电压应下降很少。日常常用单相220V交流电经变压器降压，再经二极管或可控硅整流，变为100周脉动直流电源。此外，由于刷镀过程中镀笔和工件的接触面积、镀笔对工件的压力、镀笔对工件的相对运动速度等常因接触状态和操作者的习惯而异，很难保持某一定值，电流波动很大，故很难用确定的镀施时间控制镀层厚度。根据理论分析，在刷镀条件、镀液和刷镀面积均为已知的条件下，镀层厚度只同耗电量成正比。因此，可在刷镀电源内装一安培小时计，求出流过镀液或工件的电量，便能间接确定镀层的厚度。

B 镀笔

镀笔是刷镀的重要工具，主要由导电手柄和阳极组成，其结构如图13-9所示。根据许用的电流值，镀笔可分为大、中、小三种。此外，还有由外接软轴驱动的旋转手柄，如配以小型、圆柱形阳极，可对小孔、窄缝、划痕、擦伤、凹坑和不能移动的工件等进行局部刷镀。阳极是镀笔的工作部分，绝大部分采用不溶性材料制成，使用最多的是高纯度细结构的冷压石墨阳极。为了适应工件的不同形状，阳极有圆柱、圆饼、平板、板条、半圆和瓦片形等多种形式。为了防止阳极与工件直接接触而产生电弧烧伤，以及为了储存镀液并同时过滤阳极上脱落的石墨，在阳极表面包裹一层脱脂棉；为了提高耐磨性，还常在棉花外面包精干层纱布或涤棉套。为了保证质量，避免镀液相互污染，每个阳极只能用于一个镀液，即一个阳极只能应用一种镀液。要经常检查镀笔的电阻值。电缆插座与阳极间的电阻值应小于1.5Ω。

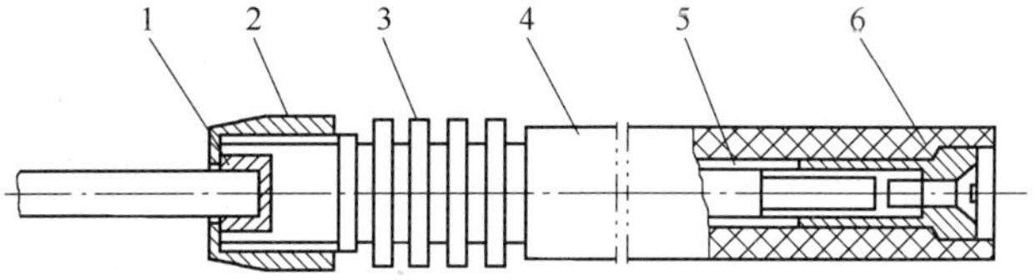

图13-9 镀笔结构图

1—阳极；2—O型圈；3—绝缘螺母；4—散热器；5—绝缘手柄；6—导电杆

C 镀液

镀液配方的优劣对镀层性能起决定性的作用。由于刷镀和槽镀在工艺方式上明显不同，因此镀液的种类与组分比有较大的不同。按作用的不同可分为五大类，即预处理液、刷镀液、退镀液（用于退除旧镀层或不合格镀层）、钝化液（用于处理某些刷镀层的表面，起保护和装饰作用）和阳极氧化液（用于铝和铝合金表面的阳极氧化处理）。前两类镀液应用最广也最重要。国外已有近百种刷镀液取得专利。国内近几年来也有迅速发展，但镀液品种尚不齐全，目前只有三四十种用于生产，亟待进一步开发。

预处理溶液是清除工件表面的油污、氧化物和其他杂质的专用溶液。该类溶液可分为电化

学净化溶液（简称电净液）和电化学活化溶液（简称活化液）。

（1）电净液是一种碱性较强的水溶液，pH > 10。实质上是电化学除油和化学除油的综合作用。处理时，工件接负极，镀笔接正极。依靠机械擦拭，阴极表面大量气泡的撕裂作用，皂化和乳化作用，将油污彻底清除。多种碳钢及合金钢、铜、铝等材料，都用电净液去除油污，材料组织疏松的铸铁、铸铝、铸铜等通常选用0号电净液。

（2）活化液的用途是对金属表面进行活化处理，去除表面氧化膜和各种残留物，使纯净的金属组织显露，以利于放电还原的金属原子在其上沉积，形成结合良好的镀层。由于各种金属材料的特性不同，使用的活化液也不相同。各种活化液的性质、使用范围和工艺条件列于表13-7中。

表13-7　各种活化液的性质、使用范围、溶液特性及工艺条件

名　称	性　质	使用范围	溶液特性	工艺条件
1号活化液	无色透明溶液，酸性，pH = 0.2	不锈钢、高碳钢、高合金钢等，或不纯的难熔金属及旧的镍、铬层	去除零件表面氧化膜，对铸铁件、高碳钢有去碳作用	电压8 ~ 20V正接或反接
2号活化液	无色透明溶液，酸性，pH = 0.6 ~ 0.8	铝和铝合金，对钢腐蚀快，可用于去除毛刺或剥蚀镀层	具有较强的刻蚀能力，可去除零件表面氧化膜，对中碳、高碳、中碳合金钢有去碳作用	电压8 ~ 20V正接
3号活化液	淡绿色透明溶液，酸性pH = 4	高碳钢、铸铁、特种合金钢，一般不单独使用，主要去除用其他活化液活化后残留于金属表面的炭黑和污物	主要去除用其他活化液活化后零件表面残余炭黑，也可用于铜表面活化	电压15 ~ 25V正接
4号活化液	无色透明溶液，酸性	用其他活化液活化后仍难以镀积的金属材料，常用于去金属毛刺或剥蚀镀层	去除零件表面疲劳层、毛刺和氧化层表面活化	电压8 ~ 20V正接
铬活化液	无色	用于铬和镍的基体材料或镀铬层的表面活化	去除旧铬层上的疲劳氧化层	电压6 ~ 14V反接

刷镀液与槽镀液不同，不仅金属离子浓度高，并且以有机配合形式存在，沉积速度很快。为了确保质量，目前已有专门单位生产。金属刷镀液的品种很多，有镍、铜、铬、镉、铅、锡、锌、铟、金、银等单金属和合金镀液几十种。根据镀液的酸碱度，可分为酸型与碱型两类。酸型镀液的突出优点是沉积速度快，但大多不能直接用于疏松的基体材料或易受酸侵蚀的材料，如铸铁、锌、锡等。碱型（或中型）镀液的优点是能适用于各种金属材料，不腐蚀基体和邻近的镀层，且镀层晶粒细、致密度高；缺点是沉积速度慢。常用的各种金属镀液的性能、应用范围见表13-8。

表13-8　常用的各种金属镀液的性能、应用范围

镀液名称	镀液颜色	pH值	金属离子含量 /$g \cdot L^{-1}$	工作电压 /V	阴、阳极相对运动速度 /$m \cdot min^{-1}$	耗电系数 /C	镀层硬度	应用范围及性能特点
特殊镍	深绿色	0.3	86	6 ~ 16	6 ~ 15		HRC40	与不锈钢、铬、镍、高熔点金属等有较高的结合强度，沉积速度较慢，常用作打底层
快速镍	蓝绿色	7.5	53	8 ~ 20	9 ~ 24	0.104	HRC52	沉积速度快，用于恢复尺寸和作一般耐磨镀层
低应力镍	绿色	1.5	75	10 ~ 25	6 ~ 15	0.214	HB350	可改善被层应力状态，用作夹心镀层
半光亮镍	绿色	2	63	6 ~ 20	6 ~ 15	0.122	HRC58	沉积速度快，镀层表面光洁，抗腐蚀性和耐磨性较好，应用广泛

续表 13-8

镀液名称	镀液颜色	pH 值	金属离子含量 /g·L^{-1}	工作电压 /V	阴、阳极相对运动速度 /m·min^{-1}	耗电系数 /C	镀层硬度	应用范围及性能特点
高速酸铜	深蓝色	1.5	136	6~20	9~30	0.073	HB300	沉积速度快，镀层平滑致密，主要用于恢复尺寸，但不能在钢件上直接沉积，必须先镀底层
碱铜	蓝紫色	10	80	5~20	9~30	0.079	HB250	镀层致密，空隙率小。特别适用于铝锌及铸铁等难镀金属或作底层，镀层厚度小于 0.13mm
高堆积碱铜	蓝紫色	10	80	5~20	9~30	0.079		沉积速度快，能获得厚镀层，镀液无腐蚀性，用途广泛
高堆积酸性镍		1.7		10~25	8~13	0.275		与铝、铬合金和钼、钛等金属有较好的结合强度，可得到高硬度和耐磨的低应力厚镀层，镀高强度钢无氢脆现象
铬	紫蓝色	-7.5	50	8~15	1~2	0.836	HB600	沉积速度慢、镀层薄；镀层无裂纹和孔隙，摩擦系数低，主要用于修复工具和模具
酸性镉		<0.1		8~20	9~37		HRC45	常与镍结合使用，得到镍、镉交替镀层，其应力低，韧性好
低氢脆镉	柠红色	7.5		8~20	6~30	0.037	HRC40	适用于超高强度钢，沉积速度快，无氢脆现象
镍-钨合金	深绿色	1.5		6~20	6~9	0.214	HB750	沉积速度快，镀层耐磨性好，主要用作耐磨涂层
镍-钨合金	深绿色	1.5		6~20	6~15	0.214	HRC65	硬度高，耐磨性好，内应力小，无氢脆，可以得到厚镀层，与铝、铬合金和钼、钛的结合强度较高
钴-钨合金				6~20	6~12		HB800	铬层硬度高，但厚度不得大于 5μm，一般在钴或镍层上镀一薄层钴-钨合金作工作层

13.6.1.4 电刷镀工艺

(1) 镀前准备，包括设备检查、镀液准备及镀笔的准备和零件表面预加工等。

1) 镀液准备。根据镀件的要求，选择合适的电净液、活化液和镀液。工作环境温度低于 10℃时，应使镀液预热到 30~50℃。使用低应力镍镀液时，常温下也应预热到 50℃。

2) 阳极及镀笔检查。根据零件形状与尺寸，选择阳极型号、尺寸及所配镀笔型号。检查石墨与连接螺母的黏结是否可靠，阳极包裹物是否良好等。

3) 表面预加工。目的是去除工件表面的毛刺、疲劳层和锈蚀层，并获得正确的几何形状和表面粗糙度（不大于 25μm）。修补划伤和凹坑等缺陷时，需要进行修整和扩宽，以便于进行刷镀。被镀面邻近部位应粘上涤纶胶带或涂刷绝缘清漆。

(2) 除油除锈。对油污严重的工件应预先进行全面除油；锈蚀严重的工件还应除锈。

(3) 电净处理。对工件欲镀表面及其邻近部位进行精除油。电净时，工作电压为 4~20V，阴、阳极相对运动速度 8~10m/s，时间 30~60s。有色金属材料及超高强度钢的工件接电源正极，其他材料的工件接电源负极。电净后用清水将工件冲洗干净。

(4) 活化处理。用活化液对工件表面进行处理，去除氧化膜和其他污物，使金属表面活化，提高镀层与基体的结合强度。活化时间 60s 左右，活化后用清水将工件冲洗干净。不同的金属材料，应参照有关资料正确选用不同的活化液及其工艺参数。

(5) 镀底层。为了提高镀层与基体的结合强度，并避免某些酸性镀液对于基体金属的腐蚀，在刷镀工作层前首先刷镀很薄一层（1 ~ 5μm）特殊镍、碱铜或低氢作底层。

(6) 镀工作层。根据工件的使用要求，选择合适的金属镀液刷镀工作层。由于每种镀液的安全厚度不大，当镀液较厚时，往往要选用两种或两种以上镀液，分层交替刷镀，得到复合镀层。这样既可迅速增补尺寸，减少镀层内应力，也保证了镀层质量。

(7) 镀层质量检验。一般只进行外观检验，镀层应光滑，色泽均匀，晶粒细密，无可见的小孔、小节点和棱边堆积，无起皮及可见裂纹。

(8) 镀层加工。镀层一般不需机械加工即可使用，但对有特殊要求或精度高的零件，必要时可安排磨削工序，并应考虑磨削余量，一般为 0.04mm 以上。

13.6.2 热喷涂技术

13.6.2.1 热喷涂技术概述

除少数贵金属外，金属材料会与周围介质发生化学反应和电化学反应而遭受腐蚀。此外，金属表面受各种机械作用而引起的磨损也极为严重。大量的金属构件因腐蚀和磨损而失效，造成极大的浪费和损失。热喷涂作为一种修复技术，不仅能够修复机械零件磨损的尺寸，而且通过选用适当的喷涂材料，还能够改善和提高包括耐磨性和耐腐蚀性等在内的零件表面性能，因而在设备维修技术中具有重要的作用。

所谓热喷涂，就是利用某种热源，如电弧、等离子弧、燃烧火焰等将粉末状或丝状的金属和非金属涂层材料加热到熔融或半熔融状态，然后借助焰流本身的动力或外加的高速气流雾化并以一定的速度喷射到经过预处理的基体材料表面，与基体材料结合而形成具有各种功能的表面覆盖涂层的一种技术。根据热源的种类，热喷涂技术主要分类如表 13-9 所示。

表 13-9 热喷涂技术分类

热　源	温度/℃	喷涂方法
火　焰	约 3000	粉末火焰喷涂（焊）
		丝材火焰喷涂
		陶瓷棒材火焰喷涂
		高速火焰喷涂（HVOF）
		爆炸喷涂（D-GUN）
电　弧	约 5000	电弧喷涂
等离子弧	10000 以上	大气等离子喷涂（APS）
		低压等离子喷涂（LPPS）
		水稳等离子喷涂

13.6.2.2 热喷涂的基本原理

A 热喷涂涂层的形成

热喷涂时，涂层材料的粒子被热源加热到熔融态或高塑性状态，在外加气体或焰流本身的推力下，雾化并高速喷射向基体表面，涂层材料的粒子与基体发生撞击而变形、展平沉积于基体表面，同时因急冷而快速凝固，颗粒如此逐层沉积而堆积成涂层。

B 热喷涂涂层的结构特点

热喷涂涂层形成过程决定了涂层的结构特点，喷涂层是由无数变形粒子呈波浪式叠在一起的层状组织结构，涂层中颗粒与颗粒之间不可避免地存在一些孔隙和空洞，并伴有氧化物夹杂。涂层剖面典型的结构如图 13-10 所示，其特点为：呈层状；含有氧化物夹杂；含有孔隙或气孔。

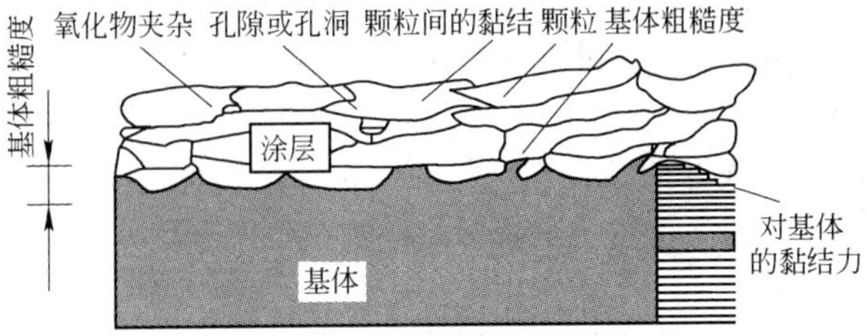

图 13-10 典型的涂层剖面图

C 热喷涂涂层的结合机理

涂层的结合包括涂层与基体的结合和涂层内部的结合。涂层与基体表面的黏结力称为结合力，涂层内部的黏结力称为内聚力。涂层中颗粒与基体之间的结合机理，目前尚无定论，通常认为有以下几种方式：

(1) 机械结合。碰撞成扁平状并随着基体表面起伏的颗粒和凹凸不平的表面相嵌结合，并以颗粒的机械连锁而形成的结合（抛锚效应），一般来说，涂层与基体的结合以机械结合为主。

(2) 冶金-化学结合。这是当涂层和基体表面产生冶金反应，如出现扩散和合金化时的一种结合类型。当喷涂后进行重熔即喷焊时，喷焊层与基体的结合主要是冶金结合。

(3) 物理结合。颗粒与基体表面间由范德瓦尔斯力或共价键形成的结合。

D 涂层的残余应力

当熔融颗粒碰撞基体表面时，在产生变形的同时受到激冷而凝固，从而产生收缩应力。涂层的外层受拉应力，基体有时也包括涂层的内层侧产生压应力。涂层中的这种残余应力是由热喷涂条件及喷涂材料与基体材料的物理性质的差异所造成的，它影响涂层的质量、限制涂层的厚度，工艺上要采取措施以消除和减少涂层的残余应力。

13.6.2.3 热喷涂涂层的性能

(1) 化学成分。由于涂层材料在熔化和喷射过程中，在高温下会与周围介质发生作用生成氧化物、氮化物，以及在高温下会发生分解，因而涂层的成分与涂层材料的成分是有一定差异的，并在一定程度上影响涂层的性能。

(2) 孔隙度。热喷涂涂层中不可避免地存在着孔隙，孔隙度的大小与颗粒的温度和速度以及喷涂距离和喷涂角度等喷涂参数有关。一般来说，温度及速度都低的火焰喷涂和电弧喷涂涂层的孔隙度都比较高，一般达到百分之几，甚至可达百分之十几。而高温的等离子喷涂涂层及高速的超声速火焰喷涂涂层则孔隙度较低，最低可达 0.5% 以下。

(3) 硬度。由于热喷涂涂层在形成时的激冷和高速撞击，涂层晶粒细化以及晶格产生畸变使涂层得到强化，因而热喷涂涂层的硬度比一般材料的硬度要高一些，其大小也会因喷涂方法的不同而有所差异。

(4) 结合强度。热喷涂涂层与基体的结合主要依靠与基体粗糙表面的机械咬合（抛锚效应）。基材表面的清洁程度、涂层材料的颗粒温度和颗粒撞击基体的速度以及涂层中残余应力的大小均会影响涂层与基体的结合强度，因而涂层的结合强度也与所采用的喷涂方法有关。

(5) 冷热疲劳性能。对于一些在冷热循环状态下使用的工件，其涂层的抗冷热疲劳（或称热震）性能至关重要，如若该涂层的抗热震性能不好，则工件在使用过程中便会很快开裂甚至剥落。涂层抗热震性能的好坏主要取决于涂层材料与基体材料的热膨胀系数差异的大小和涂层与基体材料结合的强弱。

13.6.2.4　热喷涂工艺

热喷涂工艺过程为：工作表面预处理→工作预热→喷涂→涂层后处理。

A　表面预处理

为了使涂层与基体材料很好的结合，基材表面必须清洁而粗糙，净化和粗化表面方法很多，方法的选择要根据涂层的设计要求及基材的材质、形状、厚薄、表面原始状况以及施工条件等因素而定。

净化处理的目的是除去工作表面的所有污垢，如氧化皮、油渍、油漆以及其他污物，关键是除去工件表面和渗入其中的油脂。净化处理的方法有溶剂清洗法、蒸汽清洗法、碱洗法及加热脱脂法等。

粗化处理的目的是增加涂层与基材间的接触面，增大涂层与基材的机械咬合力，使净化处理过的表面更加活化，以提高涂层与基材的结合强度。同时基材表面粗化还改变涂层中残余应力的分布，对提高涂层的结合强度也是有利的。粗化处理的方法有喷砂、机械加工法（如车螺纹、滚花及电拉毛等）。其中喷砂处理是最常用的粗化处理方法，常用的喷砂介质有氧化铝、碳化硅和冷硬铸铁等。喷砂时，喷砂介质的种类和粒度、喷砂时风压的大小等条件必须根据工件材质的硬度、工件的形状和尺寸等进行合理的选择。对于各种金属基体，推荐采用的砂粒粒度约为16～60号，粗砂用于坚固件和重型件的喷砂，喷砂压力为0.5～0.7MPa，薄工件易于变形，喷砂压力为0.3～0.4MPa。特别值得注意的一点是，对于喷砂的压缩空气一定是无水无油的，否则会严重影响涂层的质量。喷涂前工件表面的粗化程度对大多数金属材料来说 R_a = 2.5～13μm 就够了。随着表面粗糙度的增加涂层与基体材料的结合增强，但是当表面粗糙度 $R_a > 10\mu m$ 后，涂层结合强度的提高程度便会降低。

对于一些与基材黏结不好的涂层材料，还应选择一种与基体材料黏结好的材料喷涂一层过渡层，称为黏结底层，常用作黏结底层的材料有 Mo、NiAl、NiCr 及铝青铜等，黏结底层的厚度一般为0.08～0.18μm。

B　预热

预热的目的是为了消除工件表面的水分和湿气，提高喷涂粒子与工件接触时的界面湿度，以提高涂层与基体的结合强度；减少因基材与涂层材料的热膨胀差异造成的应力而导致的涂层开裂。预热温度取决于工件的大小、形状和材质，以及基材和涂层材料的热膨胀系数等因素，一般情况下预热温度控制在60～120℃之间。

C　喷涂

采用何种喷涂方法进行喷涂主要取决于选用的喷涂材料、工件的工况及对涂层质量的要求。例如，如果是陶瓷涂层，则最好选用等离子喷涂；如果是碳化物金属陶瓷涂层则最好采用高速火焰喷涂；若是喷涂塑料则只能采用火焰喷涂；而若要在户外进行大面积防腐工程的喷涂的话，那就非灵活高效的电弧喷涂或丝材火焰喷涂莫属了。总之，喷涂方法的选择一般来说是多样的，但对某种应用来说，总有一种方法是最好的。

预处理后的工件要在尽可能短的时间内进行喷涂，喷涂参数要根据涂层材料、喷枪性能和工件的具体情况而定，优化的喷涂条件可以提高喷涂效率，并获得致密度高、结合强度高的高质量涂层。

D　涂层后处理

喷涂所得涂层有时不能直接使用，必须进行一系列的后处理。

用于防腐层的涂层，为了防止腐蚀介质透过涂层的孔隙到达基材引起基材的腐蚀，必须对涂层进行封孔处理。用作封孔剂的材料很多，有石蜡、环氧树脂、硅树脂等有机材料及氧化物等无机材料，如何选择合适的封孔剂，要根据工件的工作介质、环境、温度及成本等多种因素进行考虑。

对于承受高应力载荷或冲击磨损的工件，为了提高涂层的结合强度，要对喷涂层进行重熔处理（如火焰重熔、感应重熔、激光重熔等），使多孔的且与基体仅以机械结合的涂层变为与基材冶金结合的致密涂层。

有尺寸精度要求的，要对涂层进行机械加工。由于喷涂涂层具有与一般的金属及陶瓷材料不同的特点，如涂层有微孔，不利于散热；涂层本身的强度较低，不能承受很大的切削力；涂层中有很多硬的质点，对刀具的磨损很快等，因而形成了喷涂涂层较一般材料难以加工的特点。所以必须选用合理的加工方法和相应的工艺参数才能保证喷涂层机械加工的顺利进行和保证达到所要求的尺寸精度。

13.6.2.5 热喷涂技术的特点

从热喷涂技术的原理及工艺过程分析，热喷涂技术具有以下一些特点：

（1）由于热源的温度范围很宽，因而可喷涂的涂层材料几乎包括所有固态工程材料，如金属、合金、陶瓷、金属陶瓷、塑料以及由它们组成的复合物等。因而能赋予基体以各种功能（如耐磨、耐蚀、耐高温、抗氧化、绝缘、隔热、生物相容、红外吸收等）的表面。

（2）喷涂过程中基体表面受热的程度较小而且可以控制，因此可以在各种材料上进行喷涂（如金属、陶瓷、玻璃、塑料等），并且对基材的组织和性能几乎没有影响，工件变形也小。

（3）设备简单、操作灵活，既可对大型构件进行大面积喷涂，也可以在指定的局部进行喷涂；既可在工厂室内进行喷涂也可在室外现场进行施工。

（4）喷涂操作的程序较少，施工时间较短，效率高，比较经济。

随着热喷涂应用要求的提高和领域的扩大，特别是喷涂技术本身的进步，如喷涂设备的日益高能和精良，涂层材料品种的逐渐增多、性能逐步提高，热喷涂技术近十年来获得了飞速的发展，不但应用领域大为扩展，而且该技术已由早期的制备一般的防护涂层发展到制备各种功能涂层，由单个工件的维修发展到大批的设备制造，由单一的涂层制备发展到包括设备失效分析、表面预处理、涂层材料与设备的研制与选择、涂层系统设计和涂层后加工在内的喷涂系统工程，成为材料表面科学领域中一个十分活跃的学科，并且在现代工业中逐渐形成像铸、锻、焊和热处理那样独立的材料加工技术。成为工业部门节约贵重材料、节约能源、提高设备质量、延长设备使用寿命、降低成本、提高工效的重要的工艺手段，在国民经济的各领域内得到越来越广泛的应用。

13.6.2.6 各种热喷涂方法概述

A 氧乙炔火焰喷涂（焊）

氧乙炔火焰喷涂是最早的一种喷涂方法。它是利用氧和乙炔的燃烧火焰将粉末状或丝状、棒状的涂层材料加热到熔融或半熔融状态后喷向基体表面而形成涂层的一种方法。它具有设备简单、工艺成熟、操作灵活、投资少、见效快的特点。它可制备各种金属、合金、陶瓷及塑料涂层，是目前国内最常用的喷涂方法之一。但是，由该方法制备的涂层孔隙度较大，与基体材料的结合强度也较低。但是，对于自熔合金而言，如若采用燃烧火焰将其一次喷融或将喷涂层进行二次重熔（又称为喷焊，有火焰重熔、感应重熔和炉熔等）的方法，喷焊涂层由于与基体材料呈冶金结合状态，因而与基体材料的结合强度大大提高，可以在冲击大、负荷重的工况下应用，如连续铸造拉矫辊、热轧矫直辊表面采用镍基自熔合金喷焊涂层进行强化，均获得了良好的耐蚀、耐磨和抗热疲劳的强化效果。

B　爆炸喷涂

爆炸喷涂（D-GUN）是利用氧和可燃性气体的混合气，经点火后在喷枪中爆炸，利用脉冲式气体爆炸的能量，将被喷涂的粉末材料加热、加速轰击到工件表面而形成涂层。气体燃烧和爆炸的结果可产生超声速高能气流，爆炸波的传播速度高达3000m/s，其中心温度可达3450℃，粉末粒子的飞行速度可达1200m/s。因而爆炸喷涂的涂层致密，与基体的结合强度高，最高可达$24kg/mm^2$。该法的缺点是噪声大，而且爆炸是不连续的，因而效率较低。爆炸喷涂主要喷涂陶瓷和金属陶瓷，进行航空发动机的维修。

C　高速火焰喷涂

高速火焰喷涂（或称超声速火焰喷涂，HVOF）是20世纪80年代出现的一种高能喷涂方法，它的开发是继等离子喷涂之后热喷涂工业最具创造性的进展。虽然高速火焰喷涂方法可喷涂的材料很多，但由于其火焰含氧少，温度适中，焰流速度很高，能有效地防止粉末涂层材料的氧化和分解，故特别适合碳化物类涂层的喷涂。该设备发展到第三代，性能有了大幅度的提高，例如JP-5000、DJ-2700等设备其室压达到0.8～1.2MPa，功率达到100～120kW，喷涂效率可达10kg/h（WC-Co），涂层性能已能达到爆炸喷涂的水平，在许多工业部门获得广泛的应用，如航空发动中的耐磨涂层、造纸机械用的镜面涂层等。近年来，由于电镀铬工艺的环境污染问题，电镀铬工业在一些工业发达国家受到严格的限制，并逐渐被淘汰，采用高速火焰喷涂涂层代替镀铬层的应用越来越受到工业界的关注和重视。

D　电弧喷涂

电弧喷涂是在两根丝状的金属材料之间产生电弧，电弧产生的热使金属丝熔化，熔化部分由压缩空气气流雾化并喷向基体表面而形成涂层。该工艺也具有设备一次投资少、使用方便、效率高等特点，但喷涂材料必须是导电的金属及合金丝，因而其用途受到了一定的限制，但它的高效率使得它在喷涂Al、Zn及不锈钢等大面积防腐应用方面成为首选。

E　等离子喷涂

当某种气体如氮、氩、氢及氦等通过一压缩电弧时产生电离而形成电中性的等离子体（是物质除气、液、固态外的第四态），等离子弧的能量集中温度很高，其焰流的温度在万度以上，可将所有固态工程材料熔化，以这种高温等离子体作热源将涂层材料熔化制备涂层的工艺就是等离子喷涂（APS）。国内外已有数百种材料用于等离子喷涂，是应用较普遍的喷涂方法。

等离子喷涂涂层的致密度及与基体材料的结合强度均比火焰喷涂层和电弧喷涂涂层的高，而且也是制备陶瓷涂层的最佳工艺。

等离子技术中引人注目之处是设备的大容量化和高输入功率化，目前有的气体等离子喷涂设备已高达200kW，不但大大提高了喷涂效率，也使涂层质量更为改善，因而可以实现大面积高质量涂层的连续生产。

F　低压等离子喷涂

等离子喷涂可以在不同气氛和不同压力下实现，当喷涂作业在气氛可控的负压密封容器内进行时就成为低压等离子喷涂（LPPS）。低压等离子喷涂的优点是：焰流速度高、粒子动能大，形成的涂层致密、结合强度高；低压环境下可对基体进行预热，进一步提高涂层与基体的结合强度；由于没有大气污染，因而可以进行活性金属如Ti、Ta、Nb等的喷涂；还可使形成等离子体的气体在喷涂过程中与涂层材料进行反应，形成特殊化合物涂层。由于具有以上特点，低压等离子喷涂主要用于制备航空工业等高科技领域的涂层，如飞机涡轮及发动机叶片抗高温氧化和热腐蚀的MCrAlY（M＝Co、Ni、Fe）涂层，以及制备人体人工植入体用生物功能涂层。

13.6.2.7　热喷涂涂层功能和应用

(1) 抗磨损涂层。磨损是造成工业部门设备损坏的主要原因之一，可能产生磨损的工作条件包括微振、滑动、冲击、擦伤、侵蚀等。抗磨损涂层应该是坚硬的，而且具有耐热和耐化学腐蚀的性能。Fe、Ni、Co 基自熔合金以及 WC-Co 和 Cr_3C_2-NiCr 等金属陶瓷以及 Al_2O_3、Cr_2O_3 等陶瓷材料具有上述这些性能。采用涂层技术提高工件表面耐磨性的应用非常广泛，如活塞环、齿轮同步环喷涂 Mo 涂层，纺织机械中的罗拉、导丝钩等零部件喷涂耐纤维磨损的 Al_2O_3、Al_2O_3-TiO_2 陶瓷涂层，泵和阀门密封面喷涂 Cr_2O_3、WC-Co 等耐磨涂层，大功率载重汽车曲轴及大型磨煤机、排风机轴等采用 Fe 基合金材料进行磨损修复和耐磨强化等。

(2) 防腐蚀涂层。长期暴露在户外大气（海洋、工业及城乡大气）和不同介质（海水、河水、溶剂及油类等）环境中的大型钢铁构件，如输变电铁塔、钢结构桥、海上钻井平台、煤矿井架以及各种化工容器如储罐等，均受到不同程度的环境氧化和侵蚀。采用 Al、Zn、Al-Zn 合金及不锈钢等涂层进行防护，可以获得长达 20 年以上的长期防护效果，一些受到气体腐蚀和化学腐蚀的部件，可以根据具体工况（如介质、浓度、温度、压力等）选择合适的金属、合金、陶瓷及塑料等涂层材料进行防护。

(3) 抗高温氧化和耐热腐蚀涂层。对于一些暴露在高温腐蚀气体中的部件，受到高温、气体腐蚀及气流冲刷的作用，严重影响了设备的寿命和运行的安全。抗高温氧化及高温腐蚀的材料除了必须抗高温氧化和耐腐蚀外，还必须具有与基体材料相似的热膨胀系数，以避免因温度周期变化和局部过热导致涂层抗热疲劳性能下降。用作抗高温氧化和高温腐蚀的涂层材料有：NiCr、NiAl、MCrAlY（M = Co、Ni、Fe）等，这类涂层的典型应用如电厂锅炉四管（水冷壁管、再热器管、过热器管及省煤气管）及水冷壁等。

(4) 热障涂层。ZrO_2、Al_2O_3 等陶瓷涂层的熔点高、导热系数低，在高温条件下对基体金属具有良好的隔热保护作用称为热障涂层。这种涂层一般由两个系统构成，一个是由金属作的底层，另一个是由陶瓷作的表层。有时为了降低金属和陶瓷间的热膨胀差异和改善涂层中的应力分布，常在黏结底层和陶瓷面层间增加一过渡层，该过渡层或为由底层金属和面层陶瓷材料以不同比例混合的多层涂层，或为由金属及陶瓷材料成分连续变化形成的所谓成分（或功能）梯度涂层。金属黏结底层为 Co 或 Ni 加有 Cr、Al、Y 的合金材料，陶瓷材料最好采用由 Al_2O_3 稳定的 ZrO_2，热障涂层一般用于柴油发动机活塞、涡轮发动机燃烧室、阀门和火焰稳定器等。

(5) 绝缘涂层。陶瓷材料不仅具有高的硬度和优良的耐磨性能，还具有十分优良的绝缘性能，采用高能等离子喷涂的 Al_2O_3 涂层组织致密、绝缘强度高，是理想的绝缘涂层。如果采用有机或无机物质对喷涂层再进行封孔处理，则将获得更为优良的绝缘效果。目前这种高度绝缘的涂层已用于对高分子材料薄膜进行活化处理的电晕放电辊表面，效果良好。

(6) 尺寸恢复涂层。热喷涂是恢复零部件尺寸的一种经济而有效的方法。无论是因工作磨损还是因加工误差造成工件尺寸不合要求，均能利用热喷涂技术予以恢复。这种方法既没有焊接时的变形问题，也不像特殊的电镀工艺那样昂贵。同时新表面可以由耐磨或抗蚀材料构成，也可以与工件的构成材料相同。修复各种轴类和柱塞件是典型的应用，包括回转轴、汽车轴、往复柱塞、轴颈、轧辊、造纸烘缸以及石油化工工业中的泵类叶片及外壳等。

13.6.3　补焊技术

13.6.3.1　概述

焊接技术用于修补零件缺陷时称为补焊。用于恢复零件几何形状及尺寸，或使其表面获得具有特殊性能的熔敷金属时称为堆焊。补焊和堆焊在机械零件的修复方法中占有很重要的地位。

补焊和堆焊的优点为：

（1）能修复各种原因引起损坏的零件，如磨损、破损、断裂、裂纹、凹坑等；

（2）机械零件中常用金属材料的大部分都可以用焊接方法修复；

（3）修复质量较高，有的零件修后更为耐用；

（4）生产率高，且成本较低；

（5）一般的焊修设备简单，操作容易，且便于野外抢修。

补焊和堆焊的缺点为：

（1）焊接变形和应力。补焊和堆焊时对工件进行局部的、不均匀的加热是产生焊接变形和应力的原因。变形量超过允许值时需矫正，这不但费时，有时甚至因矫正无效而报废。为了防止和减少变形，常常需要采用一些专门的措施，例如利用反变形法（即焊接前，预先使焊件产生相反方向的变形，以抵消焊接后带来的变形）控制变形、利用装配和焊接顺序来控制变形法等。

（2）焊接裂纹。裂纹是焊接缺陷中最危险的一种。铸铁和淬火钢零件补焊时都容易产生裂纹，是焊修工作中需要注意的重点问题之一。

（3）气孔。气孔是焊接熔池中的气体来不及溢出而留在焊缝中造成的孔洞，对焊缝强度和密封性都有影响。气孔的形状、大小、数量与母材的钢种、焊条性质、补焊技术等均有关系。送修的零件中都有油、锈等污物，焊前若清除不尽就容易引起气孔。

（4）补焊接头的强度。对一般钢制的零件，此问题不大。但对已经热处理强化过的材料，补焊时由于焊缝两侧母材受热影响后要发生组织和相应的性能变化，接头与母材等强度的要求就不容易达到。对小尺寸的零件，可用补焊后的整体热处理来解决。大尺寸构件不可能进行整体热处理，此时需要在焊接方法、焊接材料和工艺等方面采取一系列的措施，从而增加了补焊的难度。

尽管如此，补焊和堆焊仍然是修复机器零件的主要方法。目前它的应用有以下几个方面：

（1）补焊各种已失效的零件，如因破损、折断、裂纹等缺陷而不能继续使用的零件；

（2）用补焊法挽救有缺陷的毛坯件，如铸件中灼缩孔、夹砂、锻件中的夹层等；

（3）用堆焊法修复已磨损的零件，同时还可以对其强化，使其寿命比新件更长。

13.6.3.2　碳钢件的补焊

机械零件所用的钢材料种类很多，其可焊性相差很大。就碳钢而言，钢中碳含量越高，焊时出现裂纹的倾向就越大，可焊性也就越差，对补焊技术的要求也越严格。

碳含量不大于0.25%的碳钢为低碳钢，它的可焊性良好。补焊时一般不需要采取特殊的工艺措施，选用一般的结42型焊条都可获得满意的结果。

碳含量为0.25%～0.50%的碳钢为中碳钢，高碳钢的碳含量在0.50%以上。随着钢中碳含量的增高，焊接接头对裂缝的敏感性也相应增大。

为了防止中、高碳钢零件补焊过程中产生的裂纹，可采取以下措施：

（1）改善焊接热循环，降低接头冷却速度。主要措施为焊前预热。它可以降低热影响区的硬度，并减少残余应力及变形，从而有效地防止焊缝和热影响区产生裂纹。

碳钢焊前预热的程度取决于含碳量和零件刚度，可以大致按下列经验公式来估计手工电弧焊焊前的预热温度。零件厚度 $t \geq 20$mm 时，预热温度的计算公式为：

$$\text{预热温度} = 500\,(C_{eq} - 0.13) + 0.4t \tag{13-1}$$

$$C_{eq} = C + (Mn + Si)/4$$

式中 C_{eq}——钢的碳当量,%;

t——零件厚度，mm。

其次，还可以利用多层焊来改善热循环。每层焊缝对后一道焊缝都可以起预热作用，同时也对前一道焊缝起缓冷作用，从而对防止裂纹起良好作用。

(2) 选用合适的焊条。尽可能选用低氢焊条以增强焊缝的抗裂性能，焊条应按规定烘干并置于保温筒内，随用随取，焊条的强度等级要与母材一致。

(3) 加强焊接区的清理工作。彻底清除可能进入焊缝的任何氢的来源，例如油、水、锈以及其他杂质。

(4) 设法减少母材熔入焊缝的比例。例如，开“V”型坡口、第一层焊缝用小电流施焊等都是行之有效的方法。但必须将母材熔透，避免产生夹渣及未焊透等缺陷。

13.6.3.3 合金结构钢制件的补焊

合金结构钢就是在碳钢内添加一定量合金元素的钢，其目的主要是提高强度并保持良好的塑性和韧性，这种钢叫做强度用钢。在压力容器、发电设备、车辆、船舶、起重机械和各种工程结构中使用极为广泛，结构一旦受到损坏常需用焊接方法修理。

含合金结构钢的焊接特点是容易产生裂纹，其中冷裂纹又占裂纹中的90%，是需要研究解决的主要问题。引起这类裂纹的原因一般可归纳为以下三个因素：

(1) 焊接区的氢含量。控制氢含量可使裂纹出现的可能性下降，因此，补焊时必须严格防止任何氢源进入补焊区。

(2) 拘束度。决定于工艺因素，补焊时让零件有适当变形，可大大减少裂纹。

(3) 工件材料对淬硬的敏感性。随着强度等级的提高，钢的淬硬倾向及产生冷裂纹的敏感性也相应增大，其原因是钢中的合金元素含量在逐渐增多。

13.6.3.4 不锈钢制件的补焊

不锈钢包括镍奥氏体钢、高铬钢等几类，主要用于有侵蚀性的化学介质中，要求能耐腐蚀，对强度则要求不高。各种不锈钢中以牌号为1Cr18Ni9Ti的铬镍奥氏体钢使用最为广泛。不锈钢常用于制造各种化工容器、管道及其他构件。不锈钢制件的早期损坏多数不是因受力过大而引起的，主要是因应力腐蚀开裂和局部腐蚀而失效，修理方法多为将损坏部分切除，另外镶焊一块牌号相同的钢板。

这种钢补焊时立即产生裂纹或其他缺陷的危险性不大，主要问题是防止焊接接头在工作中再度产生应力腐蚀开裂和局部腐蚀。但由于这两个问题都不会很快出现，因而在补焊时常常被忽视。引起应力腐蚀开裂的必要条件之一是要有拉伸应力存在。构件中的残余应力（特别是焊接应力）所引起的应力腐蚀开裂事例约占全部事例的70%以上。奥氏体不锈钢由于导热性差和线膨胀系数大，故焊接时变形量要比碳钢大。但补焊时焊接区一般都受到较大的拘束，使变形困难，从而不可避免地要引起较大的焊接应力。焊后应设法尽可能地消除焊接残余应力，这对提高接头耐应力腐蚀开裂的能力有极为重要的意义；也可以采用焊后热处理，通过机械方法（锤击、喷丸等）或爆炸处理来降低残余应力或使表面呈压应力状态。例如构件为容器类的薄壁件，补焊时很容易产生波浪变形，此时可采用调整焊接顺序以及锤击焊缝等方法预防，而不宜采用刚性固定法以免增大焊接残余应力。补焊后如变形量过大，可用机械方法矫正，严禁用火焰法矫正，否则耐腐蚀性要降低。

13.6.3.5 铸铁件的补焊

铸铁在机械设备中的应用非常广泛。灰口铸铁主要用于制造各种支座、壳体等基础件；球墨铸铁由于其力学性能与铸钢相近，已在部分零件中取代铸钢。铸铁焊接主要应用于补焊铸造缺陷和补焊已损坏的铸铁零件。铸造缺陷以缩孔和夹砂为主，损坏则以裂纹、破洞为主。这些都可以用补焊法修复。

A　补焊的难点

铸铁可焊性差，补焊时经常遇到的困难是极易产生白口和裂纹。其原因和防止措施如下：

（1）白口。焊缝和热影响区都可能产生白口，使补焊区呈白亮的一片或一圈（指熔合区），硬度很大，加工困难，而且还容易引起裂纹。白口产生的原因主要是焊后冷却太快和石墨化元素不足。在焊缝区，当焊缝成分与灰口铁铸铁的成分相同时，在一般电弧焊的条件下，焊缝的冷却速度远远大于铸件在砂型中的冷却速度，石墨来不及析出而成为白口。在热影响区，温度超过共析点的那一部分铁发生了相变，原来的石墨重新熔入奥氏体，补焊后的快速冷却使碳来不及析出而以渗碳体形式保留下来，结果变成为白口。防止白口的措施有：

1）调整焊缝的化学成分。通过焊接材料向焊缝增加石墨化元素的含量，在一定的补焊工艺条件配合下，可使焊缝成为灰口铁。此外，还可采用非铁材料，如镍基和铜基合金、高钒钢等以避免焊缝金属产生白口或其他脆硬组织。

2）减慢冷却速度。这就可延长焊缝和熔合区处于红热状态的时间，使石墨能充分析出。例如，焊前预热和焊后缓冷都可能有效地防止白口。

3）采用钎焊法补焊。因为焊缝为非铁材料，母材受热不多，不会发生相变，可以完全避免白口的产生。

（2）裂纹。许多铸铁零件的结构复杂、刚性大。补焊时容易产生大的焊接应力，在薄弱部位就容易产生裂纹。这种裂纹发生的温度一般在400℃以下，属冷裂纹。金属开裂时伴有清脆的响声，俗称炸裂。裂纹的部位可能在焊缝上，也可能在热影响区内。防止产生裂纹的原则是减小焊接应力，可以从减小补焊区和工件整体之间的温度梯度或改善补焊区的膨胀和收缩条件等几方面采取措施。

B　补焊方法

铸铁的补焊方法很多，各有特点。常用的补焊方法列入表13-10中可供选时参考。

表13-10　常用铸铁补焊方法简明表

补焊方法	分　类	特　点
气　焊	热焊法	焊前预热至600℃左右，在400℃以上施焊，焊后在650～700℃保温缓冷，采用铸铁填充料，焊件内应力小，不易裂，可加工
	冷焊法	也称为不预热焊法，焊前不加热，只用焊炬烘烤坡口周围或加热减应区，焊后缓冷，填充料同上。焊后不易裂，可加工，但减应区选择不当时则有开裂危险
电弧焊	热焊法	采用铸铁芯焊条，温度控制同气焊热焊法，焊后不易裂，可加工
	半热焊法	采用钢芯石墨型焊条，预热至400℃左右，焊后缓冷，强度与母材相近，但加工性不稳定
	冷焊法	采用非铸铁组织的焊条，焊前不预热，要严格执行冷焊工艺要点，焊后性能因焊条而异
钎　焊		用气焊火焰加热，铜合金做钎料，母材不熔化，焊后不易裂，加工性好，强度因钎料而异

下面介绍几种主要的补焊方法的要点：

（1）铸铁热焊法。补焊前将工件整体预热到600～700℃，补焊时保温，使其不降到400℃以下。焊后再升温到700℃，随即缓冷。这样可使补焊区与周围的温度梯度大大降低，从而可以有效地防止裂纹；白口也会因冷速缓慢而得以消除。

热焊法能保证补焊质量，但由于其成本高、能源消耗大、工艺复杂、工作条件差，在应用上受到限制，一般只在补焊某些结构复杂、要求很高的小型零件时才采用。

（2）铸铁冷焊法。所谓冷焊，是指焊前对工件不预热或只局部低温预热，工件处于冷的状态。此时，为了减小补焊区与周围金属的温度梯度，应尽可能地少输入热量，这种方法只要运用得当，同样可以获得好的补焊质量，同时还具有成本较低，焊后变形小，生产率高，劳动条件好等优点，因此得到广泛的应用。铸铁补焊时所用的焊条种类很多，可根据零件的需要按表 13-11 所列的牌号选用。

表 13-11 铸铁电阻焊条

统一牌号	焊芯材料	药皮类型	焊缝成分	主要用途
铸 100	低碳钢	氧化型	碳钢	一般灰铸铁件的非加工面焊补
铸 136	低碳钢	稳弧多氢型（加钒铁粉）	高碳钢	高强度铸铁件焊补
铸 137	低碳钢	低氢型（加钒钛粉）	高碳钢	高强度铸铁件焊补
铸 208	低碳钢	石墨型	铸铁	一般灰铸铁件焊补
铸 238	低碳钢	石墨型（加球化剂）	球墨铸铁	球墨铸铁件焊补
铸 308	纯镍	石墨型	纯镍	重要灰口铸铁薄壁件和加工面焊补
铸 408	镍 55%，铁 45%	石墨型	镍铁合金	重要高强度灰口铸铁件及球墨铸铁件焊补
铸 508	镍 70%，铜 30%	石墨型	镍铁合金	强度要求不高的灰口铸铁加工面焊补
铸 607	紫铜	低氢型	铜铁混合物	一般灰口铸铁件非加工面焊补
铸 616	铁皮包铜芯	稳弧低氢型	铜铁混合物	一般灰口铸铁件非加工面焊补

(3) 铸铁的加热减应焊。选择零件的适当部位（叫做减应区）进行加热使之膨胀，然后对零件损坏处补焊，焊后同时冷却，此时焊接应力会大大降低，从而可以避免裂纹，这种方法就叫做加热减应区补焊法。实质上它是一种局部加热的补焊方法，只不过巧妙地选择了加热部位而已。这种补焊法是在长期生产实践中总结出来的一种行之有效的方法。

加热减应区补焊法的关键是要正确选择减应区。选择的原则是要选择阻碍焊缝膨胀和收缩的部位，通过这些部位的加热膨胀，可使补焊区裂纹扩宽，补焊后两处同时收缩，焊接应力就能大大减小。

13.6.3.6 铝合金制件的补焊

铝具有相对密度小、导热性高、抗腐蚀性好等特点，加入合金元素后可进一步提高其性能。例如，铸造的铝硅合金有足够的强度和耐热性，常用来制造内燃机上的重要零件，如气缸体、气缸盖、活塞以及各种壳体。这种铝合金的可焊性较好，可用补焊方法对铸造缺陷和使用造成的缺陷进行修复。

A 铝合金的焊接特点

铝合金的焊接特点为：

(1) 铝很容易氧化，在其表面总有一层高熔点（2050℃）的氧化铝薄膜，而且氧化铝的相对密度也较大（3.85）。在补焊时，氧化铝薄膜会阻碍金属间的良好结合，容易造成夹渣，必须千方百计予以清除。

(2) 铝的导热系数和比热容都比铁的大一倍多，所以要使用大功率或能量集中的焊接热源，有时还需要预热。铝的膨胀系数也比铁的大一倍左右，焊接时变形较大，易产生裂纹。

(3) 铝及其合金由固态转为液态时，没有显著的颜色变化，难以判断补焊处的加热程度。再加上铝在高温下强度很低（370℃时的强度仅为 9.8MPa（$1kgf/mm^2$）），补焊时常不能支持自身重量而坍塌，因而要求较高的操作技术。

(4) 铝在液态时能吸收大量的氢，而在固态时几乎不吸收氢。焊接熔池凝固时氢要向外逸出。如果液态时溶解的氢多，而凝固时间又短，氢常常留在金属里形成气孔。防止氢进入焊接区，是焊铝时的重要任务。

B　铝合金的气焊补焊

常用的铝合金焊丝的牌号及用途见表 13-12，可按零件材质选用。气焊时必须用焊粉，常用的牌号为“粉 401”，其主要成分是卤族元素的碱金属化合物，它能有效地破坏氧化铝膜。焊粉的熔点低（约 560℃），流动性好，能改善熔化金属的流动性，使焊缝成型良好。

表 13-12　铝焊丝的牌号及用途

统一牌号	名　称	用　途
丝 301	纯铝焊丝	焊补纯铝及要求不高的铝合金
丝 313	硅铝合金焊丝	除铝镁合金外的其他各种铝合金
丝 321	铝锰合金焊丝	焊补铝锰合金
丝 331	铝镁合金焊丝	可焊各种铝合金

补焊前除用补焊碳钢时的清理方法清除一切脏物和做焊前准备工作外，还需用机械或化学方法清除氧化膜。焊丝上的氧化膜也要同时清除。清理后要尽可能快地开始补焊。为防止补焊处烧穿坍塌，最好用衬垫托住。补焊前对零件适当预热（200 ~ 300℃），补焊时用中性焰或碳化焰以防铝氧化，焊嘴与零件的夹角约为 25° ~ 30°（图 13-11）。当母材开始熔化时，随即送入焊丝，并及时除去氧化膜。补焊后最好将焊件在 300 ~ 350℃ 退火以消除内应力。

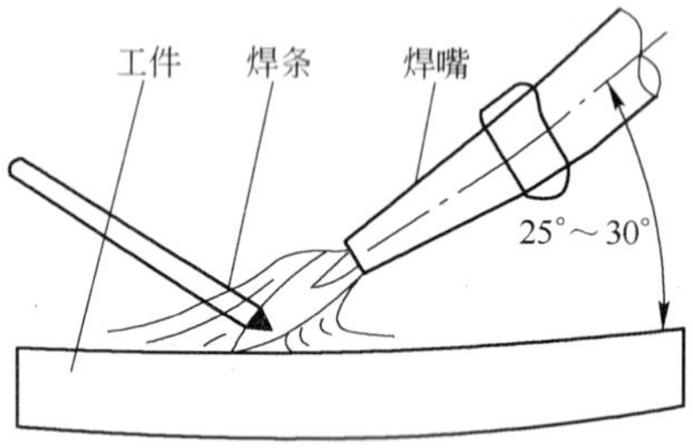

图 13-11　铝气焊时焊嘴与工件的相对位置

C　铝合金的钨极氩弧焊补焊

氩是惰性气体，与熔化金属不起化学反应，也不溶于金属。氩气流还可防止空气进入焊接区，因此氩弧焊的质量较高。对铝合金铸件来说，补焊最好用钨极手工包弧焊。所用钨极为铈钨极，焊丝及规范参数可按表 13-13 选用，不必用焊粉，所用氩气的纯度不能小于 99.9%。

表 13-13　钨极手工氩弧焊的焊接规范

焊接厚度/mm	钨极直径/mm	焊丝直径/mm	喷嘴口径/mm	焊接电流/A	氩气流量/$L \cdot min^{-1}$
3 ~ 5	3 ~ 4	3	8 ~ 12	120 ~ 200	8 ~ 10
6 ~ 8	4 ~ 5	3 ~ 4	10 ~ 14	140 ~ 220	10 ~ 14
8 ~ 12	4 ~ 5	4	12 ~ 16	200 ~ 280	12 ~ 16
>12	5 ~ 6	4 ~ 5	14 ~ 18	260 ~ 350	14 ~ 18

13.6.3.7　青铜制件的补焊

青铜是铜锡、铜铝之类的合金，具有良好的力学性能和较高的耐磨性，铸造性和耐蚀性也较好，多用于铸造各种耐磨零件（轴瓦、轴套）和与酸、碱、蒸汽、海水等介质接触的零件。

铜合金焊接的主要困难是，导热性强而要求使用功率大的热源和必要的预热，固态和液态时溶解氢的能力相差悬殊而易产生气孔和裂纹，铜在液态时还容易氧化，也会引起气孔和裂纹。

气焊、手弧焊、氩弧焊都可用来补焊青铜铸件，其中以气焊使用最广。

（1）锡青铜制件的补焊。除铜合金焊接的一般特点外，锡青铜还有自己的焊接特点，高温下锡青铜的强度及塑性均低，易产生裂纹，锡青铜中的锡易偏析，由于锡的熔点低，补焊时在锡聚集的地方会熔化流出，造成接头渗漏。这些问题都需采用相应对策予以解决。

气焊时采用与母材成分类似的青铜棒，但含锡量应略高，以补充锡的烧损；也可用含磷、硅、锰等脱氧元素的青铜棒，焊粉则用“粉 301”。用手工电弧焊时采用铜 227 焊接条。补焊中不能受冲击，焊后也不宜立即搬动以防开裂。在工艺措施上要防止脏物进入补焊区。

（2）铝青铜制件的补焊。铝青铜补焊时的特点为铝极易氧化，会阻碍焊缝的良好熔合。为克服此困难，气焊时可采用“粉 401”以去除氧化膜，焊丝成分与母材相同。手工电弧焊时可用铜 237 焊条，焊前要预热，焊后最好缓冷，在工艺措施上要防止氧化。

13.6.4 堆焊技术

堆焊是指将具有一定使用性能的材料借助一定的热源手段熔覆在基材表面，使母材具有特殊使用性能或使零件恢复原有形状尺寸的工艺方法。因此，堆焊既可用于修复材料的缺陷，也可用于强化材料或零件的表面，使材料具有新的性能，如高的耐磨性、良好的耐蚀性等。

13.6.4.1 异种金属堆焊的基本原理

由于焊层金属和基体金属的化学成分和晶格类型存在差别，在界面的过渡区中不可避免地会引起晶格畸变，从而造成晶格的各种缺陷。由于靠近熔合区各段上焊缝的结晶特点不同，可能由于成分的变化而形成不良的过渡层，从而使焊接质量恶化。

在熔焊条件下，熔池的结晶中心是未被熔化的基体金属的晶粒，结晶新相的原子就附着在结晶中心的上面。焊缝冷却后，熔合区主要是由基体金属和焊缝金属相互熔合的合金组成。由于异种金属焊接，在熔合区的焊缝边界上会产生化学成分介于基体金属与焊缝金属之间的过渡层。过渡层的厚度随焊接电流的增大而减小。

在堆焊过程中，固态基体金属与液态基体金属相互作用必定引起熔合区内某种程度的异扩散。异扩散速度的大小取决于温度、接触时间、浓度梯度和原子的迁移率。异扩散形成的扩散过渡层往往会损害焊层的性能。

13.6.4.2 堆焊层组织结构

焊缝的一次结晶组织近似于铸锭的结晶组织。由于熔池体积很小，冷却速度迅速，主要是柱状晶组织、等轴晶组织较少。如果基体是钢，在界面附近由于过热会引起基体金属晶粒的长大。基体金属或焊层金属在冷却过程中有相变发生，会发生二次结晶。二次结晶所得组织符合一般的固体相变结晶规律。分析焊缝的微观组织可以发现，两种金属尽管合金化特性彼此差别很大，但只要它们的晶格相同，基体金属和焊缝金属的熔合区就有相容性。而且只要熔合区内没有组织的畸变，金相组织类型相同的异种金属接头、晶界的吻合也是清晰的。

对于组织类型不同的钢，熔合区内出现从一种晶格过渡到另一种晶格的单原子层，过渡层总是存在一定的应力。在珠光体钢上堆焊奥氏体钢时，熔合区仍保留有与 λ 铁和 δ 铁的结晶晶格方向相适应的结晶条件，即有共同的结晶方向。但是金相分析时，在界面上只能见到从奥氏体侧向珠光体钢的明显过渡，而不是结晶方向一致的共同晶粒。只有采用一定的处理措施，在熔合区上才可以观察到和基体以及奥氏体完全一致的晶界。堆焊产生的过渡层常常是硬度很高的脆性马氏体。在堆焊或焊后的使用过程中，此区域容易形成裂纹。

异种金属堆焊时，在熔合区中会发生异扩散，在焊缝金属熔合线附近形成一个化学成分变化不定的扩散过渡层。在珠光体上堆焊奥氏体不锈钢时，碳钢一侧出现粗大柱状铁素体晶粒，而奥氏体一侧出现一条较多碳扩散的高硬度黑带。多组元体系扩散是由化学梯度决定的。在10号碳钢上堆焊Cr22Ni15时，焊后有一条细的碳扩散层，经回火后此扩散层明显加宽。

13.6.4.3　常用堆焊材料

常用堆焊材料有铁基、镍基、钴基、碳化钨基和铜基材料等。

A　铁基堆焊合金

a　低合金钢堆焊材料

珠光体类的堆焊材料：碳的质量分数一般在0.5%以下，合金元素的质量分数在5%以下，以Mn、Cr、Mo、Si为主要合金元素。堆焊层组织以珠光体为主，硬度为HRC20~38。其特点是堆焊层性能优良，具有中等的硬度和一定的耐磨性，易加工等。

马氏体类堆焊材料：碳的质量分数在0.1%~1.0%之间，个别的高达1.5%，另外还有低或中等含量的合金元素。根据碳含量可以把这类合金分为低碳、中碳和高碳马氏体钢堆焊合金。这类堆焊合金的组织为马氏体，有时也会出现少量的珠光体、贝氏体和残余奥氏体。堆焊层硬度为HRC25~65，主要取决于碳含量和转变成马氏体的数量，并受到冷却速度和合金元素含量的影响。

b　中、高合金钢及合金铸铁堆焊材料

高速钢及热作工具钢堆焊材料：高速钢淬火组织为马氏体加碳化物，具有较高的热硬性和良好的耐磨性能。热作工具钢碳含量比高速钢堆焊材料低，具有较高的高温硬度、较高的强度和抗冲击性及高温抗氧化性和耐磨性。冷作工具钢有较高的常温硬度和抗黏着磨损性能。

高锰钢及铬锰钢堆焊材料：高锰钢中碳的质量分数为0.7%~1.2%，锰的质量分数为10%~14%，组织为奥氏体，硬度为HBS200，几乎全部以铸件形式应用。铬锰钢堆焊材料和高锰钢材料具有相似的金相组织和相近的冷作硬化作用，在低应力磨料磨损条件下耐磨性差，但是在重冲击时因表面冷作硬化，耐磨性大大提高。高锰钢及铬锰钢堆焊材料主要用于该类钢铸件缺陷的补焊和磨损件的修复。

高铬钢及铬镍钢堆焊材料：这类钢具有优良的耐蚀性和一定的高温抗氧化性，Si、C、B等元素含量较高的铬镍锰奥氏体钢堆焊材料还具有优良的耐磨性、耐冷热疲劳性、耐气蚀性和耐中高温擦伤性能。锰的质量分数为5%~8%铬镍锰奥氏体钢堆焊材料和铁素体含量相当高的Cr29Ni9型堆焊材料，还具有高韧性、较高的冷作硬化性、耐气蚀性和耐磨性。铬镍不锈钢堆焊材料和高铬不锈钢堆焊材料包括焊条、焊丝、带极和合金粉末。

合金铸铁堆焊材料：按照成分和堆焊层的金相组织可分为马氏体、奥氏体和高铬合金铸铁三大类。马氏体合金铸铁堆焊材料以C-Cr-Mo、C-Cr-W、C-Cr-Ni和C-W为主要的合金系统。碳的质量分数一般控制在2%~5%，铬的质量分数多在10%以下，合金元素总的质量分数一般不超过25%。这类合金由马氏体+残余奥氏体+含有合金碳化物的莱氏体组成，堆焊层硬度为HRC50~60，具有很高的耐磨料磨损性能。奥氏体合金铸铁堆焊材料中碳的质量分数为2.5%~4.5%，铬的质量分数为12%~28%，组织为奥氏体+莱氏体共晶。其堆焊层硬度为HRC45~55，具有良好的耐低应力磨料磨损性能，适用于受中度冲击及低应力磨料磨损和腐蚀条件下工件的堆焊。高铬合金铸铁堆焊材料中碳的质量分数为1.5%~6%，铬的质量分数为15%~35%。该类合金含有合金碳化物和硼化物，硬度高，耐磨性好，具有一定的耐热、耐蚀和抗氧化性能。

B　镍基堆焊材料

在镍基堆焊材料中除了高镍堆焊材料用于铸铁时常作为过渡层外，其他常用镍基堆焊材料是Ni-Cr-B-Si型、Ni-Cr-Mo-W型以及近年来开发研制的Ni-Cr-W-Si（如NDG-20）和Ni-Mo-

Fe（如 $Ni_{60}Mo_{20}Fe_{20}$）。Ni-Cr-B-Si 型堆焊材料具有较低的熔点（1040℃），较好的润湿性和流动性，主要用于粉末离子堆焊和氧-乙炔喷涂。Ni-Cr-Mo-W 型堆焊材料硬度低，加工性好，主要用来抗腐蚀，也可用作高温耐磨堆焊材料。

C 钴基堆焊材料

钴基堆焊材料主要指钴铬钨堆焊材料，即通常所说的斯太利合金，铬的质量分数为25%～33%，钨的质量分数为3%～21%。该堆焊层在650 ℃左右仍能保持较高的硬度。此外，堆焊层具有一定的耐蚀性能和优良的抗黏着磨损性能。

D 铜基堆焊材料

铜基堆焊材料分为纯铜、黄铜、青铜和白铜四种，形式有焊条、焊丝和堆焊用带极。铜基堆焊材料具有较好的耐大气、耐海水和耐各种酸碱溶液的腐蚀，耐气蚀和金属件磨损的性能，常用于以铁基材料为母材的双金属零件的制备或磨损工件的修补。

E 碳化钨堆焊材料

碳化钨是硬质合金的重要成分。堆焊用的碳化钨分为铸造碳化钨和烧结碳化钨两类。铸造碳化钨中碳的质量分数为3.7%～4.0%，钨的质量分数为95%～96%，它是 $WC-W_2C$ 的混合物。这类合金硬度高，耐磨性好，但脆性大，加工过程中容易破裂脱落。当加入质量分数为5%～15%的钴时可以降低熔点，增加韧性。

13.6.4.4 常用堆焊方法

常用堆焊方法有：

（1）氧-乙炔堆焊。氧-乙炔火焰的温度较低（3050～3100℃），将它应用于堆焊时能得到非常小的稀释率（1%～10%）和小于1mm厚的均匀薄堆焊层。同时，该堆焊方法设备简单，使用方便，成本低。其缺点是生产率低，工人的劳动强度大。该法一般用于堆焊较小的零件，如内燃机排气阀阀面、农机零件等。

（2）焊条电弧堆焊。焊条电弧堆焊的设备简单、机动灵活、成本低，应用实用堆焊焊条和管状焊条能获得范围较大的堆焊合金，因此应用范围广。但是，它的稀释率较高，生产率较低，堆焊层不太平整，堆焊后的加工量较大，因此通常应用于少量零件的修复和强化。

（3）埋弧堆焊。单丝埋弧堆焊具有熔深大、稀释率高（30%～60%）、生产率高等特点。多丝埋弧堆焊电弧可以周期性的从一根焊丝移向另一根焊丝，熔敷率大大提高，而稀释率大为降低。带极埋弧堆焊是用金属带来代替焊丝作电极，其熔深浅，稀释率低，熔敷率很高。

（4）气体保护和自保护明弧堆焊。熔化极气体保护堆焊是用 CO_2、Ar 或混合气体作为保护气体，它有较高的熔敷率，但是稀释率也较高（15%～25%）。非熔化极惰性气体保护堆焊，主要以手工送进各种合金焊丝进行堆焊。这种方法的保护效果好，合金元素的过渡系数高，稀释率比熔化极气体保护堆焊低，但是生产率低，保护气体昂贵。不加保护气体的自保护药芯焊丝的明弧堆焊其设备简单、方便灵活，但是堆焊时的飞溅较大。

（5）振动电弧堆焊。细直焊丝相对于零件表面作一定频率和振幅的振动，使焊丝和工件间产生短路和脉冲放电，从而使焊丝可以在较低的电压（12～22V）并以较小的熔滴稳定而均匀地过渡到工件表面，形成一层薄而均匀的堆焊层。特点是熔深浅、热影响区小、零件变形小、生产率高、劳动条件也较好等。但是电弧区保护作用差，焊层含氢量高，堆焊层组织和硬度不均匀等。因此，常向电弧区喷射一定量的水蒸气、二氧化碳等或采用焊剂作为保护介质。

（6）电渣堆焊。熔敷率最高，极板电渣堆焊的熔敷率可达150kg/h，堆焊的厚度也很大，但是稀释率不高。缺点是堆焊层严重过热，焊后需要热处理，堆焊层一般不能太薄。因此，它适用于需要较厚堆焊层、堆焊表面形状比较简单的大中型零件。

（7）等离子弧堆焊。等离子弧的温度很高，有高的堆焊速度和高的熔敷率，稀释率很低（最低可达5%左右）。缺点是设备成本高，堆焊时有很强的紫外线辐射和臭氧污染，需要有效的保护。

13.6.5　表面工程技术

表面工程是表面经过预处理后，通过表面涂覆、表面改性或多种表面技术复合处理，改变固体金属表面或非金属表面的形态、化学成分、组织结构和应力状况，以获得表面所需性能的系统工程。表面工程技术分类：表面改性、表面处理、表面涂覆、复合表面工程、纳米表面工程技术等。表面工程相关学科横跨材料学、物理学、化学、界面与表面力学、摩擦磨损、材料失效与防护、金属热处理、焊接、腐蚀与防护、光电子等学科，具有边缘性、综合性、复合型等特点。下面介绍一些先进的表面工程技术：

（1）激光表面处理技术。激光表面处理内容丰富，应用广泛：发动机零部件激光熔覆修复；阀门、气门密封面激光熔覆强化；轧辊表面激光合金化、淬火与修复；机械轴承激光修复；石化行业关键件的表面激光修复；印刷机械印刷辊的表面修复；缸套激光淬火强化。密封面激光熔覆技术与电弧堆焊、火焰喷焊和等离子喷焊等技术相比，具有能量密度更高、热影响区更小、稀释率低等特点。激光熔覆形成的合金层比等离子喷焊或电弧堆焊形成的合金层硬度更高、耐蚀性更好、合金利用率更高。常见的复合强化技术为：铬、硼合金化激光复合强化技术和渗铬 + 激光复合强化。利用渗铬 + 激光复合强化对经固体渗铬处理后的60Si2CrVA钢［渗铬层厚度达10～15μm，组织为碳化铬］进行激光表面淬火处理后，使工件表面不出现熔化和变形现象，硬化层深度达到0.3mm，表面硬度达到HV1500，且对表面组织无明显影响。还可采用多道搭接激光表面淬火技术，进行大面积复合强化处理。

（2）渗硼 + 激光复合强化技术。渗硼 + 激光复合强化技术的特点就在于对渗硼层进行激光共晶化处理，在不降低表面硬度的前提下，提高强化层的韧性。激光共晶化处理是解决渗硼层脆性的有效途径，可大大拓展渗硼处理的应用领域。该技术可用于泥浆泵等遭受严重冲刷，并有腐蚀性介质侵蚀设备的表面强化处理。

（3）奥氏体不锈钢低温渗碳技术。Cr-Ni奥氏体不锈钢（300系）耐蚀性高，是目前用量最大的耐腐蚀金属材料。这种不锈钢表面强度偏低，硬度、耐磨损、抗疲劳等性能较差，降低了零部件的使用寿命，制约了奥氏体不锈钢的使用范围，成为扩大应用领域、提高使用寿命的瓶颈。目前常用的不锈钢表面强化技术都不同程度地存在着不足，例如：离子注入法存在注入层浅、视觉效应及难以大规模生产等问题；表面沉积（电沉积、化学沉积、气相沉积）和热喷涂处理存在覆层与基体之间结合力低的问题，表层不致密，造成腐蚀介质穿过表层渗入界面，引起电偶腐蚀；常规化学热处理方法由于形成铬的碳化物，会引起奥氏体不锈钢耐蚀性下降。常规的渗碳（氮）工艺处理：1）碳、氮原子渗入材料表层后，产生固溶强化效应及碳、氮化合物析出的弥散强化效应，提高表面强度；2）碳、氮原子与表层中的铬形成碳、氮化合物并析出，造成基体铬含量降低，使材料的耐蚀性下降，弥散析出相与基体间还会形成微电池腐蚀。焦点：扩散渗入的碳、氮原子固溶于基体而不以碳、氮化合物的形式析出。低温耐蚀渗碳技术原理：碳在某一临界温度（约550℃）之下渗入不锈钢，固溶于奥氏体之中，表面碳浓度可达到6%～7%，但不会伴随铬的碳化物形成并析出，完全保持了材料的耐蚀性。碳固溶于奥氏体之中造成点阵畸变，产生固溶强化效果，提高不锈钢的表面强度和耐磨性。

（4）火焰喷塑技术。火焰喷塑是一种利用燃气与助燃气燃烧产生的热量将塑料粉末加热至熔融或半熔融状态，并借助焰流及冷却喷射气流将熔融或半熔融状态的塑料微粒喷向经过预处理及预热的基体表面，从而形成连续、均匀、无孔隙的塑料涂层的表面处理工艺。在电力、食品、汽车、钢铁、石油化工等行业应用前景广阔。

(5) 大功率电弧喷涂技术。大功率电弧喷涂已经成为广泛使用的喷涂表面处理方法，如何提高喷涂效率和涂层性能仍然是电弧喷涂发展的关键问题之一。大功率电弧喷锌成套装置已成功应用于我国十多家球墨铸铁管生产厂家的三十多条球墨铸铁管外壁电弧喷锌生产线，国内市场占有率达90%以上；大功率电弧喷锌成套装置还出口到印度和马来西亚，用于球墨铸铁管外壁电弧喷锌机和液化气钢瓶喷锌生产线。

(6) 爆炸喷涂。爆炸喷涂具有如下特点：1) 涂层结合强度高 (90MPa)；2) 涂层硬度高；3) 涂层孔隙率小 ($<1\%$)；4) 涂层厚度易控制；5) 粉末材料适应面较广；6) 工件受热小；7) 运行成本低。

(7) 低表面能涂层技术。低表面能涂层是近年来快速发展的一类表面工程涂层体系。通常由氟碳树脂、有机硅树脂、聚四氟乙烯粉末、特种改性材料等构成，与底材具有良好的结合力，与纯水的接触角不小于120°。在海洋工程、减摩及抗空气沾污、冰雪运动等方面有重要的作用。低表面能防海生物污染涂层借助于漆膜的低表面能，使海生物与漆膜相互排斥的涂层技术。若表面能低于 3×10^{-4}N/cm，则海水中的酶蛋白及多糖类物质就不会吸附在该表面，这样细菌和海生物就不易附着。即使附着上后，在高速水流的冲击下也易于脱落。在海洋船舶、码头设施等防止海生物黏附方面有重要应用前景。低表面能减阻涂层利用含氟低表面能材料，辅以特殊设计的纹理结构，可制备具有减摩、降流阻和降低噪声的涂层，有广泛应用前景。例如，法国“海鳝”鱼雷外表面涂装具有低摩擦阻力的涂层后，明显提高了鱼雷的航速；澳大利亚的科学家根据鲨鱼皮肤纹理减阻原理，研制成功能降低阻力、提高游泳选手运动成绩的游泳衣，在国际比赛中取得了很好的成绩。

(8) 荷叶自洁效应涂层技术。荷叶叶面具有极强的疏水性，洒在叶面上的水会自动聚集成水珠，通过滚动的水珠把落在叶面上的尘土或污泥黏附在一起滚出叶面，使叶面始终保持干净。利用荷叶效应制备的超级疏水涂层与纯水的接触角不小于150°，具有广泛的应用前景。主要用于建筑物外墙、屋顶、户外大型钢结构以及防冰雪堆积、雨水干扰以及抗化学试剂沾污等。抗沾污涂层主要有两类：1) 基于低表面能的防涂鸦涂层；2) 亲水憎油抗沾污涂层。含氟聚氨酯涂料既具有聚氨酯的高强度，又具有比含硅涂层或特富龙 (Teflon) 设备更低的表面能，抗沾污性能优良，能有效防止雨雪的堆积和涂鸦，可用于石化、医药、生物等行业的减阻传输。

(9) 智能材料技术。20世纪80年代中期日本提出了智能材料的概念 (Smart Materials or Intelligent Material System)。智能材料是模仿生命系统，能感知环境变化，能实时地改变自身的一种或多种性能参数，做出所期望的、能与变化后的环境相适应的调整的复合材料或材料的复合。智能涂层是具有自选择或自适应功能的涂层，它具有自修复、自清洁、自润滑、抗菌、耐腐蚀以及能够对酸碱度、温度或光线强度等变化做出反应等特性。智能涂层可以定义为：是一种人造的、能对某一外部刺激，如温度、应力、应变或环境，有选择提供（做出）最佳反应的涂层系统。智能涂层的特点为：1) 具有“智能”的功能，即能对环境产生自适应的、选择性的、特殊的作用，或对环境变化做出较快的响应并实时改变自身以适应环境或避免自身失效，延长使用寿命。2) 以涂层的形式覆盖于目标物体表面，智能涂层的厚度大多在几个纳米到几个厘米之间。3) 以固体薄膜的形式稳定的存在于自身周围环境中，较难或不能被周围存在的水、油或其他液体溶解。4) 与周围环境接触的表面积比较大，能快速地对环境产生作用或者响应环境的改变。5) 智能涂层是一个新的学科交叉和集成。美军1999年开始用于武器表面保护的智能涂层系统研究，以期提高战斗力和生存能力，在 2005 ~ 2009 年装备部队形成战斗力。美国军队专家正在设法埋置能查出和愈合裂纹和腐蚀的微芯片在作战车身的油漆里，同时可以使战车像蜥蜴变色一样，迅速地修改伪装进入改变的环境。德国德固萨公司的自洁表面涂料已经成为产业。

（10）硅烷表面处理技术。传统表面处理方法为喷砂、打磨、酸洗、磷化、钝化、达克罗、化学刻蚀、化学转化过渡层等。磷化和钝化工艺耗水量巨大，废物排放和处理耗费大，酸雾挥发明显，极大地污染环境。硅烷表面处理是近年来新兴的表面处理工艺。涂装工艺无磷、无镍锰铬等重金属、无亚硝酸盐等，能耗低，达到涂装表面预处理无磷无重金属等环保目标。国外已在宝马、大众、雷诺、奥迪等汽车上应用。

（11）无六价铬表面处理技术。铝及其合金普遍采用的六价铬钝化处理工艺必须逐步淘汰。欧美发达国家先后颁布了 OSHA（美国）和 ELV、WEEE、ROHS（欧盟）等几项法令、法规，并相继付诸实施，严格限制或禁止使用铅、汞、镉、六价铬、聚溴二苯醚和聚溴联苯等六种有毒、有害物质。目前已开发出六价铬替代技术、设备和配套工艺，促进了相关产业的发展。

企业在设计审查、制造采购、工艺选择、设备维修等各个方面的工作中，都应该优先选择上述范围的绿色方案、设备、方法、技术、工艺等。切实为降碳出力，为环保添彩。

参 考 文 献

[1] 巫世晶. 设备管理工程［M］. 北京：中国电力出版社，2005.

[2] 张宝珍. 国外综合诊断、预测与健康管理技术的发展及应用［J］. 计算机测量与控制，2008，16（5）：591～594.

[3] Lebold M，Thurston M. Open standards for condition-based maintenance and prognostic systems［A］. Maintenance and Reliability Conference（MARCON）［C］. May 6～9，2001.

[4] Philip L Dussault，Carl S Byington，Patrick W Kalgren. Field Data Evaluation and Continuous Health Assessment of Critical Avionics Subsystem Degradation［A］. Aerospace Conference［C］. IEEE，2006.

[5] Smeulers J P M，Zeelen R，Bos A. PROMIS methodology for prognostic health management［A］. Auto TESTCON Proceeding［C］. IEEE，2001：559～568.

[6] Donald L Simon. An overview of the NASA aviation safety program propulsion health monitoring element［A］. 36th AIAA/ASME/SAE/ASEE Joint Propulsion Conference and Exhibit［C］. AIAA，2000.

[7] William J Seheuren，Kimbarly A Caldwell，et al. Joint strike fighter prognostics and health management［A］. 34th AIAA/ASME/SAE/ASEE Joint Propulsion Conference and Exhibit［C］. AIAA，1998.

[8] 王淑娇. 航天发射塔旋转平台液压系统使用状态质量评估［D］. 太原：中北大学，2007.

[9] 项贻强，沣劲丰，王晖. 大型桥梁与隧道工程健康监测与评估管理系统的研究［J］. 华东公路，2006（4）：3～67.

[10] 刘宏玉. 工业企业备品备件现代化管理［M］. 北京：冶金工业出版社，1996.

[11] 熊伟. 质量功能展开——从理论到实践［M］. 北京：科学出版社，2009.

[12] 陈晓锐. 供应链环境下集装箱港口备件库存管理研究［D］. 厦门：厦门大学，2009.

[13] 刘战歌，刘祥，徐保强. 备件采购模式创新和供管社会化模式探讨［J］. 中国设备工程，2009（5）.

[14] 李葆文. 现代设备资产管理［M］. 北京：机械工业出版社，2006.

[15] 王汝杰，石博强. 现代设备管理［M］. 北京：冶金工业出版社，2007.

[16] 虞和济，陈长征，张省. 基于神经网络的智能诊断［J］. 振动工程学报，2000，13（2）.

[17] 刘劲鹏. 远程诊断在武钢［J］. 中国设备工程，2002（08）.

[18] 魏厚培，肖永刚. TNPM＋星级设备管理＋万点受控实施［J］. 中国设备工程，2003（04）.

[19] 王耀文. 冶金企业应用设备诊断技术有关问题的探讨［J］. 冶金设备，1994（06）.

[20] 张玉奎，周金旭. 高炉无料钟炉顶齿轮箱监测诊断系统的研究与开发［J］. 中国设备工程，2005（12）.

[21] 朱江，韦海英，陆娜. 企业资源计划［M］. 广州：广东经济出版社，2007.

[22] 周敏，陶平，张键. 设备综合管理信息系统的建设［J］. 湖北工学院学报，2004，19（4）：60～62.

[23] 张文宇. 基于数据挖掘的智能决策研究［D］. 西安：西北工业大学，2003.

[24] Fausto Pedro Garcia Marquez，Paul Weston，Clive Roberts. Failure analysis and diagnostics for railway trackside equipment［J］. Engineering Failure Analysis，2007，14（8）：1413～1426.

[25] 张玉明，秦艳凯. 多 Agent 网络化制造系统［J］. 机械设计与制造，2006（8）：92～94.

[26] 范辉，李晋江，张晖. Agent 技术的研究现状与发展趋势［J］. 微型机与应用，2001（10）：4～7.

[27] 吴伟蔚，杨叔子. 故障诊断 Agent 研究［J］. 振动工程学报，2000，13（3）：393～399.

[28] 李高正，黄小平，师汉民，等. 智能制造中多 Agent 系统的研究与应用［J］. 机械科学与技术，2002，21（2）：287～290.

［29］向阳，沈洪．基于 Agent 的智能决策支持系统［J］．计算机工程，2006，32（16）：167～169.

［30］Tweedale J，Ichalkaranje N，Sioutis C，Jarvis B，Consoli A，Phillips-Wren G. Innovations in multi-agent systems［J］. Journal of Network and Computer Applications，2007，30：1089～1315.

［31］李薇，张凤鸣．多 Agent 技术研究与应用［J］．微计算机信息，2006，22（3）：293～295.

［32］祁正华，任勋益．基于 MAS 的智能决策支持系统研究［J］．微机发展，2004，14（9）：14～16.

［33］蒋伟进，许宇胜．基于多 Agent 的复杂系统故障诊断研究［J］．机械科学与技术，2004，23（10）：1242～1248.

［34］周敏，魏厚培，蒋国璋．企业设备管理知识网络分析［J］．武汉科技大学学报（社会科学版），2007，9（5）：485～487.

［35］郁黎扬．"设备综合效率"在宝钢的应用与分析［J］．化工设备与防腐蚀，2002，5（3）：164～167.

［36］［日］日比宗平．寿命周期费用评价法——方法及实例［M］．高克勤，李敏译．北京：机械工业出版社，1984.

［37］梁工谦，朱振中．数控设备的寿命周期费用分析［J］．机械科学与技术，2000，19（4）：617～618.

［38］王永凯，张世润．林业机械设备寿命周期费用的计算、分析和应用研究［J］．东北林业大学学报，1989，17（4）：71～78.

［39］林东清．知识管理的理论与实务．李东改编．北京：电子工业出版社，2005：170～179.

［40］张宏伟，张振海．CNKI 网格资源共享平台——基于知识网格的门户式数字图书馆解决方案［J］．现代图书情报技术，2005（4）：6～9.

［41］Zhou Min，Hu Bangxi，Nie Guihua. Integration Management on Knowledge［A］. In：Deng Minren，Cheng Guoping，eds. 2004 International Conference on Innovation and Management［C］. Wuhan：Wuhan University of Technology. 2004：310～312.

［42］周敏．跨组织知识管理理论与方法研究［D］．武汉：武汉理工大学，2006.

［43］周敏，占铭，郭媛．基于知识驱动的大型设备智能预测决策模型研究［J］．机械科学与技术，2009（4）．

［44］刘飞，曹华军，张华，等．绿色制造的理论与技术［M］．北京：科学出版社，2005.

［45］夏巨谌．黑色金属和高强度铝合金零件精锻成形技术及关键装备的研发与应用［A］：2009 年促进中部崛起专家论坛暨第五届湖北科技论坛［C］．武汉，2009.

［46］樊自田．消失模绿色铸造技术开发与应用［A］：2009 年促进中部崛起专家论坛暨第五届湖北科技论坛［C］．武汉，2009.

［47］胡火生，贾光霖，张国志，等．新型高炉风口的整铸工艺［J］．特种铸造及有色合金，1995（3）：16～18.

［48］刘秀生．表面工程技术的新进展［A］：2009 年促进中部崛起专家论坛暨第五届湖北科技论坛［C］．武汉，2009.